世代継承性シリーズ
2

Generativity Series 2
The Footsteps of a Clinical Psychologist
Living at Boundary
An Oral Legacy by Mikihachiro Tatara

境界を生きた心理臨床家の足跡

鑪幹八郎からの口伝と継承

岡本祐子 編著
Yuko Okamoto

◎語り手
鑪 幹八郎
◎聴き手
山本 力・岡本祐子

ナカニシヤ出版

まえがき

　本書は，鑪幹八郎先生の心理臨床家としての足跡を，鑪先生の広島大学時代の門下生である山本力先生と岡本が聴き手として伺い，鼎談の形でまとめたものである。それはまた，わが国における臨床心理学の発展の歴史でもある。
　鑪幹八郎先生のお名前は，臨床心理学を学んだ経験のある人々にとっては，知らない人はないであろう。そして，直接教えを受けた門下生ばかりでなく，学会や事例検討会，研修会などで，直接言葉を交わした人々の多くは，先生のあの独特の髭（最近は，それもずいぶん白くなられたが）と深みのある声，引き込まれてしまいそうな笑顔，そして何よりも人間の心の深みに対するシャープで温かな講義やコメントに魅了されて，心に刻まれていることであろう。
　鑪先生は，わが国の臨床心理学の黎明期から，指導的立場で活躍してこられた。精神分析的心理療法の理論と実践，夢分析，アイデンティティ研究，心理臨床家の育成・教育・倫理など，その奥行きと広がりをもった視点で，わが国の臨床心理学の世界を牽引して来られた。また，日本心理臨床学会にもその設立当初からかかわり，理事，常任理事　理事長として，今日まで貢献されてきた。さらに，2015（平成27）年に成立した国家資格「公認心理師」の誕生にも，数十年にわたって並々ならぬ情熱を注いでこられた。

　心はどこへ向かって発達・深化していくのか。心の発達・成熟の契機とは何か。人生の中で体験される躓きや危機は，それにどのように影響するのか。人生の危機をプラスに転換していく人間の底力はどうやって培われるのか。また危機のさなかにある人々に対して心理学的な援助ができるとするならば，それはどのようなものなのだろうか……。このような〈問い〉は，青年期以来，今日まで常に私の心のどこかにあり，それについての内省は止むことはなかった。そして50代も半ばにさしかかった頃から，専門家としてのアイデンティティは上の世代から何をどのように受け継いで生まれ，次世代にどのように継承されていくのだろうかという，新たな〈問い〉が加わった。こうしてプロフェッションの世代継承性について関心が深まる中で，私は，恩師である鑪幹八郎先生の生涯の物語を通して，専門家としてのアイデンティティの生成・熟達・継承の要諦について考察してみたいと考えるようになった。私自身の人生にとって，青年期以来，最も深く影響を受け，魅力を感じてきた師の人生と仕事を，聴き手の側からの〈問い〉によって探究してみたいと思ったのである。先生の著作は，今日まで数多く出版されている。しかしながら，それらの研究や臨床実践の根っこのところ，さらには先生のアイデンティティ形成の土台となったであろう成長期の物語については，私は

これまでごくわずかに，しかも断片的にしか伺ったことはなかった。

　この願いは，鑪先生が京都文教大学学長を引退されて，広島にお帰りになってまもなく実現する運びとなった。このプロジェクトのもう一人の聴き手の役割を，私は山本力先生にお願いした。山本力先生は，鑪先生の広島大学時代の早期の門下生であり，私が最も信頼する先輩の一人である。私たちは，青年期以来，今日までおよそ40年余にわたって，さまざまな形で交流してきた。山本先生は，熟慮の末，お引き受けくださり，この鼎談は，2014年9月から2015年の1月まで4回，合計30時間余にわたるものとなった。それは，鑪先生の人生を縦軸にして，力動臨床心理学のエッセンスがアメリカと日本の時空を超えて幾重にも盛り込まれた充実した内容であった。本書は，その語りの臨場感を可能な限り記録するために，鼎談の形を残して編集したものである。

　本書は，次のような3つの意義をもっている。第一に本書は，鑪先生固有の人生と経験の語りであると同時に，専門家アイデンティティの形成と深化に関する数々の普遍的な示唆を内包したものである。第二に，わが国の臨床心理学の黎明期から今日までの発展の歴史の中で，常に最前線におられた先生の専門的仕事，つまり鑪先生ご自身が開拓してこられた精神分析学・力動臨床心理学の内容とその営みを，リアリティをもって学べることである。本書には，先生ご自身の臨床経験，スーパーヴィジョンや個人分析の経験も語られている。そして第三は，これから心理臨床の専門家を目指す若い世代に伝える心理臨床のヴィジョンと学び方が具体的に示唆されていることである。

　公認心理師法が成立し，心理臨床の専門世界は新しいステージを迎えた。本書がこれからの心理臨床家アイデンティティの形成と深化の手引きとなれば幸いである。

　　　2016年2月　早春の光の中で

編者　岡本祐子

目　次

　　まえがき　　i

第Ⅰ部　心理臨床家人生の物語とわが国の心理臨床学の足跡　　1

第1章　こころの探究の原点―アイデンティティの起源としての家族―………… 3

1. 「原点」のイメージ―1枚の写真―　　4
2. 戦時中のやんちゃな子ども時代　　5
3. 「鑪」という名前　　7
4. 父の仕事　　9
5. 幼いころの家族体験　　10
6. 父・兄・姉の死　　13
7. 病気と祈祷師　　15
8. 九州学院中学・高校へ　　18
9. 九州学院という異文化　　19
10. 父親代わりだった内海季秋牧師　　20
11. 家庭教師のアルバイト　　23
12. 牧師になるか，教師になるか　　24
13. 所属感と根こぎの感覚　　27
14. 母から教わったこと　　29

第2章　「育ち」からの脱却―自分とは何か―………… 33

1. 結核の療養―心の内的世界と向き合う―　　33
2. 亡き父親との対決―「父親殺し」と根こぎ感―　　36
3. 妻との出会い―言葉で分かり合える「家族」の安心感と継子的所属感―　　40
4. 継子コンプレックス　　43
5. 育ちの中の断絶感を埋めるもの―のめり込む体験―　　45
6. 心理学を学ぶ―知的障害児との出会い―　　52
7. 正木正先生のこと―大学院進学への志向―　　55

第3章　臨床心理学の黎明期の物語 57

1. 京都大学大学院へ　57
2. 近江学園での経験と田中昌人先生の発達検査　58
3. 正木正先生の最後の講義　59
4. 心理臨床実践の始まり　60
5. 先輩　畠瀬稔先生　63
6. 倉石精一先生　64
7. 学校恐怖症（不登校）の研究　66
8. ホワイト研究所への架け橋　70
9. 障害児の親の障害受容の研究　73

第4章　精神分析家になるための訓練—自分がつくり変えられた体験—
.... 77

1. ホワイト研究所へ—京都とニューヨークの夕日の思い出—　77
2. 孤独な異国でのアパート探し　80
3. ゲイ・グループ　83
4. ソンドラ・ウイルク　84
5. 日本語への渇望　85
6. ホワイトでの訓練の日々　88
7. 臨床事例から学ぶ　89
8. ユニオン・プロジェクト
　—労働者階層へ精神分析的心理療法を行う試み—　99
9. スーパーヴァイザーとスーパーヴィジョン　100
10. 個人分析の体験　107
11. サイコセラピーと英語　113
12. セラピスト-クライエント関係の文化差　119
13. 精神分析の訓練を通して内的に変化したもの　121
14. ポール・リップマン　123
15. アメリカで出会った友人—親友関係から見えてくる文化差—　126
16. マリアン・リース　129
17. ルーテル教会でのアルバイト—「つながり」の不思議—　130

第5章　わが国の臨床心理学の土台作りと発展 135

1. 大阪教育大学と大学紛争　135

2. 広島大学へ　138
　3. 心理臨床の土台作り　141
　4. エリクソンとアイデンティティ研究　142
　5. 森有正の「経験の哲学」とアイデンティティ探究　153
　6.「境界人」の意識　157
　7. オースティン・リッグス・センターでの臨床経験　159
　8. 夢分析について　179
　9. 心理臨床観を変えたクライエントとの出会い
　　 ──クライエントにとっての治療者との心理地理的距離──　187
　10. 仕事への向き合い方　193
　11. 精神分析の位置づけと認知行動療法　206
　12. 自己探求と心理療法　210
　13. 海外体験余話──インド旅行──　214

第6章　心理臨床学（界・会）を牽引する　221
　1. 臨床心理学部を創る　221
　2. 心理臨床学会を育てる　222
　3. 博士（臨床心理学）の学位　224
　4. 学長としての光と影　225
　5. 心理面接でエネルギーを回復する　227
　6. 2つの学会賞をめぐって　228
　7. KIPP（京都精神分析研究所）　231
　8. 国家資格問題　233
　9. 心理臨床の倫理とガイドライン　236
　10. 事例研究・事例研究発表のあり方　240

第7章　残された仕事と次世代に伝えるもの　245
　1. 熟達の基盤　245
　2. 次世代を育てる経験について　254
　3. 時代の変化の中での次世代の専門家の育成　260
　4. 50歳の「父親殺し」のテーマ，再び　271
　5. 専門家としての人生と家族　275
　6. 引退後の残された仕事　283

第Ⅱ部 受け継ぐ側の思索　297

第8章　鑪幹八郎とは何者か―師弟関係からの論考―　山本　力　299

1. はじめに　299
2. 希有な姓名の由来　300
3. 家族風土から九州学院という新たな風土へ　300
4. 結核の療養生活と亡き父への怒り　301
5. 亡くなってから出会った父―遅れたモーニングワーク―　303
6. ホワイト研究所での厳しい訓練と文化的移行　304
7. 周辺意識とキャリア・アンカー　306
8. 後ろ向きに前進する　307
9. 確認の作業―反省的実践家―　308
10. 結語―鑪幹八郎とは何者か―　309

第9章　「師の人生の物語」からの省察
―「私」が創られていく土台，その連続性と非連続性―　岡本祐子　313

1. はじめに　313
2. 内的〈問い〉と「師」のもつ意味　314
3. 青年期に出会った「異文化」としての鑪先生　315
4. 「私」が形成されていく土台，その連続性と非連続性　316
5. 危機の体験とアイデンティティの断層を埋めるもの　319
6. アイデンティティの非連続性をつなぐもの　321
7. 次世代へ受け継がれるもの　322

第10章　鼎談を終わって　鑪幹八郎　325

あとがき　329
写真出典　331
索　引　335

鑪幹八郎　略歴

年齢	西暦	和暦		個人史
		昭和		
0 歳	1934	9 年		熊本市新町で三男として生まれる
5 歳	1939	14 年	幼少期	父の出征と記念写真の思い出（4 歳～5 歳頃）
6 歳	1940	15 年		1 年生～6 年生　熊本市立「国民学校」に通う
7 歳	1941	16 年		
11 歳	1945	20 年		強制疎開と食糧難
12 歳	1946	21 年		九州学院中学校に入学
15 歳	1949	24 年	青年期の出立と基盤形成	高等学校に進学／父・富雄　死去（享年 50 歳）
18 歳	1952	27 年		熊本大学教育学部入学／肺結核で療養
22 歳	1957	32 年		京都大学大学院教育学研究科入学
26 歳	1960	35 年		結婚（妻・由李子）
28 歳	1962	37 年		京都大学教育学部　助手（1962 ～ 1965）
				発達障害や不登校への取り組みと博論作成
30 歳	1964	39 年		W. A. ホワイト研究所へ留学（1964 ～ 1967）
33 歳	1967	42 年		帰国，大阪教育大　助教授
34 歳	1968	43 年		教育学博士（京都大学）：「学校恐怖症に関する研究」
35 歳	1969	44 年		Erikson の『洞察と責任』翻訳作業（1971）出版
37 歳	1971	46 年		広島大学教育学部　助教授として着任
38 歳	1972	47 年		広島大学「心理教育相談室」の開設
39 歳	1973	48 年		広島カウンセリングスクール開設（下迫・鑪）
42 歳	1976	51 年	広島大学に腰を据えて臨床教育の確立へ	『夢分析入門』（創元社）／ Singer『心理療法の鍵概念』編訳（誠信書房）
43 歳	1977	52 年		『試行カウンセリング』（誠信書房），『精神分析』（福村出版）
45 歳	1979	54 年		リッグス・センターで在外研究（1979 ～ 1981）
47 歳	1981	56 年		日本精神分析学会運営委員（1981 ～ 1999）
48 歳	1982	57 年		京大（1981）に続き，九大，広大が相談室の有料化
49 歳	1983	58 年		『心理臨床家の手引き』初版（誠信書房）
50 歳	1984	59 年		教授に昇任／ 50 歳で亡くなった父の命日反応
52 歳	1986	61 年		『リッグスだより』（誠信書房）
54 歳	1988	63 年		Boniem『夢の臨床的利用』（誠信書房）（1987）
		平成		
55 歳	1989	元年		教育学部の移転（広島市東千田町から東広島市へ）
56 歳	1990	2 年		『アイデンティティの心理学』（講談社新書）
57 歳	1991	3 年		心理臨床学研究 Vol.9「臨床心理士の基本技術」の提案
60 歳	1994	6 年		（心理臨床のガイドラインの試行的試み）
61 歳	1995	7 年		広島大学の東広島市へ統合移転完了
				『アイデンティティ研究の展望Ⅰ～Ⅵ』（1995 ～ 2002）順次刊行（ナカニシヤ出版）
63 歳	1997	9 年		第 6 代　日本心理臨床学会　理事長に就任
64 歳	1998	10 年		広島大学定年退官・広島大学名誉教授
				京都文教大学教授，『夢分析と心理療法』（創元社）
66 歳	2000	12 年		京都文教大学人間学部長・臨床心理学研究科長
67 歳	2001	13 年	京都文教大での統合的展開	
68 歳	2002	14 年		日本心理臨床学会学　学会賞　受賞
				『鑪幹八郎著作集Ⅰ～Ⅳ』（2002 ～ 2008）刊行開始　（ナカニシヤ出版），KIPP 設立
69 歳	2003	15 年		第 8 代　日本心理臨床学会　理事長に就任
70 歳	2004	16 年		日本精神分析学会会賞　受賞／京都文教大学退職
71 歳	2005	17 年		京都光華女子大学教授（3 年間）
74 歳	2008	20 年		京都文教大学　学長　就任
77 歳	2011	23 年		日本心理臨床学会理事（常任理事・理事等 7 回目）
79 歳	2013	25 年		一般財団法人・広島カウンセリングスクール理事長
80 歳	2014	26 年		京都文教大学　学長　退任
81 歳	2015	27 年		瑞宝中綬章　叙勲／ Gutheil『夢分析の手引き』監訳（創元社）

心理臨床関連の動向	内外の情勢
古沢平作 精神分析クリニック開業 S. Freud 逝去	日中戦争（1937 〜 1945）
W. A. ホワイト研究所設立（1943）	日米開戦（真珠湾攻撃） 原爆投下・日本敗戦 日本国憲法公布
H. S. Sullivan 逝去	サンフランシスコ平和条約（1952）
日本教育心理学会 設立	60 年安保闘争
日本臨床心理学会 設立（1970 年分裂）	東京オリンピック開催
精神医療改革運動と混乱	東大・日大紛争から拡大 大学紛争のピーク・機動隊導入
	ベトナム停戦協定 第 1 次石油ショック
（哲学者・森 有正 逝去）	
心理臨床家の集いの開催	
日本心理臨床学会 設立	
	チェルノブイリ原発事故
日本臨床心理士資格認定協会 設立	バブル景気（1986 〜 1991）
日本臨床心理士会 設立（河合隼雄 会長） 県単位の臨床心理士会が順次発足 IPA アムステルダムショック（1993） E. H. Erikson 逝去（1994） SC 活用調査研究委託事業の開始	昭和天皇崩御（1889） 湾岸戦争（1990） 阪神淡路大震災 1.17
心理臨床学会 倫理規定・綱領 制定 村瀬孝雄 逝去	
SC 活用事業補助（SC の定着化） 河合隼雄 文化庁長官に就任 小此木啓吾 逝去 2 資格 1 法案 廃案 臨床心理職国家資格推進連絡協議会発足 河合隼雄 逝去（2007） 日臨心の総力で被災者支援	米国の同時多発テロ事件 9.11 学校完全週休 2 日制 ゆとり教育の時代 国立大学法人に移行 リーマンショック（金融危機） 東日本大震災・福島原発事故 3.11
「公認心理師法」成立 9 月	

第Ⅰ部
心理臨床家人生の物語と わが国の心理臨床学の足跡

鑪の泉(熊本市西区河内町船津)の大木

第1章
こころの探究の原点
―アイデンティティの起源としての家族―

　鑪幹八郎先生は，1934（昭和9）年，熊本県熊本市のお生まれである。世は，第二次世界大戦の足音が聞こえてくる時代であった。アイデンティティや心の発達について考えるとき，私たちはどうしても，その母親，父親について関心を持たずにはおれない。母上，父上は，どのような方だったのだろうか。そして鑪先生ご自身の家族体験は，どのようなものだったのだろうか。

　岡本：先生が京都文教大学学長を引退されて，広島にお帰りになったら少しはゆっくりと生活されることになるでしょうから，ぜひ先生の心理臨床家・臨床心理学研究者としての道行きについてお伺いしたいと考えていました。何よりも先生が傘寿80歳をお迎えになったお祝いと感謝の意味をこめてこの本を作りたいと，私は以前から思っていました。それはまた，私たちそれぞれにとっても自分の人生と仕事のまとめの意味があります。
　先生の生涯の物語を通して，プロフェッションというものがどのように生成され，熟達し，深化していくのかを描き出したいということが，このプロジェクトの趣旨です。まず先生の育ちのお話をぜひお伺いしたい。自由にお話しいただいて，もっと聴きたいところは私たちが質問をさせていただきますので。まずどんな環境をお生まれになって育っていらしたのか，それからお父様，お母様はどんな方だったのかというところから始めていただけませんか。
　山本：鑪先生からいろんなことを学ぶことを通して，私自身が学ぶということと同時に，私の後ろに続いている後輩たち，若い人たちに何か先生のメッセージを伝える一種のトランスレーターみたいなかたちの役割を果たすことができればいいかなと。と同時に，結果として，鑪先生にとっても少しでも意味のある経験になっていただくことができれば一番うれしいなと正直，思っています。
　鑪：僕もこういうことを企画してくださったのは本当にありがたいと思います。以前，自分の（教育）分析の中でいろいろ考えたことがありますけれど，実際にまとまって何かに書くとか，そういうようなことはほとんどなかったですからね。どういうかたちになるか分からないけど，引き出してもらえたらありがたいなと思います。

1.「原点」のイメージ —1枚の写真—

鑪：自分のことを，最初に少し書いたのは，あの『アイデンティティの心理学』[1] かな。名前の問題とか。

岡本：そうですね。が，もっと小さい頃のことは，私たちは何も知らないんだということが分かりました。例えばどんな環境で育たれたのか，お父様はどんな方だったのか，そのおじい様，おばあ様もすごく影響を及ぼしておられるんじゃないかなと思うのですが，そういうところをぜひお伺いしたいと思います。

鑪：原点というよりも一つのイメージがあるんですよ。子ども時代の1枚の写真があるのです。それはもう今はどこにあるか分からないのですけれど，確か私が4～5歳ぐらいの頃なんですね。親父が大東亜戦争の前，日中戦争に徴兵されて出発するときの記念の写真です。昭和13年か14年ぐらいですね。親父はやがて撃たれて負傷して帰ってきたんです。だから戦争の体験そのものはそんなに深いかどうか分からないけれど。その出征するときに家族や親戚が集まって，旗があって「武運長久」とかそんなことが書いてある。一般的にその頃は出征というとそういうかたちで送り出したんだよね。

そのときにおふくろがいて，親父がいて，あとは親戚，兄弟とかいっぱいいたようなんだけど，僕は親父の膝に。親父が右にいて，おふくろは左にいて，僕はその真ん中で1人だけ列から離れているんだけど，親父の膝に腕をのせて寄っかかったように立っているんですよ。その写真が半ズボンで上は何か子どもの礼服

家族・親戚が集まり，父の出征を見送る（前列左より伯母，幹八郎，母）

みたいなそういう服で，みんなちゃんとした一張羅を着て親父の出征記念という写真なんだけど。自分でもゆったりした感じで，4～5歳ですよね。その写真がいつも原点にある感じがするんですよ。

その写真が見つかりました。写真では，父は後ろに立っていて，私は母と伯母（父の姉）にもたれているようにしている。記憶違いということでしょうね。しかし，これも大事かと思います。自分の記憶違いを大事にしておきます。

山本：記憶というよりも，写真なのですよね。

鑪：写真なんです。写真の記憶なんやね。それは体験の記憶というのとはちょっと違って。

山本：「原点」というのはどういう意味なのですか？

---

1) 鑪幹八郎　1990　アイデンティティの心理学　講談社

鑪：それはどちらかというと，僕にとっていい体験なのです。なんか，親父の膝にこんなして，寄りかかっているというのはね。けれど，後はすごく大変だったんだよ。特に青年期は親との対決だった。その死んだ父親との対決なんですよ，僕の場合は。親父が15歳で亡くなる。それは中学3年生でしょう。それから後はすごく大変だったんだけど，特に経済的にね。

親父は傷痍軍人，戦争で傷ついて帰ってきて。けれど2〜3ヵ月で傷は癒えて。今度はまた大東亜戦争，第二次大戦が始まって，また徴兵されるというようなことがありました。あの頃はみんなそうでした。

50歳の父，鑪富雄
香川県琴平宮にて。

2. 戦時中のやんちゃな子ども時代

鑪：その次の僕の記憶は，学校に上がるまでの隣近所の子どもたちと，やんちゃして遊んでいたという記憶です。熊本駅の横の割と細い道路沿いの町，お薬屋さんとか。ちっちゃな庶民の町なんですね。

山本：熊本駅の近くに住んでおられた？

鑪：そうです。春日町古道通り。僕は春日国民学校に行ったんです。昭和16年でね。昭和16年というのは，学校制度が変わった年なんです。小学校から国民学校になった。だから僕は小学校体験がないのです。小学校になって戦争に負けたときは5年生。6年生を終わるときに，国民学校はなくなって小学校になったのです。そして新制中学校ができたのね。だから，ちょうどその6年間の間が国民学校。教科書も変わったし非常に軍国色の強くなった時代。みんな頑張って負けないでやりましょうという，時代ですよね。だからその1枚の写真と，あとは非常にやんちゃなガキ大将みたいにして，隣近所の同年配の子どもたち，男の子も女の子も一緒にワイワイ，ワイワイいつも4〜5人で動き回っていた。

山本：やんちゃというのは，それは小学校の時代も含めて？

鑪：小学校に入る前がそうなんですね。非常にやんちゃな子でした。学校に入ってからの記憶のイメージというのは，大体やんちゃなのがずっと続いていたというイメージがあるのです。足が速かったんですよ。それで，いつも運動会では一生懸命走って大体1番，1等賞だった。かけっこが得意だったのです。校庭を走るだけだけど。クラス対抗のリレーとか。戦争中ですから男女共学というのはない。男の子と女の子は別々。4クラスぐらいありましたかね，ひとクラスが50人ぐらい。「いろはに」という，「い組」，「ろ組」が男の子。「は組」と「に組」が女の子。そんなので大体僕は「い組」にいたのです。春日国民学校というのは，その当時は割と大きな学校じゃなかったですかね。住宅地が大部分で。僕が住ん

鑪幹八郎4〜5歳頃
右から3人目正面。自宅近くで。

でいたところは庶民的なお店があるような地区でした。

　小学校時代はいい先生に恵まれたという印象があるのです。割とかわいがってもらいました。やんちゃな子なのに。2年か3年で先生が代わりますが，先生方は大事にしてくれたような感じがありますね。それと勉強もある程度できたんじゃないかと思う。その頃は級長とか副級長とかをクラスの中でやっていた。先生が来るとみんなに「起立，礼」とか言う，そういう役割を持たされたりしていました。でも自分で印象的に残っているのは，何人かを引き連れて悪さをしてバーッと一緒に逃げるとか，そんなので。

　岡本：引き連れて。それの大将だったんですね。

　鑪：僕はいつも大将だったんですよ。店の看板をこっち側に置いてヤーッと逃げるとかね。

　岡本：すごいいたずらですね。

　鑪：すごいいたずらです。冒険でしたね。自分の中では冒険という感じ。だから，分からないようにやって逃げる。そして隠れて見ているとかね。大体分かってたんじゃないか。しようがないと親は思っていたかもしれない。そして戦争がだんだん激しくなっていくでしょう。親父はそんな中，また徴兵されて。

　山本：どのくらいお家におられたのですか？　けがをして帰ってこられて。

　鑪：日中戦争ですから，中国へ行ったのね。家に4〜5年はいたんじゃないかな。というのは戦争のもう一番末期のときに，また全て男性は何かのかたちで戦争の要員として駆り出されるということで。親父は鉄道の小荷物係をしていた。昔は小荷物と言っていた。みんな荷物を運ぶときに鉄道に持っていって輸送する。親父は，今度は国鉄に駆り出されて，要員として戦争が終わるまでそういう仕事をしていたのですね。公的な機関は，みんな徴用でした。

妹と一緒に
小学校1年生の幹八郎。

　その前は商売をしていたんですよ。商店街の中だと思います。おそらく引っ越しがその前に2つあった。僕が生まれたのは熊本市新町と言うところ。熊本の民謡で「あんたがたどこさ，肥後さ，肥後どこさ，熊本さ」という，熊本の船場山，船場川という，その船場川の近くの新町というところですね。それが何で新しいかというと，明治10年の西南の役がありましたね。熊本城のあるところがちょっと高台なんです。花

岡山って，私が住んだ近くがあの西郷隆盛なんかが攻撃する場所だったのね。谷があって，こちらは藤崎台という今，野球場があったり熊本城があったりするところ。向いは，花岡山という山です。それでこう大砲を撃ち合っていた。その間の谷。そこに川が流れているんです。船場川。明治維新の名残としてその西南の役が終わった頃。明治10年にそれが終わって，だんだん日本が近代国家らしく明治政府が機能し始めるとき，その戦争が終わった後にできた町なのです。商人の町，今もそうなんです。きれいに，そこは道が真っすぐなのですよ。計画して造っているから道が真っすぐで，今も碁盤の目みたいな。小さなところですけど。

3.「鑪」という名前

鑪：そこで生まれたと聞いて，何度か行ったことがあるんですけど，そこで親父が商売をしていたんですね。僕のところの家族，親父，それからその上がおそらく全体で，「鑪」というのがまとまっていたんじゃないかと思うのです。親父の従兄とか，そういうのが何人かいるわけですね。もうそれから先はよく分からない。

熊本から西へいったあの有明海の海辺に河内村(かわち)という村があって，ミカンの産地なのです。その隣に「小浜(おばま)」という温泉場があるんですよ。その辺は魚が捕れたり，熊本から一番近い温泉地で。そこの河内という村が「鑪」の本家という。そこにこう石碑があるんですよ，今も。

岡本：何て書いてあるのですか？

鑪：何と書いてあるかは，ちょっと分からない。そこに泉があって，それを「鑪の泉」と呼んでいた。

山本：何を記念している碑なのですか？

鑪：何の碑ですかね。そこが出身の場所だという何か碑があるらしい。僕は確かめたことはないんだけど，そういうふうに聞きました。それが何で僕に関係するかというと，僕の親父が，「そこに泉がある」って僕に言っていた。僕の又従兄が「鑪泉」というんですよ。彼は建築家になった。親父が言ったのは，その鑪の泉を覆って茂るような名前にしたいと。だから「幹八郎」と。その泉を覆うという，そういう意味なのだというのを聞いたことがある。

山本：幹が8本あるというイメージで取り囲んで。

鑪：そう。幹がたくさんあるとい

鑪の泉
熊本市西区の島原湾を望む河内，大銀杏の大木の根本から清水が湧き出している。

う意味ですね。

　山本：普通だったら8番目の子どもみたいに思うけれど，そうじゃないんですね。

　鑪：違う。僕は，「何でだろう，何でだろう」という気持ちはありましたよね。何で「八」かというのは。当時すごく評判だったのは，戦争の雰囲気があるわけでしょう。東郷平八郎というのが，あの日露戦争の海戦で日本のヒーローですよね。「平八郎」という名前は多かった。だから，その雰囲気もひょっとしたらあったかもしれませんね。親父がそういうふうに言っていた。

　それから先がないんですよ。そうすると何か西の海から来たんじゃないかと。これから先は僕の妄想なんだけど，どこから来たかって。どうも出雲辺りからずっと海伝いに行って，そして有明海でいつの間にかここに定着したんじゃないかという感じだけど。「たたら」というのはあちこちにある。地名として。山口のちょっと近くにも多々良浜というのがあるんですよね。だから「たたら」という音で言うと割とたくさんあります。

　「多々良」とか，「多々羅」とか，みんな「たたら」なんですね。それは，もともとは砂鉄の名前ですよね。だから砂鉄の採れるところは，みんなそれがあったんじゃないかと思うのです。

　それから福岡にもあるでしょう，多々良浜って。あの蒙古襲来の時，日蓮上人が護国を念じたという。あれは多々良浜でなんですよね。「たたら」という名前はあちこちにあるから，当時はそんなに珍しいということはなかったかもしれないけれど。読みにくいし，よく間違えられるので。

　山本：今までの論文でもしょっちゅう，下が「心」になっているとかね。

　鑪：そう。「心」が割と多いですよね。「心」とか，かねへんに「戸」と書いたり。だから，名前については，すごく泣かされました。みんなが笑うから，私は悲しくなってしまう。クラスに新しい先生が来るじゃない。するとみんな構えているわけよ。先生がどう読むかと。出席簿を見て先生が出席を取っていくわけ。分からんというのでね。読めた先生はいませんでしたね。そこのところは，辛いところでしたけれど。

　山本：習字で書いたら全部にじんでしまいますよね，名前を書いたら。

　鑪：そう。だから習字が嫌いでしたね。読めなくなるんですよ。にじんでしまう。それから，書くのが遅くなるんですね。1字だけで24画ある。画数が。だから，そういう意味では，アメリカではすごく楽だったんです。音節が3つでしょう。3音節というのは発音しやすいんですよ。日本名に多い4音節より。だから，そういう点では「やまもと」「おかもと」と言うよりも，「たたら」が3音節でしょう。ずっと言いやすい。向こうの人は全然抵抗がないですよ。漢字も読む必要ないし。

4. 父の仕事

　山本：お父さんが商売されていたのは何を商っておられたのですか？

　鑪：最初は，木炭関係の炭ね。あの頃は俵みたいにして炭を，今の備長炭とかいろいろな炭の種類があるでしょう。どうもそういうのを商いしていたらしい。

　その後，先程言った写真のところに行く前に，もう１カ所（家を）移っているのです。今度は市内の町の真ん中に来て。五福小学校という小学校があるのだけど。その学校の門のすぐ横に移っている。そこが僕の本籍なんですよ。そこの本籍が，古大工町というのです。古い大工の町。通りが10メートルぐらいの長さで，それでその町の名前は終わりなんです。だからちっちゃなところ。そこで何をしていたかは全然記憶がないけれど。聞いたこともない。

　ただ，1度訪ねて行ったことがありました。けれど，もうその頃は何もなかったですね。けれど番地は同じですから，今の僕の戸籍もそこなのです。戸籍はもう動かさないということで，熊本市古大工町14番地。そして，あの春日に移ったんですね。春日町古道通りと言っていたんだけど，道が古いわけではなかったと思うのですけれど。そこもやっぱり庶民の町。ですからずっと庶民の町で育った。親父の仕事といったら商売だから。その商売もどの程度のものか分からないですけれど。それから大工でしょう。大工もどのぐらい事実かよく分からないですけれど。生まれた頃は炭屋だった。記憶の中にはあまりなくて，話を聞いたんだけど，はっきりしないんですよ。

　けれど春日町古道通りって熊本駅からすぐ北西に入った通り。北岡神社というお宮があるのです。北岡神社というのは千年楠木で有名。大きな楠木が２本，境内にあるのです。そこは古い大きなお宮さんで能楽堂とか，あったのです。今はもう全部取り払われてしまった。社は今もそこに残っているんです。ですから，そこが僕の遊び場だったのです。広いですよね。お宮の境内ですから，走り回って。能楽堂で，年に何回か能があります。あの頃はやっぱりお宮さんをすごく大事にしていた。神道が国家宗教の時代。国がお宮の位を定めていた。「官幣社」，大社，中社，小社，その他とあった。だから広いところで遊んで，よくそれから階段を，お宮の本殿まで駆け上がった。そこから見ると，熊本市が一望できる。すごく見晴らしのいいところだったですね。そういうところが小学校時代，その前も，よく遊んで，グループで鬼ごっこをしてそこまで駆け上がったりした。

　岡本：なんか，すごく伸び伸びと。

　鑪：伸び伸びとしていた。

　岡本：伸び伸びと，しかもポジティヴな。

北岡神社の２本の楠木

鑪：あんまりポジティヴじゃない。僕は悪ガキというか，いたずらをするから。看板を動かしたりなどいたずらとか何かね。

山本：お母さんは，どちらかというとそれで謝ったり，苦労しておられた？

鑪：そう，そう。おふくろは学校の父兄会とかによく来ていましたから。ただ，謝りに行ったのかどうかは分からない（笑）。

山本：お母さんはあの当時，いわゆる専業主婦というか。

鑪：専業主婦ですよね。ずっと死ぬまでそうでした。

岡本：でもお店をやっていらしたら，ずっとお店で働いておられた。

鑪：記憶としては，僕の家は小学校時代は魚屋さんでしたね。お店で働くことはおそらくあったと思うんですよね，魚屋ですから。それも大きなお店で料理をやるんですよ。直径50cmぐらいの大きな皿がたくさんありました。それをこう天井の近くの鴨居に飾っていて。仕出し屋さんみたいなね。だから一方では，店頭での魚屋をやる。一方で仕出しをやる，そういうのをずっとやっていました。だから大きな絵を描いたお皿。有田焼みたいな，あれはすごく印象に残っています。

岡本：使用人もおられたのですか，ご両親だけでやっておられた，あるいは人を使っていらした？

鑪：そこのところも，よく分からない。基本的にひとりでやってきたんじゃないかな。それから僕の従兄で，父親の姉の子なんですが。それが魚屋を継いで。多分，従兄が手伝いに来ていたりした。だから何人かいたと思いますけれど，あんまりそういう記憶はないですね。

5. 幼いころの家族体験

岡本：お母様は優しい方だったのですか？

鑪：おふくろは常に優しかったですね，ずっと。あの優しさってどこからきているのかと思って。あれは本当にどう言ったらいいんだろうね。あの時代ですから教育はみんな小学校までですよね。女性として，あるいは主婦として，それをずっと徹底してやった人ですね。子どもは全部かわいがった。兄弟は一番上が姉，それから2人兄がいて，僕がいて，妹がいる。5人兄弟。ところが戦争で上の3人がバタバタと死んでしまうんです。

岡本：戦争に行かれてですか。

鑪：出征の後ね。親父も戦争に関係します。親父も含めて4人死んで。だから兄弟は下2人，私と妹だけが残ったんですね。だから，それもいろいろ難しかったですけど。ただ，おふくろはずっと従順に，もう苦労があろうと無かろうと，ずっと一貫していましたね。怒りというのはあんまり見たことないです。おふくろは怒らない。時々愚痴を言うことはあっても，大きな声は聞いたことがないで

すね。裁縫が上手だった。ひたすら縫い物を。多分それは内職みたいにして，戦後は少しお金になっていたんじゃないかと思う。親父は亡くなる，兄弟たちも亡くなってしまう。そうすると，それをやることで幾らかのお金を稼いでいたんじゃないかと思う。

80 歳頃の母　阿蘇山千里ヶ原にて

　そして戦争中のもう一つ大きな出来事は，小学校 4 年生のときだったかな，戦争がだんだん厳しくなって敗戦の 1 年前，駅が近いので爆弾とか攻撃を受けた時，延焼しないように強制疎開。それで家を全部壊してしまうのです。それで駅を守るわけです。

　山本：防火帯にしてしまったのですね。

　鑪：そう防火帯になったのです。それでおふくろの里が山鹿なんですよ。山鹿というと温泉地で，何キロぐらい離れているかな，10 キロぐらいかな。あるいはもう少し離れているかな。熊本の北。福岡の方向。熊本では温泉地として今も温泉で有名なのですけど，そのすぐ近くの村なのです。米を作る人で。そこに子どもだけ疎開して，親父は徴兵されて行っているでしょう。兄貴は予科練（予備航空科練習生）で横須賀かな，そこに行っていた。家にはあとはいない。一番上の姉がいて，それから僕は 5 年生，4 つ下に妹がいて。それで疎開。おふくろと一緒にね。疎開体験もあんまり感じのいいものじゃなかったですけど。

　疎開して田舎の学校に行った。学力差がある。だから僕は何も勉強をしないけれど，みんなよりもできる子。そういう意味では重宝，重用された。学校のクラスの中で。ちっちゃな寺子屋みたいなところだったのですけど。おふくろのお兄さんの家に住まわせてもらったわけね。そこでは畑仕事のお手伝いで，田んぼの草取りとか，いろいろな野菜を植えるとか。あのときにキュウリ，ナスとか，あれを生で食べておいしいということが分かりました。

　それと，すぐ家の裏に菊池川という川があって，平安時代から九州を支配した豪族 肥後菊池氏（藤原則堂と名の子，平安時代から 500 年続き，室町時代に絶えた），その名前が残っている。川がすごくきれいなんですよ。水の流れが早い。子どもたちは，みんなそこで泳ぐ。僕は水泳をそこで覚えた。強制疎開で田舎に行って，勉強は全くしなかった。体を動かしてお百姓の手伝いをした。

　おふくろの兄弟は兄貴 2 人と，おふくろと 3 人。おふくろが一番下の妹だった。もうひとりが蚕とかそういうのを飼って。蚕なんかも桑の葉をまいて食べさせたりして。部屋に何かむしろみたいなのをずっと敷いて，そこに蚕の桑の葉っぱをちぎってもっていく。そういうお手伝いですね。なかなか仕事も大変だったのです。戦争中は大体そんなのかな。

　岡本：あまり悲惨な感じではなかったのですね。戦争中の話ではきつい，辛い

話をよく聞いてきましたが。

鑪：一番辛かったのは食べる物がないことですね。田舎に行っても，やっぱり別所帯だから食べるものはないんですよ。だから家族は，自分らは自分らで食べていて，向こうはお米なんかも食べているんですね。

山本：畑で作ったものをもらえはしなかった？

鑪：もらえないんですよ。買わないといけない。しかしお金はない。居候みたいで，食べ物も全然別で食べさせてもらえなかったし，それは辛いところがありましたね。だから，よく生ものを食べました，畑のナスとかキュウリとか。それからミョウガね。ミョウガって，あれはお寺の石垣みたいなところに生えていた。ミョウガというのは印象に残っている。今でもミョウガを見ると思い出します，その頃を。どういうふうにして食べたかも。よく生で食べました。疎開したのは夏でした。短い期間だったけれど。敗戦になって。3カ月か，4カ月ぐらいでした。

山本：そうか。10歳か。

鑪：あれは5月か6月頃，強制疎開で行って。敗戦になって，それから1カ月ぐらいいて，僕はまた町に帰ってきた。

山本：でも，家はないですよね。

鑪：そこで家を借りて。それがずっと長年，僕が大学を終わるまで住んだ家です。

岡本：ご家族も一緒に，お母様も一緒？

鑪：家族は親父が帰ってきて，そこを借りて。そこはちょっと広い家で。元あった家と少し離れています。今はその家そのものは残っていないですけど。北岡神社の裏に当たる。北岡という細川公の墓所のあるところなのです。今も名前が残っているし，その墓所もあります。

戦後そこに帰ってきて，前の強制疎開の土地が空き地になっていて，食料は何もないでしょう。だから，そこにいろいろ野菜を植えたんですよ。その野菜を食料品の足しにした。戦後は食料がない。だから自分の家の中の衣類とかそういう物を持って米と交換に行くわけですね。食料品とリュックを担いで。おふくろなんかはそういうことをやっていた。野菜の中で覚えているのはオクラ。みんなも僕も食べて。あれは生命力がすごく強いんです。たくさん実が付くのです。だから採っても，採ってもすぐできる。よく食べました。オクラ・キュウリ・ナス・トマトとか。そういうのをその空き地で家族で作って。それが戦争中と戦後しばらくです。

山本：戦中とか戦争前後の体験というのは，その当時はもうみんなそうでしたけれど貧しさと食べるものを必死になってしているという，何かそういうイメージ。

鑪：貧しさ。みんな同じですよ。町にいると，みんなそうでした。特別にどう

ということはなかったけれど。でも，いつも飢えていましたね。
　それと病気ね。皮膚病ですよね。全部，栄養失調です。そうすると，おできになるのです。いっぱいおできができて。ノミとシラミね。ノミとシラミが大変。だからノミ捕り器なんて作ったりして。その頃はそういうのを作らないと，こんな1匹捕まえてパチンと爪でやって殺すぐらいの数じゃないんですよ。ガサガサガサッと10～20匹。竹の筒を切って，2つに割って，それを背中合わせにする。真ん中をひもで結んで。そこにノミを入れる。そして，挟むようにする。バシンと潰れる（笑）。それがノミ捕り器。いやノミ殺し器だね（笑）。もうブシュブシュッとこう，たくさんでした。女性が大変だったのはシラミですね。頭髪の中。戦後，進駐軍が入ってきてDDTをまかれた。あれで，ずいぶん楽になりましたよね。DDTでノミ，シラミがなくなりました。栄養失調の皮膚病で，手なんかも形が変わってしまったのです。この薬指1本だけが，しもやけに罹らなくて。あとは全部大きくなってしまって，こうしわだらけで。これは本当に苦しみましたね。春先になると，かゆいんですよ，すごく。栄養失調だから冬になると，しもやけで。腫れるでしょう。かゆくなるでしょう。しばらくすると化膿してひどい状態になるんです。ぐちゃぐちゃになって。あれは，すごくつらかったですね。それが何年ぐらい続いたのかな。敗戦の前と，後ですね。学校に入ってからもしばらくそうでした，食べ物がないから。そういう悲惨な状況でした。

6. 父・兄・姉の死

　鑪：だから戦後までのところは，親父は親父なりにすごくがんばったんじゃないかと思います。学校は多分小学校だけだと思う。あの頃は，親（の学歴）は小学校までというのも多かったですけど。おふくろもそう，親父もそう。そうすると，何かを創り上げていくということはあまりできないんですよね。やれることというと，職人か商売しかない。それで商売というかたちで一生懸命だったんじゃないかなと思う。けれど，みんな飢えと病気でバタバタと死んでしまうのですよね。それは食べ物がないから。その当時流行したのが結核です。それで結局，僕が中学3年のとき，15歳のときに親父が死んで，その後兄貴がまたすぐ死ぬ。全員，結核で死んだ，バタバタと。
　山本：お父さんは結核で亡くなったのは何歳ですか。
　鑪：50歳。兄貴が18か19だったと思うのです。上の兄貴が21～22じゃなかったかな。だから，もう次から，次から。その頃はどこの家でもそんなのでした。次から次から死んでいってね。戦争で生き残ったけれど，結局病気でみんなやられてしまう。戦後，食べ物はないし。結核というのは厄介な病気で，栄養をつけないといけない。しかも，動いてはいけないのですよね。動いて何かをしないと生きていけないような状況なのに。だから，ずっと最後は寝ていて。それに

例の祈祷師[2]が来るんですよ。
　岡本：お兄様は予科練で終戦後帰っていらして。
　鑪：帰って，寝ているわけですよ，やっぱり病気だから。
　岡本：もう終戦のときにはご病気だった。
　鑪：そう。ちょうど同じぐらいのときにバタバタとみんな死んでしまって。
　岡本：おうちで療養されていたのですか？
　鑪：家で療養というよりも寝ているわけ。ずっとゴホン，ゴホン言って，痰を吐くんですよね。開放性だから，もう細菌をいっぱいばらまいているわけね。結局，僕も後で結核になるんだけど。僕はそれが感染したかどうかはよく分からないのですけど。大学に入ってからだから。
　ただ，本当にそれは悲惨な体験だったかというと，主観的にはそうではないですね。どこでもそれで亡くなっているから，それほど珍しいということはない。次から次からみんな死ぬということは，それほど珍しいということではないし。ただ，寂しい体験ではありましたね。けれど悲惨という感じはあんまり持っていなかったです。
　山本：お母さんはだいぶ違っていたのでしょうね，おそらく。
　鑪：違うでしょうね，おそらく。でも，おふくろは何も言わない。黙っている。何かするって，もう僕は15だったでしょう。上の兄たちが亡くなって。すると母が僕に聞くんですよ。「どうしたらいい？」とか。だから，僕は15歳近くなって，もう既に完全に大人として家を仕切るようなかたちになっていたのです。お葬式のところから全部僕がやっていたんです。長男の役割を果たした。誰もいないわけでしょう。あとは妹だけ。
　おふくろは何もできないんですよね。それで僕にいつも「どうしたらいい？どうしたらいい？」と言う。僕が「お母さん，こうしなさい」とか言って，「ほんならこうしようや」とかね。家の中はそういう意味では，なんか不思議な感じでしたね。早くから家を維持する仕事の役割を与えられてしまった。
　姉は僕にすごく優しかったんですよ。教育勅語「朕惟ふに，我が皇祖皇宗」。あれを一生懸命教えてくれたのが一番上の姉だった。ただ，その姉も戦争中，強制疎開の前でした。腸チフスで亡くなったのです。腸チフスも，その頃すごくはやった。結核も伝染病だけど。結核は隔離するほど余裕がないんですよ，あまりにも多かったから。だから自宅療養というかたち。姉は，チフスで病院に入院して収容されて。しばらくして死んだと言って，死骸が大八車みたいなのに乗せられて帰ってきた。僕は，その死骸を大八車に乗せられているのを見せられてね。
　あの頃の死というのはなんか不思議ですね。本当に悲しみで別れるというより，なんとなく近かったですね。当たり前みたいな。あ，そうなの？　という，そう

---

[2] 祈祷師 → pp. 15-18参照

いう感じの死の受け止め方ですよね。けれど，僕はすごく悲しかった。お姉さんは，僕にはすごく優しかったから。一番下の男の子というのもあったのでしょうね。すごく優しかった。だから，そのときはちょっと悲しみがありました。

山本：一人ひとりやっぱり違うものですか。お父さんが亡くなったとき，お兄さんが亡くなったとき，お姉ちゃんが亡くなったとき。

鑪：違いますね。親父のときはどういうふうに早く片付けようか，どういうふうに早く葬式を終わらせようかということでした。僕にとっては。つまり後継ぎで僕が全部仕事をしないといけない。早くしないと再出発できない。けれど，何をするといったって何もないわけ。

山本：お父さんのことを弔うというよりも，もう次のことのほうに目がいっていた。

鑪：そうなんですよ。だから弔うといったってすごく簡単に家族葬ですよね。家族の中でやるというそれだけ。そんなでしたね。

7. 病気と祈祷師

鑪：子ども時代のもう一つの問題は，呪術のことです。病に関係して，父親が早く死んだ原因のひとつは呪術なのですね。祈祷師にお祈りをしてもらって病を退散させるという，これは一貫した父親の考えだったんですね。考えというか，信念。だから医者に行かない。そういう風土というか文化もあったんですね，あの頃。医者は信用していないし，親父さんは全部祈祷で自分の体を清めて治すという。僕らが病気をすると，それも祈祷にいく。子どもたちも全部。

僕のことで一番印象的だったのは，何歳ぐらいのときかな，奥歯がこう腫れてこんなになっていて熱を出してワーワー泣きながら寝ていた。そのときも親父が祈祷師を連れて来た。小学校のときです。それがすごく印象的で。大きな火鉢で火をたくんですよ。こう字を書いて投げ込んで，燃やして，お祈りする。護摩の祈り。その火がガーッと，こう天井までいくぐらい燃え上がるすごいものでしたよね，その様子が。それで呪文を唱えながらね。大きな火鉢は当時，どこの家にもあった。みんなそれで暖を取っていたわけだから。そこで，焚いて，それはものすごく魅力的でしたね。炎が不思議な魅力。それで呪文と同時に鐘を，太鼓，鐘みたいなのを叩いて，木魚を叩いて。すると，もう独特な世界だね。

岡本：護摩を焚くような。

鑪：そう。護摩なんですよ。護摩を焚くのね。来るといつもそれをやるのですよ。それがすごく魅力的でね。でも，治るわけじゃないと思うけど。僕の場合は医者に行かないでもいい。それは霊が憑いているから，その霊を取りなさいと。僕の霊は長虫の霊だったのです。

岡本：長虫の霊って何なのですか？

鑪：長虫というのはヘビ。あの頃は田んぼなんかに，たくさんヘビがいたんですよね。「あなた，ヘビを見たら，ヘビを粗末にしたらいかん」と。みんな，しっぽを持ってヤーッと，振り回したりして，よくやりましたよね。ヘビを投げたりね。「もしもヘビの死骸を見たら，ヘビを丁寧に葬りなさい。そうしたらあなたは救われるから」と。だから，もう頭の中はごちゃごちゃです。田んぼなんかを歩くと，稲刈りをした跡なんかにいるんですよ。子どもたちが捕まえるとかするでしょう。僕はその死んでいるヘビを，穴を掘って埋めて。

　岡本：言われたことをちゃんとされたんですね。

　鑪：言われたことをやって，これは大事なんだと，僕の歯に影響すると（笑）。だから，そういう呪術的なものは染み込んでいるわけ。ちっちゃい頃から。

　山本：それは一種のかかりつけの呪術師がいるのですか。

　鑪：かかりつけ，呪術師がいる。呪術師が同じ人なんですよ。

　山本：それは家の近くにおられた？

　鑪：どこにいたか私はよく分からないですけど，親父が連れてくるんですよ。いつもその人が来るんですよ，何か病気があると。父も結核になると，その人に治してもらうという。医者ではなくて。

　山本：全然，医者に行っていない？

　鑪：行っていない。診断だけ医者がやって，治療に行くということはないです。だから，やっぱり早死にしたのですよね。そのこともあるでしょうね。だから我が家は呪術師が病気を治すというかたちで。

　山本：それで先生の中では，いつも拝み屋さんというものを割と大事に見たりされている。

　鑪：大事に見たりするのは，それがあるのね。僕はそういう体験をしたという。もう一つは，親父自身は3番目の子どもで，お姉さんが2人いた。その一番上の姉というのが，熊本県人吉市の多良木村って知っていますか。多良木村は球磨川の上流の，球磨川下りというきれいな水があるのですけど，その上流の五木村って，あの『五木の子守歌』があるところ。そのちょっと川下の所に，多良木村というのがあるのです。今は多良木町になっているのですけど，相当遠いですよね。そこに嫁いでいったのです。その旦那が祈祷師なんですよ（笑）。祈祷師さんのところに嫁いで。そして僕は子どもの頃，そこに遊びに行っていたわけ。山の中だけど。その親父さんは村の祈祷師で，中心人物なのです。失せ物，病気とか，いろいろなのを全部お祈りするのです。何か物が失くなってどこにあるかとか。こういうふうにして「あっこ」とか言って，やるわけですよ。

　山本：先生にとっては伯母さんになるわけですよね，その人は。その当時は，だから恋愛結婚というんじゃなくて，家で多分。

　鑪：そんな田舎だから，なぜそこに嫁に行ったのかはよく分からないのだけど，たまたまその人が祈祷師だったのです。僕にとって「たまたま」ね。そこに遊び

に行くと，まがまがしい密教系の仏像があって，飾りがあって，お祈りに人が来ると，そこに座って呪文を唱えてやるのです。僕はただ遊びに行っているのだから，珍しくてそれをじっと一緒に見ていて。その伯父さんがすごく優しい人でね。伯父さんが魚を捕る名人だったのです。潜るんですよ。球磨川のきれいな水に。潜ってフナとか捕まえてくるんですよ，手で。そんなのをいろいろ教えてもらったりして。だから伯父さんの影響というのもあったと思うな，そのまがまがしい世界をね。

　山本：なんか親和的になりますよね。
　鑪：親戚にかわいがってもらったから，ちっちゃい頃。
　岡本：そうですよね。親戚ですからね。
　山本：お父さんが連れて来られたのはその人じゃないのですね。
　鑪：その人とはつながっていないけど。やはり親和性はあるんですよね。親父の姉がそういうところに嫁に行っているし，そうすると自分の中にも。
　山本：ということは，もしかしたら先生のおじいさん，おばあさんがそういう世界に開かれていた可能性は？
　鑪：そこのところが，ちょっとよく分からないのです。おじいちゃんというのは何か事業をやっていた人なので，直接そうかどうかはちょっとよく分からないです。僕の上の世代というのは，建設業とかそういうようなかたちでいろいろやったりしていて。そういう祈祷師的な，精神的な世界にかかわっている人はいないです。でも，僕にとってはそういうところはつながりがあるのですよ。僕自身の体験も，親父のそういう密教的なかたちで治療を勧められたり，実際自分でそういう体験をしたり。伯父さんが実際に祈祷師ですから，そういうことをやっていて。それがすごく魅力的な世界だったのですね。僕もやりたかったのです。
　岡本：え，やりたかった？　祈祷師のような？
　鑪：祈祷師。
　岡本：やりたかった。それは何なのでしょう。
　鑪：その魅力です。すごく魅力的な世界，美しいですよ。
　岡本：それは分かるような気がします。
　鑪：すごいパワーだしね。もう引きずり込まれてしまうパワーがあるんですよね。そこからキリスト教の世界に入っていった。だから，これはまた全然違う。だから，その2つがずっと混在していましたよね。
　山本：昔，出した『心理臨床家の手引』[3]で，クライエントからの質問にどう答えるかQ&Aの中に，鑪先生が拝み屋さんのことを項目に入れられましたね。
　鑪：まだ，あの頃はあったものね。
　山本：あったからね。それを，むしろ否定するんじゃなくて，そのことの意味

---

3) 鑪幹八郎・名島潤慈（編著）1983　心理臨床家の手引　誠信書房，第7章を参照。

を一緒に考えていくという。どなたが書かれたか忘れたけれども，書評で「そういう項目が入っている，これはおもしろい」と書いてあった。そこだけ鑪先生が書かれたのか，何で入れられたのかよく覚えていないのだけれども，そういうつながり。

鑪：そういうつながりがあるのです。僕自身は，それを非科学的なものだから否定しなきゃいけないとは全然思っていないのです。思ったことはないです，一度も。僕自身がそうなりたかったぐらいだったからね。どこか根っこにそれはずっとありましたね，その魅力って。

岡本：そうですね。お父様代わりだった，（九州学院の）内海季秋牧師[4]先生も何かそういうこと，鑪先生が祈祷など非科学的なものにも親和性を持っておられたことを感じておられたんじゃないかな。

鑪：何かね，もう本当に息子みたいにして，優しくしてもらいました。先生には息子が2人いたのだけどね。彼らは牧師になったのです，僕と同年の子は。本当に兄弟みたいにして育ったのですよね。

8. 九州学院中学・高校へ

鑪：親父は，僕が15歳のときに亡くなってしまったけれど，親父が僕に一つ遺したのは，九州学院[5]へ行けということですね。僕が小学校6年を終わるときに，アメリカの占領政策の中で，学制の改革があった。新制中学が始まった。春日小学校の，すぐ近くの田んぼの中に，ここに新制中学，中学校の建物を建てると。それまでは尋常小学校の高等科というのがあったのです。それは同じ小学校の中にあった。それは全部廃止されてしまった。僕らが卒業するときに，みんな中学校へ行く。それは新制中学ということになった。だから学制が変わって，今までの中学校が高等学校になった。そのときには，まだ何もないわけですよ。教科書もない。建物もない。田んぼの予定地があるだけ。ここが，あんたたちが行くところですと。青空教室，それが新制中学だった。そのときに，親父が考えたんだと思うんですよね。私立のキリスト教系の学校はちゃんとあるのです。僕が行った九州学院は空襲で焼けていないんですよ。それで，親父が「おまえはあっこへ行け」と言う。それで松野秀雄という担任の先生が「行ったらいい。入学試験を受けろ」と言って。そこには，立派な校舎はあるし，英語を教えるという外

---

4) 内海季秋（うつみ すえあき） 1905-2002 熊本県に生まれる。日本ルーテル神学専門学校（現日本ルーテル神学大学）卒業，日本福音ルーテル市ヶ谷教会ほか各地の牧師を歴任。日本ルーテル神学校理事長，社会福祉法人うてるホーム理事長などを務める。主著：『ガラテア人への手紙』（1961，聖文舎），『キリスト者の自由と愛』（1989，聖文舎）など。

5) 九州学院中・高等学校 1911（明治44）年に，アメリカのルター派キリスト教会によって創設されたキリスト教主義の学校。「敬天愛人」を校訓とし，学者，実業家，スポーツ選手など，多くの人材を輩出している。

人の宣教師もいる。全く別世界なんですよ。九州学院は，プロテスタントのルーテル派の学校。もちろん僕は知らなかった。とにかくそこを受験しろと。それで一番ビリだったけど，とにかく入れるということになった。

だからお金をどうしたのかも，僕は全然分からない。多分親父が少しはお金をためていたんじゃないかと思いますね。父は自分自身は，もう体はボロボロだったのに，そういうかたちで僕は九州学院に入ったんですよ，たまたま。そこの学校に集まったのは裕福な子，それから役人の子どもたち。つまり親の教育のレベルが高い。そういう人たちの子どもたちが集まってきたのです。僕らとその次の学年と，3年ぐらいそれが続いた。その3年目ぐらいに新制中学校の建物がきれいになって，高い金を払って九州学院へ行くより，みんな今度はこっち（新制中学）へ行くというかたちになったのです。だから，その3年ぐらいは割と優秀な子が集まった。僕の同級生なんかは，割とみんな都会に出て行った。大学も国立大学で，東大へ行ったり，京大へ行ったりという，そんな時代です。たまたまそうなってしまったのです。そういうところに僕も潜り込ませられたのです。そこからはものすごく僕のストーリーが変わるのですよ。

鑪幹八郎
九州学院中学入学時

9. 九州学院という異文化

鑪：ここから変わる。そこまでは本当に地域の中の一種の泥まみれの生活が普通のかたちでした。親父も商売をやっている。ちょっと暇があると手伝え，ということでいろいろ手伝って。それからガキ大将でしたから，みんなと一緒に走り回ったり，お宮さんの境内で遊んだりという，そんな生活でした。

新制中学になって九州学院に入ったら，もう全然違う。みんな遊んでいるけど，地域性がないんですね。通って行くわけだから。僕は春日校の地域から2人だけ。そこに熊本の全域から集まってくる。学校の中ではもう英語が始まっていた。おもしろい英語のミラー先生という牧師さんの奥さん。そういう人たちが英語を教えてくれる。

山本：中学校のときに，その当時では珍しいネイティヴの発音にふれられた。

鑪：そうです。A：アーベイ，B：ベイクル，何とかといって言わされて，僕はF：ファーマー（farmer, 農夫）という名前だった。

岡本：熊本ってキリスト教の文化が昔からありましたよね。宣教師が江戸時代から来ていて。

ミラー牧師夫妻

ミラー牧師夫妻と鑪幹八郎

鑪：そうです。だから，もう戦争が終わったらすぐ宣教師が来たんですね。明治時代だと熊本バンドという，徳冨蘆花とかいろんな人たちがキリスト教徒になって，僕が住んでいた春日の花岡山がバンドの集まりの場所でした。だから今も遺跡みたいなのが残っています。そういう人たちが全部同志社に移って，それで同志社大学ができて。そういう点では，熊本はキリスト教の影響も強いのです。ただ，キリスト教系の学校は九州学院しかないです，熊本には。それと姉妹校の九州女学院と2つだけ。

　親父が亡くなって，僕の家族内での役割が，ころっと変わってしまって。そうすると悪ガキでおれなくなったんですね。それと九州学院に入ったということで。何かすごい紳士教育みたいなことをさせられて，すごく厳しかったんですね。学校教育そのものが。ちゃんとやらないといけないということで。それまでは，田舎というかひどい環境。本がなかった。本を読んだことがない。本というのは絵本とかそういうのね。それから子ども用のいろいろな物語とか。だから僕は，小学校時代にはほとんどそういうものに接していないのです。そういう環境がなかったのです。中学校に入って，もうとにかくいろんなものを読まされる。それは強制的に宿題で読まされるわけですね。大転換。

　それと，親父はもういなくなってしまったのだから，後は収入がなくなって。おふくろと妹と3人で母子家庭で育っているわけですね，それから先は。それで僕は，その中の主みたいにして動いてね。だから，お金がなくてどうするかなと。キリスト教系の学校に行って一つプラスだったのは，あなたのところは何もないからこれを持って帰りなさいと。アメリカからの援助というのが，あの頃ありました。それで着るものをもらったり，食べ物をもらったり。そんなだったですよ。それで今度は反対に，ありがとうという気持ちもあって，だんだんと宗教活動に僕がのめり込んでいくのです。宗教活動というのはYMCAの学校版みたいなのがあるのです。そこで聖書を読む。それを指導するのは牧師さん。牧師さんというか，宣教師。宣教師と牧師さん。宣教師は英語でやるのです。これはもう実際に習うということではなくて，自然と少しそういうネイティヴな言葉が聞こえるという，そういうようなことがあって。

10．父親代わりだった内海季秋牧師

　鑪：牧師というのは内海季秋という牧師さんだけど，この先生が親代わりになったのですね。チャプレンで九州学院の牧師さんです。その家族で，男の子が同級生なんです。その子は牧師になったんですね。日本を代表する牧師になって，

まだ生きていると思います。仲良しになって。だから僕は，食事はそこでして帰る。本当にもう親代わりになっていました。すごく優しい人で，厳しいところと優しいところがあってね。だから僕の親父よりも，むしろ親父イメージというのは内海先生の，牧師さんのイメージが僕の親父のイメージなんです。

内海季秋先生

　山本：それは当時，お父さんが亡くなった子どもたちはたくさんいたと思うのだけれども，それはみんな育てておられたというんじゃなくて，先生だけが特別に？

　鑪：だから僕は特別なんですよ，そういう意味では。教育も九州学院に行くなんて，考えてもいなかったようなことが起こったでしょう。それは親父の差配でそうなったんだけど，親父はすぐ死んでしまいましたからね。だから後，身代わりみたいにして親代わりになったのがその牧師さんですね。僕がどうにか生き延びて今の状態になる基礎をつくったのは，その牧師さんです。

　山本：それを，そこに行けと言われるのはお父さんだから，ある意味ではお父さんの最後の贈り物みたいな。

　鑪：そうなんですね。それはあると思います。何でそう言ったかはよく分からないけれど，親父は僕を好きでしたね。それが最初に言った，あの一枚の写真とつながるのです。他の兄弟に対しては，親父はすごく厳しかったです。ただ，僕はちっちゃかったこともありますしね，みんなより。僕にはすごく優しかった。悪ガキだったのに。

　岡本：それは，どうしてそういうことになったと考えておられますか？

　鑪：どうしてなのでしょうね。親父の言うことは割と素直に聞いていたということが一つあった。だから手伝いをしたりね。みんなは思春期だから親父に反発してるところがあったけど，僕は思春期以前の状態だったので割と言うことを聞いてハイ，ハイとかいろいろやったりね。

　それとちょっと，気がついていたということもあったんじゃないかと思うのです。親父の言うことが前もって分かるから，こうしようかとか，ああしようかとか，さっさとやってしまう。だから，親父も僕に対してはすごく優しかったんですね。小学校から新制中学校に行かないで，私立へ行けと，相当無理をしたんじゃないか。お金がかかるし。

　それと松野秀雄先生という小学校の担任の先生，僕の家に来て親父と一緒に酒を飲んだり話をしたりしてました。今ごろは，こんなことできないでしょうが。それで「おまえ行け」とか酔っ払いながら僕に言ったり，担任の先生が。小学校で私立へ行ったのは僕ともう1人ですから。

岡本：やっぱり先生の中に光るものがあったんじゃないでしょうか。光るもの。要するにただの悪ガキではなかったところもあるという。

鑪：そこのところは自分ではちょっと分かりにくいんですけど。そんな親父の優しさとか，そういう分岐点のときに，そっちの方へ行ったというのが僕の人生に後々まで大きい。15年後にホワイト研究所[6]に行っているときにも，それが影響するのです。

岡本：やっぱり九州学院というのは異文化だったと思うのですけれども。先生は抵抗なくスッと入っていらしたのですか？

鑪：抵抗はなかったですね，ほとんど。

岡本：ほう。あこがれの世界というような。

鑪：いや。あこがれもなかったです。自分では全然分からない。学校ってこんなのだなとか。しっかり頑張らないといけないとか。だけど何か雰囲気が違う，今までと。外人もいるし。

山本：かといってフィットしないということではないんですよね。むしろ疎開体験はフィットあまりしなかったとおっしゃっていたけれど。

鑪：むしろ積極的に僕はその中に入り込んでいったんですね。今度は悪ガキというよりもクラスをリードするような方向で入り込んでいってしまったのです。だから運動会があると，運動会の団長をやったりとかね。中学生のとき。だから，いろいろそういうこともやって。足がただ速いというだけの話（笑）。

岡本：そうだ，運動もよくできたんだ。

鑪：ところが，心の中ではすごく古典的なことをやりたい。その頃ね。武道を，柔道か剣道を。戦後すぐでしょう。できないんですよ。特に僕がやりたかったのは剣道なんですよ。

山本：それはGHQ（連合国総司令部）が禁止していたのですか？

高校時代　友人の末永君（右）と，テニスのペアで
末永君は前衛，鑪は後衛だった。

鑪：武道は禁止なんです。それで一番最初に解かれたのは柔道ですね。柔道場というのが町の中にあって，柔道よりも自分は剣道をやりたいって道具屋さんに行くと，あるんですよ。そこの主人が剣道七段かな。僕に「おまえは珍しい。やれ」とか言って。でも，やる場所がないんですよ。もちろん道具を買う金はないしね。けれど，とにかく竹刀だけは持てと言って，こうするんだって素振りね。とにかくこれをやっていればいいと。それで柔道場があってその隅で竹刀の素振りをやって。ところが，剣道というのは全く人気がないのです。ほぼ禁止状態です

6）ホワイト研究所 → pp. 88-123 参照

から。剣道がちゃんとやれるようになったのはずいぶん後ですね。10年以上たってからです。僕が大学に入った後だった。

　岡本：先生，剣道をなさっていたのですか？

　鑪：剣道をしようとした。ちゃんとやれなかった。道具も買えなかったし。大学に入って最初にやったのが柔道なんですよ。もう剣道はやれないということで。ただ，剣道は小さいときからやらないと難しいんですよ。それで柔道をやって，それも3カ月ぐらいやった。そうしたら背負い投げで投げられたんですよ。ボンッとこう頭から。ガンッとこう打って。受け身が全然まだできないのに，もう力任せに投げられてしまったんです。もう一発で気絶状態になって，胸骨が折れてしまった。それで，柔道もできなくなって。その上に結核になってしまったのです。あんたはもう運動なんて駄目。大学のときにそうなったのね。

11. 家庭教師のアルバイト

　鑪：中学から高等学校に進学するときも，もうお金がない。もう（終戦後）3年ぐらいたつと，公立がだんだん整ってきましたから，公立へ行くと授業料なんかは少し安い。

　山本：九州学院は中学3年，高校3年ですね。高校に上がられたわけですか？

　鑪：僕は上がったのです。中学から6年間通った。そのときに牧師さんは，特に親代わりみたいにしてやってくれた。向こうも気に入ってくれて，僕も一生懸命で。いつもそこで食事をして帰ったり。その頃，すき焼きを作ってくれるの。だから，牧師さんって恵まれていたんでしょうね。生まれて初めておいしいものを食べさせてもらったりしてね。

　それで上に行くお金がないと。それなら（教会の）奨学金をあなたにあげるということで，学校にはお金を出さないでいいと。ただし，自分のことは自分で稼げと。だから家についてはアルバイトをしないといけないという。何をするといっても，何もできないからね。おまえはちっちゃい子に教えろと。家庭教師ですよね。高等学校のときから家庭教師を始めた。

　岡本：それは教会の日曜学校みたいな。

　鑪：日曜学校みたいに紹介してもらって，それでお金をもらって。おふくろは縫い物をやって。ただ，おふくろの分だけでは足りない。僕の家庭教師が一家を賄っていたんです。幸いなことに，そういうのを斡旋してもらった。

　おふくろは，「あんた何をしているの」って。勉強していても全然分からないんですよね。ただ，ものすごく人がいいから，「あんたはいいことをしているんだろうね」というような，そういう感じで見てくれている。無学で何もないけれど，心の優しい，人のいい母親だったんですね。自分は縫い物ができるから，縫い物で何かあんたにやってあげると。昔，ちゃんちゃんこみたいな。それから丹前ね。

丹前って分かります？
　岡本：分かります。
　鑪：あの頃は冬，寒いときにみんなあれを着てやっていた。それはおふくろが死ぬまでそうでした，僕のために。だから僕も大事に着ていたんです。温かくて。それはもうずいぶん長く着ていた。おふくろが死んだのがいつだったか。もう僕が広島に来てからじゃなかったかな。83でしたから，おふくろは長生きしたんですよ。親父は50で死んだ。だから，その間ね。おふくろのところに何度も帰って様子を見ていました。
　おふくろは，もう自分は動きたくないと言って。ちっちゃな家があったのです。それは，親父が遺した家で。あとはもうお金はなかったのだけど，最初のときは少しはあったのだろうと思う。僕が中学校時代はおそらく何もしていないけれど，それで食べていたわけだから。けれど高等学校になったら，今度は奨学金で学校は賄ってくれて，時々牧師さん家族と食事をしたり，おまえは自分で稼げと家庭教師をやらされてということで。
　けれど，何の苦痛もなかったです。それから，ひがむとか，他の人がいいのに何で自分はこうなのとか，そういうことも何もなかったですよね。ただ，ありがとうというだけで，一生懸命家庭教師をやっていました。そうすると，ここでご飯を食べていらっしゃいとか。だから家庭教師のお宅でご飯を頂いて帰るということが多かったですね。
　岡本：気に入られたんですね，その生徒さんとかお母さんに。
　山本：下を向いた，食べさせてもらうからという負い目があったわけでもない？
　鑪：それは全然なかった。特に負い目というのはなかったですね。ありがとうという。割とあっさりした感じ。だから，家庭教師はずいぶんやりましたね。それは大学でもやった，ずっと続けて大学でも。
　山本：その家庭教師をされたことと教育学部に入られたこととは，どこかつながっているのですね。

12．牧師になるか，教師になるか

　鑪：すごくつながっていると思います。その2つはね。一つは牧師さんの影響ですよね。何か人を助け，人を導く，そういう仕事をしろと言って。僕も牧師さんの本当に息子みたいにして頑張っていましたからね。おまえは牧師にならんか。ただで教育を受けられるということで勧められた。でなかったら何か人を導く，そうすると学校の先生がいい。そのどちらかだと言われて。僕は子どもが好きだからということで。けれど，最後の最後まで迷ったのですよ。僕は今までこんな話をしたことはないが。

岡本：牧師になるか，教師になるか。

鑪：そう。本当に僕の友達の牧師さんの息子，同級生。これは自分は牧師になると決めているわけです。東京にルーテル神学校という専門の牧師養成の学校があるのです。今はルーテル大学になっているけど。一緒に行こうよってその子がね。すごく仲良しだった。僕はもう迷いに迷って，それほど人を導くほどピュアではないし，やっぱり難しいって。

だから学校の先生を選択するというのは，第2志望みたいなかたちで学校の先生を選択するということでした。それからどこに行くって，遠くに行くなんていうことはとても考えられない。もう，ぎりぎりのところで生活しているし，お金も何もない。僕がおふくろの面倒を見ているような状態ですから。妹もいたし。その上，大学に行くといったってお金がないしどうしようと。いや，大学には奨学金があるよと言って。だから大学へ行ったら，すぐ奨学金をもらえと。後の生活は家庭教師を続けてということで。おふくろもいるしということで，そのぐらい稼げと。

山本：典型的な苦学生というかたちで。

鑪：うん。もうね。自分の食費はどうするかといったら，家庭教師の家で食べさせてもらって。それと，そこに住み込みで，住み込み家庭教師なんですよ。だから朝・昼・晩，飯を食えるという，子どもの面倒を見るという住み込み家庭教師をやったのですよ。医者の息子で2人いたところに僕も住み込んで。まあ，その中でまた，いろいろな問題があったのですけど。けれど子どもたちもすごくなつくから。住み込んで僕はやっていながら，もう1つ家庭教師をやって，そこから通っていた（笑）。けれど，それがあの頃は結構いい収入なんですよ。無理がないんですよね。

おふくろと妹がいるわけだから，これを食べさせないといけないわけだから。少しお金を家族に入れないといけないということで。でも，つらい思いをしたことはなかったですよね。それもそういうものだと思っていました。そういう境遇だと思ってね。

岡本：境遇ですか。

鑪：だから，その中でとにかくフルにやっていたと思いますね。それから勉強もやっているし，運動会もやっているし，自治会で会長をやったり，いろいろなことをやったりして，もうフルに動いていて。僕が活動できるチャンスを周囲の人が与えてくれた。だからうれしいという，そういう感じだったのですね。だから，何の不平もなかったですよ。境遇を嘆くということは，あの頃は全然なかった。

ただ，自分の思いどおりに大学も外に出ようといったって，そんなことは不可能な状況です。おふくろと妹をほったらかして出るということもできないし，出ていってどこかですぐ稼げるかって，そんなのはできないでしょう。けれど熊本

にいるなら同じ生活が続くわけだから，それならいいだろうと。教師か牧師かのどっちを選択するかということでは，ずいぶん迷いました。結局はやっぱりそれほど純粋じゃないし，それほど人を導くということもできない。けれど子どもは好きだから，小学校の先生になろうと決めたのですよ。それで，教育学部へ行ったんです。

山本：じゃあ子どもが好きだからというのは，もうちょっと言うとどういうことですか。家庭教師をしていたから，その経験知の中で？

鑪：そう。家庭教師。いっぱいやったから，これならおもしろいという。

山本：やっているし，子どももなついてくれたし，できそうだと。おもしろかったのですよね。

鑪：おもしろかったですよ。教え方もある程度やっぱり上手だったんじゃないかと。子どもたちの成績も良くなるし。これはおもしろいなと思って。

山本：子どもとかかわる中で自分の，ここに何か居場所がありそうだという感じがね。

鑪：そう，そうです。牧師の方は，そういう意味ではもうちょっと神聖なるものがある。これはやっぱり，ちょっと厳しいかなという。

岡本：先生はクリスチャンではないですよね。

鑪：そうなんですよ。僕は洗礼を受けたんですよ。洗礼を受けているんですよ。

岡本：え？　あ，そうだったんですか。

鑪：そうなんですよ。その牧師さんに。

岡本：お幾つのときに？

鑪：僕は親父が死んで，その次の，次の年かな，16のときかな，17かな。

岡本：じゃあ，やはり心の世界ではその牧師さんが，本当にお父さんみたいな。

鑪：そうです。その人が牧師さんですから，その人が洗礼を僕に授けてくれた。僕を，その牧師さんも信じてくれていたのね。それは，もうほとんど牧師さんが死ぬまでそうでしたね。というのは，リッグス[7]に牧師が来るんですよ。もう引退して86ぐらいだったかな。

岡本：その牧師さんがいらした。

鑪：そう。内海季秋先生がね。アメリカに金婚式の祝いで。皆さんに旅行券をもらった。自分はアメリカへ行くと。アメリカ人の牧師さん，ミラー先生がアメリカに帰られて亡くなられるのです。ミズーリ州か何か。それで内海牧師も，その先生をやっぱり大事にされたんですよね。そこに行きたいと。それで，帰りにおまえのところに寄ると言って。そして，リッグスに来てくれたんです。

岡本：なんと，まあ。

---

7) オースティン・リッグス・センター（Austen Riggs Center）　アメリカ合衆国マサチューセッツ州ストックブリッジにある開放型精神病院・研究所　→ pp. 159-168 参照

鑪：不思議な縁でしょう。だから，すごくつながっているんです。僕の中学校のときの先生がリッグスまで。そのときは，ニューヨークまで迎えに行って連れてきて，もうよぼよぼでしたけれど。だから，まあよく来てくれたなと思って。2年ぐらいしたら亡くなりましたけれど，僕は会えなかったですね，死に目に。僕は日本に帰ってお参りに行きました，東京まで。だから，もう本当に不思議な縁がつながっていてね。いろいろつながっている。

岡本：本当にそうですね。でも，私は今日のお話を伺ってすごく救われる感じがしました。

鑪：そうなの？

岡本：やっぱり，すごく厳しい過酷な育ちですよね。

鑪：そうね。外からみれば。

岡本：お父様が思春期に亡くなるなんて，もうどうしたらいいか分からないほど辛くて厳しいことだと思いますが。でも，そこに何か包まれた世界がずっと維持されていて。

鑪：そう。どこかで包まれていました。

13. 所属感と根こぎの感覚

岡本：しかも，そこで先生の有能感はずっと持続されていますよね。

鑪：そこのところも，非常に微妙なのです。有能感のテーマはね。有能感というか，所属感なのかな。所属感と有能感というのは微妙に重なっているんだね。

岡本：なるほど。

鑪：所属していない感じがね。それから自分はまともに育っていない感じね，違和感。

岡本：まともに育っていない感じですか？

鑪：それがエリクソン[8]を読んだときに，なんとなくピタッときたのです。

山本：あの境界性とか，根こぎの問題ですよね。

鑪：そう。僕の中にどこかでこう，あのズレがあるんですよ。だから何か全然違うことをして。

山本：でも，牧師さんのところにおられたときには，むしろ所属感があったし，そこでは何か力をね。

鑪：それを感じるようになったのはサイコセラピーをやり出してからですね。何で違和感があるのだろうと。ズレがね。ピタッとこないんですよ，根っこのところで。そのときにこの問題，今ずっと話したようなことの問題ね。どこかで根

---

[8] Erikson, E. H. 1902-1994. ドイツ生まれ，アメリカで活躍した精神分析家，心理学者。アイデンティティ論・ライフサイクル論で独自の理論を提唱した。pp. 142-147, 168-175 参照

こぎにされている感じというのがありましたよね。まともに育っていない感じというかな、そこのところがね。何を見ていても、この最後のところがピタッとこないんですよね。

岡本：最後のところ？

鑪：紙一枚すき間がある。最後にこれで本当にいいかと。飛び込んでもう完全にそれに没頭してしまって、そのものになって同一化してやるということができないんです。最後のところで、違うんじゃない？　と、こう疑惑が入ってしまう。それはある意味、ものを客観視するという意味ではひょっとしてプラスかもしれない。けれど完全に打ち込んでしまえないで、その中に没入できない感じというのが、喜びとか一体感になるピタッとくる感じとちょっと違うのですね。それがいつもやっぱり根っこのところにあるんですね。だから、それはプラスに働いているところと、反対にマイナスに働いているところとある。

山本：それは見方を変えると、自分の孤独みたいなものともつながってきますよね。

鑪：そう、そう、孤独という。

山本：ぴったりきたら、あまり孤独はなくなるのですけれども。

鑪：そう。だから、最後の最後まで打ち込んでいるかというと、そうでもないんですね。おまえ全部捨てろと言われたら、捨ててもいいというような、そういう感じもあるのです。それに命を懸けているようで懸けていないんですね。最後のところが。一枚ピタッとこないんですよ。ちょっとずれがあるという感じ。だから、それがある意味で、プラスに働いているときには客観視になるんですね。

岡本：それか、安易に納得しないと。

鑪：そう、そう。ちょっと違うところもあるんじゃない？　というところでもある。だからグループの中にも完全に所属できないというのはそういうところ。それがあります。

山本：それは先生が昔から言っておられた、もう一人の自分みたいなものが見ていて、何かその中に入れないという感じとも近い？

鑪：そうです。それがやや近いようなね。ただ、自己観察的な感じとはちょっと違うのですよ。なんとなくずれるんですね、最後のところで。それもいろいろ。話が突然、飛ぶけれども、例えば河合隼雄[9]さんとの関係ね。みんなこうガーッと河合さんにしがみつくように入り込んでしまう。僕は入れないんですよね。

山本：それは横で我々は弟子として見ていて、いつもそう感じていましたね。

鑪：このずれなのです。やっぱりそこから見ると、あれはちょっとまがい物じゃないか、偽物じゃないかという、そういうふうに見える。

---

9) 河合隼雄　1928-2007. 京都大学教授、国際日本文化研究センター教授、文化庁長官を歴任。臨床心理学者。日本人として初めてユング研究所にてユング派分析家の資格を取得し、日本における分析心理学の普及・実践に貢献した。箱庭療法を日本へ初めて導入した。

山本：それは私から見ていると，ある種のライバル的な，そういうイメージに，弟子から見たら見えたのだけど，そうではないのですね。

鑪：その部分もあるかもね。その部分もあるかもしれない。ユングは先程言った信仰治療の体験にあまりにも近過ぎるんですよ。そっちのほうに僕は行ってしまったら呑み込まれてしまうという恐れもあるんですよ。河合さん自身のパーソナリティ——あの人は呑み込む人だから。だから，ちょっと待ってくださいとなる。それがプラスに働くのとマイナスに働くのと両方あるんじゃないですかね。

今まではどちらかというと概念的，外側からいろいろな業績を上げるという意味では，多分プラスに働いていると思います。妥協しないで自分でやれるものをやっていくということだから。そういうかたちでやってきたということでは，ひょっとしてプラスに働いているかもしれないけれど。達成感という意味ではピタッとこないのです。これでいいの？　という感じなんです。それは本当にあなたがやりたいことなの？　どこかで一枚のズレ，先程言った感じ。だからやっても，やってもどこかで違うという感じ，ピタッとこない。

山本：それは，例えば森有正[10]の言葉を使うと，自分の本当に内的な促しによって動いているのかどうか。そういうのとはちょっと違う？　達成感。

鑪：いや。多分，内的なもので動いているかもしれないけど。多分そうだとは思うけどね。けれど，創り上げてしまうと，おお，やったぜとか，そこまでやれるのは，素晴らしいとか。さすがはおまえだ，というようなのがないんですね。シラッとしてしまう。そこが僕の子ども時代の生活と，どこかでつながっているんじゃないかなと思うけど。入り込めないということ。

山本：大学時代までで，それでも先生の中で何かピタッときた経験というのはきっとあると思うのですけれども，フィットした経験，もしそれを取り出すとしたら。牧師の先生との関係もある程度フィットしていますよね。

鑪：その瞬間，瞬間は確かにそうなんですよ。でも，今振り返るとやっぱり，ちょっとね。おまえも息子と一緒に神学校に行けと，そうするとちゃんと教育も受けられるし，タダだし，東京でも生活できるしと言われても，やっぱり最後の最後で迷ってしまうというかね。今度は大学に入って本当に学校の先生になれるのかなという迷いもあった。心理学がおもしろくなったということもあるのだけど。

14. 母から教わったこと

岡本：お母様が無学だと先生はおっしゃいましたけれど，私の印象ではやっぱり，本当に優しい方で，先生は（お母様に）否定されたことがないわけですよね。

10）森有正　1911-1976．フランス哲学者，フランス文学者　→ pp. 153-157, 286-289 参照

先生の土台の柔らかさ，あったかさ，土台が揺るがないんだという信念のようなものはお母様からきているのかなと思いました。

鑪：それはそうかもね。おふくろは本当に，そういう意味の優しさはありましたね。

岡本：お母様が（先生を）すごく頼りにされていたわけですよね。そういう土台というのは，やっぱりすごいものがあるなと思うのですけれども。

鑪：おふくろが僕に教えてくれたのは，『夢分析入門』[11]にちょっと書いた。おそらく誰も気付いていないと思う。しんどいときには，待ちながらじっとして考えなさいと。糸がもつれているのを解くようにしたらいいと。糸を解くときにギュッとやったら解けないでしょうと。反対にゆっくり，ゆっくりしなさいと。そのときに「糸解けや，糸解けや」と言って解いていくのよと。

山本：その話は，先生のお母様の話ですか？

鑪：母親なんです。おふくろが言って，それはいい言葉だなということでずっと頭にあって。それで，あの本『夢分析入門』を書くときに，その中にそっと1行入れたの。

山本：今のエピソードはなぜかよく知っているんだけど，先生から聴いた話だということは忘れてしまった。

鑪：僕は誰にも言っていないもんね。文章の中に秘かにおふくろのことを書いて。

山本：え，思い出しました……。確か，そう言われれば今初めてつながったけれど，同じように，もつれた糸。僕の記憶では毛糸でもつれたのを一つ一つこうゆっくり，ゆっくり解いていくというイメージの。

鑪：そう，そう。毛糸なんですよ。「糸解けや，糸解けや」と言って解いたらいいよと言われて。おふくろについては，もう一つおふくろが死ぬ最期の時に，僕はアメリカの学会に出席した。行く前に，ちょっと仕事に行ってくるからと言ったら，行ってらっしゃいと。もう入院していたんですよね。もう末期の胃がんだったのです。でも，もう年だから手術しないで，そのほうがいいだろうということで。それで僕が帰ってきたら，もう無意識状態だったのです。それでおふくろのベッドのところに行って，「ただ今帰りました」と言ったら「ああ，帰ったの。よかったねえ」とか言って，そのままスーッと無意識状態

阿蘇山の火口にて，母と長男とともに

11）鑪幹八郎　1976　夢分析入門　創元社

になって逝ったんですよ。最期にちゃんと応えてくれた。
　山本：声が聞こえたから，それが分かったんですよね。
　鑪：僕の声が，「ただ今帰りました」というのが分かったみたいだった。その2つが非常に印象に残っているんです。だから，おふくろから得られたものは，大きいですね。ずっと待っていてくれた。
　岡本：本当にそうですね。

第2章
「育ち」からの脱却
―自分とは何か―

　鑪先生は，熊本大学教育学部に進学された。学部生時代の先生には，結核の療養，学費を得，家族を支えるためのアルバイトなど，生きていくためのさまざまな苦労があった。また，心の内面への対峙，父親や育ちへの対決，心理学への素朴な関心など，後の専門家人生の土台となるアイデンティティ形成の萌芽期でもあった。それは，運命的に与えられた家族と育ちから脱却し，主体的に「自分」を創り上げていく一歩であった。

1. 結核の療養 ―心の内的世界と向き合う―

　鑪：スポーツの中で一番やりたかったのは剣道だけど，（道具を買えなくて），仕方なしに，それなら大学で柔道でもやろうかってやり始めたら，胸骨を骨折し，また結核になってしまった。当時の結核は死の病と思われていました。治療法は身体を動かさないで栄養をとること。といっても栄養をとる金はないから，ごろごろ寝ていた。
　症状は2つあって，開放性状態は菌を排出するので入院が必要。閉鎖性状態は菌を排出しないので，社会の中で生活できた。私は閉鎖性の結核だった。そこからもうコロッと変わってしまうのですよ。もう朝から晩まで寝転んで本を読み始めたのです。することがないからその頃，読んだのが夏目漱石。だから夏目漱石と，あの頃みんな太宰治とか芥川龍之介とか，いろいろなのを読みますよね。私も読んだ。でも，夏目漱石にやっぱり一番魅かれた。図書館で借りますから，自分で買ったことはないですよ。ずっと読みました。ゴロゴロしている以外ないですから，医者には動いてはいけませんと言われるし，食べ物はないし。そこから，僕自身の思考回路が何か変わったような気がするんですよ。今までは，体で何かを表現したかったんだけど，できなくなってしまったんですね。完全に止められて。それで，とに

大学1年生時　熊本大学正門にて友人と
前列中央　幹八郎。

昭和28年熊本大学入学時の幹八郎
当時は，学生服で通学した。学帽は，先輩からの譲りものだった。

かく読むということだけでね。

岡本：当時の結核というのは，今みたいに治る病気じゃなかったですよね。

鑪：治らないんですよ。

岡本：しかも，青年期で。

鑪：そうなんですよ。

岡本：私は想像を絶する辛いことだと思うのですが，どんな感じだったのですか。

鑪：中学校，高等学校時代はおもしろい，僕が変わっていく境目のところだった。結核について言うと，集団検診というのを大学でやるのです。それであなたはちょっとおかしいからと。入学して最初の集団検診で，大学病院で精密検査をしなさいと言われた。その頃の精密検査というのは断層写真を撮るんだけど。大きな機械がベッドの上にあって，一枚撮るのに左から右へ胸の上を回るようにして，ガチャンと。断層写真の場合は音からして怖かった。

山本：そうですね。

鑪：そういうふうにして何枚か撮るわけ。その音が，バシーンというんですよ。断層撮影のために寝ている病院の窓のところから空が見えるんですよ。あの青空がすごく印象に残っている。青空を見ると，今でもその結核のことを時々思い出すんですよね。断層写真を撮るときのバシーン，バシーンという音が本当に嫌でした。今でも石灰化した病巣は残っているんですよ。これはもう死ぬまで残る。ただ，再発するということはないと，医師は言っているんだけど。僕の家では，父も兄も結核で死んでいる。おまえもまた結核か。

岡本：自分も死ぬかもしれないという。

鑪：死ぬかもしれないと。

山本：そういう気持ちがどこかにあったわけですね。

鑪：それはもちろん。その頃の治療法というのは肺の病気の結核の部分を切り取ってしまう外科手術ですね。そのために背中から肋骨を取って，直接切り取る方法。2番目がパンピングといって，病巣のところに，こんなにでかい注射針で空気を送り込む。それで，萎縮させるわけですね。病巣を萎縮させるという理学的な療法。パンピングというと1週間に1回ぐらいやらないといけない。そして3番目の治療法が化学療法です。その化学療法が始まったばかりだった。新しいお薬が発見された。アメリカではストレプトマイシンというのがあった。ところが，とても高くて買えない。そうしたら，日本でも新しい飲むお薬で化学療法が始まったと主治医が言った。それで被験者になるかと病院で言われて。学用患者です。「なります」と言って。無料の被験者です。被験体になるということでや

ったのです。ヒドラジットとパス。2種類の化学療法の薬，その量が多いんですよ。お湯のみ茶わん1杯ぐらいの錠剤を飲むんです。もう，それだけでもおなかいっぱいになる（笑）。それを毎日，朝晩飲んで。ところが，幸運なことに僕には効いたんです。

岡本：効いたんだ。すごい。

鑪：効いた。

山本：効かない人もいるんですよね。

鑪：効かない人もいる。ひどい副作用の人もいる。僕は効いた。だから本当，僕は命拾いをして。

山本：どれぐらい飲み続けられたんですか？

鑪：半年ぐらい飲んで。その間は運動をしちゃいけませんと。すると，もう寝るしかない。だから寝てこう本を読んで，お薬を飲むという。

山本：それは通院でされていたのですよね。

鑪：通院です。それで3カ月に1回検査をして，1年で大体もういいみたいと。

岡本：1年で。早いですよね，当時としてはすごく早い。

鑪：早い。それで少し日常のことはできるようになった。だからね，化学療法で僕は本当に命拾いをしたんですよ。しかも無料で。学用患者だから，そういう実験でうまくいった事例になった。病巣は小さくなっていって，今だともう1cmくらい。現在は結核患者はほとんどいませんからね。結核菌を全部うまく駆除して撲滅してしまったのです。

山本：ということは，大学は，先生，その間は休学されていたのですね。

鑪：休学はしていないんですよ。

山本：え，休学していない？

鑪：していないんですよ。寝ていたけれど。

山本：単位を取れないじゃないですか。

鑪：単位を取ったんですよ（笑）。みんなに頼んで。

岡本：大学へ行っちゃいけないわけでしょう，感染するから。

鑪：閉鎖性状態だから動けます。それで昔，代返とかいろいろやったじゃない。レポートは書くと。レポートは書いて出して。まあ，認めてもらえた。

岡本：全部，代返してもらったのですか（笑）。

鑪：語学だけがやっぱり遅れましたよね，何度か取り直し。あとは代返とレポートで。

山本：それにしても最短距離で治ったわけですよね。

鑪：最短距離。それで2年生の頃はちょっとゆっくりしたりして，3年生ぐらいからもうほとんど復帰したかたちで頑張って勉強しましたね。

山本：とにかく病気の賜物というのは，本をいっぱい読んで内面の作業をするみたいな。

鑪：そう。そっちのほうに移ってしまったのね。強制的に移された。
　岡本：でも先生，そちらもフィットされたわけですよね。内的世界の方も何かすごく魅力的だった。
　鑪：それは小説なんかを読んでそう思いましたね。その頃，夏目漱石に引かれていたのはもっと違った理由のような気がしているんだけど。アイデンティティのテーマに対する何かとかね。それをなんとか解決したいとか。それから太宰治なんかも似たようなものですね。タイプは違うけれど。けれど今，夏目漱石を読み直してみると，ものすごく心理学的ですね。朝日新聞に『こころ』が連載されているでしょう。すごいなと思うね。これだけ書くのかという，その観察というか表現力，観察したものを表現する力。そういうのは気づいてはいなかったけど，なんとなくそういうのに関心が出てきたことは確かでしょうね。
　大学へ入るまでは，飛びまわって遊びまわっていたり，あるいは運動で自分を表現するというようなことだった。そっちの方向は完全に遮断されてしまったから。それで内向きというほどでもなかったと思うけれど，何か内側のものに集中し始めました。
　岡本：集中ですね。
　山本：当時，読まれた本で一番印象に残っているのは何かありますか？
　鑪：当時の本で？　夏目漱石は確かにそうですね。夏目漱石の中ではやっぱり『こころ』じゃないかな，一番ね。

2．亡き父親との対決 ―「父親殺し」と根こぎ感―

　山本：今日の先生の語りの中にはなかったのですが，もう本に書いておられるのであえてちょっとお尋ねしたいのですけれど，例の『野いちご』に関する短いエッセー[12]というのがありますよね。その中に先生がキーワードのように書いておられるのは，「父親は優しかったのに，私は父を憎んでいた。母親は無限に優しかった」というところから幾つかの記述があるのですけれども。「お父さんを憎んでいた」ということが謎のように書かれていて，今日の先生のお話の中にそれはほとんど出てこなかった気がしたのですけれど，もしお話をいただけるのなら。
　鑪：そうね。それはすごく大きな問題なのです。僕が心理的な意味で父親に出会ったというのは大学に入ってからなんです。それまでは今まで話したように，親父は優しかった。死ぬまではいろいろやってくれたと。九学（＝九州学院中・

---

[12]「自分が年や老いを感じるようになったのは，自分の過去を振り返るのが多くなったことに示されていると思う。自分は何をしてきたのか。どのように過ごしてきたのか。人生の節々の別れ道で，別な道へ行く可能性があっただろうか。私に対して父親はやさしかったのに，私は父を憎んでいた。母親は無限にやさしかった。しかし，どうしてよいかわからない無力な動きだったのかもしれない。（以下，省略）」（鑪幹八郎著作集　第Ⅳ巻　『映像・イメージと心理療法』第8章第11節『野いちご』(1957）―老いと過去―　2008，pp. 316-317.)

高校)にも入って，あと苦労は多かったけど，父親代わりみたいな人ができたんですよね。それは内海先生という牧師さん。

　それから全部切り離されて大学に入った。そのときに結核に罹ったことで，いろいろ本を読んだりして，だんだん自分の中でアイデンティティの問題という大きなテーマが浮かんできたのですよね。自分はものすごく遅れてしまった。それは漱石を読んでいて，ものすごくそれを感じたのね。自分の中で内面が全然耕されていない。一体どうなっているのだろうということね。何でだろう。そのうちの僕の中の一つの視点というのが，自分は内的な意味での学び，あるいは内的な状況，それを教えられなかったなということ。特に父親から。ある程度優しくされたみたいで，僕も何かよく分からないでやっていた。実際には一番大事なことを結局，親父は僕に教えなかった。僕は大学生になって，いろいろな本を読み始めて，初めて親父に直面したの。そのときに，自分の中に土台になるものがない。文化的にも，知識の面からいっても読み物なんかは何にも読んでいない。小説なんかも。何でこんなに欠落しているか。何で僕をそういう方向で教育しなかったかと。親父はもともと商人だから，全くそういうものに関心がない人。発想がないんですよ。それがだんだん僕は許せなくなったの。僕の将来を考えるなら，もう少しちゃんと考えて何かやるべきではなかったのかということだったのです。ただ，親父が僕にいろいろ好意的にやっていたのは分かる。

山本：九州学院中学・高校を勧めてくれたのもお父さんだし。

鑪：父親なんだけどね。そういうことよりも，僕にとっては自分の内的な基盤として，もう少し学問的，思想的なものが欲しかった。もう少し家族の中に文化的なものが欲しかった。いろいろなものを理屈で考えるとか，そういうようなものが欲しかった。それを父親は全部ネグレクトしているような気がしたんですよ，そのときは。それが許せんと思ったのね。こういう親は。だから，もう父親の生き方というのは僕にとっては無駄だ，要らないと。全く違う世界の中に僕は入る。ある意味で入っていってしまったのね。

山本：それは，牧師さんとの対比の中でですか？

鑪：いや。牧師の対比は，そこはそれで終わったんですよ。大学に入ったときに。自分が結核になって，本を読み始めて，夏目漱石を読んで，そこからですね。だんだん話が自分の内面に入っていったときに，何か自分の中に，すごい見捨てられ感があったんですよ。見捨てられ。どう見捨てられたかというと，大学の雰囲気，あるいはみんなの，先生方の学問的な姿勢とか，そういうものを見ていると，僕の中にはそういうのが全くないんですよね。ゼロの状態。

岡本：今日ずっとお話してきた，ある種のアンフィットネスですね。

鑪：そう。それがいきなり大学で，そういう父はもう絶対に許せないというような感じと，全部消してしまいたいという気持ち。親父はずっと前に死んでいるのに。だから，僕は大学に入って親父と対決したんですよ。親父とのエディパル

な葛藤は大学のときなんですよ。要するにもう一度死んでもらいたい，許せない。本当に殺したいと。全く頼りにならないと。何の相談相手でもないし，何の頼りにもならないし，何もないわけですよ。僕の心の中は，そういう意味では空白だった。そういうのをつくった親父は許せない。もう一度死んでもらわないといけない。「父親殺し」というのがテーマだったのです。大学に入って，1年間はそれでものすごく苦しんだんですよね。だから，親父に対してはすごいアンビバレントな感じになってしまったのです。ただ，それはどうも処理しようがないのです。もういないし，墓場の中にいってしまっているし。

　山本：いたら，ぶつけることもできるかもしれない。

　鑪：いたら直接ぶつけるから，いろんなかたちで何か違った反抗ができた。だからやっていることは全部空振りなんだけど。けれど，僕をつくっているイメージの中で，今までの欠落感，それは埋めようがない。もうすでに過去のことでしょう。子ども時代のことだから，その子ども時代の父親に死んでもらいたいという。だから父親殺しのテーマというのは，ずっとずっと遅れて僕の中に出て来たんですよ。

　もう1回，そのアンビバレントなものが出てくるのです。それは父親が本当に死んだ，父親の年齢に僕が達したとき。50歳[13]。

　岡本：50歳ですか。

　鑪：これは，また全然違った動きだった。そっちを先に言うと，そのときには本当に「父親殺し」というのは，やっぱりできなかったのですよね。もういないのだから，どうしようもない。けれど，それじゃ完全に乗り越えよう。乗り越えてどうするかというと，僕が自分の育ちを消すということなのです。これもやっぱりしんどいね。だから本当に自分の土台がものすごい危うくなって。大学時代の結核が一つのきっかけだったけど，動くことができなくなったのですね。じっとして，ずっとそれを考え続けていた。ものすごく不機嫌でした。誰とも付き合わないというかたちで。もちろん動けなかったということもあったのだけど。だから，やっぱり不思議な感じですね。体が動けなくなって，そしてだんだんいろんなことを内面化してしまって。動けないから父親殺しをやって，あるいは家族殺しというか。

　おふくろに対しても，やっぱりそういうのは少しあったと思うのです。自分の家全体を否定したかったのですね。自分は商人の子として生まれたということも否定したかった。全部そういう自分の過去を消してしまいたいという，感じでした，その頃は。それが僕にとっては第1の父親殺しじゃなかったかと思います。すごく激しかったです。それがかなり続いて。だから，消してしまうと結局自分が空っぽになって白紙状態になって何もないわけだから，今度は立つ場所がなく

---

[13] 50歳の体験 → pp. 271-275 参照

なる。
　山本：ある意味で根こぎですよね。
　鑪：根こぎの状態。これはまた本当に辛かったですよね。だから根こぎ感というのは，時々今でも顔を出すんだけど。結局，自分の過去に根づくことがなかなかできない。それじゃあ，親戚で誰かにそういう話ができる人がいるか。そういう者はいないんですよね。そんなことがありましたよね。
　山本：ある種の家族文化と，先生が大学にいて発見した文化の，そのズレでもあるわけですよね。
　鑪：ものすごいギャップで。根っこはおそらく中学校，高等学校で築かれたものだと思います。気づかなかった，分からなかった。いつの間にか築かれた別の世界です。全然別の，つぎはぎの別の世界です。キリスト教系の中学校に入って。しかも親代わりの牧師がいて，完全にここは異質の世界で。僕が求めているのは，精神的世界であることは確か。家族の文化との異質性がすごくしんどかったですね。今度はもうそっちに戻れないでしょう。最初の生まれたところには，戻れない。だから，一番根っこのところに空白みたいなのがあって，それが本当に空白でないというのは案外，今はそうかもしれないなと思うのね。おふくろが不思議な包容力で支えているということはありますけど。ただ，それじゃ，おふくろと対話できるかというと，それはないんですよね。しても通じないから。
　山本：あまりにナイーヴ過ぎる。
　鑪：そう。ナイーヴ過ぎてね。だから，「しんどいんだ」と言っても通じないんですよね。「何がしんどいの。あんた，ちゃんとやっているじゃない」と，こうなるのです。それ以上，何も話ができないのです。「こんな感じだ」と言っても「あんた何を言っているの？」というような，チグハグな調子ですよね。家の中で話す人はいない，外にも人がいないという。だから独りぼっちで。それで，半分は怒りですよ。それは父親に対する怒りね。何でそういう状況に僕を追い込んだのだ，という。
　山本：もちろん，それは意図的ではないということは分かっていながらですよね。お父さんからしたら無い物ねだりだと言われるでしょうね。
　鑪：そう，すごく。勝手なことをほざくなと。おそらく親父に会ったら言ったんじゃないかと思いますよね。だから，本当にそのときは親殺しである。1回はしっかり殺さないといかんというのは思いましたね。本当に思っていました。親父に死んでもらうというのは。もう殺したいと。
　山本：「親殺し」というふうな言葉になるとすごく強い響きになるのだけど，僕の文脈からすると，それが先生にとっての本当にモーニングワーク[14]というか。

---

14) モーニングワーク（mourning work）「喪の作業」，愛着対象を失った際に生起する能動的な心の営み，あるいは失われた過去を想起しながら内面に対象表象を再建していく心の作業。

鑪：多分，ひょっとしたらね。というのは，もう1回，先程言った50歳のときにある意味，本当のモーニングワークみたいなのをやるんですけど。50歳に。だから一種の依って立つところの空白感ですよね。それはずっと不安定さとして残って。それをどうしたらいいのか。どういうかたちで維持するか。そこに目を向けないというかたちで，自分を維持していたのですよ。そこを暗黙の空白状態にして。そこに蓋をしていて。それ以降は中学校からつくり上げた世界が私の世界だという，そういうかたちで。つぎ木の状態。その前は，別のものだというふうに。

山本：だから，先生のおっしゃるアイデンティティと関係するわけですよね。アイデンティティの形成というのは自分の育ちを，それでも受け入れて愛することとつながりますよね。

3. 妻との出会い
―言葉で分かり合える「家族」の安心感と継子的所属感―

鑪：そう。それがものすごく難しかったのですよね。それが少しできるようになったのは結局，集団アイデンティティみたいなものだけど，僕は大学で今の家内に出会ったのですよね。家内の内的世界というか家族関係は，僕と全然違う。（義理の）お母さんがすごい人だった。頭がいいし，何でも理屈で分かる人なの。それが欲しかったのです，僕は。だから家内を通して，いつもお母さんがテーマだった。親父が官吏で，これは五高出身なんですよ，あの熊本の。熊本大学の前身の五高から東大へ行って，東大の法学部で。そして内務省に入って。役人だからいろいろな理屈，筋はすごくよく分かる。直接はあんまり話さないのですけど。けれど，家族の雰囲気って分かるでしょ。そして，兄弟は2人とも医者だしね。理屈の世界と，僕の商人の世界とは全く違う。それで，僕はここの宙ぶらりんのところにいたわけですよ。そして家内に出会ったときに，「そうなんだ，この世界だ，僕が住みたいところは」と感じた。つまり言葉の世界。理屈で話が分かる世界。こちらは感覚的な世界ですよね。商人の世界というのは，楽しい・おいしい・うれしい・気持ちがいいとか，全部感覚で通じる。それで終わりなんですよ。ところが，それではどうしても満足いかなくなった。大学に入ったためにですよ。結核になったために。ずっとそれを積み重ねていってしまったために。

だから家内との出会いって，私にとって，非常に特別な不思議な感じでした。理屈が通じる世界，気持ちが通じ合える世界というのがあるのだということが分かった。その気持ちを言葉に表すことができる世界。家内の家族と付き合うようになった時に。だから，この世界が自分の住む世界だということで一種の安定感が得られた。自分の住む世界はここにあるということが分かった。

山本：空白になった根っこを，むしろ奥さんの家族に根を下ろしていくという

3. 妻との出会い—言葉で分かり合える「家族」の安心感と継子的所属感—

かたちで。

鑪：そうなのですよ。接ぎ木的なんだけど，そういう感じです。それが分かり始めたときに，逆に親父に対する怒りというのがもっと強くなったのです。それを自分の家族の中で何でやれないのだろう。こちらではゼロだということがね。それが親に対する極端な両極性ですね，アンビバレントが。すごく優しい人だったと思うのだけど，僕には特別に優しかったけれど。

山本：でも，ある意味でそれは，先生が求めていたものとは違っていた。お父さんは親切だったけれども，でも求めていたものと違うということに後で気が付いたというね。

鑪：そう，違うのです。後で気が付くのですよ。それは，僕の置かれた環境と，自分の動きが僕自身を変質させてしまったのね。それが九州学院時代ですね。これは全然自覚はしていなかったですけど。

山本：変えられてしまったのをプッシュしたのが，またお父さんだから皮肉ですよね。

鑪：そうなのですよ。プッシュしておいてね。僕にしたら，それが問題だと言っているわけですよ。僕の中で，今でもある接ぎ木的なところは，そういうところですね。僕が安定したのは家内の世界，家内の家族の世界の中で僕は安定しているけれど，内的にはやはり何か違うという感じが，自分の育ちが土台にできていないという，接ぎ木的なものですね。

山本：それは，例えば物語の中でも，本当はこういうお父さんであるはずだみたいな物語がいっぱいありますよね。実の父親じゃなくて，このお父さんの息子だったら，娘だったらみたいな。あのイメージに近いですよね。それを奥さんの家族の中に求めて。

鑪：そうです。だから，それは接ぎ木的というか，あるいは継子，継親的なんですよね。家内の親というのは完全に継母，継父ですよね，僕にとっては。けれど，それにずっと親しみを感じながら，なおかつ，やっぱりどこかでちょっと違う。だから，所属感というようなことになってくると違うでしょう。自分のネイティヴな家族じゃないでしょう。かといって，ネイティヴ家族は所属できない。今ちょっと気が付いたけれど，何で大学で父に出会ったかというのは。もう一つは，僕自身が親父が亡くなった後，親父的役割を取らされた。だから，それも加わっていたんじゃないか。出会うのが遅かったということに。僕の場合は，大学（生の時期）になった。みんなはもっと早いのかもしれない。子どもを見ていたら，やっぱり思春期的なところで出会いますよね。ものすごい親とのぶつかりというのは。僕の場合は，それがずっと後だった。

山本：葛藤する前に，もう親父さんの役を取らされてしまったという。ある意味で早過ぎた自立をさせられたという恨みみたいなものはないのですか？

鑪：それはあんまりなかった。この擦れ違い，文化差についての恨みが一番大

きかったですね。
　山本：文化差ね。
　鑪：自分の所属する場というのが，もっと知的な世界であって，そういう感覚的な世界ではないということに気がついた時です。
　岡本：先生の場合，お父様に真剣にぶつかろうとしても，（先生が）思春期の頃はもう病気だったわけでしょう。
　鑪：病気でもあったしね。もういなかった。
　岡本：だから，実際にぶつかろうとしても本当に力を感じることができなかった。
　鑪：そう。
　岡本：私は，鑪先生の知的な高さは，何というか，自然醸成的にできたものではないんじゃないかと思うのですけれども。
　山本：その文化というのは，先生の原家族の親戚の誰かが分かち持っていたような気がするのですけれども。
　鑪：それが，誰もいないんですよ。
　山本：お父さんはそうでないとしても，おじいさんとか。
　岡本：そう，そう。
　鑪：おじいさんは，もう僕が生まれたときには誰もいないんですよ，3代上は。だから父親，母親だけで。
　山本：じゃあ，おじいちゃん，おばあちゃん体験はない？
　鑪：おじいちゃん，おばあちゃんはないのです。
　山本：いないのですか。では，どんな方かもよく分からないのですね。
　鑪：名前は分かるけれど，どういう人かというのは知らないのです。
　山本：知らない。話もあまり聞かされていない？
　鑪：少しは聞きましたけど。おじいちゃんの世界では，父親の従兄の話がいろいろ出たり。だからそっちの方が，非常に大きなテーマでした。ずっとアンビバレンスというのは消えなかったですね。家内の家族と出会ってずいぶん和らいだのですけれど。ゼロにはなりませんね，どこかで代理だから。特に母親がすごくいい人でした。だから，こういう母親に育ててもらいたかったなというような母親でした。こちらが言うとすぐ言葉で返ってきて。話すと分かってくれる。家内の母親はそういう人でした。家内と出会って，家内の家族と出会ったということです。これだと思いましたね。私の家の中では「大学って何？」って誰も分からない。「大学に行って何するの，何でそんなとこ行くの？」とか，「よっぽどお金が儲かるんだろう」とかね。「いや，お金なんて儲からない。」「それなら何で行くの？」，全然分からない。そういう世界。家内のおふくろさんのところに行くと，いろいろ聞いてくるのです。「ああ，なるほどね」と言って分かるのですよ。だから妙な所属感が，ちょっと接ぎ木的所属感みたいな感じで，すごく微妙でしたね。

山本：そこでもずっと今日のテーマの，少しズレみたいなものが原家族の中でもあったわけですよね。
鑪：あったのですね。そうです。
山本：それが，はっきりと大学になってから自覚された。
鑪：僕は商売人になって何か商売をしていたら，おそらくすんなりとうまくいっていたんじゃないかと思う。商売がうまくいくかどうかは別として，内的には。九州学院に入ったのもそうだし，あれは親父の愛情だと思うけれど，それが結局，父親殺し的テーマになってしまったのですよね。だから，父親殺しのテーマというのはよく分かったのですよ。後で，いろんなクライエントさんと出会って，そういうテーマ。それからアイデンティティのテーマはまさにそうでしょう。
岡本：そうですね。

4. 継子コンプレックス

鑪：だから，それもすごく納得いったのですよね，僕にとっては。でも，この接ぎ木的違和感というのはやっぱり残りますね。それがずっと今も残っているところ。
山本：いろんなところでぴったりこないということがどこかあるのですけれど，その一番根っこがやっぱりそこ。
鑪：そこは大きなテーマですね。いろいろな，そういうズレというのは。エリクソンを読んでいたときに，彼が言う「継子コンプレックス」というのは，すごくよく分かったんですね。すんなりと分かった。アメリカに行ったときも，後で考えるとホワイトって，ものすごいマイナーなんだということ。ニューヨークへ行って，みんなが無視しているような，そういう世界だということが分かって。
山本：国際精神分析学会[15]にも入っていなかったんですよね。入れてもらえないという。
鑪：オーソドックスなグループには入れてもらえなかったのです。だからInternational Psychoanalytical Association（国際精神分析学会）には入っていない。内部の人たちは「あんなのに入ってもしようがない」と言うのだけど。やっぱり非常に複雑なんですよ。そこが正統というふうに認められると，自分らは継子みたいな感じ。ところが，僕は知らないままにその継子のグループに入っている。そんな感じね。だから，それも不思議だなと思いました。運命的なところがある。何でここに来たのだろうと。
山本：でも，その継子的存在が今，精神分析の世界では一番生き残っている中

15）国際精神分析学会（International Psychoanalytical Association）　フロイトが創始した精神分析の研究と発展を主目的とする研究団体。1910年，ドイツのニュルンベルクで設立された。本部はロンドンにあり，2年に1回大会を開く。

心になってきてね。

鑪：一番中心になったんですね。そう。だから不思議な感じ。みんなが臨床的に起こっている現象が何なのかということに，しっかりと直面していたんじゃないかと思うのです，ホワイトのグループの人たちは。だから，逆転移のテーマもそうだし，夢のテーマもそうだしね。自我心理学が華やかなりし頃だから，それを言わないのです。夢も言わない。無意識論をやっぱりしっかり考えたのはホワイトの人たちなのです。タウバーなんかは夢を一生懸命考えたわけでしょう。"Prelogical Experience"[16]とか，ああいう本を書いたり。

山本：フロム（E. Fromm）[17]もそうですしね。

鑪：フロムがまたそうでしょう。だからどちらかというと，本当にこっちがオーソドックスな感じ。今ははっきり分かるけど。その当時はやっぱりむしろカルチュラル・グループで，ちょっと無視されていたようなところはありましたね。ただ，僕はあんまりそういうのは関心がなかったですね。（ホワイトへ）行ったときは，もうとにかく学び取りたいという。先程言ったように，答えを出さないといけないのは，登校拒否についてなのです。

岡本：そうか。問題意識はそこなのですね。

鑪：そうなのです。これをどうしても自分で説明したい。ある程度トレーニングを受けて，こういうふうに言い直すことができるのかなと。自我発達を中心にして，その中にどうしてそういうふうな脆弱な自我ができあがって，万能感が中心になったようなかたちがつくられるかというのを，家族機能と発達の中で，ある程度説明できると。このように説明したほうが自分が納得がいくと感じて，これはやっぱり精神分析が本物じゃないかと思っていますね。僕は。

岡本：納得がいく。

鑪：そうすると，本当にそういう理屈を土台にしながらクライエントに出会う。もう一回経験を言語化していくプロセスが一番ぴったりくる。一番臨床的な感じがして。そうするとロジャーズが言うように，じっとしてこちらが待っていればいいというが。それじゃあ何のために待つのか。なぜ待つのか，待った後，ど

エーリヒ・ゼーリヒマン・フロム

---

16) Tauber, E. & Green, M. 1958 *Prelogical experience*. New York: Basic Books.

17) エーリヒ・ゼーリヒマン・フロム（Erich Seligmann Fromm） 1900-1980 ドイツの精神分析，社会心理学の研究者。ユダヤ系。マルクス主義とジークムント・フロイトの精神分析を社会的性格論で結び付けた。新フロイト派，フロイト左派とされる。主著に，『自由からの逃走』（1941）（日高六郎訳 1951 創元社），『夢の精神分析 忘れられた言語』（外林大作訳 創元社 1952），『人間における自由』（1947）（谷口隆之助，早坂泰次郎訳 東京創元社 1955），『愛するということ』（1956）（懸田克躬訳 紀伊國屋書店 1959）など。

うなるのかということが説明できないのです。ロジャーズも全然説明していないでしょう。
　岡本：そうですね。
　鑪：だから，そのつながりとか関係のテーマ，親子関係のテーマ，本人の育ちのテーマというのが，分析的な目で見るともっとクリアに見えるのですね。それは正しいかどうかは別として。そういうところで知的な満足が得られるのです。
　岡本：知的な満足。
　鑪：こちらの知的な満足。分かったと思いたいわけだから。その現象を見ていて，こういうことなのだという納得感というのが得られるようになったのです。トレーニングを受けることで。だから，それはやはり分析を学んだということが一番大きいことじゃないかな，僕にとっては。

5. 育ちの中の断絶感を埋めるもの ―のめり込む体験―

　岡本：ちょっと逆戻りしてもいいですか。お父様との関係性のことですけれども。育ちの危機という，育ちの中で自分が一人前になって，これでやっていけるかもしれないと思う前の段階で，お父様は商売をなさっていた。でも，鑪先生の小さい頃の育ちというのは，何か非常に活力があって，経済的な豊かさとは全く別のところで，何かすごく豊かな感じがするのですよね。その中で勉強もよくできて，知的にはすごく内的に高いものを持っていらして，行動の活力もあるし。そうしたときに，中学で全くの異文化に入っていかれて，ここはおうちの環境と学校の環境と全然違うけれども，あまり危機感ってなかったのですか。
　鑪：そっち（九州学院）がすごくよかったんですよ。楽しかった。
　岡本：ですよね。だから，これはもっと自分の中の世界が開拓されるような感じ。だけど，15歳のときにお父様が亡くなられたことは，先生の中で，もう自分が一家の要にならないといけない。これもまた何かすごい断絶感というか，自分の危機感があったと思います。大学入学後はもっと知的な世界に入られた。私が気になるのは，先生の中の断絶感を超えていくとは，どういう体験だったのか。鑪先生の場合は，出会う人，出会う人に非常に支えられ，かわいがられ支援を受けられたということはありますが，それだけかなという思いがするのです。やっぱり何か断層を埋めていく力というものをお持ちじゃなかったかなと思うのです。
　鑪：内的レディネスを発揮するものに出会うということでしょうか。小学校までは出会う機会がなかった。僕は，そういう意味ではいい人に出会ったときに，それにのめり込む経験というのがずっと続いたように思うのです。だから中学校になって，もうそこにのめり込みましたね。それで，またすごく支えられた。大学でも指導教員がすごくいい先生だったけれど，やっぱりのめり込んでいって。よく先生のところに行って話し込むわけ。よく箒を立てられましたよ。

岡本：もう帰れと。箒を逆さに立てるのは「出ていけ」ということで。

鑪：箒を逆さに立てる。狭い部屋で1部屋しかないところで，みんな寝ないといけないの，家族が。

岡本：あ，先生の場合，おうちに訪ねていって？　まあ。

鑪：先生のおうちを訪ねて，狭いんですよ。戦後間もなくで，みんな貧しかった。でも，厚かましく訪ねて。すると相手にしてくれるわけ。いつまでもしつこく質問をしたり話をしていた。家族は外で待っているわけ。隣の狭い部屋で。箒を立てて待っているのです。「じゃあもう失礼します。さようなら」と見ると，箒が立っているんです（笑）。もう，ひどいことをしていたなと思ってね。でも，何度かありました。夢中になって話していると，そんなことが。けれど，そのぐらい打ち込める先生でもあったのです。その先生の兄貴分みたいなのが倉石先生[18]だったからね。だから，すごくそっちのほうでいろいろ連絡してくれて，（京都大学へ）行ってすぐから倉石先生は優しかったですよね。そういうところもあって，それはすごくプラスの面ですね。ただ，カルチャーショックですね。文化の差というのが極端ですから。だから臨床的にも文化の差があって極端なのですよ。ロジャーズ[19]から精神分析へという，すごくハードルが高い。

岡本：そうですよね。

鑪：けれど僕のテーマはもうすでにロジャーズを何とかしたい，もう少し理屈でと，ずっと思い続けていたから。レディネスはできていたと思う。入ることにはそんなに抵抗はなかったです。その説明がある程度解けるというのも，むしろ快感だったのです。

岡本：それはすごく分かります。

鑪：やっぱりそうなるとのめり込みますよね。それで入り込んでいったという。入り込むということには全然抵抗はない。内の準備と外の供給が一致している状態。

山本：先生はずっとアイデンティティの問題は，エリクソンが境界に生きた人だと，ボーダーのことをいつもテーマにされたけれども。そのアイディアはむしろ先生の個人的体験から出てきた言葉なのですか，それとも。

鑪：いいえ。彼が言っていますよ。

山本：エリクソンが言っているのですか。それを先生の体験とも照らし合わせながらすごく共感をして，より使っておられると。

鑪：だから，エリクソンの言うことがよく分かるのです。（エリクソンは）生まれたときからそうだからね。そして自我心理学のサイコロジストでもないですよね。大学教育も受けていない。アンナ・フロイトに分析を受けたから，フロイデ

---

18) 倉石精一 → pp. 64-66 参照
19) カール・ロジャーズ（Carl Ransom Rogers）　1902-1987　アメリカの臨床心理学者。来談者中心療法（Client Centered Therapy）を創始した。

ィアンのグループに入っているのに，彼の発想というのは全然フロイディアンと違うのです。インターパーソナルなのです。いろいろ書いているのだけど，自我心理学のグループからは認められない。ちょっと異端扱いされる。他のところからも認められるかっていうと，それもないでしょう。

ホワイトでも自我心理学グループだからというわけで，読まない。シェクター（Schecter, E.）という精神分析の発達論を教えてくれたホワイト研究所の先生は，エリクソンを読むと言って一緒に読んだ。親しくなっていい人だったんだけど。後に自殺をして死んでしまった。

山本：お父さんとのことは，僕はどうしてもモーニングワーク（喪の仕事）としか思えないのですよね。ちょうどフロイト自身が，お父さんが亡くなってからアンビバレンスをすごく自覚してエディプスの発想をしたように。あれも亡くなってからですよね。

鑪：そうですね。結局は亡くなってからしか分からないということが多いのだろうね。それと闘ってから後でという。闘う相手，僕は亡霊と闘っているわけだけど，フロイトもそうですよね。お父さんが亡くなって，その亡霊と闘いながら理屈を考えていくのだから。

山本：モーニングワークの例のフランスの辞典，誰だったかど忘れをした。みすず書房から出ている。

鑪：ラプランシュ[20]。

山本：あの人が「モーニングとは心の中で死者を殺すことだ」と定義をしている。何か，それをつい連想してしまったのですけれども。死者をもう一回殺し直して初めてモーニングが達成するみたいな，非常に反論もあるし議論も多い仮説ではあるのだけれども。

鑪：親を乗り越えると言ってもいいし，親を殺すと言ってもいいですよね。同じことなのです。乗り越えるためには，殺す必要があるという。だからエディプスのテーマも永遠のテーマとして出てくる。親殺しでもあるし，師匠殺しでもあるでしょう。禅でも言いませんか？

岡本：はい。禅はもうそればかりですね。

鑪：師匠を殺せと。

岡本：「祖に会えば祖を殺し，師に会えば師を殺す」と。

山本：もうちょっと説明して。

岡本：祖というのはお釈迦様ですよね。それから達磨でもあるし，六祖慧能でもある。そういう師匠に出会うとその師を殺す。師を殺すというのは殺すことに

---

[20] ジャン・ラプランシュ（Jean Laplanche） 1924年パリに生れる。哲学者。医師でもあり，精神病院内勤医をつとめた。精神分析の実践家で，1969-71年フランス精神分析学の会（Association Psychanalytique de France）の会長，パリ第7大学（ソルボンヌ）の正教授（精神分析学）を歴任。主著に，『ヘルダーリンと父の問題』（1961），『精神分析における生と死』（1967）などがある。

よって自分が師を乗り越えていく。

鑪：乗り越えるということね。

岡本：だから実際，参禅で，直接，対面して，教えを受けている師匠である老師も，境涯としては老師をも殺してさらに進んでいく。

山本：殺すというのは，そういう強い言葉を使うの？

岡本：それは臨済が『臨済録』[21]の中に書いています。実際のところの意味は，弟子が師匠の境涯よりも，さらに上にいくということを「殺す」という厳しい，相当荒っぽい言葉で言っている。

山本：心の中でそういう葛藤が当然起こってくるから，そのコンフリクトを乗り越えていくことを殺すと。

岡本：コンフリクトではなくて，やはり師にとらわれていたら駄目だということですよね。

鑪：飲み込まれないで，それを超えろという意味。それを「殺す」と言うのです。親殺しというのは，みんなそういうものなのですね。それから，「殺し」の反対は「死ね」ということです。あなたは死になさい，もう一回全部否定しなさい，自分を。今までの基盤というのを全部切り捨ててごらん。そこから何が出るか，それを考える。今の基盤ではない，新しいものをそこから生む。

山本：死ねというのは，誰が誰に言うの？

鑪：今度は和尚さんが「おまえ」，弟子に「成長するためには死ね。一回死なないと成長できません」と。だから，お互いに殺し合うわけ。激しい言葉でそういう言葉を言うのですよね，「死ね」と言って。

岡本：私も若い頃，少し参禅をしましたからそうなのですが。やっぱり。

鑪：難しいですよ。だから，僕は父親殺しで，親父に死ね，殺すと言ったときは，思春期的な乗り越え方とはちょっと違う。大学のときに親父と直面したときに，この基盤のなさに対して僕の文化と，もう親父の文化とはあまりにも質的に違ってしまって。

山本：だから，死ねというのはお父さんでもあるのだけれども，自分の今までの基盤を死ねでもあるわけですよね。

鑪：そうなんですよ。消してしまいたいのですよね。そういうことなのです。それを代理で基盤を別なところで得ても，本当のものではないわけですよね。それが継子になるのね。ステップ・サンになってしまうのです。ちょっと違うということで。それはあなたの生まれた土壌じゃないでしょうということになる。その土壌があって，その上に立っていることを否定しながら，しかもなおかつ土壌の上に立っているというのは，僕は本物だと思うね。強いと思うのですよ。素直

21）臨済録　中国，唐の禅僧 臨済の言行録。臨済の弟子 慧然が編集したもので，正式の名は『鎮州臨済慧照禅師語録』という。

5. 育ちの中の断絶感を埋めるもの —のめり込む体験—

だし，しっかり芯が真っすぐに通っている。そういう点では，僕はもうこんなに揺れて根無し草みたいな感じが，ずっとありましたね。

何かその空白感ですね。いろんなところでの。何かを求めて空白を埋めたいという。それはずっとあったのです。そのためにずっと今まで頑張っているというか，エネルギーを注いできたような気がします。納得したい。この空白感があるから，納得が難しいんですね。どこまでいっても，納得がね。

山本：だからポジティヴにとらえたら，それがエネルギーになっているし，あるいは先生のいわゆる意地になってきている。

鑪：外から見ると。それは意地でそれをやっているんですね。けれど，どこまでいっても一種の陶酔感というか，達成感がないのです。そこのところはやはり辛いのは辛いのだけど。あんまりうれしくないんですね，何をしても。それで終わるわけでもなくて，「それだけ？」というような感じになるんです。

岡本：え，うれしくない？

鑪：うれしくないんですよ。だからピタッとこないの，やっても。バンザーイとか言って，もう躍動感で喜んだというようなことはほとんどないですね。本当は「やったぜーっ」と言いたいのね。そういう感じが出てきたら，どんなにうれしいだろうと思う。

岡本：うーん，私はやっぱり何と言うか，闇の中を進む時の星のような感じで先生をずっと見ていましたし。星よりはもっと光り輝く。

鑪：外から見ると何か，そういった感じがね。

岡本：先生は数多くの仕事をなさってきて，私たちはそれにインスパイアされて，もっと先生の世界に近づきたいと思っても，なかなか近づけないですから。アンフィットネスはこちらも感じていますが。でも，先生がそういう感覚を持っていらしたというのは知らなかった。

山本：僕は聴いていて納得してしまった。

岡本：京都大学時代もそうですけれども，（先生のしてこられた仕事は）日本の中になかったものを，若くて新たに始めて，それをしっかりと拡大し，根付かせ，深めて，という最先端だったわけでしょう。そしてアメリカにいらして戻られてからも，まさに最先端を切り開いていくという。

鑪：そうですね。開いてきましたね。

山本：それは我々から見たらそうだし，それは事実なんだけれども，その問題と鑪先生が言われている内的生活史の中でのぴったりこなさとか，何かのズレとか，それはまた別の問題。

岡本：そうです。別のものなのですよね。

山本：どんなにすごいことを創っても，そういう内的なズレの感覚があるということはすごく分かると思うよね，人それぞれに。

岡本：それはすごくよく分かるのですけれども。私が気になっているのは，そ

ういうふうに日本をリードしていくような仕事をずっと重ねてこられて，そのことで自分の中の空白感，根こぎ感というか，アンフィットネスが解決されていくという感覚は，あまり持っていらっしゃらなかったのでしょうか。

鑪：あまりなかった。

岡本：それが，私の今日のものすごい発見です。

鑪：なかったですね。自己愛がそれで満足されるとか，万能感が少し満たされるとか。そういう感じがないんですよね。だから，どこかでちょっと仕事的になるところがありますよね。その仕事に打ち込むという。やり出したら，とにかく完成させたいというのがあるんです。

岡本：そうですよね。

鑪：だから，ものすごく頑張ってやる。それが外から見ると，ものすごく打ち込んでエネルギッシュにやっているというように見えたかもしれないけれどね。けれど，それで得られる喜びというのは，意外と少なかったですね。特に，社会的な役割で何かをやっているようなところはそうですね。論文を書いたり，本を書いたりというのはちょっと違って，少しは足しになっていた。

岡本：「少しは足しに」ですか。

鑪：けれど学会で役員をしたり。あれはものすごく重いんですよね。けれど与えられたらやっぱりとことんやると，中途半端にしないというかたちで今までやってきたからね。

岡本：そうですね，本当に。

鑪：逃げなかったですよね。逃げなかったというのは，確かにあるような気がする。いつも仕事に対する取り組みという，フロイト的に言ってアクティヴというか，あるいは自発的に前向きに取り組むというのは，これはいつ頃からなのだろうな。子どもの頃，ガキ大将のテーマにも若干それはつながるかもしれないけれど。

大学で，心理学の論文を書き始めてからぐらいですかね。仕事というものに対して打ち込むという。それまではちょっといいかげんなところがあったけれど。だから，どんな仕事でも与えられたらとことんやる。きちっとやって，時間が奪われるというのがありましたけれど。それが結局，いろんな扉を開いた。

山本：それが何か前の扉がだんだん開いていく，結果的に。

鑪：ひとりでに。そういうのは全然意識していなかったけれど。自分の内的なテーマとしては今言ったように，問題をどうしても解決したいところがあると。論文に書いても，なんか満足できないところですね。説明がなんか表面的で，自分では納得いっていないのです。それを解決する道はあるのかというと，ない。

それはずっと不満が残ったわけね，論文を書いて。それがまた出会いというのになったのです。だから打ち込むというのは，そういう意味では，僕にとっては，次に自分の扉を開いていくきっかけになったような気がします。そこで，もう

5. 育ちの中の断絶感を埋めるもの ―のめり込む体験―

いいやと投げ出していたら相当変わっていたと思う。アメリカにも行っていなかった。もちろん京大にも行っていなかった。学校の先生をやっていたと思います。それが悪いとは言わないけれど。

山本：世俗的な言い方にしてしまうと，ある種の先生の中のハングリー精神が推し進めていった。そのハングリー精神を結果的に，意図的ではなく与えたのは，お父さんとの体験，お父さんとのズレ，埋まらないズレ。

鑪：出会いの中のズレの方。親殺しのテーマだね。

山本：それはハングリーとはちょっと違うのだけれども，そういうのがいろんな人生のところであって，お父さん以外のところでもあって。

鑪：そうです。親殺しをやって。親父をもう諦めたのです。それからですね，打ち込むようになったのは。だから，もうこの道を自分でいくのだという。

山本：いくのだというふうに決めて，腹が据わって。

鑪：そう。そこのところでは腹が据わったんですね。それとお金に関しては先程言ったように，もう本当にお金がなかった。貧乏だったから，今度は反対に，どこに行ってもお金がないことが，あんまり気にならないのです。別にお金なくたって生きていけると思うから。だからアメリカに行ってお金で相当苦労をしたけれど，別に情けないとは思わなかった。いずれは京大を辞めないといけないでしょう。助手だった。そうすると職無しなのです。子どもも2人いた。みんな「そんな無謀な」って。「放ったらかしで，帰ってきてどうするんや」「いやあ，何とかなるでしょう」と。だから，本当にもう丸裸で飛び込んでいってね。外からみるといい加減。家族もそれについてきたからね。それで本当に救われましたよね。お金がない，しかしまあ，なんとかなるだろうというふうな感じで。

一番極端なのは大学時代。中学・高校で仲の良かった友達が2人いたのですね。もう死んでしまったけれど，ずっと仲良しで。それにもすごく支えられた。1人はものすごく早熟な子で，彼からいろんなものを教えてもらった。男女関係とか人間関係，いろんなものを。それも商人の息子だけど，ものすごくうまいんですよ。頭もいいし，大人なのね。僕をこう引っ張ってくれて。

もう1人の子がやっぱり商人の息子で，これもなかなかの人ということで。だから，それにも，すごく支えられましたね。そっちのほうで社会生活を教えてもらった。だから不思議な出会いですよね。出会いということで考えたら。あそこで新制中学に行っていたら，僕の道は，おそらくまた全然違ったと思うのです。あそこ（＝新制中学）に行っていたら，おそらく僕は大学へ行っていないと思います。親父の跡を継ぐことを考えたりしていた。商売人の道でしょう。ひょっとして商売で成功していたかもしれないですね。全然そっちは違うところ。親父が間違ったのだと思う

熊本大学学生時代

よ。僕を九州学院に入れたのは（笑）。
　岡本：直感的にお父様も感じるところがあったんじゃないかな。
　鑪：あったのかな，自分の道には来なくていいというようなね。
　山本：いや。お父さんとしては，普通の感覚で言うと息子にはできれば，もうちょっと違う世界を歩いてほしいと思って，お父さんの中での隠された願望みたいなもので。
　鑪：そうね。そういう願望は。後継ぎ願望ではなくてよかったかもね。だから，ずっと後に話が飛ぶけれど，それにまつわるものでは，僕はそこからいろいろなものを見ていたのですよ。周囲の人の動きも。そうすると，よく見えるんです。僕は一種の根こぎ感みたいなのがずっとあるでしょう。そうではない人もいっぱいいるのね。すごい達成感で満足しているとか，自己愛を満たしている人とか，もう万能感でね。生き生きしている人，そういうのはよく見える。だからこれは本物だ，偽物だとすぐ分かる。

6. 心理学を学ぶ —知的障害児との出会い—

　岡本：結核が治って，大学へ復帰されてからの勉強のことをもう少しお伺いできますか。
　鑪：大学に入って，心理学の講義，教育心理学，発達心理学とか，教員養成ですからそういうのはいろいろやって。
　山本：教員養成というのは小学校教員養成課程ですか？
　鑪：中学校教員養成です。それでいろいろ聴いていて，だんだん聴いているうちに心理学がおもしろくなったのですね。それで心理学実験なんかにも参加をしたりして。
　山本：当時の実験心理学がおもしろかった？
　鑪：実験心理学がとてもおもしろかったのです。そのおもしろさって何か全然，今までと違った別世界の一見科学的な，知的な世界に参加できると。しかも，心の世界を何か解明できそうだという。数字を使ってそういうものができるっておもしろいなと思ってね。実験心理学の中で僕がすごくおもしろかったのは触覚の研究。
　岡本：2点閾[22]。
　鑪：2点閾。何でその2点閾というのは，こう広げたりすぼめたりして，どこ

---

[22] 触2点閾　コンパスなど先の尖った物で皮膚の表面に触れる時，先端の2点の間隔がある程度以上に広げれば2点と感じられるが，間隔が狭いと1点のように感じられる。このうち，2つの刺激の強さや性質を区別し感じうる刺激差の最小の精度を指すものを弁別閾という。閾とは，光や音などの刺激の有無，同種刺激間の差違などが感知できるか否かの境目，つまり刺激の最小値のことであり，その境目にあたる刺激の強さを閾値で示す。

で2点閾が出ていくんだろうと。それと，もう一つは視覚ね。視覚の，いわゆる見えのズレみたいな。ミュラー・リヤー，その他のいろいろな違って見えたりする錯覚ですね。錯覚なんかも何かすごく，今まで知らない世界が開かれる。それから重さの知覚，右と左の知覚の違いとか，その閾値の違いがどういうふうに，変わってくるかとか，そういうのをやって。やっぱりなんとなく心の世界の中に，全然今までと違った世界の中にいるような感じがあったのですね。卒業論文をどうするかとなって，知覚をテーマで何かやりたいと思った。視知覚ね。ゲシュタルト心理学でいう地と図との関係。「見えの世界」が他の「地」があるときに，図が複雑になってきたり，図と地の境界が曖昧になると図が地に負けて，はっきり見えてこないとかね。そういうのをもう少し解明できないかと。それを何で解明するか。実際に視知覚を，子どもの場合，生まれながら知的な障害があり，親もやっぱり知的なレベルが低くて生まれてきた子どもで，なおかつ知的な低いレベル。それから外傷を受けることで，出産時外傷だけでもないけれども，幾つかのそういう外傷でもって生まれてきて知的な障害を得た者との間には，知覚系の違いが出てきはしないかと。もしも違いがあるとすれば，学習するときにそれを明確化する必要がある。道具を作る工夫をする。そういうテーマで少しやってみたいと思った。それだったら少し教育にも貢献できるし，子どもたちも何かプラスになるんじゃないかと。それでやり始めたのです。

山本：そのアイディアは先生の問題意識なのか，それとも先生の指導教官の？

鑪：指導教員の問題意識です，もちろん。そういう知覚系には関心があったのだけど，僕の直接指導教官というのは毛利昌三という助教授（当時）で。これもすごく後まで影響があるのだけど。ずっと子どもの養護教育とか養護系の仕事をして，子どもの認知とかそういうようなのを研究していた先生です。

今で言う障害児教育の世界。その頃はまだ分化していなくて特殊教育といっていたが。その先生に付いたら，もうちょっとこれを，今言ったような角度から見直してみたらどうかと。これを読みなさいと出されたのが，あのウェルナー（H. Werner）ですよね。ウェルナーの"Comparative Psychology"[23]。それとウェルナーの中に，今言った実験があるのです。シュトラウスとかいう人たちの研究。それをやってみますということになって。どこでやるか。養護施設が熊本の少し田舎。当時は養護施設というと，大体知的に障害のある子どもたちを集めているところが多かったですね。戦争孤児，親のいない子と知的に障害のある子を収容している。そこに行って実験させてもらうということで，道具を持って行って。

毛利先生に施設の園長さんを紹介してもらって，泊まり込みで行く。とにかくまず子どもと仲良しになりなさいということで，子どもと仲良しになって，実験

---

23) Werner, H. 1940 *Comparative psychology of mental development.* New York: International Universities Press.

大学3〜4年生時の熊本大学心理学専攻生と指導教員
前列左から森清先生，毛利昌三先生，第2列中央鑪幹八郎。森清先生は，
京都大学進学時に学費を援助してくださった（p.56参照）。

をやって。泊まり込んでいるものだから，そこの施設長からちょっと話をしに来いとか言われて，晩ご飯をごちそうになったり。子どもたちと一緒に寝たりして仲良しになって。やっていると，子ども自身がおもしろいのですよ。知的な障害とか施設に入っている子たちは，純粋で気持ちがよくて。子どもたちもこちらをすごくおもしろがってね。ところが，実験ではあまりいい結果が出なかったのです。はっきりしない。

　山本：ちなみに，その知的障害の子どもで，どの子が外傷性で，どの子が家族性で，ということは分かるのですか？

　鑪：それはある程度書いてあるんですよ。一人ひとりのカルテに。親がどういう職業に就いてどんな具合かと，生まれたときはどんなのだったかというのが書いてあるのです。たくさんの中から，典型的だろうという人を選んで。そこまでやっても，結果はあまりクリアに出ないし，そこから何か答えを出すことはできない。けれど少しは差があったかな。でも有意差ではないという結果でね。僕がやったのはそこまでだったのです。

　一緒にそういう生活していると，子どもたちがすごく楽しい。知恵遅れとか，知的な障害と言うけれど，この子たちはものすごくかわいい。それから純粋なのですよ。その頃はいたずらっ子とかそういうのもあまりなかった。ひねくれてもいない。すごく子どもを気に入っていたんですよ。僕はただおもしろい。これをもう少しやりたい。教員になるのをちょっと先延ばしして，もう少し心理学を勉強したいと。その頃，卒業してどうするかということで。教員になるか，それとも大学院に行くか，この選択。一番問題はお金だった。お金がなくて生活はできんと。大学院というと，僕が行けるとしたら国立しかない。その頃，東大で三木安正先生という障害児を研究していた人がいたのです。それから，京大に正木正先生がおられたのです。先生は教育心理学の専門で，子どもの教育のことをやっておられた。

7. 正木正先生のこと —大学院進学への志向—

鑪：正木先生は，実は熊本出身なんですよ。僕もよく知っているんです。正木先生が書かれた本があるのです[24]。それも依田新先生と二人で。依田先生は東大におられた。『青年の心理』。この本がおもしろい。ジイド『車輪の下』とかヘルマン・ヘッセなどを分析するような。日記分析とかを書いて青年期をテーマにした本なのですよ。まあ，珍しくて。今までの実験心理学と全然違う。これはおもしろい。こういうことを勉強したいなと思ったのです。そうしたら，京大に正木先生がいるなら正木先生のところに行こうと。

山本：正木先生のところを，もう狙って選ばれた？

鑪：そうなのですよ。それで困ったのがお金ですよ。全然ない。どうしようということで。奨学金は得られるかもしれないけれど。でもそれまで，あれは夏ぐらいまで下りないでしょう。それまでの生活はどうするか。それならお金を借りていけばいい。後で返したらいいと思って。その頃はだいぶ無茶なことを考えてね。それで，誰が貸してくれるだろうかと。

その頃は，もうぎりぎりになると月に1,500円か2,000円で生活できたのです。下宿代が幾らだったかな，下宿代はそれでも1,000円ぐらい払ったかな。だから2,000円ぐらいで何とかぎりぎり。お米も，まだ配給でした。配給切符があった。それを持って行くと学食も安くなる。切符がないと，闇ということでちょっと高い，食べ物は。

昭和32年，1957年のころ。こういう食糧切符でね。住民票を移すと，そこで月に1回食糧切符をくれるんですよ。それを持っていくと食堂が安くなる。お米を食べられると。でないと罰米ということだから，高いのです。そういう時代だった。それはぎりぎりで生活して，ぎりぎりの部屋で。3畳でした。北向きの3畳のところだったけれど，それでもね。

まず九州学院の校長さんのところに行って，「お金を貸してください，返しますから」って。それで「幾らだ」と言われて，「5,000円貸してほしい」と。その当時の5,000円だから今だったら幾らですかね。20～30万円貸してくれと言ったような感じですかね。僕は，もう向こうへ行ったらすぐ家庭教師をしたりアルバイトをして稼ぐ。そうすると差し当たりそれだけあればやっていけるんじゃないかなと見通してそう言ったのです。5,000円ってちょっと大金なのね。九学の生徒のときはすごく優しくして親切にしてくれたのだけど，そういう金はないって断られた。やっぱり駄目か。もう1軒だけ訪ねてみようと思って行ったのが，大学の心理学の先生です。

---

24) 正木正・依田新　1947　性格心理学　東亞出版社
　　依田新　1950　青年の心理　培風館

山本：さっきおっしゃった先生ですか？

鑪：いや，今度は別の先生。僕の指導教官はすごく貧乏で，あの頃ですから仮住まいみたいなところに住んでいたからね。ひとり割と豊かな先生がいたのです。森清教授という発達心理学をやった人で。偶然でしたが，広島文理大学の出身だった。先生，こういう事情だからお金を貸してほしいと言ったら，森先生が「いいよ」とか言って貸してくれたんです（笑）。

山本：そんな深いつながりがあったのですか？

鑪：いや。だって教え子だもん，大学では。

岡本：同じ学科の教授の一人だった。

鑪：心理学科の教授だったのです。だからまあ，ずうずうしいと言えばずうずうしいけど。けれども，私にとっては，それしかない。大学院に行くとすれば。ところが，「いいよ」と言って貸してくれたんですよ。だから行けたんですよ。「奨学金が出たらお返しします」と言って。ものすごくありがたかったですね。そういう時代だったですね。みんな貧乏だから，そんなに貧乏ということで卑屈になって，何か文句を言うということはなかったけれど。お金だけの理由で（学校に）行けない，チャンスがなくなるということがつらかったですね。借りることができるということが分かったから，それなら行くと決めたんです。

第3章
臨床心理学の黎明期の物語

　鑪先生は，1957（昭和32）年，京都大学大学院教育学研究科に進学された。心理臨床の専門家としての出発点である。当時の我が国の臨床心理学は，未だ基礎心理学の一分野で，未分化・未確立の状態であった。本章は，意欲ある若い研究者たちが，手探りで研究と実践に打ち込み，臨床心理学の世界を開拓していった黎明期の物語である。

1．京都大学大学院へ

　鑪：（大学院へ）行っても，僕は稼いでおふくろと妹のためにはお金を送金するという状況で。それ以外ないですから。それで京都へ行ったら，もうすぐ家庭教師を，4月からすぐ始めた。家庭教師はもう得意中の得意だから何の苦労もないんだけど。

　それと京大でよかったのはコープね。今の生活協同組合，生協。あれは割と早くからありました。それで今もしっかりしたコープがあるんですよ。配給切符で買うと少し物が安い。大学で安いものを食べて，家庭教師は（入学して）すぐから始めて。みんなが探してくれて。家庭教師はずいぶんやりました。その頃は，家庭教師は大学生の収入源でした。2つやったり，3つやったり。京大の大学院生だと言えば大体雇ってくれて。それから，大体夕食付きなんですよ。子どもと勉強して，食事をして帰る。そうすると，1食浮くからね。優秀な子がずいぶんいましたね。京大に入って官僚になったり。それである程度，生活ができるようになった。

　研究としては，卒論でいい結果が出なかったから，もう1回，追試し直す。大学院に入った年の夏までに，もう一度全部やったのですよ。

　山本：熊本でやったことを，京大でもう1回やり直したんですか？

　鑪：もう1回，卒論を全部やり直したんですよ。修論としてではなくて，卒論の結果が自分で気に入らないから，きちっと結果を出したいと。実験器具をどうしたらいいか。その頃，先輩に今で言う電子工学的なことがすごく上手な竹内さんという先輩がいて，助手をしていた。タキストスコープ[25]とか，瞬間露出器みたいなのをいろいろ手作りする。ものすごく腕のいい先輩で。それで「作ってやる。だからそれでやってみろ」と言って。こんなでかいね（100cm×50cm×60 cm)。その後，竹井機器とか心理学の実験の機器を作る会社がいろいろ出したけれど。その一番プリミティヴなもの。10分の1秒単位で露出できる機械を作ってくれました。みんな親切だったな。こんな大きいものだから，先輩のドクターにいた女性が「私も手伝ってあげる」とか言ってくれました。

2. 近江学園での経験と田中昌人先生の発達検査

鑪：その当時，子どもたちがたくさんいるところというと，滋賀県大津市の近江学園[26]。糸賀先生[27]が園長さん。大先生です。子どもの福祉では「日本の父」といわれているような人。そこで実験させてもらいたいとお願いすると，「それなら，泊まり込みで来い」と言ってくれた。それで近江学園へ泊まり込みで，その大きな器具を持って行って，そこで実験させてもらいました。そのついでに子どもたちと一緒に遊んだ。

近江学園には糸賀先生を慕ってもう1人，田中昌人先生[28]がいました。後で京大の教授になったのだけれど。田中さんも京大の先輩。施設でもう仕事をしていた。けれど京大だからということで歓迎してくれた。いろいろアドヴァイスを

田中昌人先生

してくれた。田中さんは，ピアジェの発達心理学をよくやって，子どもたちの発達検査を作った。子どもたちの問題をできるだけ早期から見つけて，それに対応して教育していく。アイディアを出していくんですよね。僕は「一緒に手伝え」とか言われて手伝わされたり。徹底している人で，障害児のいる家を全部，大津の地図にしらみ潰しに印を付けていく。ここと，ここに子どもがいると。その全員に検査をして，それで援助するという，徹底したやり方でね。もう6歳とか7歳ぐらいになったら遅い。もうちょっと早

25）心理学の実験で，図形や文字などの視覚刺激を瞬間的に提示するのに用いられる装置。瞬間露出器とも呼ばれる。シャッタを短時間で閉開する方式と光源を点滅する方式とがある。広告物の文字・図形などの見え方，認知に必要な時間などを実験する。

26）滋賀県湖南市の知的障害児，孤児収容施設。1946年に，糸賀一雄・池田太郎・田村一二により創立された。1963年「この子らを世の光に」をモットーに，野洲町（現在の野洲市）に，重度心身障害者施設・第二びわこ学園を創立し療育指導を導入。その後愛知郡愛東町（現在の東近江市）に「茗荷村」を設け，里親活動にも力を入れる。「茗荷村見聞記」（主演：長門裕之）として映画化された。

27）糸賀一雄（いとが かずお）1914-1968 日本の社会福祉の実践家。知的障害のある子どもたちの福祉と教育に一生を捧げた。日本の障害者福祉を切り開いた第一人者として知られ，「社会福祉の父」とも呼ばれる。主著に『福祉の思想』（NHK出版）がある。

28）田中昌人（たなか まさと）1932-2005 障害児教育学者，教育者。精神薄弱児施設滋賀県立近江学園に勤務，精神遅滞児について研究。1958年大津市の集団検診に参加，1963年創設された重症障害児施設びわこ学園で記録映画「夜明け前の子どもたち」を製作。1967年に結成された全国障害者問題研究会の全国委員長。京都大学教育学部教授。主著に『人間発達の科学』（青木書店，1980），『乳児の発達診断入門』（大月書店，1985），『人間発達の理論』（青木書店，1987），『1歳児の発達診断入門』（大月書店，1999），『障害のある人びとと創る人間教育』（大月書店，2003）などがある。

くしなきゃいけないと。大津市と掛け合って発達検査を生後3カ月・6カ月・1歳・3歳とやった。3歳児健診を日本で初めて，大津で田中さんが始めた。
　岡本：今は，どこでもやっている3歳児健診。そうなんですか。すごいですね。
　鑪：それが全国に広がって。それを彼は一生懸命やったのです。その背景にあるのが，ピアジェの発達論です。だからすごくしっかりしたものですね。
　山本：その検査も，田中先生が自分で作られた，自作の？
　鑪：田中さんが自分で作ったのですよ。自作の「大津式発達検査」，年齢ごとにずっと分けていってやっていて。僕も仲良しになって，「自分の跡を継げ」と言われた。ただ，私は子どもと一緒になって遊んでいると，これがおもしろい。そして実験をやったのだけれど，実験の結果はやはり同じようになって。基本的な実験仮説があまり妥当ではなかった。けれど，結果はとにかく論文にして出せということで，論文にしました。それで『児童青年精神医学とその近接領域』に（論文を）書いて出しました[29]。それが僕の論文の第1号だった。それは学会でも発表しました。学会発表もこれが初めて。それが九大で開催された心理学会だった。
　山本：先生の修論以外の研究なんですよね。自主的にされた。
　鑪：機械も精密に手作りだった。
　岡本：すごいですね。
　鑪：それを夏までやったのです。これはやっぱり結果は出ないけど，出ないまま論文にしたらどうかと。こういうやり方では駄目です，ということは意味があると勧められて，なるほどなと。京大は（心理学専攻の）学生の数が少なかったですね，大学院は。その頃，修士課程が5人ぐらいいたかな。ドクターには2人しかいなかったです。教育学研究科の中のCコースというのが心理学ですよね。
　山本：まだ臨床が分化していない時期ですよね。
　鑪：臨床が始まっていないです。それで大学の方では正木先生が中心で，それから黒丸正四郎先生，あの自閉症研究のレオ・カナーを訳した黒丸正四郎先生[30]。それから倉石精一先生ですね。この3人ががんばって，大学で教育相談を始めた。

3.　正木正先生の最後の講義

　山本：先生は正木先生[31]に付かれたのですか？

---

29) 鑪幹八郎　1960　外因性および内因性精神薄弱児における図柄 - 素地関係の認知に関する研究　児童青年精神医学とその近接領域, 1(2), 150-158.
30) 黒丸正四郎（くろまる　しょうしろう）　1915-2003　わが国の草分けの児童精神科医。大阪市立大学教授，神戸大学教授。主著に『精神衛生の理論と実際』（黎明書房，1949），訳書にフレデリック・アレン『問題児の心理療法』（みすず書房，1955）などがある。
31) 正木正（まさき　まさし）　1905-1959　教育心理学者，東北大学教授，京都大学教授。『正木正選集』全3巻 金子書房（第1巻 道徳教育の研究　1960，第2巻 性格の心理　1962，第3巻 教育的叡知　1967），依田新との共著『性格心理学』（刀江書院，1937）で知られる。

正木正先生（療養所の病室の前で）

鑪：付いたんだけど，正木先生は僕の大学院2年目に亡くなるんですよ。それも結核で。それがまた感動的なのです。正木先生ってね。もう自分は駄目だ，けれど学生に伝えたいことがいっぱいある。しかし大学に出られない。だから自分は，テープレコーダーに家で講義を吹き込むから，それを大学に持っていってくれと言われた。それで大学の講義室にテープレコーダーを置いて，ちょうど講義をするように学生に聴かせろと。それで先生は家で，ベッドでテープレコーダーに講義したいことを吹き込むんですよ。僕はそれを取りに行って。

山本：先生が取りに行って。

鑪：そう。桂まで。桂に住んでおられたのです。それで講義の時間にテープレコーダーの声を，みんなで座っておとなしく聴くのですよ。そのぐらい情熱的な先生でした。

岡本：それはどんな内容の講義だったのですか？

鑪：心理学が教育にどのように役に立つかという話。そして，先生の最後になった本ですが，『教育的叡智』という本になりました。それは先生がお亡くなりになってから出版された。教育臨床ということを，教育の現場で心理学はどうやるのかということを，一生懸命考えておられたですね。それも勉強になったし，その姿勢がすごかった。

山本：その当時は，むしろアカデミズムの中で心理学が完結している時代だから，それを実践に結び付けようというのはね。

4. 心理臨床実践の始まり

鑪：そう。だから実験心理学の人も，苧阪先生とか，梅本先生とか有名な人が何人かいたけど，そちらはそちらで。こちらは倉石先生。もともと実験心理学の先生だけど，すごく臨床心理学のために頑張ってくれた。黒丸先生はお医者さんでしょう，児童精神医学。そして正木先生ということで。みんな情熱の塊みたいな人たちでした。大学では教育相談を始めるという。正木先生はだんだん弱って，講義はもう2年目に出て来られなくなりました。それに参加したのは3つ上の先輩の畠瀬さん。畠瀬稔，村山正治，齋藤久美子と僕ね。河合隼雄さんは，ちょっと別。彼は，その頃はテスト派だった。その頃は，テスト派と臨床派とはちょっと分かれていた。

岡本：テスト派って，河合先生はロールシャッハをやっておられましたね。

鑪：ロールシャッハをやって。だから，鑑別所とかいろいろなところに行ってロールシャッハをとってという，その当時，そういうことを河合さんはやっていたのです。だから，直接は参加していないです。教育相談室はだんだん世間に知れ渡って，市民の人たちが利用するようになったのです。いろいろな人がたくさん来るようになって。

京都大学の先生・仲間と
右　倉石精一先生，梅本堯夫先生，左から3人目　鑪幹八郎，長崎原爆慰霊碑にて。

山本：その当時から，あの教育学部棟の地下室でやっていたのですか？

鑪：いや。地下室の前に，熊野に教育学部があったのですよ。熊野神社の近く。今の学生寮があるところ，あの前に教育学部の建物が建っていました。熊野というと，あの京大の医学部があるでしょう。そのちょっと南，丸太町という大きな通りがある。その横にちょうど医学部と対面になるところ。今は学生寮になって，その前身が教育学部です。教育学部は僕

佐治守夫先生，髙柳信子さんと
東京大学キャンパスにて。

がアメリカに行っている間に本部に入れようといって，今の土地に入った。

山本：じゃあ，先生が助手をされていた頃は違う建物。

鑪：助手をしているときは向こうの建物で。設計図を手伝ったり。こっちへ移るところ。だから，僕は熊野で教育を受けて。独立していたから，またよかったのです。そういうことでやって。それで僕もだんだん迷いが──，子どもの遊びの方がおもしろいと。どうも僕は実験も下手くそだから，うまく結果も出ないしということで。それでプレイ（セラピー）をやり始めた。それを一生懸命やっていたのが畠瀬さんです。大先輩。3年先輩だけど，その頃ドクターにいた。ものすごく熱心で。それと，人の言うことを聞かない頑固な人。自分でこれをやると決めたら，一貫してとことんやる人なのです。その頃，ロジャーズが入ってきて，ロジャーズを一生懸命やって，プレイはアクスライン[32]でやると。僕らはそれを一生懸命学んだのですよ。畠瀬さんから学んだのです。

---

32) アクスライン，V. M.（Virginia M. Axline）　1911-1988　臨床心理学者，児童心理学者。遊戯療法に来談者中心療法（Client-Centered Therapy）的な考え方を導入し，児童中心療法，非指示的遊戯療法の立場を強調する遊戯療法の基礎を確立した。

山本：アクスラインの本は，訳されていない時代ですかね。

鑪：まだ日本語の訳はなかったです。だからそのまま英語でやったのです。メラニー・クラインなんかも全部ね。ドイツ語と英語と両方一緒に読んで，よく分からなかったけれど。それをやりました。それをやっているときに医学部の小児科はすぐ横ですから，小児科と精神科と一緒にやりましょうと。子ども研究会をやったのです。奥田六郎先生とか，小西先生とか，小児科の先生方。高木隆郎先生は児童精神科。それで会場まわり持ちで，教育学部でやって，小児科でやって，精神科でやった。それで子ども研究会のグループができたわけです。それを土台にして「児童精神医学」というのができたのです。『児童青年精神医学とその近接領域』が。

山本：じゃあ，京都が発祥？

鑪：発祥の地です。今は，児童青年心理学なんかは「思春期心理学」と名前を変えてしまいましたけれど。その一番の発案者は高木隆郎先生です。僕らもお手伝いをするということで一緒に。だからケースは回り持ちで小児科で診たり，精神科で診たり，我々のところで診たりして。

岡本：事例検討会みたいなものを回り持ちで始められた。

鑪：そうです。それをずいぶん長い間やりました。

山本：公的な授業とか，それは全然別ですよね。

鑪：もちろん全然，別。公的なのは，もうほとんどないに等しかった。そういう点では教科書作りも必要だということで『臨床診断』[33]という本を作った。心理臨床の中で最初にできた本で，大判の手引書，（編著者は）正木正先生，倉石先生と黒丸先生の名前だったと思う。それがこの教育相談の最初の教科書です。正木先生はもう大学にお帰りにならなかった。そのまま亡くなられたのです。だから僕は，2年しか先生から教わっていないです。正式には1年半で，もうお亡くなりになってしまったから。大学院の2年目。

山本：大学院で2年の。だから修士課程だけでということね。ドクター課程になったら，また別の先生に付いて。

鑪：そうです。だから実際には倉石先生に付くしかなかった。倉石先生しか，もう臨床をやっていなかった。黒丸先生は大阪市大の教授でしたから。講義には来られていた。臨床のディスカッションには入ってくださって。カナーをやっておられたから，そういう子たちも来るのです。自閉的な子とか脳性麻痺の子。だからものすごく勉強になりましたよね。何ケースか自閉的な子はやりましたけれど，10年ぐらい観察した子もありました。

山本：先生がされた子ども臨床というのは神経症圏というよりも，むしろ発達障害系の子ども中心だったんですね。

33）正木正・倉石精一・黒丸正四郎　1956　臨床診断―教育心理学実習　同学社

鑪：発達障害圏の，そうなのです。スタートがそうでした。
　山本：だから先生が，例えば映画を紹介されても，必ずそこに出てくる知的障害者がいて，それのことを先生がすごく強調して言っておられたので，どうしてかなといつも思っていて。そのときに子どもたちの心が本当に純粋で美しいということがずっと頭の中にあって，言葉として知っていたけれど，実感としてぴんときていなかったのですけれど，基はそこにあるわけですね。
　鑪：そうなのです。かわいいんですよ。生産性とか能力とかいうことになったら別だけど，付き合っているとすごくかわいい。憎たらしい子はあんまりいない。難しい子はいますけど。言ってもなかなか分からないという子はいても，付き合いやすい。だから，僕にとってはすごくラッキーだったという感じがしますけれど。それで教育相談の施設ができて，いろんな子が来るようになって。黒丸先生の後ろ盾もあるし。倉石先生は何をやってもいいと言って，全体を見てくださるような先生だったからね。馬力は畠瀬さんです。我々を導いた人は。

5. 先輩　畠瀬稔先生

　山本：晩年の畠瀬先生を少し知っているけれど，そんなに馬力があるというふうには見えなかったですけれども。
　岡本：私もそういう印象だった。
　鑪：ちょっともう晩年はエネルギーがなくなりましたけれど，すごかったですよ。それが外向きに見えるようなかたちではしないのです。とにかく一貫してやるのね。変わらない，ずっと。だから彼は，学生時代からロジャーズをやって，今もロジャーズをやって全然変わらない。僕らはとにかく畠瀬さんに付いて行けばいいということで，一生懸命がんばって，臨床の技術を彼から教えてもらったのです。彼の一貫性というのは，他の先生方は「そんなことをやっていたっておまえ，業績も上がらんぞ」とか言って怒られたりしても，知らん顔ですからね。
　山本：畠瀬先生もロジャーズのところへ行かれたのでしたか。
　鑪：ロジャーズのところへ行きました。ちょうど僕がアメリカから帰るときに，彼はラ・ホイヤに行ったの。それで僕は，家族ぐるみで畠瀬さんのところに泊めてもらって。僕らは帰ったのですけれど，ちょうどすれ違いでした。
　山本：アメリカに行かれたのは先生の方が早く，3年遅れて畠瀬先生。
　鑪：僕の方が早いです。だから畠瀬さんと僕は，ずっと学生時代から仲良しでした。僕

京都大学のゼミにて
昭和33年，右から藤本文朗，鑪幹八郎，齋藤久美子，畠瀬稔。

京都大学にて
昭和32年，前左から村川玲子，河合隼雄，森野礼一，後左から今榮国晴，鑪幹八郎，西岡忠義．

にとっては臨床を教えてくれた先輩だと．ずっと，今でもそう思っています．

山本：でも，我々の学生時代に畠瀬先生は呼ばれませんでしたよね．

鑪：僕が広島に来たときには，もう畠瀬さんと一緒には，仕事はできなかったのです．オリエンテーションは，僕は精神分析的オリエンテーション．畠瀬さんはロジャーズだから．それはそれ，別々，お互いの道を行きましょうということだからね．そこから先は，僕は畠瀬さんから直接学ぶものはなかったのですよね．だから一緒にディスカッションをするとか，それもなかったのですよ．畠瀬さんとは村山さんが一番近かったかな．

山本：じゃあ大学院時代の仲間といったら先輩の畠瀬稔先生，村山正治先生，齋藤久美子先生，そのあたりが中心的な仲間なのですね．

鑪：そのあたりです．それから上に，その間に酒井汀という鑑別所でずっと長くやっていた人がいます．少し年が離れて出井淑子さんとかですね．それで河合さんは横にいるわけですよ．直接ではなくて．だから，そういう僕らの臨床活動には，河合さんは入ってこなかった．河合さんは別のところで外で研究会をやったり，そんなでした．彼が入ってきて影響を与えるようになったのは，ユング研究所から帰ってきてからです．その頃には内部でも，カウンセリング・グループに対して，もうずいぶんカウンセリングのムードがありましたから，それはピタッと合ったのです．だから河合さんが影響を与えて．その後，河合さんは天理大学に行ったでしょう．でも，天理でも主な影響は，ロールシャッハです．研究会だと僕らと一緒にやったのです．それでユングとかいうようなこともあんまり言わなかったですね，そのころは．倉石先生がお辞めになるときに，京大に河合さんを呼んだのです．そこから変わるのです．京大の人たちへの影響が．

6. 倉石精一先生

岡本：もう少し鑪先生の先生の話を聴かせていただけませんか．倉石先生の話は．

鑪：倉石先生は，僕が熊本大学で教わっていた毛利昌三先生の先輩に当たるのです．思考心理学が専門で．

山本：倉石先生も毛利先生も京大の出身なのですか？

鑪：2人とも東大．そして航空研究所かな．戦争中，航空に関する実験的なことをやっていたらしい．あんまり先生はしゃべらなかったけれど．戦後，群馬大

学におられて。その後，京大に来られました。

　正木先生は東北大学におられて，京大に来られて。戦後，教育学部というのが新しくできたでしょう。その講座に人が要るもんだから，来られたのですね。それまでは哲学科の心理学，これは実験心理学で。だから今もあるわけですよ，実験系は。倉石先生には学問的な意味じゃなくて，人間的な意味で支えられたですね。

　岡本：もうちょっと言うと？

　鑪：ものすごく関心を持ってくれるのですよ。やっていることを。そして，ちょっと茶々を入れるんですよ。そうすると，こうむきになって反論する。それをにこにこしながら聴いている。誰に対しても優しいんですよ。そして何か研究会の後，飯でも食べに行くと言うと「わしもついて行っていいか」とか。一緒に参加してくださったり。そんな感じで，ずっと周辺でいつもサポートしてくれている。ああいうタイプの人ってやっぱりあんまりいないですよね。すごく熱心に聴くんですよ。そしてちょっと茶々を入れるという。自分の専門は何かというと，それはないのですよね。だから自分で何かをするとか，研究するとか本を書くとかはなかったですね。だから僕らが書いて本にしたのは何冊かあります。その後，『臨床心理学実習』[34]，あれは倉石先生の名前で，中身は僕らが全部書いて出したのですね。そんなかたちで何冊かあります。

　山本：どちらかというと，器になられた先生なのですね。器の機能で。

　鑪：器なのです。そうです。だから，あれはやっぱり大事な機能ですね。

　岡本：引っ張っていくのは，ちょっと違うのですね。どちらかというと母性的なね。

　鑪：引っ張っていくのには，自分がやっていないとできない。引っ張られたのは，僕らにとっては畠瀬先生です。あの人はもう，ものすごく一途な人で。

　岡本：それは知りませんでした。『臨床心理学実習』の本は，中扉に「倉石先生に捧ぐ」と書いてありましたので，本当に臨床のモデルなのかなと思っていましたけれど，ずいぶん違うのですね。

　鑪：違う。そういう器の先生ですね。だから，あの先生がおられたからやれたということなのです。

　山本：学生の立場からすると，時々いじられるのはうれしいもので。

　鑪：うれしいです。そうだ，そうだ。

　山本：茶々を入れるのも，いじるという感じですよね。

　鑪：そう。ちょっと刺激される，そんな感じでした。それでやっぱりコンビネーションがよかったです。畠瀬先生は，もう本当に独特のパーソナリティ，今言ったようにね。それで，タッグを決めたら絶対に変えない。だから今もそうだけ

---

[34] 倉石精一　1973　臨床心理学実習—心理検査法と治療技法　誠信書房

れど，死ぬまであの人は変えないと思う。
　山本：先生より頑固なのですね。
　鑪：もう，ものすごい頑固。僕はちょっとよそ見するときがあるけど。
　岡本：え，そうなのか（笑）。
　山本：先生も，ものすごい頑固ですから，我々から見ると（笑）。
　鑪：でも，（畠瀬先生は）教員とけんかをしたりして，そういうエピソードもある。でも，平気なんですよね。だから彼は学位を取るのが，ちょっと遅れたのですよね。「もう学位なんて要らん」とか言ってやっていて。だから，僕らよりも10年ぐらい遅れましたよね。京都女子大に行って，エンカウンター・グループで学位を取って。そんなすごい畠瀬さんに，実際に導いてもらって論文の書き方も指導してもらってね。それから雑誌を興したりしたのですよ。畠瀬さんはそういう力があるのね。『臨床心理』という雑誌を出して。それが母体になって『臨床心理学研究』になる。それが母体になって，今の『心理臨床学研究』になったのです。そういうことがあって，素晴らしい力だった。
　山本：畠瀬先生は，確か学会賞[35]を取られましたよね。
　鑪：学会賞を取られました。
　山本：先生が推薦されたのですね，確か。
　鑪：そうです。もっともっと僕らよりも早く取らないといけない人なのだけど，みんな知らないんですよね。地味なんですよ。目立たないからね。誰も推薦しないものだから遅れてしまって。本当に申し訳ないと思ったのですけれど，取られてよかったと思うのです。みんな仲良しで。ドクターに行ったのは数が少なくて，僕は修士論文を書くときにも，畠瀬ばりで子どもを一生懸命やっていましたから。子どものグループセラピーの評価をどうするかがテーマ。行動療法のはしりみたいな行動分析ですね。それをずっと組織化して，その数字を比較しながら効果研究をやったのです。それが僕の修士論文。今で言うエビデンスとかそういうのをどうチェックするか。その頃，そういうのが流行ったということもあったのですけれど。デル・レボーとか，ムスターカス[36]とか。アメリカでもそういう研究をやっていて。僕らもそれに影響されてやったのです。

7．学校恐怖症（不登校）の研究

　鑪：それでドクターに入って，次の僕のテーマは，その中でも「学校恐怖症」

　35）来談者中心療法やエンカウンター・グループというロジャーズの開発したカウンセリング法を，永年にわたり世に広め，発展させてきた功績により，2011年に第21回日本心理臨床学会賞を受賞。
　36）ムスターカス，C. E.（Clark E. Moustakas）1921-　人間性心理学派の心理学者・心理臨床家。アメリカ合衆国ミシガン州デトロイトに『ヒューマニスティック心理学研究所』を設立。主著に『児童の心理療法—遊戯療法を中心として』（古屋健治訳　岩崎学術出版社　1968）。

とか「登校拒否」とか，今で言う不登校ですね。「不登校」という言葉を，僕はあんまりいいとは思わないのだけど。「学校恐怖症」というのは，学校に対する恐怖症という力動心理学的な診断概念なのです。学校恐怖症もそうなのね。「登校拒否」もね。ところが，不登校といったら状態像を言っているだけ。
　岡本：そう。全部入ってしまう。
　鑪：何でも入れられるけれども，だんだん方向としては漠然とした方向に進む。
　山本：不登校の中の一つに「学校恐怖症」があるわけですよね。
　鑪：そうなのです。成績は悪くないけれど行かないと。親が励ましても行かない。それでどうしたらいいのですかって。このような問題のはしりの時期です。僕は昭和34（1959）年にドクターに入ったでしょう。
　山本：それは，発達障害，知的障害からいきなり不登校に飛んだのですけれども，不登校の臨床もその頃始められたということですか？
　鑪：その頃は珍しかったのですよ。アメリカでは"school refusal"とか，"school phobia"と言っていた。それでジョンソンとか，いろんなのを引っ張り出して読んだりした。その頃，向こうでも始まりなのです。日本では現場で佐藤修策先生がやっていて，東京では鷲見たえ子先生と玉井収介先生。玉井先生は心理。鷲見先生は精神科の女医さん。千葉の国立精神衛生研究所（現）で始めたのです。そこと我々とが論文を書くというのをやったのです。それで僕もまとめて，書こうかと。
　高木隆郎先生がその前に書いた。それは『児童精神医学とその近接領域』に出た。これはものすごいヒットというか，評判になった論文で。あれは，「日本の学校恐怖症」という論文でした。みんながそういう目で見始めて。僕はその次に，『児童精神医学とその近接領域』に論文を2つ出したのです[37]。それが僕の博士論文[38]の基礎になったのです。
　岡本：1962年ですね。
　山本：博論は，でも（アメリカから）帰ってこられてから。
　鑪：博論は帰ってきてから。アメリカに行く前にもう出して行ったのだけど。正式に学位を出すためには，面接（＝口述試験）がどうしても必要だと。それで帰ってきた年に，面接を受けた。途中で帰るということは，とてもあの頃はできなかったから。帰ってきて1月だったかな。面接を受けて，それでオーケーということになった。だから形式的に，そんなかたちで。あの論文がアメリカへ行くきっかけでもあるのです。
　岡本：そうなのですか？
　鑪：そうなんですよ。高木先生が症状の発達段階を書いて，僕も症状の発達段

---

[37] 鑪幹八郎　1962　学校恐怖症児に関する研究（1）　児童精神医学とその近接領域, 4(4), 221-235.
　　 鑪幹八郎　1963　学校恐怖症児に関する研究（2）　児童精神医学とその近接領域, 5(2), 79-89.
[38] 鑪幹八郎　1968　学校恐怖症に関する研究　博士論文（京都大学）1968（昭和43）年1月, 350頁.

階を書いた。高木先生は状態像と発達段階。最初に身体というか反応があってちょっと暴れるような，登校刺激が入ると暴れるという。それから4段階ぐらいかな。僕は状態像じゃなくて，内面の変化過程を記述した。内面の変化について，僕のそれまでの知識で頼れる理論というのはロジャーズしかなかった。それしか知らない。それで「ロジャーズの自己心理学」と名付けて。ロジャーズの不適応論というのは「自己意識」のずれということなのですね。現実自己と理想自己とのずれがどうなるかによって，問題が起こる。だから，それで書いたのですよ。最初は自我肥大が阻止されたときに，学校に行けなくてバタバタする。それが身体化する。そして次は，少し自分が何者か，何で行かないかということが内的に分かるようになってきて，現実を拒否するような段階。それから，それを通り越すと無頓着になる段階。その中心にあるのは「自己意識の変化」なのだということを書いた。それで出したが，自分では，あまり納得いかなかった。自己像だけでは子どもがうまく説明できない。それで子どもの動きを。

　山本：でも，あの論文の中に防衛性の問題は書いていなかったですか？

　鑪：ないと思うけど。防衛というのはあったとしても，すごく薄いかたちだったと思う。その頃はアンナ・フロイトとかメラニー・クラインを読んでいたから，何かそういう言葉は使っていたと思うけれど，あんまり自我論的な意味はない。ロジャーズ的な意味だけ。ロジャーズは精神分析が嫌いだからね。ロジャーズでは，特に症状の説明ができないのですよね。何でそういう症状ができるのだろう。何でそれがひどくなるのだろう。どういうふうに働きかければ，どのように変わるかという説明がないのです。ロジャーズに言わせたら，とにかくていねいに子どもにかかわりなさいと。歪んだ体験が，もう少しまともな真正な体験に接することによって内的に変わっていきますと。だから，それを続けなさいという。

　山本：一種の関係療法的ですよね。

　鑪：関係療法です。それによって2つの自己がだんだん一致してきて，一致したときに子どもは回復するのですという説明。これでは，どうもうまく納得いかなかった。ぴったりこないのです。これをどうしたらいいのか。自分で知っているというのはそれしかないわけ。その頃，ロジャーズが日本に来たでしょう，1回。講義を受けました。

　山本：1回目のときですね。

　鑪：1回目のとき。まだ「アメリカ研究」と言っていた頃です。同志社と京大とが一緒になって，アメリカから臨床心理学の先生を呼んで講義をしてもらった。そういう演習。京大では，畠瀬さんが中心でしたね。ロジャーズが来たときに，いろいろディスカッションをして。ご本尊が来たというのが，僕はうれしかったけれども，ただ，言っている中身はもう学んでいることだけだったのです。次の年に来たのがボーディン[39]です。

　岡本：ボーディン先生ですね。

鑪：それが岡本さんと関係がある。

岡本：そう。私が留学したミシガン大学での指導教官のボーディン先生。

鑪：ボーディンとは後で仲良しになったから。特に岡本さんはミシガン大学へ行って。ボーディンはおもしろいということで。それが"Psychotherapy and Personality"だったかな。それを講義したのです。ものすごく新鮮で，今までにない新しいアプローチ。これは一体何だと。その根っこが精神分析だったのです。ボーディンの根っこは精神分析なのですよ。それで，そっちのほうにガーッと，関心が向いてね。ひょっとしたらこれに答えがあるかもしれない，ということが一つね。

それともう一つ，私が助手になったあとに，佐藤先生[40]が来られたのです。教養学部，今の総合学部から教育学部へ来られた。正木先生がお亡くなりになった後。佐藤幸治先生，禅心理学の，あの先生が大変おもしろい人でね。先生は変わっていて，禅の心理学をやる。だから僕らは全部座禅。始まる前にまず座りなさい。チーンとやってね。そこから始まるのです。もう英語がものすごい堪能なのです。ただし，ズーズー弁でね（笑）。なまりが強くて"th"の発音ができないのですよね。けれど平気で。それで，通じるんですよ。

山本：海外に行かれた経験はあるのですね。

鑪：しょっちゅう外国へ。そして雑誌を興こされるのですよ。

岡本：『プシコロギア』（"Psychologia"）ですね。

鑪："International Journal of the Orient"だったかな。『プシコロギア』も，今も続いていると思います。『プシコロギア』ね。「プシコロギア」と書いて，その下に"International Journal of the Orient"と。

山本：今も京大の教育学研究科が出している英文の雑誌ですね。

鑪：そう。それをあの佐藤先生が始めた。僕が助手になったとき。

山本：先生が助手になったのは，あの倉石先生の下で？

鑪：そう。助手というのは講座の助手だからね。

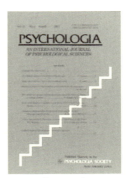

プシコロギア
PSYCHOLOGIA
An International Journal of
Psychological Sciences

39）ボーディン，E. S.（Bordin, E. S.）1913-1994　臨床心理学者，ミシガン大学カウンセリングセンター教授。精神分析的カウンセリングにおける治療同盟の研究で知られる。親日家で来日経験も多数。主著に Bordin, E. S. 1968 *Psychological Counseling.* New York: Appleton. がある。

40）佐藤幸治　1905-1971　心理学者，京都大学教授。アメリカ・カナダ・ヨーロッパ・インドの各地で，日本の禅や心理学について講演を重ね，また英文の国際心理学誌「プシコロギア」を発行するなど，心理学者，日本文化紹介者として国際的に幅広い活動を続けた。主著に，『人格心理学』（創元社　1951）『死と生の記録』（講談社　1968）などがある。

（講座の）全部から使われるわけです。助手が3人いたのかな。僕はどうも使いやすかったらしい。だから佐藤先生と倉石先生にしょっちゅう呼び出されて，いろいろなことを，書きものや何かもしょっちゅう下働きでやらされていた。佐藤先生がこういう雑誌を作るから，校正を全部やりなさいと言って校正をやらされて。先生はインターナショナルに顔が広い。バーッと出す。そうすると投稿がある。横文字の英語の雑誌だから。校正もして，今度は，手紙を書いて，宛名を書いて送れ。佐藤先生は，すごくインターナショナルに活躍した。外国の人もおもしろいんですよ，禅の心理学だから。禅とは一体どんなのかと。観光としても京都というのはおもしろい土地で，外国人は，まず京都に寄る。それで論文を出したという人が，佐藤先生を訪ねて来るのです。『プシコロギア』のエディターだから。そういう人を佐藤先生が応対して，その後，僕らに京都を案内しなさいと。
　岡本：そこでつながるんですね。

8. ホワイト研究所への架け橋

　鑢：京都の案内役です。夏休みなんかは2〜3人来ます。それを案内して回る。
　山本：その当時，先生は英語を自由に使えていたのですか？
　鑢：ブロークン英語でやって。分かっているかどうか分からないけれど。それで，おもしろいことが起こったのですよ。助手になってすぐの年，案内したのがホワイト研究所から来たウォールシュタイン（B. Wolstein）という先生なのです。僕のスーパーヴァイザーになったベン・ウォールシュタインという人。もう亡くなりましたけど。奥さんと一緒に来た。それで案内しろと言われて，案内したのです。
　そのときに先程言った，「理論的にもう少し論文を自分で納得するようにしたいと。発達過程を，症状形成をどう説明していいか分からない」と，一生懸命ウォールシュタインに言ったのです。そうしたら，「あなたの言うことはある程度分かる。それならあなたは精神分析を勉強したらいい」と言われた。精神分析の知識は，全く乏しかった。ボーディンから教えてもらったこと。あとは子どものプレイセラピーでアンナ・フロイトとかメラニー・クラインですよね。「なんとかそういう勉強をするチャンスがあるといいな」と。向こうも「そういうチャンスがあるといいね」と言って，それで最初の夏は終わったのです。
　山本：そのウォールシュタインは，当時はホワイトに所属していたのですね。
　鑢：そう。ホワイト精神分析研究所のトレーニング・アナリストです。全部ホワイトの人が来るのですよ。
　山本：それが分からない。（ホワイト研究所は）精神分析のメーンストリームじゃないじゃないですか。あまり有名でもない。その人をなぜ京大が呼んだのですか？

鑪：呼んだんじゃないのですよ。遊びに来たの，京都に。新婚旅行で遊びに来て，佐藤先生を訪ねてきた。プシコロギアの関係で。偶然ですよ。だからいろんな人がもちろん来ていたのです。インドから来たり。もちろん京都を案内していたけれど，僕は自分の困っていることを言うだけ。「臨床は何をやっているの？」「どんなことをやっている？」と聞かれると，「子どもをやっています」と。「どんな子どもの？」とか。そういう時に「論文を書いたのだけど，どうしても納得がいかないことがある」と。そういうことを僕は，誰にでも言っているわけ。それがウォールシュタインにヒットしたという。

その次の年は，ちょっと目的的になったのですよ。最初の年にウォールシュタインが日本に行って，次の年にレーベンソンが来た。この人は，ホワイト研究所の訓練分析家であり，大物。京都に行くなら，京大の佐藤先生に会えと。そして僕がいるから，ちょっと様子を見てきてくれと言ってくれて。彼はすごくシャープな人だから僕の話を聴いていて，「あなたはやっぱり勉強すべきだ。精神分析を勉強したほうがいい」と。「でも，僕はお金もないし，どうしていいか分からない」と。「ちょっと考えておく」とか言って，「ホワイトにひょっとしたら奨学金（scholarship）があるかもしれない」と。そして，「じゃあ，ぜひ」と言って，そして２年目の夏が終わったのです。その次の夏，だから３年目。

その次の夏，もっと上のボスが来たわけですよ。エドワード・タウバー（E. Tauber）。逆転移の研究で有名なタウバーです。それがやっぱり佐藤先生のところに来て，僕を名指しで「おまえとちょっと話をしたい」と。ホテルで話したり，街をブラブラして，「おまえはホワイトに来てもよろしい」と。彼はその頃ホワイトの理事か何かですよね。「奨学金を準備するまでちょっと時間がかかる。いつになるか分からんけども，来る用意をしておけ」と言って。いつかは分からないけど，ということでね。いつだったかな。次の年の６月頃に突然，アメリカから電話がかかってきたのです。その頃，所長をやっていたウィッテンバーグ（E, Wittenberg）から。そして僕に，「奨学金ができた。あなたは来る気があるか」。「英会話の能力はどうか」「今，電話で話をしているが，どうか？」「これなら来てもよろしい」。「その学期の始まる９月から」。「それなら９月から伺います」。だから，もう（出発まで）短い期間ですね。急転直下，電話一本で決った。というのは，その前に３人も会っている。だから僕のことは，もうみんな知っている。

山本：単なる社交辞令じゃなかったのですね。向こうではちゃんと引き継がれていて。

鑪：だから，その３年の間で向こうも考えてくれた。ということで行くことになったのです。だから，バタバタと。助手も任期は残ったのです，半年だけ。だから皆さんに迷惑をかけて。助手の４年目です。だから３年半まで勤めたのです，９月まで。そのときも倉石先生が有り難かった。「後は何とかなるから，あんた行けるときに行きなさい」と言ってくれて。

山本：一応退職してですね。

鑪：いいえ。僕は退職しなかったのですよ。その年度は出張扱い。

山本：え，そうなんですか，籍を置いたまま？

鑪：「あんたは金がないから，とにかく３月までこのままで，現職で行け。出張扱いにする」と。すごい計らい。もう家族がいましたから。

岡本：もう結婚しておられたのですね。

鑪：結婚して，子どもが２人いた。家族は半年間こちらにいました。その後，家族もニューヨークに行きました。だから，いろいろな人にすごく迷惑をかけながら。自分で持っていくお金なんてないしね。

山本：なんか不思議にいつもお金が天から回り，どこかから奨学金がくるという。

鑪：そう。だから僕はお金のことについて，あんまり苦労していないのです，そういう意味では。つまり，お金は元々ないから，ないのが当たり前な感じだから，いざとなったら何とかなるだろうと。あっちへ頼んで，こっちへ頼んで。だからお金がどうなるかということは，あんまり心配なかったです。後はもうチャンスがあれば，ぜひ勉強したいという，それだけですよね。だから周囲の人に迷惑をかけた。その後の６カ月は，僕は有給で行かせてもらって出張扱いにしてもらったのです。あれはものすごく助かりましたね。家族は助かりました。家族はこちらで，僕は向こうでね。

山本：そのとき，もし旅人にガイドするときに偶然，佐藤先生を訪れられた方がオーソドックス・フロイディアンの方だったら，そっちに行っておられた可能性もありますよね。

鑪：行っていた，もちろん。全く偶然。不思議ですね。

岡本：不思議ですね，本当にね。

鑪：何の意図もなしに，いつの間にかそういうふうになって。流れて，それがまたつながったということなのですよね。

岡本：おっしゃるとおりだと思いますけど，やっぱり先生がホワイトから来られた先生方におっしゃったことのインパクトが，相当あったんじゃないでしょうか。

鑪：それと，当時，心理学で精神分析の訓練を受けられるところは，ホワイトしかなかったのです。正統派の精神分析研究所（ニューヨーク精神分析研究所など）[41]の人は医師だけしか入れない。だから，心理の門は狭かったのです。いろ

---

[41] 新フロイト派・ニューヨーク精神分析研究所　1934年ころから第２次大戦後にかけて，アメリカ，ニューヨーク精神分析研究所のK.ホーナイを中心に興った，新しい精神分析学の一派。文化学派，フロイト左派と呼ばれることもある。従来の正統精神分析学が，生物学主義に立脚してリビドー仮説を重視したのに対して，この派の人たちは，人間をとりまく環境や文化的条件をより重視し，神経症の原因のみならず，精神分析的諸概念をも，比較文化論的，社会学的，人間関係論的見地から，批判的に検討し直した。現在でも，対人関係精神分析の学派として知られている。

いろな意味でアメリカの精神分析は，医者中心でしたからね。ニューヨークもそうでした。それに反発していろいろの研究所ができた。ホワイトがその一つ。ウォールシュタインは心理ですけど，あとはレーベンソンもタウバーも医者です。けれど抵抗はないのですよね。だから僕には全然，抵抗なし。やる気があるかどうかだけだったのだと思います。そういうかたちで行った。行くまでに一番心配だったのは，胸のレントゲンね。これはまだ昭和39年，戦後間もないというわけでもないけれど，アメリカが一番嫌がるのは，TB（tuberculosis）なんですね。

岡本：結核ですか。

鑢：伝染病は駄目という。やっぱり断層写真を持って行かなくちゃいけないのです。それは自分の手で。それで手に提げて，ハワイまでとにかく行きます。当時は，ハワイが日本からアメリカへの入り口だから。「ハワイでチェックします。その結果，即，帰ってもらうということもあります。それを条件に行ってください」と。フィルムをかざして見るのね，あの税関のところで係の人が。「オーケー」と言われた時には，本当にホッとしました。

山本：でも，そうなるとやっぱり全部つながっているのですね，偶然のようでありながら，後から見てみると何か必然みたいに見えてくる。

鑢：何かがつながっていて。佐藤先生の存在も，そういう意味では大きいのですよね。佐藤先生のときも僕は何か仕事を与えられると，与えられたことは一生懸命やるんですよ，とことん。それは，ずっと一貫して今まで自分がしてきたところですよね。だから，佐藤先生もある程度，気に入ってくれていたんじゃないかと，「よくやる子だ」ということで。だから編集もがんばった。「案内せい」と言われると案内するしね。倉石先生に対してもそうだったのです。だから，いざとなったときに助けていただいたのだと。

9. 障害児の親の障害受容の研究

鑢：ただ，もしもアメリカ行っていなくて，精神分析を学んでいなかったら，僕は田中さんのところへ行っていたかもしれない。あの近江学園で。田中さんも来いと言っていた。自分のところで一緒にやろうと。そうすると僕は発達障害か，発達心理学か，ピアジェ的な方向，ピアジェ，ワロンの研究の方向にいっていたと思うのです。

岡本：先生は，近江学園の障害児の子どもさんの研究もずっと続けて出しておられますよね。障害児の親御さんの受容プロセスの研究[42]。

鑢：そう。親御さんとの研究。あれが京大へ行って初めて書いた臨床的な論文。

---

42) 鑢幹八郎　1963　精神薄弱児の親の子供受容に関する分析的研究　京都大学教育学部紀要, 9, 145-172.

岡本：あれも本当に草分け的論文ですよね。

鑪：そうです。だから，あちらの方向に変わってしまったのですね。実験から子どもと遊んでいるのがおもしろくなって。親御さんと会っているとか。たまにその子が近江学園にいたり，近江学園がまた幾つか施設を造ったのです。公的ではなくて，私的な。割と裕福な親御さんが障害を持っている子どもを預けている。僕はそういうところに手伝いに行っていて。その中で，すごく感激したことが何回もあったのです。それは家族が優しいんですよ。障害の子がいると，肩身が狭くて隠したりすることが多かった。家族が来て，兄弟がいて「お姉ちゃん，お姉ちゃん」と言っている。「お姉ちゃん，こうよ」って，その障害の子に言うんですよ。本当に障害の子がお姉ちゃんぶって，いろいろやって指図をして，それをにこにこしてみんなで聞いて。一緒に食事をしたり，そういう家族がいくつもあるのですよ。それを見ていて，これは一体何だ。これは世の中とだいぶ違うなと。そういうことから，これはぜひ書きたいと思ったのです。それが，あの障害児の親の。

岡本：受容の研究ですね。プロセス研究で。

鑪：受容のプロセスの。だから小野さんの家族と中野さんの家族が，あの論文の中で中心です。僕は家族の中に入り込んでいったから。仲良しになったのですよ，親御さんたちと。中野さんの息子さんは早く亡くなりましたけれども，すごく印象的ですね。優しい。親父さんは戦争中に中佐ぐらいまでいったのかな。もう軍隊式で厳しい親父さんで。なんか横に行くとビクビクするような感じでしたけれど。ただ，子どもにはすごく優しい。それで「精神薄弱児の親の会」の会長さんで，当時は『精神薄弱児親の会』という雑誌を出していたのです。ちょっと話が飛びますが，小野さんのことについて。パール・バックの娘さんが障害児だったですよ。

岡本：そうですね。

鑪：あれを訳した人が小野法郎さんで。その人の娘さんが，障害があるのです。その子どもさんが近江学園にいたのです。子どもさんを通じて，小野さんと僕は仲良しになったのです。そうしたら小野さんは昔，通訳をやっていた人で英語ができるのですね。チェンバレンとモスの『愛の奇蹟』[43]を訳して出した。その後，自分の子のために，直接してやれないけれど，障害者の役に立ちたいということでアメリカに行ったのです。ちょうど僕が行くのと同じぐらいだったのかな，リンウッド・センターというところで。そこは自閉症の子どもの施設で，夫婦一緒に行って家族ぐるみで子どもの面倒を見るという施設。一度訪ねていったことがあるのですけど。それでニューヨークの僕の家に，年に2〜3回遊びに来るんで

---

[43] ナオミ H. チェンバレン・ドロシイ H. モス（著）小野法郎（訳）　1957　愛の奇蹟―あなたの子どもは素晴らしくなる　法政大学出版局

9. 障害児の親の障害受容の研究　75

すよ。その施設はメリーランドにあったんだけど。ニューヨークの僕のところに泊まってね。親の研究が，もう本当に親戚付き合いになるぐらい。
　岡本：そうだったのですか。
　鑪：僕は研究をするときもそういうかたちで，「とにかく泊まらせてください」と言って。「家の中はどんなにしているか見たい。一緒に食事をしているところを見たい。一緒に食事をさせてください」って（笑）。まあね，若気の至りというか，ずうずうしいというか。
　山本：もうフィールドワークですよね。
　鑪：仲良しになって，それがずっと続くのです。だからアメリカに行って小野さんにはいろいろ，また助けられた。広島国際大学の海塚さんが「自分も障害児に関心がある」と，「それなら小野さんのところに行ったらどうだ」と言って紹介したのです。彼はリンウッドに行って，障害児の方をやっていたのですけれど。
　岡本：先生の障害児の親御さんのプロセス研究というのは，あれは本当に今でも通用しますよね。私のゼミ生も何人か同じテーマ，子どもの障害を親御さんがどういうふうに受容するかというテーマをやっていますが，必ず先生のあの論文を最初に読むようにと言っています。本当に普遍的なものがありますよね，ちょっと感動的な。
　鑪：やっぱり子どもに対する何というか。優しさというのは，どの親もあまり変わらないと思うね。ただ，社会の偏見みたいなものが大変だから，そっちの壁がすごく厚いですよね。内部はすごくみんな優しいのだけど。
　岡本：そうですね。
　鑪：けれど，この偏見に負けると子どもは生きられない。親御さんが隠してしまうから。だから，すごく教えられましたね。教えられるだけじゃなくて，いろいろ助けてもらったのです。やっぱりいろんな人と複雑にかかわりますよね。
　山本：今聴いていて，以前にちょっと感じていたのは，先生の「子どもが好きだ」という記述を見ていてあんまりぴったりこなかったのですよね。一方では知的障害者に関して，いろんなところで，先生が大事に解説されるのを見ていて，なんかそこも不思議だった。今日の話でずいぶんつながりました。
　鑪：（笑）。
　岡本：やっぱり基本的な優しさと，しなやかさじゃないかなと思うのですよね。それから私たちが院生のときにプレイセラピーをやるでしょう。ケース・カンファレンスでの先生のコメントなんか，本当にあったかいですよね，子どもさんに対して。
　鑪：そう？
　山本：院生に対しては違うけど。
　岡本：そう。院生に対してはきついわけです。私は学部の3年からプレイセラピーをやらせていただきましたけれど，プレイセラピーのケース報告をするとき，

「ここはこういうことだよね」とか,「こういうふうに言ったほうがいいよね」とか,ああいう先生の言葉は,いまだに心に染み通るように残っています。ああいう優しさというのが,先生が子どもさんとの関わりのなかで培われた基本ではないかと。学生に対しては厳しかったですけど。

鑪：(笑)。

岡本：先生のクライエントさんに対するコメントとまなざしの優しさって何なのだろうなとずっと思っていたのですが,今日はああ,そういうことだったのかというところがいっぱいありました。

鑪：子どもから本当に教えられたのですね。特に知的な障害のある子どもたちの純粋な温かさというところ。卒論から始まって子どもと接し始めたのね。そして大学院時代にたくさん子どもたちと接して。

岡本：もう一つ,先生の貫くものは,何かズレみたいなものがあるとおっしゃいましたけれども,やはりあの打ち込みのすごさですよね。

鑪：それは,ひょっとしたらあるかもね。僕は何か与えられたら,それをとことんやりたくなる。中途半端にやれない。そういうところはあるからね。

岡本：それは何なのでしょうか。

鑪：何なのでしょうね。やるとおもしろくなるんですよ,だんだん。そのおもしろさが,さらに深めるんじゃないかなと。それが結局,道を広げてきたのです。精神分析にたどり着いたのもそうでしょうね。

岡本：そうですね。本当にそう。

鑪：結局,あの疑問を何としても解きたかったのですね。あそこまでいって,何か満足できない。もう一つ自分に納得するものが欲しい。そしてホワイトに行った。たまたま機会が与えられたからですけど。そこに答えがあるということは,行って分かった。だから行ってよかったと思っています。あの論文も書き直すことができるなというふうに。帰国してからですが,児童精神医学会が九大で開催されたときに,ディスカッションをしている最中に,西園昌久先生[44]が「あなた,昔『児童精神医学とその近接領域』に書いたでしょう。何かコメントをしなさい」とみんなの前で言われて。それでちょっと話をして。後でそれを編集して『児童精神医学』に出しましたけどね。あれで学校恐怖症,不登校の問題については,僕はもうここで一応整理できたという感じがしたのです。

---

[44] 西園昌久（にしぞの まさひさ） 1928- わが国の精神分析の発展に貢献した代表的な指導者の一人。精神科医,精神分析家。福岡大学教授。主著に『精神分析の理論と実際 神経症編』（金剛出版 1975),『精神分析の理論と実際 精神病編』（金剛出版 1976),『精神分析治療の展開』（金剛出版 1983) など。

第4章
精神分析家になるための訓練
—自分がつくり変えられた体験—

　鑪先生は，1964年から3年間，ニューヨークのウィリアム・アランソン・ホワイト精神分析研究所[45]に留学された。1960年代のアメリカ合衆国は，公民権運動，ケネディ大統領暗殺，ベトナム戦争，青年の異議申し立て等，大きな変動の時代であった。為替レートは，1ドル360円の固定為替制の時代であり，外国への留学は相当珍しい時代のことである。本場のアメリカで精神分析の本格的な訓練を受けた日本の臨床心理学者は，ほとんどいなかった。

1. ホワイト研究所へ —京都とニューヨークの夕日の思い出—

　山本：先生がホワイトに行かれたのは，京大で助手をされていた4年目なのですよね。それでいいよ，最初はご家族は日本において。ちなみに，結婚されて何年目ぐらいですか？
　鑪：結婚して何年ですかね。もう子どもが2人いたんですよ。
　岡本：一番下のお子さんが向こうでお生まれになったのでしたよね。
　鑪：はい。5年目か6年目でしたかね。大学院のドクター2回生のときに結婚しましたから。だから僕はまだ学生で収入はないわけですよ。家内が学校の先生で働いて，僕は食わせてもらったんですよ。
　岡本：奥様は，京都で学校の先生をしておられたのですか？
　鑪：大阪府堺市の府立養護学校（肢体に障害のある子どもたちの学校）に勤めていました。京都から通っていました。京都左京区泉川町に住んでいた。葵橋か

---

[45] William Aronson White Institute of Psychiatry, Psychoanalysis and Psychology　新フロイト派の人々によって1946年に設立された精神分析の訓練・研究所。新フロイト派とは，精神分析理論の中で，人格発達における文化の影響を重視して精神分析理論と臨床を展開していった人々を示し，文化学派，対人関係学派と呼ばれている。はじめホーナイ（Horney, K.）を中心としてアメリカ精神分析研究所（ホーナイ研究所）が創設されるが，そこから分かれて創られたのがホワイト研究所である。
　主な創設者は，サリヴァン（Sullivan, H. S.），フロム（Fromm, E.），フロム＝ライヒマン（Fromm=Reichmann, F.），トンプソン（Thomson, C.）らであった。サリヴァンは独自の対人関係理論を創り上げ，またフロムは，精神分析的社会心理学理論を構築した。さらにフロム＝ライヒマンは，精神分析的心理療法の実践に取り組み，トンプソンは，理論と実践を統合することに大きく貢献した。今日も，ミッチェル（Mitchell, S.）やグリーンバーグ（Greenberg, J.）らは，「関係概念」をキーワードとして精神分析理論の統合をはかろうとしており，注目されている。（鑪幹八郎　2002　ウィリアム・アランソン・ホワイト・インスティチュート　小此木啓吾他（編）精神分析事典　岩崎学術出版社　pp. 33-34 より抜粋）

ホワイト研究所へ留学前，家族（妻，長男，次男）と
昭和39年，京都市泉川町のアパートにて。

ら高野川を少し北へ行ったところ。小さい4畳半2間の，西日が当たってとても大変な部屋でした。1階と2階で，共同の長屋なんだけど。場所は，静かな非常にいいところなんですよ。あれは下鴨茶寮という料亭があった。近くの糺の森では映画のロケなんかをやる場所です。西横が下鴨神社。東横には高野川が流れて，東正面には比叡山があって，とても場所としてはいいところだった。

山本：まだあるのですか。

鑪：古いのが，まだ残っています。そこに若い人たちが入ったんですね。今でも付き合いがあるのですよ。結構レベルの高い人たちが住んでいたのですね。

岡本：京都大学関係の？

鑪：いや。京都大学の関係者はいませんでしたね。ただ，卒業生で，NTTや新聞社や銀行に勤めている，そういう人たちでした。けれど，そこは夏はたいへん。もう熱射病になって倒れる。西日が当たって，きついんですよ。夏は暑くて部屋におれないぐらい。建物そのものの環境はあまりよくなかったです。けれど，お金がなかったからね。そこが京阪電車の終点なのです。出町柳駅。京大にも近い。（家内は）大阪に勤めたのです。京大の助手をしていた先輩がそこへ行った。そのつながりで家内は子どもができるときに辞めて，僕は助手になったのです。

山本：それで，奨学金ももらえるということになってホワイトに行くと決められた。その頃，いよいよこれから初めて遠いところに行くことが決まったときの感覚は覚えておられますか。例えば，ワクワクしてついに行けるとか，いや，正直そうではないとか。

鑪：戸惑いでしたね。戸惑い，どうしたらいいんだろうという。お金の算段がうまくつかないのですよね。1ドル360円の時代ですから，お金をどうするか。もう，ぎりぎりで生活していてね。ぎりぎりの一番象徴的な経験は，時々家内が思い出して僕に言うのだけど。手紙がきたのですよ，学会の関係者の人から。その手紙が郵送料不足だったのです。それで150円取られた。そうしたら家内は今日夕ご飯が食べられないと，150円を取られたから。それは，忘れられないと言うのね。

山本：すごく切ないですね。

鑪：近くに市場があるのだけど，そこまで行って買い物をして。出町柳市場。古い市場で今もありますけれど，「そこで買い物に行くのにお金がない」，「もう，あれは許せない」とか言って（笑）。そのぐらいの経済状態でしたので，本当にぎりぎりで生活していたのですね。友達なんかはよく訪ねてきたから，生活自体

1. ホワイト研究所へ ―京都とニューヨークの夕日の思い出―

はそんなに苦痛ではなかったのですけれど。貧乏そのものは，昔からそうだから，苦痛ではなかったのですけれど。そこらあたりはもう食うか食わずをやっていた。その中でお金をある程度，算段していかないといけない。飛行機賃まで，向こうに着くまではね。どのぐらい，1,000ドルぐらい持って行ったのですかね。1,000ドルなかったかもしれないけど。向こうへ行ったら，奨学金はすぐくれるということになっていたのです。それをもらえれば生活はできるだろうと。こっちの生活は助手の給料がありますから，給料日に家内が大学へ行ってお金をもらってくる。あの頃は現金支給でしたから，袋に入れてね。スタートはそうなのです。お金の算段。大学院に来るときも，お金の算段で苦労しましたけれど。アメリカに行くときもお金が苦労でしたね。だから戸惑うといったらそういうことで，わくわく感はあんまりなかったです。

山本：それでアメリカに行かれるのですけれど，私の若いときにも，先生に何回かホワイトのことを尋ねたことがあるのですが，先生は笑ってあまり話されなかった記憶があるのです。苦労したということはいろいろおっしゃっていて。でも，僕があるときに，「でも今となったら，それも楽しい思い出だったんじゃないですか」みたいなことを言ったら，またこれも笑いながら「いや，今でも思い出したら辛い」というふうにおっしゃったのですけれど。

鑪：そうなんですよ。

山本：今回もちょっと先生の書いておられるものを読んでいたら，精神分析学会でお話をされたスーパーヴィジョンの問題，役割のところで，「留学当時のノートをなかなか広げてみる勇気が湧かない。確かめようとすると，まだ胸の詰まる思いをしました。このような話を公にさせていただくのも私には複雑な気持ちです」とまで書かれていて。

これから次に出てくるリッグス[46)]は，本当にリアルタイムで先生の経験が伝わってきてパッと明るい感じがしたのですけれども，ここだけが閉ざされた世界みたいで。それこそレーベンソンの言葉で言うならば，オミッションの世界というか。そこはむしろ聞いちゃいけないタブーのような感じが，若いときに私はしていたんですよね。それを今日はどこまでお話しいただけるのかなという思いも，ちょっとやっぱり心の中に残りながら。

鑪：今の感じは少し違っています。とにかく辛かったのと苦しかったというのは，トレーニングを代表する言葉です。あんまり楽しいとかね。自分の求めたのは何かというのも，当時ちょっとよく分からなかったですよね。流れの中に入り込んでしまったので，むしろそっちのしんどさのほうが。

ニューヨークの夕日の問題もまた象徴的なのだけど，京都でも夕日でだいぶ悩まされて。ニューヨークに着いてパリスホテルというところに泊まったのですよ。

---

46) オースティン・リッグス・センター → pp. 159-179 参照

ニューヨーク　マンハッタン

96番街の、ブロードウェーの隣の通りでウエストエンドアベニュー。その横に映画館があって。そこで『フロイト』という映画を見たことがありますけれど。あれは、1964年頃ですよね。モンゴメリー・クリフト。有名な俳優。多分、今も古い映画としてはあるんじゃないか。その96丁目のホテルで、4階か5階ぐらいの部屋。僕はずっといつも歩いて上った。すると、ハドソン川に向いてこう階段が付いている。夕日が当たるんですよ。この夕日が真っ赤で沈むときの姿が、美しいと言えば美しいのだけど、京都のイメージと、それからもう毎日しんどい思いをしていて、それでクタクタに疲れて帰って階段を上がっていくと、夕日が見える。そのイメージが苦労のイメージでね。だからいつも夕日を見るとそんな感じになるのです。それが非常に象徴的なかたちでした。

　ニューヨークに着いて、レーベンソンの奥さんが飛行場に迎えに来てくれて、そのホテルまで送ってくれたのです。ホテルも予約をしてくれていた。安いホテルでお金がないだろうと思っていてくれたんだろうと思うけど。ホワイトまで近いのですよ。ホワイトは74丁目で歩いても行ける。ブロードウェーの地下鉄に乗ると1つか、2つぐらいで駅がすぐだからということもあったと思います。環境的にはそんなに悪くないところです。

2. 孤独な異国でのアパート探し

　鑪：そこで1週間ぐらい宿探しが始まるのです。そのときにウィッテンバーグ所長のところに挨拶に行った。自己紹介をして。そうしたら、「よく来た」と言ってくれて握手をして、「これがあなたの奨学金」と言って、紙切れを渡してくれた。

W. A. ホワイト研究所所長
ウィッテンバーグ博士（E. Wittenberg, MD.）

小切手です。それもびっくりして。小切手なんて見たことなかったですからね。だから、これをどうするんだろうって。これを銀行に持っていって口座を作ったらいいと。銀行で口座を作るなんてやったことないでしょう。それ以上何も言わない、「じゃあね」とか言って（笑）。僕のイメージでは、招待しているんだから部屋ぐらいちゃんと用意してくれていると思っていた。

　山本：日本的感覚では当然そうですね。

　鑪：日本的感覚では何か紹介するとか、あるいは誰か助手を付けて探してくれるとかやるだろうと。「住むところはどうしたらいいのですか」と言ったら、「自

2. 孤独な異国でのアパート探し　　81

分でアパートを探したらどうですか」と。「えー，アパートを探すのにどうしたらいい？」と聞いたら，「ニューヨークタイムズを見なさい」と言って。「ニューヨークタイムズにアパートメントの広告が書いてある。それを見てやればいい」と。それだけ言われて，「あ，そうですか」って。しようがないよね。「そのお金は銀行に行って，口座を作ればいい」と，アカウントですよね。銀行員はやっぱり自分のところにお金を預かるわけだから丁寧で，「こうしたらよい」と言って，チェッキング・アカウントとセイビング・アカウントの2つを作れと言って，これはすぐやってくれた。それからアパート探しです。

ウィリアム・アランソン・ホワイト研究所

　山本：まだ行ったばかりで英語も耳に馴染んでいない時に，実際のやり取りは相当大変だったんじゃないですか。経済的な用語が分からないし。

　鑪：そう，そう。全然，分からない。アカウントなんて知らないもの。そんなでした。セイビング・アカウントというのは，預金口座ですね。チェッキング・アカウントというのが小切手用の口座。最初は仮の小切手をくれて。その頃はまだカードがはやっていなかった。だから，みんな小切手なのです。現金はあまり持っていないのです。買い物でも，全部小切手で。

　山本：その当時のことを，若いときに先生が語られたのは，そこだけだったのですよね。僕も若いときには，アメリカというのは，子どもがもうお前，自立してやれよと言われる，非常に厳しい社会に自分は放り出されたのだと，そう受け止めていたのですが，それでいいのですね。

　鑪：そうなんですよ。もう全く自分のことは全部自分でしょう。だから，そういう社会の構造とかシステムが全然違うのですね。僕はそれで，「ものすごく冷たいな」と思ったのね。「言うことが違う，どうしたらいいんだろう」と思いながら，まず早く住まいを探さないと，ホテル代は高いですからね。それで，とにかく朝から晩までアパート探し。アパートは確かにあるんですよ。ものすごい数がある。地区もどこか分からなかった。まずマンハッタンの中で。マンハッタンという項目。何丁目，何丁目と書いてあるのです。何丁目の何番地というのが書いてあって，それを見て大体丸を付けていくわけ。幾らぐらいと書いて，広さも書いてあるのです。3行ぐらいの中に。それが何百とあるのです。それをまず丸を付けていって，そして電話です。これが大変。「ニューヨークタイムズを見た」と言って，「アパートメントは空いているか，見に行っていいか」と。そうしたら「何時に来い」と言うのです。見に行くと，ここは違うなとか，値段と建物を見ていて，安全かなとか。そういうのを見て，それと研究所との距離はどのくらいかを見て，それをずいぶんやりました。

その中で，自分がどんなにおかしくなっているか，という象徴的なことがありました。一生懸命，新聞を見ながらこう電話をしているのです。そうしたら相手が出てきて，「ハロー」と言ったら，もう向こうは「ハロー」と言う代わりに「今，何時だと思っているんだ，真夜中に電話なんかするもんじゃないよ」とガチンと切られたんですよ。僕は全然，時間の感覚もなくなって。

山本：もう必死になってそれを探しているから。

鑪：必死になって探して，真夜中に電話をしているんですよ（笑）。それは非常に象徴的でしたね。あ，そうだ，もう真夜中だと思いながら。そうして何カ所ぐらいかな，5カ所ぐらいそういう電話をしましたかね。結局決めたところが，チャールズ・ポレスキーという，今でも名前を覚えているのですが，という人のアパートで，シェアなのですね。又貸しで，"sublet"というのです。それでお金も安い。シェアというのは部屋があって，もう1部屋がある。自分は1つしか使っていない。キッチンが真ん中にあって。その人は親切でした。今までと違って。どうも日本の企業か何かに勤めていた人なのです。ところが，部屋が真っ黒なんですよ，壁が。独特な雰囲気で。ただ，非常に清潔で。105丁目。110丁目から北はハーレム。西側がプエルトリコとか，そういう人たちが多く住んでいる。東側のほうに黒人が多く住んでいるようなスラムです。そこに近いのだけど，少し手前。

それから103丁目に地下鉄の駅がある。もうすぐなのね。すごく便利な。セントラルパークのすぐ西側で，一番高い建物で，セントラルパーク通り。ホワイト研究所もセントラルパークの西で便利なところ。そこでくたびれているのもあって，もうここにするかと。かえって誰かいるほうがいいのかなと思って。よさそうな人だし，もうここにしようということで，決めたのです。

山本：取りあえずご家族が来るまでの間はそこにしようと。

鑪：取りあえず家族が来るまで。半年後に家族は来るということにして，それまでにもう1回探し直すということで。そうすると，地下鉄1本で103丁目から72丁目。72丁目が駅なのです。だから3つか4つの駅があって。72丁目駅を2ブロック北に行くとホワイト研究所だから，すごく便利。夜も，その頃はそれほどひどくなかったのですよ。地下鉄が危険とかというのはなかった。

ところが，おもしろいことに，何でこういう黒い壁かって。景色はすごくいいんですよ。20階ぐらいのところにあって，30階建てで塔もある。だから今もニューヨークが出てくると，大体その塔のシーンが出ます。「あっこに住んでいたんだ」と。すぐ分かるような建物。古い建物ですけど。上からずっとセントラルパークがよく見えて。散策をしている人たちとか，そういうのを眺められるのはすごく楽しかったですね。

3. ゲイ・グループ

鑪：後で分かったのは，その人がゲイなんですよ。そのチャールズというのが。それがおもしろかった。結果としては。「自分は今，精神分析の勉強のためにホワイト研究所に来たんだ」と言ったら「あなた，精神分析を勉強するのか」と言って，彼も珍しいと思ってくれて。最初はあまりそういうことを言わないけれど，「歓迎のために一緒に食事に行こう」と言ってね。普通，家主さんとそういうかたちでパーティをやるということはあまりない。友達を連れてくるのです。男友達なんですよ，みんな。ブロードウェーの中華料理店に行って。グループが男ばかりのグループ。そういうのはほとんどない。普通，グループになれば，女の子は1人か2人交じっている。だから男ばかり，女ばかりというと，みんなゲイのグループなんですよね。

ところが，話しているとおもしろいんですよ。話題が豊富だし，親切で優しい。最初はちょっとびっくりしましたけれど，いろいろね。家で僕が食事を作ったりしていると，時々やって来ていろいろ話すわけ。「今度自分のところでパーティーをやるから来ないか？」とか。それでパーティーがあると呼ばれて。僕は隣の部屋で勉強をしているわけだけど，こっち側ではパーティーをやって。それで入っていくと「よく来た」とか言って，みんな握手をするんですよ。夜だからね。しかも真っ黒な壁だから，もう独特な雰囲気でしょう。それが全部男なんですよ（笑）。

山本：でも先生，ちょっと怖いという感じはなかったのですか？

鑪：怖いという感じはあまりない。優しいんですよ，みんな。それから，社会的なレベルが高い。大学教授とか，音楽家とか。

山本：割と知的には高い人が多いんですよね。分析家の中にもおられるし。

鑪：分析家が中にもたくさんいて。そこで僕は心理学者と知り合ったのです。割と早い，2週間目ぐらいかな。まだ言葉がちゃんとしゃべれなかった。それはヘンリーという人，もう死んでしまったけれど。心理学者で，隣のニュージャージー州で学校の学生相談みたいなことをやっている。自分はトレーニングは受けていないけれど，サイコセラピーをやっていると。また，ドクター・アベルの友達だという。僕は日本でドクター・アベルの名前を聞いていて，会いたいなと思っていた。後ですごく親しくなるのですけど，その人の友達だと言うのです。不思議な縁。

岡本：あのニューメキシコにおられたアベル先生の友達だったのですか？

鑪：そう。ヘンリー・ワーナーという僕の親しくなった友達がね。共通の友人がいると。それなら一緒に会おうとか言って。それがアンカーポイントになってずっと広がっていくのです。それもホワイトの関係じゃなくて，アパートのチャールズのゲイのグループから。

岡本：なんかすごいな。
鑪：おもしろいですね。そっちは，またそっちでね。だから僕のゲイについての臨床体験というのは，そっちのほうですよ。相当細かいこともいろいろ教えてもらって。ボーイフレンドが来るわけね。「ボーイフレンド来るから，すまんけど出て行ってくれ」と言って，その間。今からいろいろなことが始まるわけよ（笑）。
岡本：そうか。隣の部屋でもいてもらったら困るわけですね。
鑪：隣の部屋には声が聞こえるからね。おもしろいのは，世界に対する関心が独特ですよね。芸術的なものに対する関心が高い。僕の家主さんのチャールズというのは，その頃で44〜45でしたかね。僕よりも10歳ぐらい上だったのね。すごくきれいなんですよ。身長もそうだけど体，服装，そういう手入れがものすごく徹底しているんですよ。皮膚も，ものすごくきれい。
岡本：その方は白人ですか？
鑪：白人。ポーランド系の白人。チャールズを訪ねて来る人の中に，そういうきれいな人がいるんですよ。何かというと，バレエダンサーとか。体をものすごくきれいにして，そのためのトレーニングとか，やっていて。体に関する関心がものすごく高いのね。身ぎれい。それなんかも印象的。サイコロジストも何人もいるのです。「本当は何をやりたい？」と聞いたら「自分はダンサーになりたい」とか。そういう人は割と多かったですね。
山本：それはブロードウェーでやりたいという？
鑪：すぐ近くにあるわけでしょう。ダンスの練習場とか行っているわけですよ。『永遠の喝采』か何か，映画がありましたよ。女性のレズビアンの世界を描いた。それがニューヨーク生活のスタート。だからスタートから衝撃的でした。2つの衝撃があって。アパートを探すのはすごく大変でしたけど。
最初から，何でこんなに苦労しないといけないのかと思って。もうちょっと優しくして欲しいという思いですよね。みんな，向こうの生活の習慣でもって僕を扱うわけよ。僕は日本の生活習慣で扱ってくれるだろうと期待したのに，全然違う。「何でも自分でやりなさいと。聞くことがあるならお答えします。聞くことがないなら，うまくいっているのでしょうね」ということなんですよ，発想が。だから，もういろいろ聞かないといけないということが分かって，何かあると聞きに行くようになったのです。

4．ソンドラ・ウイルク

鑪：ホワイト研究所にソンドラ・ウイルクという名前で，僕よりも5歳ぐらい下，事務系の秘書をしてた人がいたんですよ。僕が行ったときには，ウィッテンバーグが所長でしたけど，その秘書みたいな。最初にホワイトに行ったときにい

ろんな人に挨拶に行って。何かあると彼女のところに行って「どうしたらいい?」って尋ねると,ものすごく親切に教えてくれる。それで何かあると,僕はいつもそこに行っていた。優しいんですよ,彼女が。「こっちにおいで」とか言って,「そこに座りなさい」と。そうすると1時間でも1時間半でも時間を取ってくれるんですよ。これはもう,僕にとってはものすごくありがたかった。ほんと

ソンドラ・ウイルクと鑪幹八郎
ホワイト研究所1階のサロン前にて（1980年）

に助かりましたね。まだ個人分析が始まる前,アメリカに適応するときの支えになったのは彼女ですね。彼女がいなかったら,ほんとに相当違った経験をしていたんじゃないかと思う。いつ行っても時間をとってくれる。顔を出すと「こっちにおいで」とか言ってね。そして話をして。「また来るから」と。カウンセリングを受けているみたいでした。よく聞いてくれるんですよね。何かあって,「この本,持ってるか?」とか言ってね,「もってないならあげる」と。後に,アドミニストレーション・ディレクターになりました。全体を統率するような立場。のちに彼女自身もPh. D.を取って,分析家になったんです。他所でトレーニングを受けて。ここは嫌だとか言って（笑）。みんな知ってるからね。

　山本:昔,若いときに,先生はしんどかったときにハグしてくれるような女性がいたって,それがその人ですか?

　鑪:そうです。そうなんです。これがやっぱり僕にとってすごい人でしたね。

　岡本:何かお母さんみたいな。

　鑪:お母さんみたいにね,適応を支えてくれた。ほかの人も親切でしたけど,特に彼女は,時間もたっぷり取ってくれて話も聞いてくれるという。何かあるとそこに行ってましたね,僕は。クライエントとの面接の後も,よく聞いてもらいました。スラングを教えてもらうのにテープを持って行って。仕事もやらないで僕の方をちゃんと向いて,話を聞いてくれました。もう時間だからと言わない。彼女によって僕は救われましたね,本当に。だからあれがなかったら,もう長続きしなかったんじゃないかなと。あの人はそういう意味の命の恩人のような感じがしていた。

5. 日本語への渇望

　鑪:それからもう1つ,僕の異常な反応があったんですよ,一度だけだけど。1～2カ月ぐらいたったときに。ブロードウェイ通りはずっとにぎやかな感じです。お店なんかもいっぱいあって。96～100丁目ぐらいのところを,僕は時々ウロ

ウロしていた。食事をしたりね。100丁目のところに和食のレストランが1軒ある。それが2階にあって，1階は和食の食品を売ってるところ。あとはもう中華街で中華料理の材料を買ってきて，日本食にするというそんなんでしたね。そのころは，まだ日本人もあんまり多くなかった。それから日本食もそんなになかった。そこは高い日本レストランで，僕は行ったことはない。ただ，その下の店で食材を買って帰る。ある日そこに行って日用食品を見ていた。そしたら僕よりもちょっと若いぐらいの多分，会社に勤めている人。そのころはそういう人か，学生かぐらいしかいませんでしたから。その人がそういう食材を探して見ていたんです。僕はその人を見ていて，何となく話しかけたくなったのね。その人に「日本の方ですか？」と。その人は「はい」って言って，日本語で。それで僕は「日本語をほとんどしゃべってないので，それで日本の人に会って，何かつい話しかけたくなりました」と言った。僕は「大変すみませんが，食事を一緒にしていただけませんか？」ってその人を誘ったんですよ。全然知らない人に。「今までずっと日本語をしゃべったことがないから，日本語をしゃべりたいんですけど。すまないけど一緒に食事に付き合っていただけませんか？」と。そうするとその人は「いいですよ。では上に行きましょう」って。それで日本食レストランに行って，一緒に食べたんですよね。2時間ぐらい，もう日本語をとにかくしゃべりまくった。それ1回きりですよね。「ありがとうございました」と言って，とにかくスッとしました。向こうの人に「失礼します」と言って。向こうも「食事ありがとうございます」。「さよなら」って。もう二度と会ったことはないです。まったくの見知らぬ人。その人に2時間ぐらい日本語をしゃべりまくった。それで，そのとき何となくスカッと疲れがとれて。アメリカへ来てそれまで一度も日本語しゃべってない。

　岡本：私は，何かすごく分かるような気がします。
　山本：それはすごく僕も……。
　鑪：それが特異な体験でしたね。いきなり知らない人にね。つかまえて「日本語しゃべらせてください」って（笑）。「一緒に食事をお願いします」と言ってるんだから。よく相手にしてもらえたと思います。
　山本：その人は，ずっとニューヨークにいる人なんですか？
　鑪：だから何も知らないです。相手のことは何も聞いてないです。
　岡本：向こうもおっしゃらなかった。
　鑪：向こうも言わない。だからただ食事。多分聞いてると思うね。だけど覚えてないです。僕は自己紹介みたいにして，こんなんで，こんなんで，こんなんで今はどうしてるとかね。そんなことをずっとしゃべりまくっていたと思うんですよ。その後はもう家族が来ましたからね。そういう感じはないんですけど。あの6カ月の間の，多分3カ月目ぐらいのところだったけど，あれは何か不思議な体験でした。ほんとに一方的に，しかも日本語しゃべらしてくれと言って，しゃべ

りまくったという（笑）。何を言ってるかという中身じゃないんです。たまったもののカタルシス。全部吐き出してしまったって，そういう感じじゃないかと思う。だからシンプルな，心的なメカニズムです。たまったものを吐き出す。言葉を全部吐き出した。ズレてる言葉をね。あと日常語はすべて英語だから。ほかの人との話は全部英語で。アパートをシェアした彼とも英語ですからね。それはそれでとても勉強になったけど，あれは特異な体験でしたね。

山本：ご家族が来られたのは？

鑪：半年以降ですね。翌年3月でしたね。それまではマンハッタンで一人住まいをしていた。ちょうどニューヨーク万博があった年です。65年ですね。クイーンズ区で開かれた。今はフラッシング公園という。この前，テニスの錦織（圭選手）が全米オープンで優勝した。立派なテニスコートができたんで。万博に日本も大きな出展をしたんです。それでそのために政府関係者や企業とかいろんな人が，あの辺のアパートをたくさん借りた。ところが余ってしまった，借りすぎて。それで家賃が半額ぐらいでね。

山本：それを借りられた？

鑪：助かった。それで家族が来たときにそっちに移った。クイーンズ区のフラッシングという万博会場のすぐ横のところのアパートに住むようになった。だから安いお金で借りられたんですよ。そういうことがあって，日本人もたくさんその周辺に住んでいてね。これも助かりましたね。

山本：ホワイトへ通うのがちょっと遠いですよね。

鑪：通うのは40分，50分ぐらいかかりましたね。地下鉄で。地下鉄の終点がフラッシング。42丁目まで来てそこで乗り換えて，それで研究所に行くということね。不便ではなかったですけど，時間はかかりました。ただ，家族にとってはよかったでしょうね。周辺に日本人が住んでいるということはね。僕らは貧乏学生だというんで，いろんなものをいただいたんですよ。ほんとにいろんなものをいただきましたね。新聞なんかこんなにして束にして持って来てくれて。日本の新聞を読んでくださいって。1カ月分ぐらい持って来てくれた（笑）。本をくれたりね。

岡本：お子さんはまだ小さかったんですよね？

鑪：小さかったですよね。子どもは2人いました。向こうで1人生まれたからね，3人。

山本：そこの場所ですね。粗大ゴミに出ていた机なんかを持って帰られたというう。

鑪：そうなんです。

岡本：そうそう，あれは昔，聞きましたよね。それからお子さんのほうが早く英語を覚えて。

鑪：そうそう。子どもは英語をね。家内なんか子どもに電話を取らせて。ちゃ

んとしゃべるでしょう（笑）。
　山本：でも，奥さんは社会のフロントで接しているわけじゃないから，英語で一番苦労されたでしょうね？
　鑪：一番大変だったと思いますね。

6．ホワイトでの訓練の日々

　鑪：それでもう，すぐクラスが始まるのね。だからクラスと，自分は個人分析を受けることと，ケースを持つことでしょう。分析とケースが，これは自分の語学が問題なのですよ。けれど，できるだけ早くスタートしなさいと。クラスはまた全然分からないのですよ。ちんぷんかんぷんで。普通のスピードでやって，僕には誰も合わせてくれないわけですから。仲間が 12 人でしたかね。だから僕のクラスは大きかった。普通は 10 人以下，8 人ぐらいが普通だけど，そのときは，サイコロジストと医者と半々だったのです。
　すごく優秀な人たちがいて，その一人がポール・リップマン[47]。ポールは非常に親切にしてくれたですね。いつの間にか親しくなって。ホワイトのソサイエティというのは卒業生のグループですね。僕らが入ったのは"Sullivan Society"，これは訓練生のグループで。ポールは"Sullivan Society"で，プレジデント。議長になりました。アナリストになった後，そこの全体の協会の理事長になって，リップマンとか他に何人か，僕のクラスで，そういうのをやった人がいます。けれど，訓練を終えたのは半数ですね。トレーニング途中で「自分は向いていない」とか。それからスーパーヴァイザーが，「あなたは向いていない」とはっきり言う。すると「分かった」と言って，またあっさり辞めるのです。それが何人かはあった。そんなのだから，苦労の日々がね。
　クラスも週 3 度，そのアサインメントがまた，そんなに早く読めない。みんなはちゃんと読んできて，すぐそこからディスカッションが始まる。こっちは半分ぐらいしか読んでいない。しかもディスカッションをしていると，もう何を言っているか全然分からない。それも苦労でしたね。それからレポートを書かされた。これがうまく書けないでしょう。書いてソンドラのところに持っていって。訂正してもら

ホワイト研究所の版画
ホワイト研究所の紹介用の
パンフレットの表紙より

47）ポール・リップマン → pp. 123-126 参照

う。それを書き直して。手書きですよ。タイプライターはまだ買っていない。高いんですよ。後で買いましたけれど。そういうかたちでスタートしたのです。

そして，ケースを持ち始めて。そのレポートがちょっと大変でしたね。特にスーパーヴィジョンのレポートなんかね。毎回僕は多いときには 3 人のスーパーヴァイザーにスーパーヴィジョンを受けていた。

岡本：毎週ですか？

鑪：毎週。個人分析は毎週 3 回でしょう。だから面接を 3 回，スーパーヴィジョンを 3 回，そのレポートを全部つくらないといけないしね。そっちのほうがきつかったですね。個人分析はとにかく自分がしゃべっていればいいわけだからね。「一体これは何だ？」というようなことを考える余裕はなかったですね，ほんとに。その中に入り込むのが精いっぱい。入り込んで何かするのが精いっぱい，そういう感じでした。

僕の場合は，ケースはホワイトのクリニックで持つ。仲間は自分のオフィスを持っているのです。だからホワイトのクリニックで持たなくて，自分のオフィスで診ていいのです。それをトレーニングケースにするわけね。僕はクリニックで持った。そのときのトレーニング・ディレクターとクリニカル・サーヴィス・ディレクターというのが，レーベンソンなのです。これが厳しい。これは本当に泣かされた。レポートを持っていって「説明しなさい」とか言われて説明をはじめると，イライラするのね。こちらがまどろっこしい英語で言っているものだから，足をこんなにして貧乏ゆすりをする。「分かった。もういい」とか言って（笑）。だからレーベンソンとは会うのが恐ろしかったですね。京都のときには優しかったのにね（笑）。

7. 臨床事例から学ぶ

7-1. 治療抵抗 [48]

鑪：ケースには相当鍛えられた気がしますね。とにかくみんな自分は金を払ってここに来ている，だから払ってる分はちゃんとリウォード（報酬）がほしいと。それがなかったらここに来る意味がないということを，もう真正面から言うんですよ。だからちょっと困るようなことがあると，イスから立ち上がって，人差し指をつき立てるように，私の目のところに向けて，「先生は私の言うことが分かってない」とか言って。「その英語ではダメだ」とかね（笑）。それはだいたい一種の抵抗で，いろいろ自分が窮地に入っているときに，だいたいそういう反応するんですよ。抵抗のパターンみたいな。そっちの方の話をしたくないとか，そっちに行きたくないというようなときに，「先生は分かってない」と。だんだん分かっ

---

[48] クライエントの無意識の中にある葛藤や問題を意識化することに対する防衛。

た。だから僕は，「どこが分かってないんだ」とか言って。何かベラベラベラって言われると，本当に分からないことがあるんですよ。その時は，「ごめんなさい，もうちょっと説明してくれ」とか言って。説明してもらうと，「こういうことはこういうことで，これとこれと」いって。説明するということは，逆に，自分の悩みを詳しく語るんですよね，別な形で。だからそんなに自分がだめだと思う必要もない。それが少しずつ分かった。これはこっちの方向に行きたくないのだなと。抵抗のときにだいたいそれが出てくるっていうのも分かってくる。そうすると，こっちの問題じゃなくて向こうの問題だということね。

それからテープレコーダーを買ったんですよ。当時はまだオープンリールしかなかった。面接室において，録らせてくれと。分からないところがあるかもしれないからと。そしたら次の面接までには絶対に理解するから，何か文句があるなら来週言ってくれといって，ほんとにテープに録ったんです。

患者さんはだいたい「NO」とは言いませんよね，自分のためにやってくれてるわけだから。ほんとに分からん単語があるんですよ。俗語ね。俗語は分からない。その部分だけは，持って行って友人やソンドラに聞いてもらう。「これ，どういう意味だ，何を言っているのか」と。こういう意味だとか，「ああ，それは最近テレビで流行っている言葉だから，先生は知らなくても無理ない」とか言って，説明してくれる。次のセッションまでには，だいたい分かっている。それがずいぶん大変でしたね。1年半ぐらい，そういう形でやりました。テープで。

山本：全部のクライエントにそうされていたんですか？

鑪：全部のクライエントです。クライエントさんは，誰も反対しなかった。あのころオープンリールだから大きいですよ。でも仕方がないと思って。それはスーパーヴィジョンには役に立ちますからね。もう1回聞き直してまとめてという仕事ですから。そこでこちらがきちっと反応すれば，クライエントさんは反応し返すということ。これもよく分かった。それは日本のクライエントさんよりもずっと単純なんです。日本のほうがずっと難しいです。クライエントさんが一生懸命考えて，「こんな失礼なこと言ってはいかんのではないか」とか，特に抵抗なんかのときに，先生を攻撃するなんていうことはしないでしょう？　日本では嫌だけど何も言わない。でも向こうでははっきり言うからね。楽なんですよ。後でそれがだんだん分かってきたね。これはずっと楽だということが。とにかくストレートな反応があるわけだから。心理療法の技術をきちんと学んだら，そのとおりなんですよ。人間関係の中での面倒くささっていうのが少ない。単純です。

7-2. イニシャルケース―日系人のダンサーの事例―

鑪：ケースもとにかく欲張りでやろうということで，ケースも多かったです。全部向こうの人ですよ，アメリカ人。

山本：当時見ておられた患者さんは，ほとんどが白人の方ですか？

鑪：そうですね。
山本：決して日系二世とかというわけじゃなくてね。
鑪：二世が1人だけ，最初にやった患者さん。小柄で，ハワイから来てニューヨークで生活していた二世の女性でしたね。顔かたちからして日本人。舞台俳優になりたいと。すごいストレスで，自分の中に怒りがいっぱいたまっていた人。ホワイトの人たちが，日系だから僕が見たらどうかと言って，それが第一事例になったんですよ。それは僕にとってはものすごく勉強になりましたね。向こうは嫌がっていました。自分は日本人じゃないって。
山本：もちろん言葉は英語なんですよね？
鑪：英語なんですよ。「自分は日本語をしゃべれない」。だから「何で日本人のセラピストに会うのか」と。ものすごくコンプレックスを刺激されるわけですよね，向こうは。けれど，僕は，「僕はあなたを指名されたんだから，しばらくやりましょう」って。そうしたらブスッとしてましたけど。話し始めるとよくしゃべるんですよね。舞台というのはどんなのかということなど。自分の生活。舞台俳優としての生活。これはおもしろかったですね。いろいろブロードウェイのお芝居の中の，いろいろな事情を言ってくれるんです。役柄としては小さい体で，東洋系の日本人の顔立ちそのものでしょう。そうすると役柄がものすごく限られる。だから，その中で役を選ぶというのはものすごく難しい。
岡本：しかも勝ち抜いていかないといけない。
鑪：そういういろいろなもの，裏のいろんなことまでどーっとあってね。「それが許せない」とか言ってね。「何で舞台があなたにとって魅力なのか」って聞くと，「先生は分からないかもしれないけど，最後に終わったときに，舞台の真ん中にスポットライトが当たる。観客のみんなにこうして頭下げる。そして拍手を受ける。もうそれが忘れられない」。それをひたすら望んでやっている。そういう自己愛の極致みたいな。それが一番うれしいんだ，と。自分の芝居をやりたい動機はそれだっていう。僕はそれ聞いたときに，「あー，そんなもんかな」と思ってね。なかなか分かりにくい領域でしたけど。後でいろんな人に会って，なるほどそうかなと思うことが多かったですね。それが最初の事例。それが文化的なものについていろいろと勉強になりました。やっぱりこういう自分の文化に近いとかえって難しい。ニューヨークで日本人のセラピストに何で会わないといけないのだと。しかも下手くそな英語で（笑）。日本語は全然だめ。
山本：それはものすごく希釈された経験で言うと，我々が海外に行って日本人に会うと，何か嫌な気分がするのにちょっと似ているんでしょうね。
鑪：そうそう，多分似てるんですよね。それは他の白人の傾向と違いましたね。白人だと反対にやっつけるんですよね。先生は英語が下手だ，分からないって。先ほど言ったように。それも非常にいい経験でした。
鑪：僕はそのケースを，スーパーヴァイザーにもっていった。スーパーヴァイ

ザー・リストがあるのです。その中にウォールシュタインが入っている。ウォールシュタインのところへ電話して。そうしたら「いいよ，おいで」と言われて行った。ウォールシュタインのオフィスはこの部屋ぐらい大きいんですよ。大きい。自分の自宅とのドゥプレックスね。内部で2階建てになっている。革の安楽椅子，座るとスポッと包まれるようなのが2脚あるのです。彼は寝椅子を使っていたかどうかはよく分からない。「そこに座ってください」と。スーパーヴァイザーとの間にすごく距離があるのです。この部屋の隅ぐらいまで。3メートル位。静かだから，小さな声でもよく聞こえる。僕はこの椅子がすごく気に入ってね。フワーッと包まれるような椅子なんですよ。本当にロジャーズみたいに静かに聴いてくれるんですよ。「あなたの言っていることはこういうこと，あなたの言っていることはこういうことか」。僕がブロークンで言うと，きれいな言葉で返してくれるのですよ。「あ，そうだ，そうだ」と。「それについてあなたはどう思う？ 自分の気持ちを言ってもいいんだよ。別にケースだけにとらわれないでいいからしゃべりなさい」と言うのです。だから，僕はこういうところが辛い，生活の厳しさとかそんなことを話して。

　山本：個人分析で話すようなことをしゃべっていて。

　鑪：それをやっているんですよ。スーパーヴィジョンの中で，ケース，プラス，自分の分析を受けている。すごく気持ちよかったんですね。それで，救われました。あのケースが終わったら，「それでいいんじゃない」と。

　岡本：先生の最初のケースは，毎日面接だったのですか？

　鑪：いや。週1回面接ですね。ホワイトの面接は，週3回，週2回，週1回，いろいろあるのですよ。問題によって。

　岡本：対面法で。

　鑪：ホワイトの中では対面法でした。

　岡本：対面法だった。

　山本：週3回以上でないとカウチは使わないのですよね。

　鑪：基本的にはカウチは使わないです。使うときもありますし，使わないときもある。カウチの選択は自分でやっていいのです。例えばフロムはカウチを使わない。週3回やっても使わないですね。

7-3. 精神分析家になったクライエント

　鑪：それからおもしろい例もあります。ローダという女性で，コロンビア大学の学生です。ユダヤ系の美人っていうのはちょっと浅黒いんですよ。長い髪で感じがいい。ニューヨーク全体が，どっちかというとユダヤ系の人が多いです。精神分析では一番親密感があるっていうか。ユダヤ人の心理療法と言われるくらいです。そのクライエントとはよく通じるんです。彼女は心理学をやっていて。何か自分の勉強が進まない，打ち込めないから，自分の能力が出せないとか。向こ

うで言うブロックというやつです。そういうことを改善したいんだと。でも学生だからお金もないし。そうすると，ホワイトには低料金システムがある。そのころいくらだったかな？ 1回の面接が10ドルぐらいだったかな？ 普通だと平均100ドルぐらいなんですけど。

山本：今は安くなっていると聞きましたけど，先生のころから安い，ローコストがあったんですね。

鑪：ええ，その頃にできたんですよ，ローコスト・クリニックという。全部トレーニングを受けている人が診ているということですね。キャンディデート（訓練生）は自分のオフィスを持っているわけでしょう。ローコスト・クリニックで，40回ぐらい面接して，ある程度患者さんがよくなったら，自分のクリニックに連れて行っていい。すると今度は，レギュラー料金でやれるんですよ。そういう二重システムです。ローダは将来のこと考えると，心理学をやっているから，分析家になりたいと。そして僕との関係はどのぐらいだったのかな？ 30回か40回でしたね。自分はもっと勉強すると。それで「さよなら」って別れて。そして日本に帰ってからで……。

岡本：先生が日本にお帰りになってから？

鑪：はい。自分は分析家になったって連絡があった。

岡本：それはすごい。

鑪：それはうれしかったですね。その子は跡継ぎみたいになったクライエントさんです。

7-4. 挨拶に日本に来たクライエント

鑪：それから日本まで来たクライエントがいるんですよ。この人はイタリア系の女性で，ちょっと小柄な。「自分には友達がいない。だからいつも一人ぼっちでさみしい。何で自分には友達ができないのか」っていう患者さんでした。OLです。ほんとにナイーヴな人でした。面接している間に，だんだん元気になって男友達ができるようになった。イタリア系というと大体カトリックです。わりと熱心なカトリックの信者さんで，「日曜日は教会に行きます」と。ところがボーイフレンドが同じカトリックなんだけど，アイリッシュ・カトリックなんですよ。アイルランド系。

岡本：ちょっと違うんですか？

鑪：アイルランド系はちょっと違うんですね。やっぱり何かちょっとズレがあるんですね。人種がまた違うというところもあるんだけど。自分はボーイフレンドができたと喜んで。「それですごく元気になったと。これは先生のおかげだ」と言って，感謝されたんです。面接していると，「先生は素晴らしい」とか言って（笑）。言われるとね，こちらもそんなに悪い気はしない。そしてボーイフレンドの話を一生懸命するんですよ。「自分にはボーイフレンドができたし，何か

すごくこの頃，生きがいがある」とか。面接の期間中に，ボーイフレンドが2回か3回，変わりました。うまくいったりいかなかったりですね。最後に言ったのが，「今の（ボーイフレンドは）アイリッシュ系のカトリックで，信仰が同じだ」，「だけど，アイリッシュというと，またいろいろ難しいんじゃない？」っていうと「これまでと違って，今度は自分はやっていけると思う」って言って。

　僕はやがて日本に帰ることになったんです。彼女が「先生はどこに帰るのか」「もしも連絡するなら，どこにしたらいいか」と言った。まだ日本の住所も決まっていないので，京大の研究室を連絡先にして，「何かあるならそこに連絡してくれ，そこから連絡がつくから」ということで教えてたんですよね。僕が帰って来て1年ぐらいたってからかな。「自分たちは結婚しました。新婚旅行は日本へ，京都に行きます。だから先生が，もし時間があるんなら会いたい」って連絡してきたんです。それで京都で会いましたよ。そしたらほんとにかわいかった。「先生，ありがとう」とか言って，握手した。

　それはうまくいった例でしょうね。アイリッシュとイタリアンとはうまくいくのかなという感じはありましたけど。というのは，その女性は優しい人なんですよね。それで多分うまくいってるんじゃないかと思うけど，今はどうしているか分かりません。会ったのは，それが最後でしたね。

7-5. 徴兵逃れに利用されてしまった治療証明書

　鑪：ベトナム戦争の影が1960年代。ケネディが63年に暗殺されますけど，その後ジョンソン大統領になって，ベトナムにぐっと入り込むようになる。軍事費その他でアメリカも経済的にもだんだん厳しくなって。僕も被害を受けた。奨学金が出なくなったんです。だから帰らないといけなくなったっていうこともあったんです。そんな状態で，ベトナム戦争も厳しくなる。それで徴兵です。だから大学生も全部徴兵です。徴兵ってくじ引きなんですよね。『17歳のカルテ』[49]という映画の中で，ボーイフレンドが，病院に誘いに来るところがある。ボーイフレンドが徴兵される。そのときテレビでくじ引きをやっている場面がある。くじで何月何日生まれって，公開で行う。そのボーイフレンドがくじに当たる。すると「もうアウトだ，デッドだ」と，みんなが言っている場面がありました。僕が向こうにいたころは，ちょうどあの映画の頃です。徴兵はみんな嫌で，逃げる人も多かった。一番近いのがカナダ。メキシコに逃げたり，それからイギリスに逃げたり。クリントン大統領がそうしたんじゃないかと，大統領選挙のときちょっと問題になった。あの人はオックスフォード大学に入ってイギリスに行ってしまう。一種の亡命みたいな形で。そういう時代です。あの手この手で徴兵逃れをや

---

49) 1999年のアメリカ映画。2000年に日本公開された。原作は1994年に出版されたスザンナ・ケイセンによる自伝。邦訳は『思春期病棟の少女たち』（吉田利子訳　草思社　1994）。

るんです。
　僕が面接していた男性はコロンビア大学生。「自分はブロックのため勉強がうまくいかない。鬱を改善したい。」と言って来たんです。僕が担当になって，それで5〜6回やったんでしょうね。そのときにはそういうそぶりで，「ほんとに大変で」ということで，ライフヒストリーとかいろいろ話をしていた。しばらくして，「実は大学に出さないといけないので，ここに通っている証明を書いてほしい」と。
　山本：治療に通っているという証明を。
　鑪：そう。鬱のためにクリニックで面接を受けているっていう証明書がほしい。それで「受けていることは間違いないから，なら書きましょう」ということになって，クリニックのディレクターと僕のサインをして，彼に渡した。そうしたら，もう次のセッションから来ない。スーパーヴァイザーに，「この人はこんなこと言って，次のセッションからもう来なくなった」と言ったら，スーパーヴァイザーが笑い出した。「あんたは一本取られたね」って（笑）。それが多かった。そういう形で証明をもらったら，徴兵逃れができる。精神疾患だから兵役に向かない。免除されるんです。僕はすごいショックでした。「あー，そうなのか」って。みんなほんとに一生懸命なんですよね。命がかかっているわけだからね。
　僕は狭い範囲でサイコセラピーをやっていたんだけど，本当に社会とつながっているんだなって，その時によく分かりましたね。すごくショックでした。スーパーヴァイザーは分かっているのね。ニヤッとして，「一本取られたか」とか言われて。社会との接点でそういうことが起こっていたという意味で，印象に残っている患者さんですね。

7-6. 逆転移の一例―クライエントの名前を忘れる―

　鑪：それからもう1人，逆転移的な患者さん。すごい美人の，僕から見て美人に見える髪の長いスラーッとして，ハイヒールをはいて。「あー，きれいな人だな」と思った。たまたま僕が担当することになった。こんなきれいな人でもいろいろ悩みがあるんだなって（笑）。僕の反応も最初からおかしいですよね（笑）。話しているときには，僕はもうそっちのほうばっかり気にしているというか。だから話もサイコセラピー態勢になってなかったんじゃないかいう感じがする。
　山本：ちなみに主訴は何だったんですか？
　鑪：主訴は何だったかよく覚えてない。そのくらいの調子なんですよ。そして3〜4回ぐらいしたら，来なくなった。そういうことは，ほかのケースでもあったんだけど，「やっぱりちゃんと言葉が通じないし，ダメなんだな」と思ったんです。ところが同じキャンディデイト，同期の訓練生の精神科医が僕に電話してきた。「こういう患者さんに，会っていたでしょう？」「できたらそのカルテがほしい」「患者さんから許可をもらっているので，教えてもらいたい」って僕に言っ

きた。僕はその名前を思い出せない。それで，「あなたは会っていたでしょう？」って言われて，僕は「ノー」と言ったんです。「いや，そんな人に会ったことはない」って。考えても思い出さない。その精神科医が，「あっそう，分かった。いや，別にそんな大事なことではないから」と言って，電話を切って，それでおしまいだった。僕は「何か変な電話をしてくるな」と思った。尋ねられてすぐにカルテ置き場のところへ行って見たんです。するとあるじゃない。もうほんとにびっくりした。完全に忘れていました。

　山本：その人の記録はしっかりあったけど，名前を完全に忘れていた？

　鑪：名前を思い出さない。面接をしているのに，カルテを見るまで思い出さなかった。カルテを見て，「ああ，この人だ！」と思って。後でその人に詫びた。その患者さんは，わりと早く来なくなって，何も理由も言わない。その友達の方から僕に連絡があるまで，僕はすっかり忘れてるんです。だから患者さんに自分が拒否されたことは，どんなに辛かったかということだったと思います。美人でね。僕はそっちのほうで舞い上がってしまっていた。後でこれもよく分かりました。こんな忘れ方をするのかとね。そういうのはショックでしたね。

7-7. 夢によってスーパーヴァイザーへの抵抗と育ちへの洞察を得る

　鑪：それからもう1つ，ケースで印象に残ってる人。ヒッピーの詩人です。ものすごく大きい人で180何センチぐらい。大きいんです。僕がいつも見上げるような感じの人だった。やっぱりブロックですね。そういうようなときに，どうも分析家のところに行くみたいだけど。「詩が書けなくなった」と。だからほんとに詩を書いているかどうかよく分かりませんでしたけどね。「ガールフレンドと一緒に住んでいる。ところがガールフレンドとごたごたが絶えないし，自分はすぐ怒りが爆発する。それを何とかコントロールしたい。そして詩が書けるようになりたい。」そういう主訴でした。服装からして派手で，紫とか赤とか，ズボンでも何かパッチワークみたいな……。

　岡本：派手ですね。

　鑪：すごく派手。グリニッチビレッジに住んでいる。いろいろ聞くと，散弾銃，日本の猟銃みたいなのが家に置いてあるんです。部屋に飾ってあるんですよ。ガールフレンドと喧嘩して，「喧嘩になるとその銃を取って撃ちそうになる。コントロールがつかなくてどうしようと思うことがよくある」と言う。「これは怖いな」と思ったですね。もし事故が起こったらどうしようと。

　そのときに僕がついたスーパーヴァイザーがまた厳しい女性でした。精神科医のジャネット・ジェプソンといった。頭がシャープで僕に対してものすごく厳しい。レポート持って行っても，「あなた，これ，英語がちゃんと書けてない」と言われる。「これを読みなさい」って（笑）英作文の本をくれたりね（笑）。そこから始まって「これはやりましたか？　これはやりましたか？　これはやりました

か?」って前回の質問をされる。こちらは何もやれてない。ほんとに初歩的なことをガンガン言われるんです。だからこっちも何となく難しい先生やなということで緊張している。
　しかもケースがまた怖いケースなんですね。衝動的で，コントロールがうまくできるかどうか分からないという。それでひやひやしながら面接している。僕に対して，スーパーヴァイザーは「あなたはこういう衝動性のある人って，どんなに難しいか，分かっているんですか?」って言われてね。僕もどうしていいかよく分かんない。そういう質問をたびたびする。こちらは「よく分かんないけど，一番オーソドックスな形で面接してる」と言う。それ以外にやり方知らないからね。「このときに，じゃあこうしてください」。「このときにはこうしないとダメよ」と言われるんですよ。「はい分かりました」ってしょぼんとして帰るんだけど，何にもしない。
　次の週持って行くと，「やりましたか?」って。向こうは，忘れていない。覚えてるの(笑)。僕は嫌々やってますけど。「何でやらないの?」って言われる。よく分からない。もう僕の中にものすごい抵抗が起こっているんですよ。「言うことを聞かない，聞きたくない，言いたくない」っていう(笑)。ただ，面接そのものは非常に危機的な面接が続いた。それで「絶対銃なんか使ってはいけない」といっていた。そんないくつかの外側の禁止を言うだけで。だからほんとに内的な問題についてしっかり扱うというところは，おろそかだったんですね。うまくできてなかったと思います。
　あるとき，この患者さんの夢を僕は見てしまうんですよ。その夢のことは，いろんなところで言ったから覚えているかもしれないけど，僕が水族館に遊びに行っていて，水槽を外から中を見ているんです。魚もいるんだけど，そこに1人泳いでいる女性がいるんです。こっちからこうもう1人来るんです。それはこの難しい患者さん。水の中へゴーグルをはめて患者さんが泳いで来てね。多分自分のガールフレンドだろうと思われる女性が裸で泳いでいるのを，ナイフでバサッと刺すんです。そしたらダーッと水槽が血だらけになって真っ赤になって。僕は外から見ていて，「あー，大変だ，何かすごいことが起こってしまった。すぐ救急車を呼ばないと」と救急車を呼ぼうとする……。「救急車は何番だったかな?　991かな?」電話機のボタン押して「もしもし」って言って。向こうも「もしもし」と言う。そのときに「あっ」と僕は気がつく。ジャネットだ。僕はジャネット・ジェプソンに電話をかけてるんです。スーパーヴァイザーに。僕は救急車にかけているつもりだった。それで完全によく分かった。「こんなに僕は抵抗していたのか」というのが分かった。こんなに危機的な状況で助けを求めていることを，夢が教えてくれた。これはショックだった。
　それでコロッと僕は変わってしまったんですよ。スーパーヴァイザーに「こんな夢を見ました」って言った。ジャネットはニヤッとしてね，「ああそう?」とか

言って，あとは何も言わないんだけど。それからは，とにかく言われるとおりにしてみると。そうしたら，面接が進むんですよ。患者さんは内的なこともいろいろ言うし，おとなしくなって。彼はガールフレンドと仲がだんだん調子がよくなってくるんですよ。これはものすごいショックな体験でしたね。

それで，いろいろ考えされられた。ひとつは，僕はそれまで女性の先生に教えてもらうことがなかった。小学校からずっと。全部男の先生だった。だから女性から教わるというのが，全然分からないんですよね。やっぱりそれにものすごく抵抗していた。僕の子ども時代からの歴史が，全部そこに出ていたんだということも分かった。もうひとつは，たたみかけるようにいろいろ理屈で言われるということ。これも僕は苦手で，だからそれにもすごく抵抗していた。

ジャネットは，プロフェッショナルに面接をするとは何なのかということを，一番きちっと教えてくれた人ですね。「これをしなさい，これをしなさい」と。「これだけは必要なことです」と。「やってなかったらダメ」とか言ってね。その次に行くと，「これやりましたか？」と言うわけでしょう？　やってないと，「それはダメ」と言ってね。向こうもしつこいのと，粘り強いのとありましたけど。何度でも言うんですよ。また，腹が立つこともあった。僕がスーパーヴィジョンを受けている時に，別の訓練生から電話がきたりしてね。僕の目の前で，その人に，「あなたにケースを紹介するからね」とか言って電話をしたり。これにも腹が立った。自尊心が傷ついた。

このように僕自身のライフストーリーそのものからきているいろいろの抵抗と，実際に基本的なものをまだ学習できてないところを指摘されることの辛さなどからくる抵抗が，いっぺんにその人に象徴的に出ていたんですね。女性であるということも大きかったと思います。

僕が言うことを聞くようになったら，スーパーヴァイザーが，ファーストネームで「自分のことをジャネットと呼んでいいんだよ」と言う。僕にもファーストネームで「ミキ」と言って。それから親しくなっていった。パーティーなんか行っても，「こっちにおいで」と呼ばれて一緒に食事をしたり。これは，トレーニングの中でのひとつのハイライトですね。いろいろ経験したケースの中で，大きな刺激を受けたひとつですね。その転機になったのが夢なんです。

この患者さんは元気になった。「僕はもう日本に帰るから終わりにしよう」ということで終わりにした。彼は「自分は詩人になる」って言っていたんですけど。日本に帰った後，彼も僕のところに連絡してきたことがあるんですよ。あれは，僕が広島大学にいた時だった。4〜5年後ですね。突然電話がかった。自分の名前言って，「先生，僕の名前覚えているか」って。私も名前を思い出したんです。「自分は今，韓国に来ている」，「韓国で英語を教えている。時間があったら日本に遊びに行きたいと思っている。先生に会いたい」と言って。僕は「いいよ」って言った。何で東洋で英語の先生かというと，やっぱり面接のつながりがあっ

たんでしょうね。けれど来ませんでしたね。だから日本で会ったことないんですけど。ヒッピーの詩人が，英語の先生になった。
　岡本：その方は適応的になられましたね。詩人で食べていくなんて大変ですけど，英語の先生ならば，地に足がついて食べていける。
　鑪：そうそう。もともと詩人の素質があるようには見えなかったんです。
　岡本：そうですか。
　鑪：だからそっちの方のブロックというのは能力の問題。英語ならネイティヴであれば，しゃべればいいわけでしょう。だからそれで韓国に行ってみんなに教えているという，そういう仕事をしている。そこに若干，まだ僕の印象が残っていたのかもしれない。ガールフレンドと何とか殺傷沙汰にならないで済んだから，それはよかったと思いますけど。ガールフレンドと結婚したかどうかは分かりません。聞いてないから。どうなったかなあ。
　夢ということ通して，自分の育ち，抵抗，スーパーヴァイザーとのつながり，そういうものがものすごくはっきり出てくるということがよく分かりました。たった1つの夢で，がらっと変わってしまったという……。20ケースぐらいやりましたが，そのケースは印象的でした。

8. ユニオン・プロジェクト
―労働者階層へ精神分析的心理療法を行う試み―

　山本：ちょっと確認したいのですが，資料を読んでいたら，ちょうど先生が行かれた前年ぐらいに，ユニオン・プロジェクトみたいなのが始まって，労働組合の人が入って来て安いローコストでカウンセリングが始まったという。そのあたりの背景をもう少し教えていただけませんか。そういう流れの大きな変革と，先生が行かれたことと関係しているのかどうか。
　鑪：そこのところを僕はよく分からないのですけれど，ユニオン・プロジェクトというのは自動車の労働組合です。アメリカは労働組合が横断的になっているでしょう。だからいろんな労働組合ユニオンが一緒になって，はじめたプロジェクトです。労働組合は，社会階層はブルーカラーレベルのワーカー。仕事をする人たちはホワイトカラーに比べると教育の程度が少し低いのです。高等学校ぐらい，あるいは何か専門学校へ行って実業的な仕事をやっている。だから，日本とちょっと違うといえば，違うのです。
　精神分析は，知的能力あるいは言語能力ないし，コミュニケーション能力がまず前提になる。少なくとも大学を出ているとか，その上ぐらいでないと精神分析の効果は出ないと言われていた。その言語能力の低い人たちに分析的なアプローチをするというのは，それまでは考えられなかったのです。だから非常に新しい試み。労働者階級の人達を対象として精神分析的な心理療法をやろうと。それを

労働組合とホワイトが契約したのです。それがユニオン・プロジェクト。だから
プロジェクト自体が，その頃の一般的なサイコセラピー概念や精神分析概念を打
ち破るようなアイディアなのです。それを，安い料金でね。労働組合との契約だ
から，そっちの方でお金を負担してもらう。当時，平均 100 ～ 130 ドルぐらいの
時です。すると，来る人は 5 ドルぐらいか，ほとんどお金は払わないでいいので
す。労働者階級の人たちも受けるようになって，だんだん広がっていくのです。
サイコセラピーそのものを，もう少し広く人々の役に立つようにというアイディ
ア。そのアイディアがすごいなと思います。

　今の日本でもそうですよね。実際に実業の人たちや労働者階級の人たちは，あ
まり心理面接に来ない。利用しないでしょう。そういう人たちに積極的に働き掛
けて。だからユニオン・プロジェクトの人もホワイトのクリニックに来た。ホワ
イトのクリニックは，1 回のセッションが 20 ドルか 25 ドルぐらいで，いずれに
しろ安いのです。だから学生とか，お金のない芸術家，芸術家志望者が来ていた。

　山本：クリニックというのは，あのホワイトのビル以外のところにあったので
すか？

　鑪：いいえ。そこの中にありました。4 階がクリニックです。ユニオン・プロ
ジェクトはそういう時代背景です。

9．スーパーヴァイザーとスーパーヴィジョン

9-1．レーベンソン

　鑪：僕は，できるだけたくさんスーパーヴィジョンを受けたいと思って，本当
にいろんな人に受けた。レーベンソンはケース報告をすると，すごく厳しかった。
あの人はいつもイライラして。コミュニケーションができないことに腹を立てて
しまうのです。向こうが質問をしていても，こちらはゆっくり話すのが，彼はイ
ライラするんです。いつでも貧乏揺すりし始めるんですよ，僕と話すと（笑）。

　岡本：分析家にしては，ちょっといらちなんですね。

　鑪：そう。いらちね。厳しいんですよ。ケースになるとね。普段は優しいんで
すけど。

9-2．ザフロプロス

　鑪：ユニオン・プロジェクトの中心になったのが，僕の分析家になったザフロ
プロスというギリシャ系のアメリカ人です。彼は，また優しいんですよね。エジ
プトのカイロで生まれてパリで教育を受けて，そしてアメリカに来て生活してい
る。だからマルチ言語で，マルチ文化をずっと体験してアメリカで生活している
ような人です。名前も完全にギリシャ。「いろんな言葉が分かるけれど，どの言
葉もちゃんとしゃべれない」とか言っていた（笑）。おもしろい人です。トレラ

ンスのレベルが非常に高いですね。幅が広い。何を言っても怒らない。すごく静かで，何かあるとユーモアで返す。だから人望も高かったです。

　最初は，僕はスーパーヴィジョンをお願いしたのです。どんなケースだったか覚えていないけれど。そうしたら引き受けてくれたのです。「いいよ」とか言って。それでいろいろやっていて，それもすごくこちらの言うことがよく

ザフロプロス夫妻と鑪幹八郎
ザフロプロス先生のホームパーティにて（1980年）

分かる人なんだということが分かったのです。それでやっぱり20セッションぐらいやった。僕は彼にパーソナル・アナルシスをお願いしたいと言ったら「いいよ」と言ってくれるのですよ，あっさり。安いお金で。ずいぶん安くしてくれて「お金がないんだろう？」と言って，それで分析を受けることになったのです。それがアメリカに着いて半年ぐらいたってから。

　山本：ずいぶんヴァイザーによって態度が違う。言葉の力は同じであっても，レーベンソンの取る態度と全然違うのですよね。

　鑪：もう全然違う。だから3人，それぞれね。レーベンソンはスーパーヴィジョンというよりもケース報告ですよね。クリニックでどこまでいっているか，どういうふうになって終わったかを報告しないといけない。レポートを出さなきゃいけない。それをやって。それからスーパーヴィジョンは，最初にウォールシュタインと。それからザフロプロスね。

　山本：スーパーヴィジョンはもちろん有料ですよね。

　鑪：いや，スーパーヴィジョンは，トレーニング・キャンディデイトは無料だったのです。だからスーパーヴィジョンには金を払っていない。だから向こうにしたら時間をサービスしていることになるのですよね。だからあんまりやりたがらない。無料のボランティア。こちらはすごくありがたい。僕なんかはできるだけたくさん取って。

　岡本：そのスーパーヴィジョンのやり方ですけれども，もうちょっと具体的に伺ってもいいですか。私たちが経験してきた，面接を録音して逐語録を作って，印象と理解を書いて，面接方針をこうしようかというのとは違うのだろうなと。

　鑪：逐語録的なものはないですね。僕は全部記録を作っていましたけれど，記録のコピーを渡す人と，コピーも要らないという人がいた。

　山本：当時はカーボンで書いていたのですかね。

　鑪：カーボンで白黒だった。黙って聴いている人もいた。それで「ストップ」

と言っていろいろ質問をして，それに答えて，といったスタイルのが多かったですね。カーボンで渡す人もいましたけれど。渡すと，また字が汚いとか。これは文章が間違っているとか（笑）。そういう厳しい人もいました。到着後2カ月ぐらいでケースを担当しはじめたので。最初の方はクライエントさんもずいぶん我慢してくれたんじゃないかと思う。英語は分からないし。一番分からないのはジョークと，はやり言葉ですよね。普段に，みんなが日常生活で使っている時の言葉。日常生活をしていないから分からない。

　山本：文脈が読めないですよね。

　鑪：文脈が全然。生活の文脈がないんですよ，こちらに。何度もスーパーヴァイザーから言われたのは，「あなたはテレビを見ている？　映画を見ている？」と。「テレビを見なさい」と。家に帰ったらもうテレビを付けっ放しですよね。トークショーというのが，人気があるんです。ジョニー・カーソンとか。けれど，ずっと見ていても，みんな笑うんだけど，ちっとも笑えない。そんなので後からしっかり考えて，ああ，そういうことかと，そういうのが多かったです。

　その頃はウッディ・アレンですね。あの人は，スタンダップ・コメディアン。テレビで1人で漫談をして笑わせるのです。おもしろい。最初はよく分からなかったけれど，あの人のおもしろいのは，いつもユダヤ人ジョーク。ニューヨークのユダヤ人。ウッディ・アレンはユダヤ人で，そのジョークを言うんですよ。人種的なジョークね。そのズレがみんなおかしい。それをみんなよく分かっていて共感する。彼が映画を作り始めても大体テーマはそれなの。いつもユダヤ人が出てきて，フロイトが出てきて。彼はずっと精神分析を受け続けているのでね。だから精神分析のことはよく分かっている。

　それともう一つ，やはりニューヨークというのは独特な文化の街で，その中に精神分析的なものが浸透している。テレビもそうだし，いろんな雑誌"The New Yorker"とかの漫画。そういうようなのもいっぱい精神分析的なジョークが出てくるのです。そういう意味で精神分析的な風土のレベルが高いのですね。それがみんな受け入れているということでもあるわけだけど。

　山本：先生がおっしゃったのですかね，ニューヨークで石を投げたらロイヤーかアナリストに当たるという。

　鑪：そうなのです。そのとおりなの。そのぐらい多かったのですね。そして，どんどん精神分析の研究所ができた。それも医者以外を受け入れる。心理・ソーシャルワーカー・看護師を受け入れる流れがどんどんできてきたのです。僕がいる頃から，その勢いがだんだん強くなった。それと訓練のレベルが変わっていって，マスター・クラスでもいいという。心理だったらPh.Dがないと入れなかったけれど，マスターでも入れる。それまでの入所の条件として，ちゃんと心理学はPh.Dで心理臨床の資格を持っていること，医者はレジデント（専門医の訓練を4年間）まではやっているとかだった。どんどんレベルを下げていくのです。

9. スーパーヴァイザーとスーパーヴィジョン　103

ホワイトはずっとそのままだった。僕らが出た後だけど，ソーシャルワークを入れるようになった。そこのところだけがちょっと違いますけど。

山本：岡本さんが質問した続きで，スーパーヴィジョンのやり方ですけれども。僕らが普段スーパーヴィジョンをするときには，ケース・カンファレンスもそうだけれど，全体の記録を全部プレゼンした後で，まとめてコメントをしますよね。ところが，向こうの人は必ずかどうか知らないけれど，多くが止めて，そこでブワーッと長いこと説明をして，また続きみたいな，あれが一般的。

鑪：そうです。そっちの方が一般的ですね，どちらかというと。僕が受けたのもそっちのほうが多かったです。

山本：あれは先生から見てどういう意味が。全体を見てみないとコメントできないような気もするのですけれども。

鑪：いや。それはあんまり感じない。何か一言，二言いうと全体像が分かるみたい。この人はこういう人なんだというイメージを，患者さんに対して持つことができる。そうすると向こうから質問するのですね，自分でイメージしたもので。だから，もう僅かな資料でもって大体全体のイメージはつかんでいるのです。

山本：ずれていることはありますよね。

鑪：もちろん。だから，それを質問する。スーパーヴァイザーのほうは，質問しながら自分のズレを修正しているわけですね。こちらが質問すると「分かった，分かった。で，次」と言って。

山本：そういうかたちで徐々に構築していくわけですね。イメージをある程度。

鑪：そうです。「何でそこのところでこういうふうに言ったの」だとか，「別の言い方は？」とか，大部分のスーパーヴァイザーはそうでした。

9-3. ドイチャー

鑪：1人おもしろいスーパーヴァイザーがいた。これも初期の頃受けた人です。ドイチャーというサイコロジストだった。この人も割と親切で，「そのクライエントさんは難しそうね。十分あなたは分かっていないみたい」と言って，「どこが難しいか，自分は聴いていてよく分からない」。「自分が1回その患者さんに会おうか？」という提案をしてくれた人がいました。ああ，そういうスーパーヴィジョンも有りかと思った。「いや，僕やりますから」「できるだけ説明しますから，頑張りますから」と言ったら，「まあ，それならそれでやりなさい」と。それはすごく新しい感じでしたよね。「あなたがよく分からないなら，一度私が会って，そうするともう少しスーパーヴィジョンはやりやすくなるから，そういうのはどうですか？」と僕に言った。僕も考えて，「えー，なんだか変だな」と思いながらノーと言ったけど。

山本：あまり分析家的な提案とは違いますよね。

鑪：違うんですよね，それは。すごく親切。僕が非常に訥々とした英語でしゃ

べっているからそうだったのかもしれないけれど、新鮮でしたね。そういう提案は。

岡本：それはスーパーヴィジョンの始まりのほうですよね。

鑪：始まり。ニューヨークについて2ヶ月か3ヶ月ぐらいの時です。

岡本：始まりのほう。でも、そういう教育ってあり得ますよね。大学院でもインテークは教員がやるというケースはありますし。1回クライエントさんをみていると、ずいぶん違うから。

鑪：僕はトレーニングというのを日本では全然受けていないわけでしょう。だから今の大学院の人たちと全然違うのですよ。僕はもっと低いレベルで行っているんだよね。同じドイチャーに聞かれました。「あなたは100回以上の面接を何ケースぐらいやりましたか」と。その頃、僕は2ケースしかなかったのです。不登校の母親面接。もう一つは脳性麻痺の母親。それで100回。そうしたら向こうはびっくりして「エッ、たった2ケースなの？」と言われて、「はい」と言った。うそは言えないからね。そういうことで、非常に経験そのものが少ない。それから日本ではフォーマル・トレーニングはゼロ。だから精神分析の知識もゼロ。だからほとんど本からの大ざっぱな知識しかないわけです。そういうかたちで行っているから、まあ無謀と言えば無謀。ほとんど準備なしの状況だったのですよね。

山本：当時は、『フロイト全集』[50]はもう出ていたんですよね。

鑪：英語版のスタンダードの全集が出たころ。ドイツ語はフィッシャー版があった。

山本：スタンダード版はあったわけですよね。

鑪：日本ではあの教文社版。全集はない。けれども、それでも助かりました。

岡本：そうですよね。

鑪：アメリカでは、みんな、あのスタンダード・エディションを使ってやっていた。お金がなかったら、あれは僕は買えなかったものね。25巻ですから、それは膨大ですよね。スーパーヴィジョンは、そんなのでずいぶんたくさん受けました。そういうタダでいろいろたくさんやったのと、有料で受けたこともあるのです。どうしても受けたいということと、規定外だからということで。その先生はトレーナーの中に入っていないのです。クリニックのキャンディデイトのトレーナーではないのですよね。トレーニング・アナリストだけど。でも、どうしても受けたい、なんか不思議な感じでね。

9-4. メリー・ホワイト

鑪：その先生は、メリー・ホワイトという女性医師なんですよ。サリヴァンのお弟子さんなのです。70ぐらいのかくしゃくとした、しっかりした方。彼女のと

---

[50] Freud, S.（著）新宮一成・鷲田清一他（訳）フロイト全集 全22巻　岩波書店

ころに行って「自分はお金はこれだけしか出せないと。けれどスーパーヴィジョンをぜひ受けたい。受けさせてくれ」と言ったら「この時間ならいい」と言って。お金がないから10回で受けさせてほしいって。「それでよし」というころでやったんですね。これはおもしろかったですね。すごくていねいなんですよ。非常に即物的で,「あなた,こう聞きましたか,こう質問しましたか,こうどうですか,そのときにこう言ったらどう」とか。ものすごく具体的に,きっちりと言うのです。

ハリー・スタック・サリヴァン

また,自分の苦労話,これがすごく役に立った。彼女はサリヴァン[51]のチェスナット・ロッジに行って,そこでいろいろ苦労した人で。だから,統合失調症の精神分析を割とやった。ちょうど僕がやり出したケースがボーダーラインで,時々行動化したりするから,何か変なことを考えたりする。僕に「あなた,ここで言っている妄想的なことは分かる？ 少し非現実的な感じがする。これが一番危ない。これを用心しなさい。ここに入ってはいけません」と。つまり妄想に取り込まれないようにと。

そこで自分がひどい経験をしたことがあると,話をしてくれた。統合失調症の患者の話を懸命に聴いていて,だんだん,男性の患者さんの妄想の中に彼女が入っていってしまった。「先生がいろいろ命令する」とか,「先生が何かいろいろ破壊的なことを言う」と。「何で先生は,私をそんなに苦しめるのだ」と患者さんが言うようになった。

山本：それはメリー・ホワイト先生の経験ですね。経験を語るわけですね。

鑪：ホワイト先生のです。それも分析しようとしていろいろやっていると,すごく怒り出して,ガーッとこう机をひっくり返したりした。「もうそんなのならやれないから」って断ったら,それから患者さんは怒り出して,破壊的な行動をするようになる。患者さんがオフィスの外の待合室で「ギャーッ」と叫んだり。他の患者さんもすごい恐怖感をもってしまう。ホワイト先生のオフィスは,時間になると,向こう（患者）から「面接に来ている」という合図をするわけですね。こちらからボタンを押さないとドアが開かないんですよ。だから普通は入れない

---

51) ハリー・スタック・サリヴァン（Harry Stack Sullivan） 1892-1949 アメリカ合衆国の医学者,精神科医,精神分析家。1892年アイルランド系移民の子としてアメリカ合衆国ニューヨーク州に生まれる。1917年シカゴ大学医学部卒業。1922年ワシントンにあるセント・エリザベス病院で働き,ウィリアム・アランソン・ホワイトの指導を受けた。その後シェパード・アンド・イノック・プラット病院,チェスナットロッジ病院にて主として統合失調症患者の治療を行い,1930年代末にウィリアム・アランソン・ホワイト研究所を設立し,教育と研究に尽力した。1938年 Psychiatry 誌主筆。1949年旅行中にパリで没する。「関与しながらの観察」（participant observation）や統合失調症治療,発達早期の自己論で知られる。主著に,中井久夫・山口隆（訳）『現代精神医学の概念』（みすず書房 1982）,中井久夫・鑪幹八郎他（訳）『精神医学は対人関係論である』（みすず書房 1990）。

んですね。ノックをするとドアがひとりでに開いて。だから患者さんが来るアポイントメントの時間には入れるのだけれど，それ以外は入れない。そういうかたちで，その患者さんもシャットアウトされて，入れなくなっているのです。そうしたら別の患者さんと一緒に入ってくるんですよ。それでガーッとやられて，殴られて，先生も傷を受けたんですね。すぐ警察を呼んで。その暴力をふるう人は，男性の患者なのです。患者さんは拘留されても，精神病院に入れられるだけですよね。また調子よくなるとすぐ出てくる。それで，もう自分は危ないからと言って，ワシントンから離れて，ニューヨークへ来た。それで，今はここに住んでいる。そのときには名前が違っていた。今はホワイトという名前になっている。だから名前まで変えて。「だから，あなたは用心しなさい」と僕に言うんです。それはもう，ものすごく参考になりました。こちらが妄想に巻き込まれていく。面接プロセスの中で，妄想を治療だと思って分析的に探索したら，取り込まれてしまう。それはやってはいけないと。

　統合失調症の場合，本当に援助的になるのはどうしたらいいか。妄想は，サリヴァンの言う"abrupt shift"のように，話題をパッと現実的なものに変えて，その妄想の話題には入らない。「ところで，今日は食事をしてきましたか？」とか，そういうふうに話題を変える，と。

　山本：サリヴァンは，かなり話題の転換ということをいろんなかたちでやっていますよね。

　鑪：すごく大事にしているでしょう。それは妄想の世界を括弧でくくる仕事なのですね。だから，「これはやめておこうね」と言う。「あなたも苦しむから，こちらのほうは触らない。こちらがしっかりしてくれば，これはだんだん治まるから」。そういうことですね。

　「先生，これ気になる」と患者さんは言うわけですよ。「どういうふうに気になるの？」といくと，入り込んでしまうことになる。精神病圏にあるような人の場合，門戸を開いてしまうようになるから。そうして結局，関係が妄想的になってしまう。とり込まれると逃げられない。それを，熱心に言われました。「あなた，そこを用心しなさい」と。それは10回のスーパーヴィジョンでした。

　後日談ですが，結局，その妄想の患者さんは，ホワイト先生をかぎつけるのですよ。どうもニューヨークにいるらしいと。先生はニューヨークにもおられなくなったのです。だから大ベテランのそういう先生が，昔やった患者さんに迫害的にずっと付きまとわれる。それで，先生はまた移りました。アメリカの一番北のヴァーモント州に移って。その後どうなったでしょうかね。もう相当な年齢でしたから，今はもう亡くなられていると思います。クライエントのストーカー，暴力的な。

　山本：下手をすると，銃で撃ち殺されるケースも出てきますよね。

　鑪：そうなんですよ。おそらくアメリカだったらね。1回の失敗で，本当に大

変。本当に魅力的なんですよね，ホワイト先生は。だけどそういうかかわりの失敗で。統合失調症などをやっている場合には，そういう危険があることを知っておくことが大事です。ボーダーラインにもそういう危険はあると思いますけど。ホワイト先生のスーパーヴィジョンを受けて本当に勉強になりました。それはよかったと思う。

10. 個人分析の体験

　鑪：個人分析[52]については，これは外側から言うと，週3日を200時間，400時間だったかな？　これを受けるということがトレーニングの条件で，それさえクリアすればいい。トレーニング・アナリストのリストの中から自分で選ぶ。リストをくれるんです。僕の場合は，まずお金がないということ，それから英語が下手という，それに耐えられるかということ，その2つの条件でこちらが選んで。僕がすごく受けたかった人がハリー・ボーンというサイコロジストで，コロンビア大学の近くにいた。一人住まいの汚い部屋でした。何かすごく魅力的な，人間的に魅力的な人だった。その人に一番受けたかった。オフィスに行って，そこで交渉するわけね。自分の希望を言って，それで自分のパーソナル・アナルシス，個人分析を受けたいと。ハリー・ボーンが僕に言ったのは，日本のことも知りたいし，ぜひやりたいけども，問題はお金だと言って。自分は1回のセッションに150ドルもらってると。僕は60ドルしか払えない。それでもうマキシマムだからね。そしたら週に3回やると，あまりにも収入が少なくなりすぎると。だから申し訳ないけどダメだと言って。それがハリー・ボーンでしたね。ちょっと残念だったけどね。

　その次の候補者はイングリッシュといって，これは陸軍の中尉か何か。もうきちっとした人で，それは高くなかった。すごい歯切れのいいアナリストで。だから僕にとっては，英語が分かりやすいんですよ。

　岡本：陸軍中尉で分析家になられた方なんですか？

　鑪：戦争中はみんな兵隊さんで。サリヴァンもそうだった。兵隊といっても精神科医ですよね。軍医で行ってるわけですね。歯切れがよくて。その人もやっぱりお金がないと無理だと言って断られた。

　3人目は，僕がスーパーヴィジョンを受けていて，この人はすごく分かりやすいし言うこともよく通じるし，ああ，この人の分析を受けたらいいんじゃないかっていうのでお願いした人です。前に少し言った人。それがザフロプロスというギリシャ系の名前の人なんですけど，現在100歳ですよ。まだお元気です。ミ

---

[52] Personal Analysis　精神分析家を志す本人が精神分析を経験すること。クライエントの分析過程を妨げる可能性のある個人的感受性や情緒的反応への自己理解を深めて盲点から解放されるために，精神分析家になるには個人分析が必須とされている。

ルティアデス・ザフロプロスという名前。前に言ったように，カイロで生まれて，フランスで教育を受け，そしてアメリカで生活しているという。多言語で多文化経験者なんです。柔らかい，温かいパーソナリティでね。英語も分かりやすい。ただ，僕のスーパーヴァイザーだったから，それで3番目ということになったんだけど。「いいよ」って簡単に，「じゃあいつから始めよう」と，すごくあっさりと引き受けてくれたんですね。彼の分析が受けられたっていうのはとてもよかったと思うんですよ。というのは，日本に関心がある。日本に一度来たことがある。戦争が終わってから北海道に駐屯したことがある。そんなんで3人目でようやく。

それで彼のオフィスに通って行く。個人分析が週3回，スーパーヴィジョンが週3回ぐらいですよね。クリニックでの面接が週に5～7名。だから空いてる時間は，本読むのと整理するのでつぶれる。僕にとってはもう満杯でしたね。

鑪：個人分析がどういう具合に役立ったかっていうのは，ほんとに難しいですね。これは分析の力なのか，文化の力なのか。上に述べたような生活をニューヨークという場所でしていると，その生活全体から大きな影響を受けてしまう。

自己表現するということでも，言わなかったら分かってもらえない。向こうからギャーギャーと言われたら，黙って引き下がれないでしょう。こっちが不利になるから。言い返す。そうするとものすごく強い外向きの働きかけがいつの間にかできてくる。分析をやっていると，働きかけの自己表現，表現力というのは，その生活で得られた表現力に支えられてるんじゃないか。だから同じ日本の文化の中にいると，精神分析が表現力を助けるというのはよく分かるけど。ニューヨークに行って得たものの中に精神分析の力，文化の力がどう働いているかっていうのはちょっと区別がつきにくい。

僕の受けた個人分析の話をすると，ザフロプロス先生は，静かでおとなしい人。強く言わない。質問もやさしく質問するから，何か強さとか激しさをあんまり感じなかった。そういう人だったから，アメリカ人としては例外的かもしれない。ただ，私は主張を真正面からするようになりましたね。そんなのはすごく頻繁にありました。

山本：だから先生が強調されたアメリカに行って決定的に自分が変えられたということの中には，文化の力がすごく入っている。

鑪：文化の力がすごく大きいと思います。ひとつは内的な自己客観視。自分を見つめるときに，エモーショナルにならないでちょっと距離を置いて自分を見つめるということ。それからもうひとつは，その結果だと思うけど，少しゆとりというか心の余裕というか，カッとならないという……。強く言うことありますけど，意外と内的にはクールなんですよ。自分で言っていることを分かって言っているのね。だからいつでも引けるんですよ。喧嘩すると引けないでしょう？　とことんいってしまうよね。それから脈拍が上がったり，いろいろ身体反応が起こるんだけど。大きな声を出していても，そんな状態にならないんです。私は，そ

れは精神分析の力かなと思う。ゆとりと自己客観視みたいなものと。
　山本：どこかで書いておられたように，サイコロジカル・マインディドネスということ。
　鑪：それはサイコロジカル・マインディドネスですね。サイコロジカル・マインディドネスというのは，もうちょっと幅が広くて，「これは自分と何か関係しているのかな？　自分の心の問題と関係しているのかな？」というように問題をとらえようとして，心の問題として受け止めるということが，サイコロジカル・マインディドネスですね。だからそういう形で，「家の中でごたごたしているのは，自分のパーソナリティの問題なのか，友達関係の問題とつながっているのかしら？」というふうな形で見る。そうだと「もう少し自分の話をしませんか？」という形になるのでしょうね。
　それが日本だと，探索するというより，「どうしたらよいでしょう？」と行動へのアドヴァイスを求める。「あの人とこの人とこういう関係で，あの人がこんなんで，どうしたらよいでしょう？」と，答えを外に求めるから，自分の中を掘り下げるとか，自分と相手との対人関係をテーマとして扱うということが難しいのでしょうね。そういう意味でサイコロジカル・マインディドネスというのは，自分の内面，あるいは心に関係しているんじゃないかと思う。日本人は出来事の説明はうまいんですよ。よくいろんなことを記述したりね。そこで「それであなたどう思ったの？」と尋ねると，なかなか出てこない。きょとんとしますよね。「えっ？　私がどう思った？」って。それでまたずっと出来事を話し出す。
　山本：そういう意味では，先生のアサーティヴネス，アメリカに行く前はちょっと攻撃的に挑戦するっていうことはあまりなかったのですか？
　鑪：なかったですね。
　山本：アメリカの中で身につけてこられた？　昔は，学会なんかでも机を叩きながら。
　鑪：学会では机は叩かない。
　山本：偉い先生にかみついたりとか，ちょっとハラハラしながら横で見てたんですけど。でも何か冷静にしておられた感じがしたんですけども。
　鑪：ええ。ちょっとドラマチックな感じでしょうね。ただし，腹を立てているということは確かですよね。そういうときぶつけようという感じになってね。日本で難しいのは，はね返りですよ。
　岡本：反応が。
　鑪：反応がどうなるかを考えると言えないという。
　岡本：そうですね。しょっちゅうあります。
　鑪：だからはね返りが怖くなくなったのね。だから机を叩いたりすることもありますけど。いい加減にせい，と言ってね。
　岡本：でも先生，アメリカではそれでいいかもしれないけど，日本社会で私た

ちは生きていかないといけない。はね返りは気にしますよね。

鑪：うん。だからやっぱりちょっと変わり者と言われているのもそうなんでしょうね。ときどき机を叩いて怒ったりするからね。

岡本：でも，私たちは学生として見てきわめて合理的でしたよ。自己の客観視ということですが，カウンセリングでもクライエントさんとそういうことをしますよね。だからこの個人分析というのは，結局，同じことをやったということでいいんですか？

鑪：同じことなんですよ。クライエントさんにも自己客観視を勧めたいんですよね。つまり自分のやっていることと，それを見る自分という，この2つを，分裂させるわけだけど，観察自己みたいなものを育てたいということなんでしょう。ところがこれが癒着してしまっていて，観察自己がないから，結局はエモーション（＝感情，情動）で動いてしまう。それを切り離そうと。切り離しすぎると機械みたいになってしまう。微妙な差なんだけど，ちょっとだけ，1枚だけ空白を作るというのが自己客観視じゃないかと思いますね。

山本：そこの技術を強調して言っているのが，今のメンタライゼーションとかメンタライズという流れになりますね。

鑪：そうですね。だから自己客観視というようなところは分析の中で得られたことのひとつかなと思いますね。だからそれが自分を自由にする。それをインナースペースと言う人がいて。日本語では「ゆとり」と訳すのが一番近いんじゃないかと思いますけどね。1枚だけズラス状態ということ。

山本：視座が違ってくるね，少し高いところから見ることができる。それがゆとりですよね。

鑪：ええ。やっていることを見ている自分ですね。両方が変わって，上からだけ見ていると自分の行動がコントロールされて動きにくくなるでしょう？　でも自然に動いているんだけど，やっぱり何か見ているというところですね。

岡本：個人分析というのは，要するに自分のライフヒストリー，葛藤も含めたライフヒストリーをアナリストに語る。その自分特有の癖に気づいていく。そういうプロセスなんですよね？

鑪：そうです。そして今言ったようにちょっとゆとり，心にゆとりができるかどうかという。

岡本：だから私たちが心理面接で，毎週クライエントさんに会う。ただ，クライエントさんはまず，やっぱり今。

鑪：困っているということね。

岡本：今，困っていることを話されますよね。そこで展開されていることが，過去の葛藤とどういうふうにつながっているのかというのを，ずっと気づいていくということでセラピーが進みますが，個人分析というのは，今，現在の話はしない？

鑢：同じことなんです。もちろん今の話もしますよ。僕なんか家内との関係のことなんかずいぶん話題にしましたね。僕にとってすごく大事な，家の中の文化差とか，夫婦としての文化差とか，すごく大きかったですからね。

山本：だから（個人分析を）実施しているときでも，ペーシェント（＝患者）として受けるわけですよね？

鑢：そうです。まったく患者と同じ。

山本：だから教育分析というような言い方をしたら，少しセラピーのやり方を教えてもらったりとか，私的なものがずいぶん入るのかと思ったらそうじゃないんですね。

鑢：それはないですね。個人分析というのは，教育分析と言わないですよね。それはフロイトもそう言っているんですよ。分析というのは教育じゃないんですよ。「あなたが受ける精神分析」という意味ですね。パーソナル・アナリシスであり，エデュケーショナル・アナリシスと言っていない。

山本：どこでそれが入ってきたんですか？

鑢：どこからでしょうね？　あの言い方は非常に問題ですね。今でもそう言う人いますけどね。そういうふうに言うと，もったいないですよね。ほんとの分析を受けていないことになる。カウンセリングもそうだった。ほんとのカウンセリングを受けたらいいんですよ。自分のために。プラスになるわけだから。

山本：ちょっと関連して，今はとにかく昔以上に，サイコセラピーは治療目標を明確にする。行動療法など，はっきりターゲット・シンプトムをどう解決していくかと言いますが，力動的なやり方は，はっきりとしたターゲットの問題解決という方向ではない。個人分析の場合の目標というのは，一体何なんですか？

鑢：それはないですね。回数だけが目標だから。

岡本：納得感ではないでしょうか？

鑢：そう納得感ですね。患者さんが体験するような体験を，お前も体験するかっていうことでしょうね。

山本：じゃあ長い期間やっているうちに，ある種の目標はいろいろ変わっていく。ある意味でエンドレスになるわけですね。

鑢：エンドレスになりますよね。だからそれからずっと続けてやりたいなら続けても構わない。400回というのは，さしあたりということね。けれどずっと続いている人もたくさんいます。一生続けている人もいるからね。ただ，一生続けるというのはどうなのかなと思うけど。やはりプロフェッショナルな関係だから，どっかで区切りが要るんじゃないかなと思いますけどね。

山本：個人分析というのは，ある意味で転移が解消されないまま，ずっと続く……。

鑢：そうです。ポジティヴな転移のままね。だからポジティヴな転移というのはある意味，いい人間関係が保てるというわけだから，いいことだと思いますけ

どね．ただ，それが職業関係になるとね，お金を払いながら一生続くかというと，それもちょっと違うんじゃないかなと思う．お金なしでも同じような関係が保てたらいいけど．だから，アナリストとか分析を受けたお弟子さんたちというのは仲良しですよね．

岡本：なるほどね．

鑪：やっぱりメンターと言いますよ．「先生」とか「恩師」というのとはちょっと違う．日本の依存関係ではないんだけど，「あの人から教えていただいて，その人にほんとにお世話になって」という，そういう教えてもらった人，大事な人というのがメンターですね．日本の場合，それに依存関係，上下関係がつながって．ちょっと質が違います．だから日本では「恩師」と言うけど，ちょっと違うんじゃないかと思います．

山本：メンターが一番近いのは，「師匠」じゃないの？　訳語としては．

鑪：「師匠」って訳してしまうと，ちょっと違うんだよね．今言ったような意味でね．日本の場合は依存関係を示しますよね．「自分の先生」という，「自分の恩師」という．

山本：依存なのかな？　（笑）

鑪：そういうのないですか？　何かすごく感じる．あるいは遠慮．議論などでも，正面から対峙しにくい．

岡本：ありますよ，私にも．でもやっぱりライフステージによってその質が変わってきますよね．でも，ポジティヴな内在化された先生のイメージというのは，ずっと支えられる．

山本：僕の言葉で言うと，依存関係というよりは，愛着関係のほうが近いんじゃないかな？　依存はもうしてないんじゃない？

岡本：メンター・メンティ関係というのは，やはりプロフェッショナルの質を決める決定的に大事なものだと思います．リッグスのシニアセラピストと若いセラピストとの間の信頼感は，すごいものがありますよね．ああいうものを純粋にプロフェッショナルの関係の中だけで内在化されているというのが，やはり理想的ではなかと思います．本人の力を支えるものになっているのではないかと思うんですよね．

鑪：僕が「アモルファス自我」[53]で考えた，ある種理想に近いイメージというのは，アナリストなんですよ．つまり，コア（＝中核になるもの）がしっかりある．そしてまた対人関係もわりと上手．だから柔らかくふわっと包み込みながら，

53）アモルファス自我構造（Amorphous Ego Structure）　受動的であり，外的な刺激や働きかけの取り入れには抵抗が少ない日本人の自我構造の特質を示した鑪（1994）の造語．対人関係には敏感で表面的な皮膚自我にエネルギーを注ぐが，自我内容の充実は放置されあいまいな状態であることを意味する．鑪幹八郎　1994　日本的自我のアモルファス構造と対人関係　広島大学教育学部紀要　第一部（心理学），43, 175-181.　（鑪幹八郎著作集第Ⅱ巻　心理臨床と精神分析　pp. 309-322 に再録）

自己主張はきちっとするという。相手の言うこともきちっと聞く。日本では，そのどっちかになるんですよ。自我が強い人に対しては引っ込んでしまうとか，自分を出さないとか。外側の枠が強い人は，わーっと言うけど，今度は向こうから言われるのがすごく不安で，対人関係的には溝がある。だから分析家みたいな方向のイメージとしてできないかなという感じなんですよね。コアは持ってる。がーっと言う人っていうのは，あんまり魅力的じゃないでしょう？

岡本：それは日本では受け入れられないことが多いですね。

鑪：日本は，ただエモーショナルに自己主張するだけだからね。コアがあるかというと，コアはないんです。コアがありながらなおかつ，相手の言うこともふわっと受け止められて，いい関係が築けるというのは，これはなかなか難しい。けれどもそれが，我々がサイコセラピーをやることの1つのゴールかなという感じはする。

11．サイコセラピーと英語

鑪：1年ぐらいたって，英語もだいぶ楽になりました。

山本：もう，その頃になったら夢に英語が出てくる？

鑪：そう。英語の夢を見出したのは半年ぐらいたってからです。だから英語の夢は，そういう意味では，内的な適応の印としてすごく役に立ちます。今でも1週間とかアメリカに行くと，何日目に英語の夢を見るか。英語の夢を見るようになったら，大体テンションが下がって楽に会話ができるようになって。それまではやっぱり日本語の夢ですよね。それが侵入している部分が下がってきて，向こうの中にこちらが入っていってという。

岡本：英語の話で，2年前にオースティン・リッグスに行ったときに，週2回のケース・カンファレンスに，患者さんが15分だけ来られるでしょう。あのときのローゼン所長と患者さんのやり取りは，私はもう本当に舌を巻くぐらい感動しました。普通のディスカッションなら，私もある程度できるのですが，患者さんに接するときの所長さんの声のトーンとか，どういう表情で話すとか，内容はもちろんですが。私はあれを見たときに，やっぱりセラピーができる英語というのは，このぐらいの感じと言葉が要るのだなと思ったのですけれども。先生はそれを獲得していかれるのは，どんな感じだったのでしょうか。

鑪：今のあなたの経験は，僕も似たような感じでね。僕が感じるのは，向こうは自己主張とかアグレッションというのはすごく大事ですね。そうしないと生きていけない文化だから。我々みたいにパッシヴに待っていると，それはもう要求しないもの，ないものと見なされるから。やっぱり要求しないといけない。そのバランスがすごく問題で。

岡本：バランスが問題。

鑪：僕はあの「アモルファス自我」で書いたのは，向こうはそれが激し過ぎる。そして混乱が起こる。日本はパッシヴになり過ぎて，混乱する。日本の場合はもう少しアクティヴになってイニシアティヴを高める。向こうはもう少しパッシヴになり，相手を受け入れていく。両極から近づくのが大事じゃないかという感じなのです。そういう点で分析家を見ていると，こっちに寄っている。相手の言うことを聴く。普通のアメリカ人は聴かないです。言うばかりで，言ったらもうおしまい。だから聴かれる体験というのは新鮮なのです。それを普段やっているのが分析家なのです。日常生活でもそう。

　僕が考えたのは，これなんだと。アメリカの人たちは聴く方向にくればいい。日本人は主張する方向にくればいい。その中心のイメージは何かというと，アナリスト像，それができる人たち。自己主張もできるし，聴くことも両方できる。そういう意味で，両方が近づけないかな。そういう訓練をずっと受けていくのが分析家じゃないでしょうか。だから，ちょっと違うのです，アメリカの中でも。普段はワーワーと自己主張して，それでおしまいでしょう。ところが分析家は，まず聴きます。今度は繰り返して確認しますよね，こういうことかと言って。もうその関係自体でストンとゆったりした気持ちが出来上がるのです。アメリカ人同士だと普通，ディベートするようなかたちで。

　岡本：ディベート。そうですね。

　鑪：ディベートの中には受け入れというのがないですよね。自己主張ばかりで，どっちが勝つかと。僕なんかは面接していると，ものすごくパッシヴになるのですね。そうすると，最初の10～20回ぐらいのセッションでは，患者さんはものすごく喜ぶのです。「ああ，分かってくれた，分かってもらえる」という。だから「素晴らしいドクターです，素晴らしいセラピストだ」と。その表現がまたオーバーね。面接していると，「ああ，うれしい」とか言って帰るのですよ。「今日はドクターといい話ができた」とか言って。だからみんながびっくりして，「あなた，今日は何かいいことをしたの？」とか，よく言われたりして。オーバーに，「自分が理解されたということは，どんなにうれしいか」「聴いてもらえた」と。そういう体験はよくありました。それは，こちらが大体黙って聴くほうだから。

　ところが，そこから停滞してしまう。それでも聴いていると，患者さんは「もう言うことはない」と。「先生，どうする？」というかたちで。だから，そこから先は動けないのですよ，今度は。そうすると，患者さんは怒り出す。「ここにちゃんとお金を払って来ているのに，先生は何で何も言わないの。私の問題は一体何なのだ。どうしたらいいのだ。」それをこちらは，自分では「どう思う？」とか，そんなことばかり言っている。すると向こうが怒り出す。「前に言ったじゃないか，先生は聞いていないのか」と言って。患者さんは本当に怒り出すのですね。そこから先の動きが難しかったです。それは僕の中のパッシヴなスタイルですね。だから聴くのは上手なのだけど，指摘していきながら問題を展開していく

11. サイコセラピーと英語

というのが全然できなかった。

山本：仮にしたとしても、その先どこに行き着くかが見えてこないですよね。

鑪：そう。だから、それをやれるためには、今度は全体像が要るのです。どういう問題があって、どういうふうに動いているか。ここが問題だから、ここを少し切り開いていかないと先に進まない。そこをするときにはどういう動きが出てきて、次にどういうテーマが出るか。それはもうきれいに図式化できるものなのですね。それが、全然できていなかったのです。

山本：その詳細な質問をするのは、週1回のサイコセラピーでは分かるのですけれども、当時インテンシヴにやっているケースでもそういう、同じように自由連想法的に聴いているんじゃなくて。

鑪：そうなのです。同じなのです。自由連想はやっているんですよ、クライエントさんには。けれど、質問をするんですよね。

山本：自由連想をやっている最中にどんどん質問する、介入していくわけですか。

鑪：どんどんというわけじゃない。要所、要所でね。「これはどうですか、こっちのほうをもう少しお話をしてください」と言って。焦点づけの自由連想。

山本：そこはオーソドックス・フロイディアンとずいぶん違うところですね。

岡本：違いますね。

鑪：違うのです。働き掛けるのです。連想が始まってから、大体今日、本当に話題にしたいのはこういうことだと思っていると、ひとりでに自由連想がそっちのほうにいくのです。というのは、そういう質問をこちらが時々しているわけです。

山本：質問は方向付けることですからね。

鑪：だから方向付けしているのですよ。自由連想と言いながら、自由連想じゃないのです。

岡本：今の先生のお話を伺って、私たちが大学院のときに受けた訓練、どういうふうにして事態を明確化しながら、そのテーマのリアリティを理解していくのかというのは、すごくなじみがあって。だから、これを先生が学んでこられたんだなというのはよく分かったのですが、今、先生が自由連想とおっしゃったのは、クライエントさんが面接場面に持ち込んでくる、そのエピソードをずっと流れるように聴きながら、そのテーマをこちらが質問していくということ。

鑪：そうです。だからエピソードを、誘導しているわけですね。重要なエピソードに焦点化するわけね。「ここはどうですか、ここはどうですか」と聞いていくと、そっちのほうに流れていく。そこに、焦点化してしまうから。その中はまた自由に患者さんが選んでいいわけです。「ここはどうですか」と言って、また自由。だから方向付けをしているわけですね。

岡本：私たちが日々やっているのと同じですよね。

鑪：そうです。そのときにどういう方向付けをするかということが重要。"why"というのを使うなと。これはクライエントさんが出すもの。そこに導くための仕事が分析です。これも，分かったようで分かりにくかったですよね。僕は"why"ということで導いたらいいと思ったのです。「あなたはなぜそのときにそういうふうに言うのですか」と。だから行き詰まってしまうのですよね。

岡本：それをクライエントさんが語れなくなってしまう。

鑪：クライエントさんが語れなくなる。

山本：僕らも経験があるのです。昔，鑪先生に「なぜ」と言われたら，固まってしまって（笑）。

鑪：だから僕が，今度は学生にはそのテクニックを逆に使って，みんなに「なぜ，なぜ，なぜ」と言って困らせていたんですよ。それから，「では考えろ」と言って放ったらかして。だから，みんな学生はすごく困惑したと思う。

山本：時々聞くのは，対人関係学派[54]の先生はみんな怖い，鑪先生だけじゃなくて。

鑪：（笑）。

山本：「なぜ怖い？」と言ったときにみんなよく言うのは，もしかしたらパーソナリティというよりも"detailed inquiry（＝細部にわたる詳細な質問）"で，どんどん追い詰められていく感じが怖いという。そういう印象を2～3人から聞いたんですよね。

鑪：追い詰めることじゃないんですよ。問題を開くため。

岡本：そうですね。

山本：ただ，受け止める方としては，自分が答えを出せないから追い詰められていくみたいなね。

岡本：そうです。私はゼミで，今でもやっている（笑）。

鑪：ゼミでは僕は，むしろいじめるようなつもりでやっていたのです，"why"と。だから意図的に使うと，あれは役に立つ。けれど，面接の中では"why"と

54）対人関係学派・対人関係論　1930年代からアメリカで展開されてきた精神分析理論。古典的な欲動理論にあき足らずフロイト派を離れたフロム，フロム＝ライヒマン，トンプソンらの分析家にサリヴァンが加わり，対人関係学派の基礎が形成された。その理論は，新フロイト派・文化学派として位置づけられている。1943年には，対人関係学派の研究所であるウィリアム・アランソン・ホワイト・インスティチュートが設立された。その基本的な理論は，「精神医学は人と人の間で起こっている過程についての研究であり，パーソナリティとは，その人が生きて生活している複合的な対人関係の場から分離することはできない」というサリヴァンの言葉に代表される。対人関係論は，心の成り立ちを人と人との関係性から導き出すとともに，心的内界についての憶測を可能な限り排して，患者と他者との間での対人関係の実際のやり取りを重視する技法を生み出して，フロイト派の人間理解とは一線を隔す人間理解のモデルを提出した。

1950年代から1970年代にかけて，タウバー，シンガー，ウォルシュテイン，レーベンソンらが，分析者と被分析者の相互交流の理解について重要な貢献をした。近年，分析状況の中での関係性の持つ意味への注目が増大し，対人関係論とフロイト派理論の対話が始まっている。（小此木啓吾他（編）2002　精神分析事典　岩崎学術出版社　pp. 319-320より抜粋）

いうのを使わない。結論は患者さんが自分で出す。「どうですか」と言うと、「ああ、そういうことだったんですか」というのが、"why"の答えなのですね。例えば、「今の感じというのは前の感じと違うのですね」と言ったら、「いや、全然違います」とか。だから、自分の中で吟味していくということです。

山本：先生が（ホワイトへ）行かれた頃からもう、対人関係学派の中核的な技法が"detailed inquiry"（＝詳細質問）だといわれていたのですか、その当時から？

鑪：そうです。大体、30年代の後半にそういうことをまとめていたのですね。実際に出版されたのは、後です。だからサリヴァンのお弟子さんたちは、そういうスタイルなのです。

山本：質問技法というのは、すごく大事だと思っていて。僕らの若い頃の訓練は、いかにして相手の気持ちを受け止めて共感的にという、鑪先生の言うパッシヴィティ。でも、実際にはものすごくアクティヴなパッシヴィティだと思うのですけれども。

鑪：そう。基本はね。基本はパッシヴだけど。

山本：内面の過程はすごくアクティヴですよね。

鑪：そうなのです。

山本：なんだけれども、今のサイコセラピーというのは、一番多いのはやっぱり質問なのですよね。例えば、CBT（＝認知行動療法）にしてもソクラテス的質問というかたちで巧みに光を当てていきますし、もっと進んだソリューション・フォーカスト・アプローチ[55]というのは未来志向で、「例外探し」をはじめとする多くの質問技法を使いながらやっていて。だから、みんな質問をいかに巧みにしていくかによって。ただ、質問が光を当てるところが違っていて、CBTは認知過程だし、ソリューション・フォーカスト・アプローチは解決像を目指して、あるいは資源とか強さを目指して質問をしていって。対人関係学派は対人関係のパターンとその由来というか、その具体的なところに光を当てていくと、言っていいでしょうか。

鑪：対人関係のパターンがどこから出るかということを見ながら、ということですね。

山本：どこから出るかというね。そこをダイナミックに見ていくという。

鑪：だから、このパターンが、どこから出るかというときに、無意識ということが前提になるわけです。それを前提にしているかどうかですよね、CBTや他

---

[55] クライエントの問題点・心身症状・不適応などではなく、クライエントの可能性・潜在能力・成功体験となどのプラスの部分に注目してクライエントの創造的な解決法の構築を志向するカウンセリング。その基本的人間観は、人間には、心身の健康を回復する力や問題を解決する能力、道徳的な善を実現する能力が生得的に備わっているとするロジャーズやマズローらのヒューマニスティック心理学を基盤にしている。

の認知行動療法的なものとの違いは。

山本：ただ，CBTでもスキーマのレベルでいくと，どこから出るか，みたいな。

鑪：だから，それは無意識をほとんど問題にしないんじゃないですか？

山本：そうですね。ただ，ベック[56]なんかはやっぱり問題にしているし，自動思考のレベルと"underlying belief"のレベルと，もっと根っこにあるスキーマのレベルで。それはやっぱり子ども時代の原体験みたいなものと結び付けていくこともある……。

鑪：そうですか。それはちゃんと扱うのですか？

山本：一番徹底してやる場合には。

鑪：そうなんだ。それならすごく似ていると思います。

山本：コンビネーション。だからベックはやっぱりもともと精神分析家から出発しているから，それは少し機械的に並べているという感じがするのですけれども。

鑪：ただ，そこで精神分析的なものの力みたいなものを背後にして，それを考えているか。それとも意識的なレベルで，あるいは行動的なレベル，症状的なレベルで，それで十分だというふうに考えるかの違いだという気はするけど。対人関係学派は，そのちょうど両方の中間にあるような感じがするね。日常行動，日常の対人関係そのものを扱って，そこで一種の行動のパターン，癖みたいなものをお互いに確認し合って，それはどこから出るのですかねと。そこで，無意識的なものとをつなげていく。そういう仕事ですね。それを意識や行動の方にいかないで，「ならどうしましょうとか，どういう生活，どういうふうにしたらいいですかね」という，そっちの認知レベルのほうに進まないで，内に下がって無意識の方へいく。

山本：そのパターンに入っていく取っ掛かりは，やっぱり転移・逆転移の分析から入るのですか。ヒア・アンド・ナウ[57]の，そこからですよね。

鑪：ヒア・アンド・ナウで。ヒア・アンド・ナウの前は，特に過去経験ですよね。過去の対人関係。それから現在の対人関係とのつながりね。「それはいつご

56）アーロン・ベック Aaron Temkin Beck　1921-　アメリカの精神科医で，うつ病の認知療法（Cognitive Therapy）の創始者。認知行動療法の理論的基礎を築いた。1946年にイェール大学で医学博士の学位を取得後，フィラデルフィア精神分析研究所（Philadelphia Psychoanalytic Institute）にて精神分析家としての訓練を受けた。精神分析的な立場からうつ病の研究を実施していたが，自身の仮説を検証することができず，精神分析と決別した。その後，研究の過程で，うつ病患者の特徴として悲観的な思考（否定的な考え方）を持つことが分かり，こうした認知の歪みを修正する新たな治療的アプローチとして，うつ病の認知療法を考案した。ベックうつ病尺度（BDI），ベック絶望感尺度，ベック不安尺度は，臨床や研究の場で広く使用されている。

57）Here and Now（今，ここ）来談者中心療法，エンカウンター・グループなどのカウンセリング場面においては，クライエントの「今，ここ」での体験過程を重視する。「今，ここ」を重視することによって，クライエントが自分自身の本当の気持ちにふれることが促進される。今，ここでの体験を扱うことで，クライエント自身が自分の防衛と，防衛されている感情や経験に気づきやすくなり，パーソナリティ変容や心理的成長を生み出しやすいと考えられている。

ろから？ When?」という質問がキーワードになる。

12. セラピスト－クライエント関係の文化差

　岡本：ちょっと戻ってもいいですか？　先生がホワイトで夢分析を実際に経験されて，「これが夢分析というものか！」といった感慨を何度ももたれたということが，『夢分析入門』[58]の「あとがき」に書いてあったと思うのですが，ものすごくインパクトがありました。京都時代はまだ本当に長いケースはほんの数例しか経験しておられなくて。でも，やっぱり内的な問いはたくさんお持ちだったわけですよね。それがホワイト研究所で実際のケース，経験，スーパーヴィジョンや個人分析という中で，どのようにそれが納得されていったのでしょうか。

　鑪：納得という面では，私が納得するんじゃなくて患者さんですね。アメリカの患者さんはありがたいですね。はっきり面と向かって言うんですよ。僕はいつも顔に向かって指をさされて言われたのは，「先生は分かっていない。自分の言うことが」。僕の英語が下手だということで。つまり，言葉で，自分が理解されていないということを，僕に伝えるのです。「自分がここから先に進めない」というね。

　岡本：きついですよね。すごくきつい。

　鑪：だから，指をさされるのはきついですよ。日本の患者さんでそういう人はいないです。しかもパッと立ち上がって上からこう，それをやるのです。それは向こうではごく普通。だから患者さんにもやはりパワーがあります。「私はお金を払ったんだから。でも，先生はお金の分の仕事をしていない」と言うんですよ。「私は得ていない。ここに来る意味がない」と。本当に立ち上がって帰る人がいます。日本だったらそんな失礼なことは言わない。

　岡本：来なくなる患者さんはいますけれども，そこまで言わない。

　山本：何も言わずに次の回から来なくなるとか，都合がちょっと合わないとか言いながら。

　鑪：来なくなるね。

　岡本：適当な理由を見つけて。

　鑪：そう。日本の場合はそういうパッシヴ・アグレッションとか，パッシヴ・コントロールというのが日本のスタイル。向こうは，はっきり「駄目」と言う。

　山本：そうすると中断しても，なぜ中断したかが分かりますね。日本の場合には分かりにくいですけどね。

　鑪：分かりにくい。向こうは，もう，すぐ分かるのです。だから楽だなと思ったのです，後で。こんな分かりやすいのだったら，すごく楽だと。日本ではもの

---

[58] 鑪幹八郎　1976　夢分析入門　創元社

すごく考えないといけないんです。推察して、いろいろ何を考えているのか、これで当たっているのかななど。向こうは言ってくれるんですよ。「それだーっ」とか言って。本当に目の前で「先生はすごい」とか平気で言います。だから分析といっても、やっぱり日本の場合はずっと難しい。その微妙なニュアンスとか、パッシヴィティ，パッシヴ・コントロール，パッシヴなアグレッションというのが，日本の場合はものすごく難しい扱いとなる。もっとデリケートに扱わないと，うまくいかない。だから，（日本に）帰ってきてしばらくは，そういう意味で失敗していましたね，こちらがまた。

岡本：言い過ぎて。

鑪：言い過ぎて，突っ込むんですよ。「あなたはっきり言ったらどうですか」とか，「どこが問題なのですか」とか言ってやっているんですよ。

岡本：それは，私たち学生もよく感じました。

山本：それは，もういっぱい。みんなズタズタになって。

鑪：患者さんは怒り出して，泣いて。セラピストの方も，僕の方もイライラするのです。ちゃんと答えてくれないと。

山本：答えようとしても，やっぱりああいうふうに突っ込まれると，答えられないんですよ。

鑪：そこのところがやっぱり。だから，これは文化差ですね。そういう意味で，サイコセラピーあるいは自分が分析を受けて何が一番変わったかと。そのときに，これは分析で僕は変わったのか，文化そのものの持つ力で変わったのかと，ちょっとそれはよく分からないというのが，今のこの対人関係の在り方の違いですね。そこは内的なものを，いつも外側に出さないではおれない文化でしょう。それが分析の基本なのです。外に出してほしい。出して，その内的な力関係がうまくいっていないのを整理しましょう。それになじむとすごく楽なんですよ。言うことと，思っていることとずれが少ないから。そういうかたちでやっていると，単純で機械的なのですよね。だから表現されていることをしっかり理解して，それにきっちりと反応すれば，クライエントさんは次の段階に行くということが，図式的にきれいに示されるのです。

ところが，日本の場合は，言っていることと思っていることが別なのです。それをつなげるのが大変。だからしっかりつなげて，言っていることと思っていることが一致してちゃんとできるようになる。ある意味でアメリカ文化的なかたちに患者さん，クライエントさんが創り替えられたとします。そうすると不適応を起こすのです。クライエントさんが家に帰って主張して言うようになる。

岡本：そうですね。

鑪：「あなたは無礼だ。不謹慎だ。こういうところで言うことじゃない。場を考えなさい」とか，こう言われるのですよ。日本は複雑ね。面接の中では本音で語りましょう。しかし外に出たら本音はしっかり隠しておきましょうね。外では

そっちの対人関係の在り方に合わせて自分を表現しなさいねという。
　山本：その二重構造ができることが，日本的な強さみたいになって。
　鑪：そうなんですね。だから，そういう二重構造をしっかり持って，自分の内的なものに関心を向けるという。そうでないと，日本ではサイコセラピーはうまくいかないのです。これは，やっぱり文化差ですね。だから，ものすごく難しいですよね。僕が向こうへ行って失敗したのも，こっちへ帰って失敗したのも，文化差の失敗なのです。技術的な失敗じゃなくて。それですごく苦しんだことがある。それでだんだん言わなくなって，思っていても言わない。けれど，言える場面になったら言うという。だんだん，そういうかたちができてきた。そうすると，僕の言う「アモルファス自我構造」をしっかりと分かっておくこと。思っているというアクティヴな部分は，維持するのだけど表現しない。必要な場面で表現する。アメリカ人もアグレッシヴだけではなくて，相手のことを聴くというパッシヴなものも受け入れるというアナリスト・スタイルと近づいてくる。これはそういうことかなと。だから，これは精神分析を少し超えた文化的なものなんですね。そこが本当に分かるようになったのには，ずいぶん時間がかかったです。
　山本：ある種の文化的なトラウマを受けたみたいな感じですよね。
　鑪：そうなんです。最初の戸惑いも，アパート探しから始まった戸惑いというのは文化差なのですね。日本的に全部やってくれたら，もっと穏やかにいけたし。けれども，それだけ差があるわけだから，トレーニングを受けていても，なかなかやっぱり。向こう側に変質すること，つまりこの日本の二重構造を一重にするのは割と楽。ところが今度は一重構造を，もう一回二重構造にする，これはしんどいです。しかも，これはアクティヴにしながら，操作するというのは，難しい高等技術じゃないか。それを上手にする人はいますけれども。

13. 精神分析の訓練を通して内的に変化したもの

　鑪：トレーニングの中から得られたものは何か――。内的な面でいうと，思考のプロセスが変わったと思います。僕の場合。それは無意識の力がどういうふうに我々の行動を邪魔するかとか，どうしてそういうのが出てくるか，そういうものに対する見方というのが，今までなかったのですよ，僕の中に。日本でやっていたときは。そのことについて，筋道が相当クリアになって，こっちの道を行けばいいんだというふうなことが，はっきりしてきたということは，言えるんじゃないかな。
　それで最初にスクールフォビア[59]で論文を書いたときにも，その答えはこっちのほうで出せば出そうだなと思った。とにかく自分が納得するかたちに記述でき

---

59) スクールフォビア　学校恐怖症，不登校　→ pp. 66-68 参照

るという。それは一つ，最初アメリカに行くためのモチベーションとしてあったものを少し満足させるところがあったのかなと思うけれど。

山本：先生が言われていた，「アメリカに行ったことによって決定的に何かを，自分が変えられた」という。それはいろんなところがあるけれど，基本的には内的なプロセスというのが。

鑪：おそらくトレーニングで受けて変わった部分というのは，その内的なものですね。それと，かかわりの在り方がはっきりと違うことをしっかり見せつけられて，それはもう体験として染み込んでいるから。今度は，それを土台にして，いろいろな新しい臨床体験を考える。だから土台にしているものが，今度は違ってきたのですね。今までの日本の中で，日本体験でそれを考えるのと。ちょっと複雑に考えられるようになったと言える。

岡本：今，先生がおっしゃったことを，もう少しお伺いできますか。日本の土台，我々は日本人だし，先生もやっぱり土着にすごく根付いて育たれて。

鑪：そうなのです。

岡本：九州学院は異文化だったかもしれないけれども，やっぱり京都大学までのプロセスは，先生の内面的なプロセスとして，すごくつながるような感じがしました。ただ，自分が生涯，精神分析を自分の背骨にしてやっていこうと思われた，そのフィット感というのは，学校恐怖症の研究での，あの発達過程のうまく説明できなさ，それだけだったのだろうか。ここが分からないのです。

鑪：いや。それは僕の，後はもう生活全体が変わってしまったわけですね。そういう意味では，もう僕が何か，自分では創り替えられたような感じになってしまったのです。

岡本：創り替えですか。

鑪：土台が変わってきたのね，そういう意味では。それは，文化体験の中で一番土台のところを創り替えないと，生きられないということがあったのだけれど。その一番根っこが，自分で考えるとか，自分とは何かというアイデンティティのテーマなのですよね。その自分を支えるものが経験なのです。そうだとすると，経験をしっかり吟味することは，今までになかったことですね。そこからいろいろなものを考える。だからそれが原点で，ものを考えるところで。そこが「森有正研究」[60]につながるのです。

それは精神分析のトレーニングの中で得られたものですね。これだというのは。日本の場合はものすごく漠然として，上澄みで仕事をしていたような感じ。分析を学んだというのは，結局その下の沈んでいるドロドロしたところ，そこからスタートしなさいと。そこですと。いつも自分でもそれを考えている。そこから見ているから，上澄みだけで動いている人，生活している人に，全然魅力を感じな

---

60) 森有正研究 → pp. 153-157 参照

いんですよ。ああ，そうですかというだけで。本当にドロドロした水が濁っているところを足場にして動いているかどうかという，そういう人には魅力を感じます。実は，それがクライエントさんなのですよ。けれど，足を取られて混乱して，しんどい思いをしている人たちですね。だとすると，割と同じ地平に立てるという。同じだな。そういう点でそのトレーニングは，私にとってはすごく意味があったと思うのです。これはひょっとしたら文化を超えるものかもね。

　岡本：そうですね。

14. ポール・リップマン

　鑪：ポール・リップマン[61]とか，仲間たちも，そこのところは結局，同じ体験をしているのです。話したりしていても，そこで付き合っているのですね。だから恐らく長く続くんじゃないかと思うのです。表面的に付き合っていないから。

　岡本：リップマン先生とはおかげさまで，あのたった2カ月の間に5回も会って，本当によく話してくださるのですよね。

　鑪：よく話す。

　岡本：個展をなさったときも，ぜひ来てくれと言われて行きました。そうしたら，どうしてこんな記憶の中にあるユダヤ人の絵を描くのかという話もしてくださったし。

　鑪：そう。だから彼もどんどん掘り下げていって，どんどんユダヤ的になりましたね。あれは興味深いですね。だから最初は，それを消そうといろいろやっていたのですよね。

　岡本：そうですか。

　鑪：名前からしてそうなのですよ，彼はリップマンという。

　岡本：リップマンというのはユダヤ系の名前ですか？

　鑪：リップマンというのは，ユダヤ人的じゃないのですよ。少しはそうかな。彼の本名はリップシッツというのです。リップシッツというのは「内臓」という意味。内臓をいじるような，そういう商人のことをリップシッツという。奥さんがケットルマンというのです。ケットルマンって，あのやかんを作るかじ屋さんですね。それで結婚したときに，そ

ポール・リップマン夫妻と鑪幹八郎

---

61) ポール・リップマン（Paul Lippmann）　精神分析家。W. A. ホワイト研究所で精神分析の訓練を受けた後，マサチューセッツ州ストックブリッジにて開業精神分析家として活躍している。主著に，Lippmann, P.　2000　*Nocturnes: On listening to dreams.* Hilsdale, NJ: The Analytic Press. がある。

リップマン（左）と岡本祐子
The One‐man Exhibition of Dr. Paul Lippmann's Works "Dybbuk Dreams: Portraits of Yiddish Ghosts" 2012 年 9 月 8 日，Lenox, MA にて．

リップマンの作品

の2つを一緒にして「リップ」と「マン」を取って「リップマン」にした。そうするとユダヤ的なものを少し消せる。リップマンは造語です。自分の名前を自分で作っているわけです。

　岡本：造語なのですか。エリクソンみたいな。

　鑪：そういう人がいっぱいいるのです，アメリカには。

　山本：日本で言うと，朝鮮半島出身者が姓を日本人風に換えるみたいな。

　鑪：そう。いろいろありますね。それは自分の出どころを消すわけですから，しんどいですよね。ところがだんだん，結局また出どころへ戻っていく。それが自分らしさにだんだん戻っていったということじゃないのかな。絵を描いたり，ユダヤのクレズマー音楽を彼はやったりしますよね。何というか独特の音楽があるのですよ，ユダヤの音楽が。だから本当に根っこに戻る。それはやっぱりちょっと不思議な体験ね。しかも，それを否定しないでいくという。むしろ肯定的に，それが自分の基盤で。そこからスタートし直すというのは，それはひょっとしたら分析的な重要な体験かな。

　岡本：そうですね。

　山本：日本で個人分析を受けた場合，さっきの文化の影響というのはないわけですよね。かなり違いそうですか？

　鑪：違いそうな感じがしますね。日本の方がちょっと時間がかかるね。そういう外側の文化的な表皮は，すごく厚いんですよ。だから，それを突き抜けて本当にそこまでいくのに時間がかかる，日本の方が。向こうはもう開けっぴろげですからストンといくのです。

　だから，セラピー空間の非日常性というのはすごく大事なのです。きちっと空間が守られる。ここは非日常なんだということが。外に出たらいろいろ，またし

ぐさが変わるかもしれない。この中では，本当にうそを言う必要はないという。そこでは防衛は要らない証拠をしっかり見せるのは，こちらの分析家の姿勢であるし，結局言葉なのですね。防衛は要らないんですよ。ここでは本音を語りましょうと。けれど，「本音を語るのが大変ね」と言って一枚，一枚こう，剥いでいくのに時間がかかるのね。

岡本：リップマン先生もそうですけれども，先生はアメリカで出会った先生方ともずっとつながっておられますね。ああいう感覚って何なのでしょうか。同志みたいな，それとももっと別の感覚でしょうか？

鑪：根っこでつながっているということはあるんじゃないですか。リップマンともそんなに会っているわけではないですよね。けれど会ったら，途端に普通の話ができる。根っこでつながっている関係。それはもう，文化の外れたところでできている関係ですね。日本のように文化が深く人格にしみこんでいるような社会生活の中にいると，親友関係をつくろうにもできにくい。

ところがアメリカの場合，蓋がポコンと開いてしまうと，ストンといくのですよ，一番下まで。そこで話ができるようになるから，深い親友というような経験になるのです。信頼感で結ばれる。それは消えない。そうすると，時間軸というのは超えてしまって，空間軸としても離れていてということも問題ない。

岡本：リップマン先生は，やっぱりホワイトの同級生だったということもおありなのでしょうけれども，鑪先生にすごく魅力を感じたとおっしゃって，いろんなことを聞いて。でも鑪先生は最初の数週間は，全くものも言わなかったと。

鑪：言えないのですよね。英語がしゃべれないんだから。

岡本：そういうふうに出会った中でも何十年も友達で。私は鑪先生に（リップマン先生を）紹介していただいて，メールを出したら，すぐ会いましょうということになって，初めはレッド・ライオン・インのヤードで会いましたけれど。なんか私は，リップマン先生が娘のように話し掛けてくださるような感じがして，もういっぺんに馴染みました。

鑪：そうかもね。それにあったかもね。あれもアナリストのスタイルなんですよ。そういう優しさを含んで，しかも率直に割とストンと入っていくような。

岡本：そう。いろんなことを聞かれる。

鑪：僕はあれが大事だと思っているのです。ところが，普通のアメリカ人は相手が分からないで自分をぶつけていくからね。両方ともぶつかるからいいのだろうけれど，こちらが引っ込んでいたら圧倒される。アナリストは相手を圧倒することがないのね。だから，やさしい包容で愛情を示して動くということが多い。日常生活になったら，もっと穏やかに相手のことを大事にする。普段のアメリカ人はあんまり相手のことを気にしない。だから関係の中に入っていくといいのだけれど，その外だともうほとんど無関心です。

岡本：奥様のフランさんは，かなり違いましたね。もっとアグレッシヴですよ

ね。女性なのにちゃんと大学のポストを得て，うまくいったかとか，キャリアはスムーズにいったかとか。ああ，初対面でこんなことを聞くんだと思って。やっぱりリップマン先生のほうが本当に柔らかくて，優しくてという。

15. アメリカで出会った友人 ―親友関係から見えてくる文化差―

岡本：先生は，アメリカで出会った先生方とずっと長い関係が続いてらっしゃいますよね。ホワイトやリッグスの先生方と，そのあともずっと専門家同士の交流を持ってらしたんですか？

鑪：そうですね。親友のでき方っていうのもわりとおもしろいですね。誰か言ってたな。アメリカにはたくさん親友がいるが，日本にいないと。日本で親友ができるのは，だいたい学生時代ですよね。青年期を一緒に過ごしたら親友になるけど，それ以外のときにはなかなか難しい。例えば職業関係の中で親友というのは，なかなかできないですね。まあたまにあるかもしれないけれど。

ところがアメリカでは，僕が向こうに行ったのは 30 歳，しかもトレーニングで行っているわけでしょう？ みんなもうそれぞれ独立したサイコセラピストですよね。そういう人たちが集まっているわけだから。そういうときに何で友人関係以上に，あるいは社交関係以上に深い関係になるのか。友達全部が親友じゃないけど，何か気質が合っているような，ポール・リップマンなんか，一番ピタッと合ったんです。そのときに社交辞令がない。患者さんも社交辞令がない，いつも言うことがストレートなんです。だから面接は慣れるとやりやすいです。日本よりもはるかにやりやすいと思う。

それは仲間同士もそうなんです。ストレートに言ってるから，ストレートに通じる人とまったく通じない人とあるんですね。通じない人とは仲良くなれない。通じる人とはいっぺんに深い関係になるんです。それは向こうの文化じゃないかな？ だからいくつになっても，そういう友達関係，そして年齢の上下に関係がない。

そういう友達がたくさんいますよ。年の若い友達とか，年上の友達。結構，「マイフレンド」と言っているんですよね。あれは日本にない感じですね。日本は青年期を超えたらもう，職業関係が始まったらほとんどね，例外的には少しはあるけど，だいたい難しいですよね。

山本：職場を離れたら，もう付き合わなくなりますよね。

鑪：付き合わないですよ，だいたいね。だからあとはもう社交的に付き合うだけで。それ以上のものはないでしょう？ リッグスなんかもそうですよね。日本に来たジョン・ムラー[62]とか，エリック・プレイカン[63]とかね。ああいう人たちがすっと深くなるんですよ。だからたまに行っても，リッグスに行ったのは 2～3 回しかないですよね。4 年目ぐらい前に行ったとき，まだ遠くから離れ

ていて、こちらがどう挨拶をしようかと思っているとき、「やー、ミキ」とか言って。その瞬間に時空をすっと超えてしまう。全然ズレがない。「やー」とか言って昔の関係にもどる。そういう関係って独特で不思議な感じですね。日本では全く経験しない。

この前、ハワイでアメリカン・アカデミー・オブ・サイコアナリシスのミーティングがあって、たまたまちょっと息抜きに行った。そのときにプレイカンが来ていたんですよ。それも彼が発表しているときに行ったら、

エリック・プレイカン

「やー」とか言って、まったく何ていうか時空間の感覚を超えた、社交感覚を超えた接触なんですね。あれも非常に不思議な感じがしましたね。

山本：時間感覚を超えたっていうのは、我々同窓も似ているかも知れないね。長いこと会ってなくても、会ったらすぐ昔のモードに入ってしまうから。

岡本：そうそう。でも全員ではないですよね。

山本：確かに。

鑪：だから親友みたいなのが向こうでできるっていうのは、非常に不思議な感じがするんですけど。

山本：先生は、意志的につながっていこうという、その意志もあるわけでしょう？

鑪：いや。ほんとになかったですね。わざわざつながろうとは思ってなかったですね。いつの間にかつながってしまっているけど、つながろうとは思ってない。友達を作りたいとも思ってない。どっちかっていうと友達ができにくいほうだと思うけど。

岡本：やはり先生の何とも言えないパーソナリティ的な魅力というか、人なつっこさというか……。例えば2年前にリッグスに行ったときに、私がすっと適応できたのは、鑪先生のことを知っている人たちがまだたくさんおられて、「あ、ミキの弟子か」と。それでもうみんな、先生のことを知っていて、話したがるわけですよね。そしたら知らない先生たちが、「ドクター・ミキハチロウ・タタラって10年もいた人か」と聞かれて。だからそういう記憶の残り方っていうのは、先生のほんとに魅力的なパーソナリティのせいじゃないかなと。プロフェッショナ

---

62) ジョン・ムラー（John P. Muller） オースティン・リッグス・センターのシニアセラピスト、ラカン派精神分析家。主著に Muller, J. P. 1996 *Beyond the psychoanalytic dyad*. New York: Routledge.

63) エリック・プレイカン（Eric, M. Plakun） オースティン・リッグス・センター副所長。長年、オースティン・リッグス・センターにて、統合失調症や境界性人格障害などの重い病理や重複障害をもつクライエントに対する精神分析的心理療法に携わり、アメリカ精神分析学界における指導的存在である。主著に Plakun, E. M. (Ed.) 2011 *Treatment resistance and patient authority*. New York: W. W. Norton. Plakun, E. M. (Ed.) 1990 *New perspectives on narcissism*. Washington, D.C.: American Psychiatric Press. などがある。

ジョン・ムラー，タングルウッドの小澤征爾ホールの前で

ルとしての魅力もあると思うんですけども。それは，先生がおっしゃったように，自分の先生のお家に訪ねて行って，箒が立てられるまで話し込むとか。だから，やはり根っからのものが先生の中に熟成されてお持ちなんじゃないかなと私は思いますけども。

鑪：それは自分でなかなか分かりにくいところですね。客観視できない部分じゃないかと思う。でも，親友のでき方っていうことでは非常に文化差がありますね。そういうのはサイコセラピーにも表れてくるんじゃないでしょうかね。わりと自然にスッとこう，問題に入れるんですよ。向こうの場合ね。だからある意味，楽なんですよ。日本は，そこまでいくのにものすごく時間かかります。傷つけてはいけないと，何か言葉の使い方にしろ，対人関係的なかかわりを上手にやらないとそこまでいかない。

山本：日本では，周りの先生も「侵襲性」という言葉をものすごく，使い過ぎるほど使ってしまって，逆にアメリカであまり言わないんじゃないかと。

鑪：あんまり言わないですね。必要ないですよね，アメリカでは。日本では自我境界が弱いし，自我のコアがないからね。侵入されるのが一番怖い。ちょっとした言葉に反応してしまってね。向こうは言葉が分からないと，「それどういう意味？」と大体聞きますね。

山本：そのときすぐに聞いてね，そこで解消していって。

鑪：そうそう。"I don't understand"とすごくはっきり言う。「もう1回言え」と。「それ，どういう意味？」。だから言い換えるとか。きちっと言うと「分かった」。それで楽なんですよね。だから"I don't understand"って言えるといいんだけど。日本では言わない。それを言ったら相手を傷つけるんじゃないかと思ってしまうから，分かったような，分からないような，ふわーっと受けているか，受けていないか，分からないようにしてる。

岡本：それはサイコセラピーだけじゃなくて教育でも，そういうことが起こりますね。しょっちゅう起こっていますね。

鑪：これは日本の文化ですね。だから日本の対人関係の難しさだと思う。デリケートさと言っていいかもしれないけど。サイコセラピーをやる人もやっぱり日本のサイコセラピーだからね。しっかりやらないといけないことかもしれない。

岡本：そうですね。

鑪：アメリカでサイコセラピーやるときには，僕はいつもお互いに裸同士でやってるなっていう感じでした。日本はみんなよそ行きのきちっとした服を着てやっているという感じ。だから裸が見えない。見えるまでには時間がかかる。

友達のつくり方だけど，友が友を呼ぶという関係性ね。だからわーっと広がる。

次から次からへ。いい友達が増えていって。先ほど言った裸みたいなというのは、パーソナリティ、人間関係と一緒だと思うけど。訪ねて行って家が空いていると、自分の家を使えとかね。訪ねて行っても、「ホテルに泊るよりも家に泊った方がいい。自分の家に泊れ」という。家が汚いとかいうのも平気なんですよ。「これは自分の子どもが使っていた部屋なんだけど、今、子どもがいないからここを使え」とか。いっぱい子どものものがあって、押しのけて「ここだ」と言って(笑)。それもあっけらかんとして。乱雑といったこともほとんど関係ない。それで恥ずかしいと思うことは、ほとんどないですね、向こうの人は。

友人のシモン・マーシャルと

16. マリアン・リース

鑪:ホワイト時代のちょっと付け足しみたいですけど、2つほど話しておきたいことがあるんです。マリアン・リースというおばあさんがおられました。ニューヨークに着いてすぐ、英会話をもう少しスムーズにしたいということで、イングリッシュ・イン・アクションというボランティア・グループに出かけた。そこの中心人物だったのが、マリアン・リースさんです。MoMA[64]がマンハッタンの真ん中にあるでしょう。その近くにオフィスがあったんです。そこまで通っていたんです。MoMAにもよく行っていたんですけど。まだその頃、ピカソのゲルニカがここにあった。今は、プラド美術館に帰ってしまいましたけど。だから本当に目の前で、手で触るぐらいの距離で見ていたんですね。そういうところに行くチャンスもあったんです。マリアンが、僕はホワイトに精神分析の勉強に来たんだと言ったら、ものすごく喜んでね。実は自分はユングに分析を受けた、と。

岡本:え、ユング自身に? すごい。

鑪:それで特に夢分析をずっと受けたんだということで、僕にも関心を向けてくれて。それで自分の家に呼んでくれたり、いろいろ特別にやってくれたんです。その夢のノートだって、積み上げた高さが30cmぐらいあるんです。これ全部ユングと話をしたんだと。

山本:それ、クライエントとして受けた訳ですね、アナリストとしてじゃなく。

鑪:クライエントとして受けたんです、この人。いろいろ問題があったらしいんだけど。離婚したり。すごいお金持ちでね。それで悠々と一人で生活なさって

---

64) MoMA (New York Musium of Modern Art) ニューヨーク現代美術館

いた。カリフォルニア出身で、ニューヨークでしばらく生活して、また向こうに帰るということで、そのころ70歳ぐらいだったと思うんです。本当に親切にしてくれた。英語も特別に時間を取ってくれて、いろいろ話をしたり。それからそういうグループの集まりがあると、呼んでくれたりして。

それで20年ぐらい後ですよね、僕がニューヨークに何かの会議で行った時、このマリアンがもうカリフォルニアに帰っていた。一人で生活しているという情報をもらったんですよね。「そんなら帰りにカリフォルニアに寄るから」と言って、彼女に会いに行ったんです。

それで90歳になって一人住まいで、僕はレンタカーで訪ねて行った。もうだいぶヨボヨボでした。その日、「今日は自分の誕生日だ」って言うんです。「何か誕生の祝いか何か考えているのか」と聞くと、「いやなんにもない。誰も来ない」「それなら二人でお祝いしよう」と言ってね。僕がレンタカーでレストランに連れていった。レストランで、「今日はこのおばあさんの誕生日だから、食事をしたい」と言ったら、すごく喜んで歓迎してくれて。食事が始まるちょっと前に、バースデーケーキを作ってね。ウエイトレスが10人ぐらいいたかな、全部で「ハッピーバースデー」って歌ってくれたんです。

岡本：ああ、よかったですね。

鑪：ものすごく彼女も喜んでくれたんです。たまたまユングに分析を受けた女性が、英語の先生だった。このあとしばらくして、彼女は亡くなりました。娘さんから亡くなったっていう連絡を受けたんですけど。そんなことがありました。ホワイトの最初の頃です。

17. ルーテル教会でのアルバイト —「つながり」の不思議—

鑪：次の話は、LCAというルーテル教会のアメリカの本部なんですね。LCAがマジソンアベニューの27丁目ぐらい。すごく便利ないいところで。昔、まだ開拓時代のオランダの船長の石造りの家が、今も残っているんですよ。古い200年前の。それを買い取って、ルーテル教会のアメリカ本部になっているんです。建物はそのまま維持するということで、近所が高層ビルだけど、そこに4階建ての建物があります。その隣がモーガン・ライブラリー。とても有名な、ウィリアム・ブレイクとかのハンドライティングの原稿や描画とかあるところ。だから2軒だけがポカっとこう、本当に大きな空間、上が無い。そこに行ったんです。

行った理由は、僕がスーパーヴァイザーに、「お金が無いんだ、ものすごく苦しい」と言ったら、「あなたね、なんでもいいけども、日本で関係したことで、何かアメリカにつながっているようなことはないか」って言われたんです。「自分は中学と高等学校は、ルーテル教会の主宰した学校に行っていた」と言ったら、「ルーテル教会なら、ニューヨークにルーテル教会の本部がある。お前、そこに絶対、

17. ルーテル教会でのアルバイト ―「つながり」の不思議―

行け」、そして、「何かアルバイトをさせてくれと言って行け」って言われたんです。教会の人たちだから、何か探してくれると。それで言われるままに行ったんですよ。だからまったく押しかけで、自己紹介をしてから「自分はお金に困っている、それでなんとかアルバイトをしたい。パートタイム・ジョブがほしい」と言って。そうしたら「ちょっと待て」と言われた。ベンソン牧師という人がいたんです。この人が心理学にすごく関心があって、「今、自分はドクター論文を書いている。データを山ほど取ったんだけど、処理の仕方が自分はへたくそだから、それをやってくれないか。統

LCA：Lutheran Church in America

計的に処理してくれたらよい」と。「平均値とSD（＝標準偏差）を出して、そして有意差検定をやって欲しい」。と言われた。「それなら、今までやってきたことだから大丈夫」と言って引き受けました。電動計算機があったんですよ。数字を入れるとね、ガシャガシャガシャってひとりで動くんです。ものすごく時間がかかって、うるさいの。大きな秘書の部屋。秘書が二人いてね。そこに僕の机をおいて。その計算機の音がうるさいんですよ。秘書が何にも文句言わないでね。無理にガマンしていたのでしょうね。月に300ドルあげると。当時の300ドルといったら、日本円にしたら1ドル360円でしょ。まあ10万円近くね。1年半ぐらいやっていました。結構、長かったんですよ。それでデータを出して、そのデータをアメリカ心理学会、フィラデルフィアで学会があったんですけど、それでベンソンさんと一緒に行って、発表したんですよ。

岡本：先生も共著で。

鑪：うん、一緒に。そういうことがあって、僕としては学会もそれで知ることができたということがありました。日本に帰るときも、もうお金なくて。家族ぐるみで帰るっていうと、かなりお金がかかって、お金が足りないんですよ。LCAに借金しようと、「貸してくれ」って言って。600ドルあるとなんとかギリギリ帰れるということでお金を借りて。その借りたお金はね、東京に、新しいルーテル大学ができたでしょ。あれができてしばらくした頃です。1年か2年目ぐらい。600ドルは集中講義で返せと。それで大阪に職は決まった。大阪から通って、3年かけてお金を返しました。600ドルを。

岡本：それは向こうの提案だったんですか？　それとも先生がそのようにおっしゃった。

鑪：僕は、「日本で働いたら返すから」って言ったら、「いやルーテル大学があるから、そこで心理学を講義して返したらいい」ということを言われた。それで3年間あそこで講義をしたんです。なんでこんなふうにつながったかという

と，前に話した内海先生[65]が，たぶん LCA の情報で知っていたんだと思うんです。そのつながりだと思う。内海先生は，後に日本の総会議長（代表）のような仕事をしていた。内海先生が，今度は僕がリッグスにいるときに，結婚50周年記念で来るんです。九州学院に，アメリカから来られていた宣教師だったミラー先生が，アメリカで亡くなった。その人を内海先生はものすごく大事にしていて，「自分の結婚50周年記念はアメリカに行って，ミラー先生のお墓に参りたい」と。「ミラー先生のところに行って，ついでに僕がアメリカにいるから，お前にも会うから」と先生が言われて。ストックブリッジからケネディ空港までお迎えに行って，来ていただいた。4, 5日おられたですかね。で，またケネディ空港にお送りしたんですよ。

　そのときに，今日持ってくるつもりだった，これはミラー先生の服だと言って，「ミラー先生の家族からもらってきた。お前にあげる」と言ってね。僕にくれたんですよ。コーデュロイの黄色いジャケット。ちょうど大きさも同じぐらいで。しばらく着ていませんが，まだどっかにあると思います。そういう不思議な縁がありました。なんていうか，中学・高校とのつながりが命拾いになったところがあったんです。そのアルバイトまでしたという。そうでなかったら，お金が足りないからもっと早く帰国するにことになっていたと思います。最後でまた借金して。それを今度は講義で返したという，そういうことでね。

　岡本：本当に不思議なつながり，ちょっと普通にはあり得ないような話ですね。

　鑪：だから，それがみんなつながって，ひとつにつながり。しかもリッグスともつながっている。わざわざリッグスまで来てくれたんです。

　山本：日本的に言うと，本当にある種の縁みたいなね。

　鑪：そうなんですね。帰ってしばらくしたら，内海先生は亡くなったですよ。だから内海先生が亡くなるまで，僕は会えなくて。帰ってから，お墓参りに東京まで行きました。実に不思議な，この２つはなんか不思議な感じがするんです。僕はだからわりと早くから，ユングのことについても，マリアンさんを通していろいろ分かっていたのね。また，リッグスにいたエリクソンも，ユンギアンの友達がいたり。だから彼もユングに関心があった。あの人間的な広さっていうか，幅っていうのは，人間的で……。

　岡本：エリクソンがユングに関心があったんですか？

　鑪：ウェールライトというユンギアン。彼が肖像をスケッチまでしている。非常に仲のいいユンギアンです。ユングの感じというのは，僕はマリアンさんを通して教えてもらった。

　山本：当時はユングなんて日本では，難しい日本語訳があるぐらいで，ぱっと読んでも何のことか分からない時代ですよね。

---

[65] 内海季秋 → pp. 20-27 参照

17. ルーテル教会でのアルバイト ―「つながり」の不思議―

鑪：1963年かな。河合さんが帰られて，それで『ユング心理学入門』[66]を彼が書いて，あれでみんな分かるようになったんですね。僕は，帰ってからもしばらくは，河合さんと一緒にやっていました。まだそんなに違いを言うよりも，一緒にやろうやということで。だから研究会とか，関西であっち行ったり，こっち行ったり。それから学校の先生たちのカウンセリングの講習会とか。いつも一緒でしたよ。河合さんと樋口さんと僕と，だいたい3人。それに武田さんね。武田建さん。行動療法中心の先生なんだけど。関学（＝関西学院大学）におられて，後で学長になられましたね。

山本：武田先生は，ちょっとアメフトの方が有名だけど。監督で，コーチングなんかを最初に取り入れられた。

鑪：そうそう，コーチングをね。コーチングも本としてはちょっと早すぎたね。だからその4人で，全部違うんです。河合さんと樋口さんはまあ似ているけど。僕は違うし，武田先生も違う。でもいつも4人で一緒に集っていた。初期の頃は，違いというよりも同じ方向を，同じことをみんなに伝えようと。臨床とは何かということをみんなに分かってもらおう。そういうことで，あんまり違和感もなかったですよ。あれは僕が広島に来るまでぐらいでしたかね。それからだんだんと，それぞれに，グループができてきて。それで次世代が育ってきた。それまでは，皆，一緒でしたね。

京大の『心理相談室事例研究』を作るときも，「お金が無い，大学にもお金が無い」「そんなら講演会をやろう」，なんかの会合で1杯飲みながら，「飲まんと知恵が出んな」とか言いながら。それで，「逆転移」というテーマで。うんと難しいテーマをやったんです。とにかくお金が集まればと。それでそんな話にしました。

山本：その京大の『心理相談室事例研究』を作るのに，先生もそこに一枚，かんだんですか。

鑪：僕は京大で，非常勤講師で教えていたの。大阪にいた間は，京大で教えていたからね。3年間教えていた。記録を残そうやということで，講演会で集まった金で，紀要を作ったんですよ。それからずっと紀要は続いて。あの中で，「経験の成熟の契機について」[67]も書いたし，それから河合さんとの論争も，あの中でやったんです。あの時の逆転移の僕のテーマは，ホワイトのときの美人の患者さんが来なくなった話[68]。外の友達から照会された時に全く思い出さなかったという，あの話をしたんです。

岡本：なんか本当に不思議。ずっと聞いていて，いろんな方とつながる力っていうのはなんかすごいですね。

---

66) 河合隼雄　1967　ユング心理学入門　培風館
67) 鑪幹八郎　1974　経験の成熟の契機について　臨床心理事例研究：京都大学教育学部心理相談室紀要，104-111.（鑪幹八郎著作集Ⅰ　アイデンティティとライフサイクル論，pp. 132-147 に再録）
68) pp. 95-96 参照

鑪：よく分かんないけど，みんなつながっちゃうんですね。それもずっと間を置いて，つながる。

山本：それもかなり意味のある人と，みんなつながってきている。

鑪：つながっていますね。不思議な感じがしますけど，後で考えるとね。そのときはなんということも無かったですがね。

山本：つながるのはやっぱり，つながろうとする意思がないと，人間関係はつながらないですよね。そういう意味では，先生は意図的につなげていかれたっていう。

鑪：相手の中になんかおもしろいものがあるんですね。だからそれでつながるのでしょうね，おそらく。

第5章
わが国の臨床心理学の土台作りと発展

　鑪先生は，1967年に3年半にわたるホワイト研究所での研鑽を終えて帰国され，大阪教育大学に着任された。わが国は大学紛争のさなかであった。そして1971年に広島大学教育学部心理学講座 助教授に就任され，広島大学に初めて臨床心理学の研究室が誕生した。その後，1984年教授昇任を経て，1998年3月に63歳で定年を迎えられるまでの27年間の現役時代の仕事は，広島大学を拠点に行われた。わが国の臨床心理学の土台を作り発展させること，夢分析の研究，アイデンティティ研究，オースティン・リッグス・センターをはじめ，さらなる海外での研鑽の成果をわが国に導入することなど，数多くの重要な仕事が積み上げられた。

1. 大阪教育大学と大学紛争

　山本：先生が日本に帰って来られたのは1967年ですか？
　鑪：67年です。
　山本：ちょうど日本は大学紛争のさなかですよね？　そのあたりは久し振りに日本に帰って来られて，紛争の中で大学教官として生きてこられて，何かそこで今回の話題に関係することがあったら，少しお話していただきたいことと，その時代に先生がエリクソンの『洞察と責任』[69]を翻訳された。そのあたりの経緯をお話しいただければと思います。
　鑪：67年に帰って，大阪教育大に奉職しました。すぐ紛争が始まりましたので大変な中だった。特殊教育といって障害児の中で，特に知的な障害を担当するということだったんです。伊藤隆二先生が神戸大学に移ったので，その後（のポスト）に。聾と盲と，それから知的障害児と肢体不自由児の4部門があったんです。京大出身の人が2人いた。それが聾と盲で。清水美智子という女性の先生，それから村井潤一先生。みんな仲良くなって。村井さんはしばらくして亡くなってしまった。
　山本：村井さんって村井潤一先生？　先生が一緒に本書いておられる。

---
[69] エリクソン, E. H.（著）鑪幹八郎（訳）1971 洞察と責任：精神分析の臨床と倫理　誠信書房（Erikson, E. H. 1964 *Insight and responsibility.* New York: W. W. Norton.）

鑪：そうです。それともう1人，肢体不自由児担当の猪岡武さん。彼とも一緒に本を書いたりしたけど。同じぐらいの年齢でしたかね。村井先生がちょっと上で，いい雰囲気だったです。紛争が始まって，プレイルームを整備したりしていたんですが，もう全部だめになった。

山本：ロックアウトされてしまった。

鑪：ええ。学生たちが入り込んで来て，ぐちゃぐちゃにしてしまった。封鎖されたり，ロックアウトで，我々は追い出されて，研究室にも，大学にも入れなかった。ひどい状態だったです。ただ，そのときおもしろい体験があった。先ほどの話とつながるんだけど。自己主張とか怒りの表現は，僕はアメリカ文化に接したために，外向きに出すことには抵抗が少なかったんです。ところが他の先生は，すごい抵抗があるんですよ。だから，もう学生と会いたくないとか。学生がガーッと言うでしょう，すごい勢いで。先生たちはそれですぐ休んでしまったり，本当に寝込んでしまったり。倒れるんですよ。すると僕1人なんです。学生委員で矢面に立って。けれどそんなに辛くなかったんです。だから「言うなら言ってみろ」というような感じでしょうか。ずいぶんやられましたけど。

　学生紛争で授業ができない，研究ができない，臨床もできないという，それは辛かったですね。けれど学生を相手にすること，そのことはそれほど苦痛ではなかったですね。教授会なんかもなかなか……，大学で開かれませんから外でやらなきゃいけない。

岡本：どこでやるんですか？　教授会は。

鑪：いろんな場所でやりました。ホテルとか集会所とかね。そういうひどい状況でしたね。学長が次から次から倒れて，僕がいた3年の間に5人代わった。

岡本：そうですか。すごいね。

鑪：すごいですよね。最後には警察を入れて大学を解放しようと。警察を入れるということに対して，また学生のネガティヴな反応が強かったですからね。最後にはとうとう機動隊の一番先頭に立って門を突き破って。建物を開放したり，そんな変な具合になっていたんだけど（笑）。結局，学生委員だから一番矢面でやらないといけなかった。

山本：だから先生も若かったんだけども，学生の側には必ずしも与してなかったわけですね？

鑪：全然。教官側ですよ。ほんとに研究室もめちゃくちゃになった。学生のリーダーの1人が，僕のゼミにいた子なんです。すごく熱心な。それで今度は学生運動になったら，そっちもすごく熱心になって，結局リーダーになってしまった。学生と研究会をやると，一緒に食事に行ったりね。すごく話は通じていると思ってた。それをやられたからね。だから今でも僕は，それを許してないですよ。1回ちゃんと悪かったって，頭を下げて来るなら許してあげると思っているんだけど，来ないからね。他にもいろいろおもしろいことがありまして。今言ったよう

に，先生方はもう倒れてしまう．その場面から逃げる．出て来ない．だから（先生の）数もすごく少ないし，それで対応しなきゃいけない．ところが何人かの先生はがんばってるんですよ．そういう先生方とものすごく仲良くなったわけです．臨床ができなかったのが一番辛かったですね．

　それで汚いアパートで，アパートって大学の宿舎ですよね．そこの1部屋を，3畳ぐらいの部屋を書斎みたいにしていたんですね．紛争前に頼まれていた人たちを，そこで何人か面接しましたね．あとは時間が余ってる．研究ができないでしょう？　せっかくの時間だからエリクソンを訳そうかということで，『洞察と責任』を訳したんですね．『洞察と責任』というのはエリクソンの本の中で一番臨床的な本なんですね．確かにおもしろいし，すごく勉強になりました．

山本：『洞察と責任』という本を選んだのは先生ですか？

鑪：そうです．それと津島先生の勧めもあった．津島先生は京大の学生相談センターの助教授だった．後に金沢大学の教授になった．精神分析に関心をもっていた．

山本：出版社からの依頼じゃなくてね．いろいろもっと有名な本がある中で，あえてこれを選ばれたのは？

鑪：臨床的だということが一番．

山本：事前にも目を通しておられた？

鑪：ええ．あとは小此木（啓吾）先生がやっていたアイデンティティの本[70]を．エリクソンについては，小此木先生があの頃，すごく熱心だった．だから小此木先生がやることは，やらないでいいだろうと思ってね．

山本：そうか，じゃあ同時並行的に進んでいたわけですね？　翻訳が．一方で小此木先生が訳しておられたし．

鑪：ええ，小此木先生も翻訳をしていたんですよ．最初に小此木先生の『自我同一性』という訳が出て，学生紛争，大阪教育大のときはその翻訳ですね．京大の教育心理学教室は静かだったんです．僕は非常勤で京大で教えていたのね．『試行カウンセリング』[71]をやってたんですよ．あれもまとめようということになって，原稿ができて．両方とも原稿ができたのを僕はそのまま広島に持って行って．だから両方とも，出版は広島でやったんです．

　そんなことがあって，3年目に入って夏過ぎだったかな？　萩野先生が来たんですよ．大阪へ．

岡本：萩野源一先生．

---

70) エリクソン，E. H.（著）小此木啓吾（訳編）　1973　自我同一性：アイデンティティとライフサイクル　誠信書房（Erikson, E. H.　1959　*Psychological issues: Identity and the lifecycle*. New York: International Universities Press.

71) 鑪幹八郎　1977　試行カウンセリング　誠信書房

2. 広島大学へ

鑪：紛争の最中に。僕に会いたいって言って。僕は何のことか全然分かんなかったけど。大学で会えないから天王寺の駅の上に都ホテルがあるんですけど，「そこで一緒に食事をしましょうか」ということになった。萩野先生がいろいろなことを言われましたね。天国みたいな話です。「研究費もあるし，ゆったりと研究もできます」と。しかも「広島大学には今，臨床をやっている人がいない。特に，学生が紛争の中で自分たちにぜひ臨床心理学がほしいと言った」と。

ちょうど三好稔先生が（定年で）お辞めになるときで，「そのポストに臨床心理学の先生を呼んでもらいたい」ということだったらしいです。それでどういう形で僕が指名されたのかよく分からないんだけど，倉石先生と萩野先生は，東大で同窓なんです。だからひょっとしたら，そういうコネクションがあったのかなと思う。

僕はもう二つ返事でしたね。「広島大学というすごいところに僕は行ける。すばらしい。この紛争のさなかにここから抜け出たら，どんなに楽だろう。そして臨床もできそうだ」ということで，すぐ僕は返事しましたよね。「伺います」。そんなでしたね，スタートは。

山本：当時，僕が三年生のころに飲んだときに，先生に「どうして広島大学に来られたんですか？」って聞いたら，「ここは大学院があるから，博士課程があるから」って言われましたよね。

鑪：そうなんです。それもすごく言われましたね。「ここは大学院があるし，後継者が育ちます」ということを萩野先生に伺って。

岡本：3～4年前に，広島大学心理学教室80周年を記念して『心理学研究の新世紀』[72]を出したときに，先生には広大時代のお仕事についてかなり詳しく書いていただきました。あれは相当インパクトがあったと思うんです。私も院生に，

1970年代の広島大学教育学部
（広島市中区東千田町）

1990年に東広島市へ統合移転後の広島大学大学院教育学研究科・教育学部（東広島市鏡山）

---

72) 鑪幹八郎　2012　広島大学における臨床心理学の小史　岡本祐子・兒玉憲一（編著）心理学研究の新世紀　第4巻　臨床心理学　ミネルヴァ書房　pp. 1-35.

あれは必読文献なので，ちゃんと読んで自分たちの土台を知るように，と言っているんですが，その中で「大学紛争の中で，学生が臨床心理学を広大にも導入することを要求したと聞いた」と先生は書いてらっしゃいますが，その後が意味深ですよね。「これは私にとって，プラスとマイナスの両方の意味があった」と。プラスの方は非常によく分かるんですが，マイナスの方というのは，私はよく分からなかった。

鑪：「マイナス」の意味は，ある程度単純なことで，実験系がすごく強いということです。これは当時は，全国的にそうだったんですね。だからそれ自体がマイナスとは思えないし，どこでもそうだから。臨床というのは，何でそんなバカなことをするんだというような。研究者になるなら，そっちの方はやってはいけませんと。僕はそれをやりたいと決めていたからね。だからそっちの方で何かを変えるということはなかったですけど。ひとつは先生方に相手にされないということがあったんですよ。

岡本：心理学講座の教員に，ですか。

鑪：心理学講座の先生方に。大学でいろいろな事業計画を立てたりするときに，だいたい僕はその会議の中に入ってないんですよ。人事なんかも全部，外でもう決まっているとか。特にそのころは，古浦先生の力がすごく強かったんです。こんなことがあった。心理学講座で誰かが辞められて，外から誰かを採用するというそのときに，出身者を採るか，そうでない人を採るかっていうときに，僕は，誰か別の大学出身者の候補者を挙げたんですよ。競争していい人を採ればいいということで。そのときに先生が，みんなの前で，「よその大学からは入れません」って僕に向かって言って。

岡本：今ではあり得ません。

鑪：だからもう口出したらいかんなと思って。それが一番典型的でしたね。そういう教室の運営のスタイルとかね。それはやっぱりちょっと厳しいなというような感じがしたけど。

山本：位置づけとしてある意味では，「外様」として扱われた。

鑪：うん。それと科研とか設備費とかいろいろお金をもらって，臨床の形を整える。あのときも一番いい形になればいいと思って，競争入札で一番いい会社に設備を請け負ってもらったらいいと思って。そのときに入札でA会社に決まったんです。ところが小林先生が「A社より，この地方のこの電気屋さんにやらせたらいい」って。そのためには「競争入札だからA社よりも安くせよ」と。そうしたらその会社は安くしたんです。それでその会社のを入れようとしたんですよ。それは絶対におかしいと思った。それならA社にもっと下げさせろと。そうしたらその会社より，もう少し下げるということになって，結局A社でやったんですね。それは僕のつまらない意地だったんだけど，あれもすごく嫌でしたね。競争入札で決めていて，広島が大事ということは分かるけど，そんなことを大学の

教授がやるのかと思ったんです。
　山本：当時としてはずいぶん立派なビデオ装置が入りましたよね。
　鑪：そうなんです。けれど，そういうことが裏にあって，そういう地域と教員が利害関係でつながっているというのはちょっと嫌でしたね。
　もうひとつは講座単位のゼミだから，教育心理学講座っていうことで，小林先生の下に僕が入ったことになっている。そうするとゼミは小林先生のゼミになるわけ。僕も小林先生のところに入って，学生たちも全員でゼミをやる。小林先生は，いつも僕を意識している。そして「自分も臨床ができるんだから」って，「臨床ってこんなもんや」って学生たちに一生懸命言うわけ。彼は無理して格好つけてやっていた。それもちょっと辛かったですね。
　岡本：でも先生，私たちはもうしっかり分かっていました（笑）。
　鑪：そんな状態でしたね。ただ，小林先生はうれしかったんでしょうね，第4回の心理臨床学会だったかな？　広島でやりましたよね。
　山本：そうですね，先生が大会委員長に据えられましたよね。
　鑪：そうそう。小林先生に会長になっていただいた。案内図なんか一生懸命自分で書いてね。
　山本：外から見たら専門が違うから「小林先生って誰？」って言ってね（笑）。
　鑪：ずいぶん行動に制限がかかって，ちょっとやりにくかったというのはあります。新しいものが入るということの抵抗だったんじゃないかと思うね，慣れるまでね。僕は，それが分からなかったということがあったんじゃないかなと思う。慣れるまでね。「それはそれで」というような感じだったんですよ。「後はもう自分で好きなことをやる」っていうふうなことで。僕は好きなことをやることについては，先生方もあまり文句を言わなかったですね。表面立って僕に言うということはなかったことだったかもしれないけど。山本さんが第一代目ですね。ちょうど三回生だったからね。山本，藤沢，兒玉さんの三羽ガラスで，みんな優秀な人たち。すごく熱心だったから一緒にやろうということで。プラスは学生ですね。みんなが学びたいという気持ちがすごくあった。だから講義なんかやっていてもすごくおもしろかった。言いたい放題言っていた部分もあるけど。
　岡本：私たちもものすごい魅力的でした。
　鑪：みんなついてきてくれたしね。すごく厳しかったけれど，ついてくるっていうのはすごかったですよね。僕は京都文教大学では絶対しないなと思ったことがある。みんなの前でレポートを学生に発表してもらったりする。僕は破ったことあるんだよ，みんなの前で。これはレポートじゃないと言って。
　岡本：広大で，ですか？
　鑪：広大で。そしたら次の週には，パリッとしたのを書いてきたものね。これが広大だと思った。文教でこんなことやったら大変なことになる。シュンとなって。もう大学へ出て来なくなる。

山本：パワハラだと言って訴えられる。

鑪：大学へ出て来ないか訴えられるかどっちか。その差がね。みんな熱心で。

山本：不思議にみんな怖がりながらついていったよね。そこが不思議だね。

岡本：それはもう，ものすごい魅力で，やっぱりこういうのが専門世界に入ることなのかと私たちは思っていました。

鑪：まだアメリカの文化的なものが抜け

広島大学教育学部の研究室にて

てなくてね。だからちょっとアグレッシヴだったと思うんですよ。

岡本：ちょっとどころか，すごいアグレッシヴでした。

鑪：学生に反応してもらいたかったんです。そのために学生をいびるとか，いじめるとか。

山本：逆にみんな委縮したよな。

鑪：（笑）そういうことあったかもしれないけど，でもこれはプラスの面でしたね。とにかく一緒にやろうという。研究会なんかもできたしね。それもまだ今でも続いているでしょう。しかし，教室の先生方は，無関心だったんですよ。それもよかったんです，反対に。マイナスとプラスで両面というのは大事なところなんです。僕が教室の中でいろいろ活動すると嫌なんだけど，自分の仕事で外で活動することには，先生方は関心がない。だから何をしてもいいということでね。遅くまでやろうが何しようが。

山本：これも同じ臨床系の先生ばっかりだったら，いろいろ葛藤になるんだけど，領域が違うから，逆に切り離してやれたんですね。

鑪：そうなんですよ。まったくひとりでしたから何をしてもよかった。あとはみな大学院の学生，それから助手ね。助手も僕が臨床をやるようになって臨床の助手になった。一丸さんが最初だった。だからそれからずっと臨床系の人が助手をやりだした。だからそれは，すごくやりやすくなった。先生方の無関心さが僕を一番助けたのは，僕がリッグスに行けたことです。

岡本：そのようにつながるんですね。

3. 心理臨床の土台作り

岡本：先生が広大に来られた後は，私たちの経験としっかり重なるわけですけれども，新しい分野を開拓していくプロセスは，ものすごく大変だったと思うんです。だって広大には臨床の「り」の字もなかった。私たちは先生の世界にものすごく魅了されて，頑張ってやっていこうと，それぞれ思っていたと思うんですが，例えば翻訳書と著書だけでもすごいですよね。それから他大学にも発信する

研究会とか，もっとすごいのは，鑪先生を訪ねて外国からたくさん分析家が来らました。そのとき必ず講演会やセミナー，ケース検討会をやりましたね。あのような活動について，先生はどんなふうに考え，感じておられたのか，ぜひお伺いしたいと思います。

鑪：臨床でプラス，マイナスの面から言うと，臨床の場はあまりなかったんだけど，とにかく新しいことをすることも，臨床することも，ものすごく楽しかった。だから辛いと思ったことは一度もない。僕は臨床に関しては，愚痴をこぼしてないんじゃないかと思う。学生と一緒に研究会をやるのも楽しかったし，一緒に飲むのも楽しかったし，ケースを見るのも楽しかったし，ディスカッションするのもいつもおもしろかった。そういう感じで，毎日，毎日ものすごく生き生きしていましたね。論文書くのも楽しかった。

それと内部に（臨床の場が）ないのなら，外部と一緒にやればいいと。それで市民病院と一緒に研究会をやったりして。広島大学へ赴任したときに，一緒に臨床する仲間もまだいないし，大学院の学生でいたのが一丸さんだけです。だから2人でやる。2人で何かするということになって，「何をしよう，何もするものはないな」ってそういう状態でした。「少し教育相談みたいなのをやるか」と。内部では教育相談を始めました。ところがディスカッションしても，2人だけだとおもしろくない。ならば京大に行こうと言って，向こうで研究会をやっている日に合わせて出かけて行った。そのころはまだ新幹線もなかったからね。だから夜行列車に乗って，京都に朝着いたんですよ。それで向こうで昼間，研究会をやって，夕方また夜行列車で帰って来る。京大には，臨床のグループがありましたから。1年か2年通ったかな？　そうしたら京大の連中は「自分らも広島に行きたい」って言うんですよ。「そんならおいで」ということで，こちらの方に来た。山本さんたちが大学院に入った頃，行き来がだいぶできるようになったんですよ。ならば交代でやろうと。向こうから来てくれて，今度はこちらが向こうに行って，京大と広大で一緒に研究会をやった。

4．エリクソン[73]とアイデンティティ研究

4-1．エリクソンへの関心

鑪：エリクソンの"Childhood and Society"[74]，あのペーパーバックを僕は64年に買ったんですよ。64年というと，僕がホワイトに行った年です。その買ったきっかけは，ホワイトのシェクターという先生なんです。精神分析的発達論をやっている人。その先生が僕は大好きでした。そして彼は僕にも興味があって，日本の育児なんかを，西洋と比べてどう違うのかと。そんなことを知りたいとか言って。それでいろいろ話をしたり，講義の時にみんなとディスカッションをしたり。そのシェクターが，「フロイトの発達観プラス，エリクソンの発達論，

これは必読の本だから読め」と言った。それであの本，"Childhood and Society"を買ったんです。サリヴァンの発達論もあります。サリヴァンのは思春期までですよね。フロイトはエディプスまで。それに今度はライフサイクルが入ってくる。三つの層が一つになっているのがエリクソンなんですね。僕は，エディプスだけではないという，そういう感じがずっとあった。それでやっぱり，本当に（発達の）その時期，その時期のクライシス，その時期，その時期に問題というのはあるので，それをきちっと説明できるようなものがほしい。

もともとアメリカに行くときの疑問の一つは，スクール・フォビア[75]ね。学校恐怖症，当時そう言っていたんだけど，不登校の問題でした。僕が『児童精神学とその近接領域』に書いた論文は，一応，症状の発達段階としては，書いたんです。それに納得できなかった。

ノーマン・ロックウェルによるエリクソンの肖像画（オースティン・リッグス・センター所蔵）

エリクソンには，それがみごとに，きちっと書いてあったんです。それでだんだんエリクソンの発達論に関心が出てきた。エリクソンのライフサイクル論で説明していくと，その時期のテーマがよく分かる。自己愛的な病理のことも，エリクソンを通してだいぶ分かるようになったんです。学童期のテーマの，自我の脆弱性のことも。そういう意味で，だんだんエリクソンに近づいていった。だからアイデンティティというよりも，むしろ発達的なテーマですね。

しかも，サリヴァンのテーマは，思春期の中の同性間の体験と非常にプリミティヴな母子関係ですね。それらは見事だと思うけど，その中間が抜けてる。だから中間を埋めるのは，僕の中ではエリクソンが，その重要な発達のテーマになったと，今思いますけどね。

---

73) エリクソン，E. H.（Erik H. Erikson） 1902-1994 ドイツに生まれる。精神分析家。アンナ・フロイトに教育分析を受け，ウィーン精神分析研究所で児童の分析に従事。1933年渡米，ボストンで児童分析を開業しつつ，ミード（Mead, M.），ベイトソン（Bateson, G.），ベネディクト（Benedict, R.）などと交流をもった。1938年スー族の幼児教育を調査し，人間の成長と文化的・社会的環境との関係を理論づけた。1939年サンフランシスコに移り，カリフォルニア大学児童福祉研究所で研究を継続，1946-50年にかけ『幼児期と社会』を著わし，彼の発達理論の基礎をなす精神分析的個体発達分化の図式 Epigenetic Scheme を明確にした。
マッカーシー旋風のとき忠誠宣言を拒否し，カリフォルニア大学を去る。1950-60年代は，オースチン・リッグス・センターのメディカル・スタッフとして活躍した。1958年，『青年ルター』によって心理-歴史的研究方法を試みた。1960-70年ハーヴァード大学で人間発達講座の教授。主著は他に『洞察と責任』（1964），『アイデンティティ：青年と危機』（1968），『ガンディーの真理』（1969），『歴史のなかのアイデンティティ』（1974），『ライフサイクル，その完結』（1982），『老年期：生き生きしたかかわりあい』（1986）など多数。
74) Erikson, E. H. Childhood and society. New York: W. W. Norton.
75) スクール・フォビア（学校恐怖症）→ pp. 66-68 参照）

リッグスに行く前，大阪教育大学の時，ちょうど大学紛争で何もすることがなかった。それで『洞察と責任』を訳した。それは僕にとってはよかった。エリクソンの中では一番臨床的な本です。エリクソンがあの中で書いてる事例を見ても，青年期の事例もすごくおもしろい。一番詳しく書いているのじゃないかな。

　岡本：あのメデューサの夢[76]の分析，あの事例ですよね。

　鑪：そうそう。それからフロイトのイルマの夢の分析とか。フロイトと夢について。それから人格的活力の発達論を書いている。そういう意味で言えば，僕にとっては一番，時期的にピッタリしていたような気がした。だから紛争は，エリクソンの本でしのいだような感じがします。

　鑪：それから広島大学に行って，広大では本当に自由にさせてもらったことも，すごくありがたかったですね。他の若い先生方は，上下関係とか，長い伝統の中にある大学だから，自分を伸ばそうとしてもなかなか，うまく伸ばせないこともあったんじゃないかと思います。僕はそういう点では，何にも無かったから，自由にいろんなことをやらしていただいた。そういう点では本当にありがたかったですね。リッグスに行けたのも，広大にいたからだと思います。でなかったら，おそらく行けてないでしょう。だって2年間，ずっとおれるなんてことは。

　岡本：まあ，今の大学では無理ですね。

　鑪：うん。あの当時の海外出張っていうのは1年だった。それはすごくありがたかったですけど。

　岡本：広大心理学講座の状況が，先生のリッグス行きにつながっているのはよく分かるんですが，私からすると，今まで出会ってきた先生方や先輩の中で，この研究者，臨床家にものすごくひかれるので，その人に会いに行きたいとか，活躍した場を見て，そこで何かを得たいという志向性と活力を持っておられた先生は，ほとんどいなかったです。実は私も青年期以来，そういう志向性があって，たとえば神谷美恵子先生[77]や長島愛生園との出会い，それから藤井虎山老師[78]への参禅もそうでした。だから根源的なもの，何か本質的なところを求める志向性というのは，私は学生時代から鑪先生に魅力を感じる，そういう姿勢で研究をやっていきたいという気持ちに，すごくフィットするんです。そのあたりの志向性

　76）メデューサの夢　エリクソンがオースティン・リッグス・センターで精神分析的心理療法を行った患者の夢。(エリクソン，E. H.　鑪幹八郎（訳）　1971　洞察と責任　誠信書房　p. 45)

　77）神谷美恵子　1914-1979　精神科医，思想家，津田塾大学教授，神戸女学院大学教授。若い頃からハンセン病患者の苦悩に心を寄せ，精神科医となる。1958-1972年，国立ハンセン病療養所長島愛生園の精神科医として尽力した。主著『いきがいについて』(1966)『人間を見つめて』(1971)は，著者の思索と献身的な活動を克明に綴った名著として，今日なお読み継がれている。神谷美恵子著作集全13巻（1980-1985，みすず書房）がある。

　78）藤井虎山　1902-1992　臨済宗大本山仏通寺派管長・仏通僧堂師家。名書家・名布教師として知られる。第二次世界大戦で荒廃した仏通寺を建て直し，1952-1988年の37年間にわたって，仏通僧堂師家（老師）として雲水や在家の修行者の指導に当たった。主著『いのちの微笑』(1971)，『いのちを見つめて』(1974)，『青松軒』(2005)がある。いずれも臨済宗大本山仏通寺刊行。

について，もう少し伺いたいと思います。

鑪：エリクソンは，まだすごく元気だった。それで，広大にいるときに，まず日本にエリクソンを呼ぼうと。その時にわざわざ科研費を取ったんですよ。だから渡航費，滞在費全部まかなえるように。ところがエリクソンが断ってきた。あとで考えると，ちょっと無理を強いてしまったなと思います。講演を，広島大学と学会と，それからもし希望があれば，もう1か所ぐらいやってくれないか。それからぜひ，ケース検討会に参加して，いろいろなコメント欲しいとか。とにかく注文が多すぎたんです。そしたらエリクソンがね，もう自分の年になったら，それだけの課題はこなせないと。断られてしまったんです。エリクソンは日本に来ないと言う。そんならもう，こちらから行くしかないんじゃないか，っていうことがあったんです，背後には。

岡本：すごいですね。

鑪：それと，これも人とのつながりなんですよ。僕の親友で，ホワイトで一緒だったポール・リップマン[79]。ポールがストックブリッジにずっと長く住んでる。エリクソンをよく知っているんです。それでポールに言ったら，「それは来たらいいじゃないか」と言ってね。「それなら，まず会いに行きたい」と，76年に行ったんです。ポールの家に泊まって。ポールが，エリクソン夫妻を呼んでくれて，一緒に食事をした。

岡本：先生が『現代心理学の群像』[80]に書いておられたことですね。今回改めて読み直してみて，このポールっていうのはリップマン先生のことだと，今なら分かりました。昔読んだときは，誰のことか分からなかった。

鑪：彼は，ストックブリッジに住んでいたから，だから泊めてもらうということと，それからリッグスに何とか交渉してお金が出ないかという。それとエリクソンに会うという，その3つの目的で行ったんですよ。オットー・ウィル（Otto Will）さんがリッグスの所長でした。統合失調症の心理療法の最高峰。ものすごく背が高い。すごい優しい人でね。常にすごいユーモアがあって。

オットー・ウィルっていう人はサリヴァンのお弟子さんなんです。あのサリヴァンの『ケースセミナー』[81]に出ている。そしてホワイト研究所の顧問なんです。ホワイトはサリヴァンが設立した研究所でしょ。だから時々来るんです。それも不思議な縁ですね。「あんたはホワイトの出身か，そんならぜひここで勉強しなさい」と。ただし，「今はお金がない。だから誰かポジションが空いたら，あなたが来るのを待っている」と言われていたんですよ。それでまあ，いつかチャンス

---

79) ポール・リップマン → pp. 123-126 参照
80) 鑪幹八郎　1974　E. H. エリクソン　古賀行義（編）現代心理学の群像：人とその業績　共同出版
81) クヴァーニス，R. G.（著）野口昌也（監訳）　1980　サリヴァンのケースセミナー：ある青年分裂病者の治療　岩崎学術出版社（Kvarnes, R. G. 1976 *A Harry Stack Sullivan case seminar.* New York: W. W. Norton.）

があるかもしれないと。だから，ポールがいてくれて，今度はオットー・ウィルが所長でいる。そういうところにエリクソンが，たまたまいたわけですよ。私にしたら奇跡的なつながり。ひょっとしたらリッグスに行けるかもしれないなと。

　それからエリクソンに会う段取りは，ポールがやってくれたんですよ。僕が来ているので会いたいと言って，エリクソン夫妻をポールの家に呼んでくれた。エリクソンご夫妻が来て，ポールの家で初めて会って，僕はすごく感激してうれしかったです。そのときにもエリクソンはひょうひょうとしてね。みんなでワインで乾杯しようとしたら，いや，私はビールがいいとか。彼はビール党なんですよね。次の日に彼の家に訪ねて行った。本をくれたんです。"Gandi's Truth"『ガンジーの真理』[82]という本。ピューリッツア出版賞をもらった。あれにサインしてくれてね。「いつか来れればいいね」とか言ってくれて。そんなのが最初の出会いでした。

　そのような具合でチャンスを待ってたわけ。そうしたらある日突然，電話がかかってきたのです。「一つシニアポジションが空いた。そこへよかったらおいで」って言われて。「リッグスに来ますか」って言うから，「それはもう，ぜひ行きたいです」と答えた。あれはいつだったかな？　3月あるいは6月ぐらいに電話があったのかな。その後は，大学の中では講座の先生方にいろいろ無理を言って，「ぜひお願いします。行きたいんです」「最低2年ということになっているんで，どうしましょう」って言ったら，あっさりと「いいじゃないですか」と言われてね。それはありがたかったですね。全然抵抗はなかったですね。

岡本：心理学教室は，二つ返事で OK だったんですか？

鑪：講座主任の小林先生も「うん，かまわないよ」と言ってね。後で考えると小林先生は，せいせいしたんじゃないかと思って。僕がいない方が。

岡本：2年間も……。学生の側からしたら大ごとですよ。私はマスター2年だった。

山本：そのとき僕は助手ですよ。

鑪：だからみんなにはものすごい迷惑かけたと思います。

岡本：ほんとにあのときは騒動でしたね，学生たちは。

鑪：ところが先生方は，あっさりしたもんでした。

岡本：今ごろ2年間も出してもらえることは絶対ないですよ。

鑪：ないでしょう。だからそのくらい先生方の余裕というか，臨床に対する無関心さと，そしてひょっとしたら，いないほうが楽とか（笑）って感じが，少しはあったかもしれない。学生にはものすごい迷惑かけたと思う。ただ，そういうことで行かせてもらったというのは，僕にとってはほんとにありがたかったです

[82) エリクソン，E. H.（著）星野美賀子（訳）　1973　ガンジーの真理：戦闘的非暴力の起源1・2　みすず書房（Erikson, E. H.　1969　*Gandhi's truth: On the origins of militant nonviolence*. New York: W.W. Norton.）

ね。
　山本：あの当時，学生は反対してたんですよ。先生がリッグスに行くことに。
　鑪：そうだったの？
　山本：反対して。僕なんか「山本だけが残っていられたら嫌だ」とか，「ここの講座に来た意味がない」って，一部の人から直接言われて（笑）。
　岡本：そんなこと，私は言っていませんよ。
　山本：あなたは言わないけど，何人かに言われて。
　鑪：やっぱりずいぶん迷惑かけたんだとは思いますけど。
　岡本：その後もね，先生がご不在のときの，心理教育相談室やカンファレンスの運営も大変でしたよね。ほんとに大変だった。
　山本：いろいろと。先生には言ってないいろいろ苦労がありました。今日は言わない。永遠に言わないでおこう（笑）。
　鑪：ほんとに申し訳ないことだけど，そういう形で行くことになったんですね，突然。だから何も準備もできてないし，学生たちとの準備もできてないで，先生方に迷惑かけて。向こうもいつ決まるか分からないということがありましたからね。リッグスもちょうど節目。オットー・ウィルが辞めて，ダニエル・シュワルツ（Daniel Schwaltz）という新しい先生が所長として入れ替わる。リッグスも内部の変革があったのかもしれない。だからシニア・スタッフで呼んでくれたんですよ。それはとてもよかったですね。
　岡本：あのとき先生は，45歳でらっしゃいましたよね？
　鑪：45になりますかね。そうですね，1979年だから。
　岡本：それはもうシニアスタッフとして当然の処遇ですよね。
　山本：ホワイトから帰られて，10年のスパンですよね。タイミング的にもちょうどいいとき。
　鑪：そうですね。臨床経験が日本でもあった。だから臨床経験そのものは，ある程度，相対化できるというところもあったんですね。だから今度は，リッグスで面接する患者さんに対する目も違うし，周囲に対する目も違うし，それから時々行っていたホワイトのトレーニングの中の見方も，全部変わってしまいましたね。それであの『リッグスだより』[83]が書けたんですよ。だから最初のときのホワイトでの個人分析にしろ，いろんな分析経験にしろ，いろんなものを相対化するのは，日本に帰って来た67年の時点では，全然できていませんでした。だからそういう意味でもよかったです。リッグスに行けたのは。

4-2.「経験の成熟について」─気概と覚悟─

　山本：京大の心理教育相談室紀要に先生が出された「経験の成熟の契機につい

---

83) 鑪幹八郎　1986　リッグスだより：治療的共同体の経験　誠信書房

て」[84] という論文がありますね。あの論文はほんとに強烈だったし，先生の当時の気概と覚悟を感じ取りました。僕はあの時に，先生の言う「持続のエネルギー」とか，「持続」っていう言葉が，その後の僕のずっと大事なテーマになりました。それから当時の先生の「賭ける」という言葉，『洞察と責任』の中にも「賭ける」という言葉が何回も出てきますね。先生が広島の地に来られて，当時の先生のある種の覚悟も含めて書かれたのかなとか，勝手に想像していたんですけど。あの論文の成立の背景を少し，教えていただければと思います。

　岡本：『アイデンティティ研究の展望』[85] にも再録したし，私もあの論文は，何度も読みました。

　鑪：あれは何年の刊行ですかね？

　山本：1974 年です。

　鑪：74 年ですね。後で分かって少し事情は違ったんだけど，エリクソンを読んだり，エリクソンがすごく話題になったのが，70 年ぐらいになってからかな。アメリカでも根ほり葉ほり，エリクソンのことを調べ出すということがありました。調べる人が少しエリクソンに敵対している人もいました。後でフリードマンの伝記[86] が出て，いろんなことがまた分かりました。エリクソンは"Childhood and Society"を書いた次の年に，リッグスに移っているんです。1951 年に。あれを書いた次の年に，彼はカリフォルニア大学バークレー校に教授でいて。初めて教授になったんですよ。だから相当うれしかったろうと思います。学位も持ってなくて，大学も出てなくて。分析だけでやっていくという覚悟を決めたんでしょうね。子ども研究，ずっとプレイセラピーをやっていたから。カリフォルニアのサンフランシスコの対岸のバークレイ分校（カリフォルニア大学）のチャイルド・スタディ・センター。そこに招かれて。そういう中で今までやっていた研究をまとめて。大学の有力者の何人かと親しくなって，彼はバークレー分校に入れたのね。心理学で教授になったんですよ。

　その年，特にカリフォルニアっていうのはマッカーシーの選挙基盤でもある。50 年に朝鮮戦争が始まった。

　山本：そうです，1950 年，僕が生まれた年です。

　鑪：あー，生まれた年になるのか。それでアメリカの中は極端に右傾化してしまった。反共産主義という。それを極端に主張したのが，上院議員のマッカーシーです。マッカーシズムといわれるように「反米活動」とか「反共産主義」をす

---

84) 鑪幹八郎　1974　経験の成熟の契機について　臨床心理事例研究：京都大学教育学部心理相談室紀要, 104-111.（鑪幹八郎著作集Ⅰ　アイデンティティとライフサイクル論　pp.132-147 に再録）

85) 鑪幹八郎・宮下一博・岡本祐子（編）アイデンティティ研究の展望 第Ⅴ-2 巻　ナカニシヤ出版

86) フリードマン, L. J.（著）　1999　やまだようこ・西平直（監訳）　2003　エリクソンの人生：アイデンティティの探究者 上・下　新曜社（Friedman, L. J.　1999　*Identity's architect: A biography of Eric H. Erikson.* New York: Schribner.）

すめた。かなりファナティック（熱狂的）な感じ。しかし，アメリカでは一般に支持された。赤狩りですね。日本でもレッド・パージというのがあった。アメリカは極端で，ガーッと右に寄るか，ガーッと左に寄るか。特にカリフォルニアはそれが大きなテーマになった。社会主義者のフロムなどへも厳しかった。フロムはメキシコにいたので追及されなかったけれど。

　エリクソンは，思想的に左翼だということはないんです。あの人は穏健な人で，右左いつもこう考えて。その両面からものを見る人だから。しかし，大学教授が全部審問にかかる。そして再宣誓をしなければいけないということで，署名させられたんですね。そういう事情で彼はものすごく悩んで，悩んだ末に，教育者としては，これに賛成するわけにいかないということで，署名しなかったんです。

　というのが表のストーリー。というか，僕がそのときに理解していたストーリーです。僕の感じでは「まあ，よくもやったな」と。どんなに辛かったろうと思った。みんな賛成している。ちょっとサインすればいいじゃないかと。そんなのアメリカの俗語で言うと，そんなことなんにも，大した問題ではない。"It's not big deal！"。ところがエリクソンには，big deal だった。声明文を出すんです。彼は自我心理学の分析家だし，声明文を出すなら，普通だったら"Journal of American Psychoanalytic Association"に出すはずね。

　ところがそのいずれでもなくて，"Psychiatry"に出したんです。これも本当にびっくりです。"Psychiatry"というのはサリヴァンが編集者になって，ホワイト研究所が中心の雑誌なのです。そこに彼は投稿したんです。そこで出版された。だからそのまま今も残っているわけだけど。その中に「自分が節操を曲げたら，今まで自分から学んできた人たちはどうなるんだ」というようなことが書いてあるんですね。「だからここでは，教育者として自分はサインするわけにいかない」ということを彼は明言している。そうしたら大学におれなくなったんですね。そのあといくつかオファーがあった。そして彼は，リッグスを選ぶんですよ。リッグスも来てもらいたいという。オースティン・リッグス・センターは，その当時はロバート・ナイト（Robert Night）というメニンガー・クリニックから来た精神分析家が所長で，ナイトは経営能力の優れた人で，いい人材をいっぱい集めた。

岡本：そうですね。

鑪：ギルとかシェイファーとか，ほんとにすごい人たちを全部集めて，そこにエリクソンも来た。だからエリクソンはそういう事情で，一番辞めたくなかった大学を辞めた。それを聞いたときに，僕はほんとに胸が熱くなったのね。「何でだろう。そんなに大事なことなのか」と。僕はちょっと中途半端だった，それを考えたときに。本当に自

ノーマン・ロックウェルによるロバート・ナイトの肖像画（オースティン・リッグス・センター所蔵）

ロバート・ナイトの墓
オースティン・リッグス・センター
近くのストックブリッジ墓地にて

分が考えを通すということは，自分の生き方に一番つながっている。それを彼はやり通したんだと。その土台になっているのが，彼のずっと蓄積した経験なのだと。その上でこれを決めた。そこから全然ズレていないということが，一番気になった部分なんです。

山本：エリクソンの宣誓文は，昔読んだときにあまり意識しなかったけど，今回読み直してみたら，一番の，表向きの理由かもしれないけど，書いてあるのは「クライエントと学生に示しがつかない」ということですよね。

鑪：そうなんです。だからそれこそ世代継承性みたいにね。自分の生き方そのものが，そんなにコロッとね，人から批判されるとか非難されるとかで変わるなら，次に来る人はどうするんだ，と。今までせっかく自分の考えを受け入れてくれた人たちは，一体どうなるんだと。だからどこまで強い信念だったか分からないけど，相当悩み苦しみながら，それでもわざわざ声明文を書いて辞めるというのは，相当な決意ですよね。それに僕はものすごく打たれたんです。

山本：エリクソンは，辞めさせられたんじゃない。今回調べてみたんですけど，辞めさせられた人のリストが30何名かあるんだけど，そこにエリクソンはないんですよね。

鑪：入ってないのです。だから辞めなくてもよかったというところはある。けれど彼は，はっきりと自分で決めていった。それが結局，新しくエリクソンの道を開くんだけどね。まあそこまで考えてはいなかったと思いますよ。リッグスに行くということはね。その当時，リッグスが研究ですごく有名だったかというとそうでもないし。田舎の精神病院ですよ。ただ，研究者がたくさん集まっている。けれどまだ業績はそれほど上げてないという状態のところに行ったわけです。そういう意味で信条を曲げないということが，ものすごく恐ろしいことで。だからそれをやり抜くというのは，どう考えても生半可ではやれないという。

岡本：生半可ではやれない。

鑪：ということね。それをこのエッセイでは何とか書いて，書くことで自分の確認にしたかったんです。「ならば私はどう書く」，「そういうエリクソンの立場に立たされたときに，やっぱり『ノー』と言って辞めることができるか」というようなことを，書きながら，彼のことをずっと思っていたんです。

山本：そうですよね。それが行間から読めるんです。日本の他の教授たちはそうではないということを，批判的にも書いてあるんですよね。

鑪：うん。僕に重なったのは，学園紛争です。先生方は極端に言うと，いい加減で，学生のいろんな要求に，それはひどいのもあるから全部聞けるわけじゃな

い。「とにかく一緒に話したらいい。直面したらいいじゃないか。簡単に逃げるな，寝込むな」と言いたかったのね（笑）。
　山本：広大でも何人もの先生が亡くなられましたよね。自殺して。
　鑪：そうそう。自殺で死んだ人もたくさんいる。それとハリウッドの俳優たちはわりと社会主義者が多いでしょ。今も社会的活動する人がたくさんいますね。日本と対照的。
　山本：宣誓拒否した俳優はたくさんいますよね，有名な人でね。
　鑪：そう。それをやった人たちは職がなくなる。そのときは非常にひどい状態だった。職はないし，映画は作れないし，というふうな形でね，ずいぶんひどかった。だからひよった人もいるんです。監督さんも俳優さんも。反米委員会に，社会主義者のリストを出したり。だからそういう人たちは，マッカーシズムが終わった後が，大変だった。ひよったがために今度は反対なわけで。だからあの論文は，僕にとってもここを動いてはいけないと。動かないためにはどうしたらいいかというので。僕は，もたないだろうと自分で思いながらね。
　山本：でも僕が当時感じていた気概と覚悟というのは，当たってるんですよね。そういう感じはね。言葉は違うけども，一種の先生の信仰宣言みたいな。
　鑪：そうそう，若干そういうところがありますね。ここを土台にしていきたいという。あのときエリクソンのイメージというのは，研究者イメージとはちょっと違う。彼の生き方に対して問われている。「これだ！」と思いました。それでがんばって，この論文を書いたんです。まとまりは悪かったかもしれないけど，そういう意味では，僕にとっては大事な論文なのです。その後，直接そういう形に出会うということはなかった。そういうのを試されるというようなことはなかった。「自分もやろう」という感じはありましたね。
　ただ，おもしろかったんですよ。研究が。臨床をやることが。だから，そっちのほうがエネルギーとしては大きかったんじゃないのかと思う。おもしろいし楽しいし。日々に何か新しいものが出てくるのがおもしろかった。臨床をやってるとね。
　山本：そういう意味では　文字どおり先生にとって経験の成熟のひとつのモメントになったのですね。
　鑪：そう思いますね。

4-3. 本気であること

　岡本：先生のそのご経験とつながると思うんですが，エリクソンが「オーセンティシティ」（authenticity，真正性）ということを言っていますよね。私は若い頃からずっと40年間，先生のお仕事を見てきて，先生のオーセンティシティというのはすごいものがあると思うんです。鑪先生のオーセンティシティについて，先生の言葉で伺ってみたいと思うんですが。例えば，私たちが学生時代，東千田

町のキャンパスは，夜10時になると守衛さんが回って来ていましたね。その時間まで大学で仕事しておられたのは，鑪先生だけだったし。私は，それは，本気で仕事をする姿を学生たちに見せる。学生たちは，その先生の姿勢から専門家人生を見て学ぶと。私はそういうふうに受け止めてきたつもりですが，そのような先生のスタンスについてお伺いできればと思います。

鑪：最初は仲間が欲しかったんですよ。みんなでディスカッションできる仲間。ところが誰もいないわけでしょう。そうすると僕は，若い人たちを無理に仲間にしてしまったんだと思う。だから学生に対しても，いつでも挑戦的だったんですよ。僕が刺激をもらいたいわけね。それで本気でぶつかっていたというところがあるんです。それがちょっと厳しい形であったということはあるかもしれないですね。

岡本：コンフロンテーションですよね。

鑪：だからいい加減な発言したり，いい加減な仕事して持ってくると，許せないんですよ。腹が立ってしょうがない。いつでもそういう姿勢があったんですね。弟子を育てるとか次世代を育てるとかそういうことは，あんまり考えてなかった。仲間として一緒にやろうやと。だからいい加減にするな，それを一生懸命やってたんです。いつも真正面からやっているという感じ……。だから学生にとっては，非常に厳しいコンフロンテーションだったんじゃないかと思うけどね。

山本：その意図を分からずに，ちょっと腹立てながら，みんなでああだこうだと言いながらがんばったことがあるよね。あるときに，「時間がなかったから今日の発表はちょっとお茶を濁させてもらいます」って言ったら，先生が怒って「出て行け」って言われたんですけど，出て行きませんでした。「お茶を濁しますけど」って，ちょっと謙虚に言ったつもりが（笑）怒られて。

鑪：そんなだったですね。いつも学生と出会っても張り詰めた感じで。それがしんどかったのもあったんじゃないかとは思いますがね。ただ，僕にとっては，その持続ということの中に，次世代を育てるという感情はあまりなかったですよね。結果としてみんながんばったから，そうなったんだけど。僕は一緒に考える仲間，一緒に研究する仲間がほしい。まだちゃんと育ってないけど……。

山本：だから若造だけども一緒に原稿書いたり，翻訳も誘っていただけた。

鑪：だからいろんなことを，みんなと一緒にしたでしょう。

岡本：そうです，ほんとに。

鑪：そういう感じでしたね。ほんとに対等に。だから僕はみんな呼び名をひとつにすることに決めたんですよ。先生であろうと学生であろうと，男性であろうと女性であろうと，全部「さん」で呼ぶ。みんな「さん」にしたんですよ。上から下まで。学生にも全部「さん」で。僕はすごく楽だったんですね。別な言葉いろいろ使い分けなくてもいいから。それは，誰でもとにかく一緒で，同じ形でやろうやという，そういうことだったんです。

山本：独立して認めてもらっているっていう感じがしますよね。
岡本：そうですね。

5. 森有正の「経験の哲学」とアイデンティティ探究

鑪：「経験」という言葉で，それを本気になって，言葉を大事にしながら深めたのが森有正なんです。僕は1971年に出会ったのね。76年というと，森有正が亡くなった年なんです。5年前。そのときの論文が『木々は光を浴びて』[87]という美しい論文題だけど，中身が美しいわけじゃない。中身は彼のエッセイなんですよ。エッセイというのは，フランス語で言うエッセイね。例えばモンテーニュの『エッセイ』，それからフランスではいろんなエッセイが有名なんですよね。手記という形で，自分の思想・経験のエッセンスを語ること。フランス語では，「試みる」「企てる」と言う意味。どういうふうにして森有正がそれを発見したか，よく分からないんだけど。それまでは，彼はものすごい理屈っぽいことをいっぱい書いていた。まあ日本の哲学ってみんな書誌学ですよね。外国の人がこう言った，ああ言ったというのをずっと並べて解説するのが仕事。彼も東大時代にはやっていた。ところが彼は，それを捨てる。全部。そんなことやってもフランス人は誰も喜ばない。誰も認めない。そんなこと，あなたがいうまでもなく分かっていると。日本では，彼はフランス哲学者として大事にされていた。よく知られていた。

フランスで彼は，これでは自分は生きていけないと思ったんだと思うね。それで立ち止まって考えたときに，自分の言葉を自分の内側から発する以外にない。その言葉がないということに，彼は気がつく。自分の言葉って何だと。自分の言葉が何に根づいているのか。彼は「経験」という言葉に気づく。経験というのは，日常の体験をする中からエッセンスとして沈殿してきたもの。それが経験なんだと。だから「経験」と「体験」は，全然違うんです。だから彼は「体験」という言葉は使わない。「体験ってああしてきた，こうしてきた」ということ。それは日本でいうエッセイ，随筆なんです。ところが，彼の言うエッセイというのは，いろいろの体験が沈殿したものを，自分の言葉で表現する試みのこと。これを彼は「経験」という言葉で言いたいんです。それにハッと気がついて，自分の体験の内側にある経験という，もう少し普遍的な言葉というのはどこにあるのかって，それから探し始める。そして彼が書くのが『バビロンの流れのほとりにて』[88]という最初のエッセイです。あれはほんとにアイデンティティ探しの本ですよね。

岡本：ほんとにそうですね。

鑪：我々の言葉で言うと，自分探しで苦労して，それを言葉にする。『バビロ

---

[87] 森有正　1972　木々は光を浴びて　筑摩書房
[88] 森有正　1968　バビロンの流れのほとりにて　筑摩書房

ンの流れのほとりにて』というのは，旧約聖書の中に出てくる物語。ユダヤがローマの奴隷になった。そしてバビロン川のほとりで，自分らのふるさとはどこか。どういうふうにして帰ったらいいのかって嘆く。詩編の一節に「バビロンの流れのほとりにて」というのがある。森さんはクリスチャンです。その言葉をフランスでの最初の本の題名にするんです。だから，あの本の名前は深い意味があるんですね。彼にとって。

山本：彼にとっての「約束の地」というのが，後ろにあるわけでしょうね？

鑪：約束の地，それがちょっとよく分からない。結局，彼は約束の地を見つけることができなかったと思う。僕から見ると，「経験」っていう言葉に彼はとらわれてしまった。あらゆるものを経験という言葉で言いたい。経験ということは，言うなれば自分の言葉をどう発すればいいかということなんだ。ただそれを書いていく。それを書くのはどう書くか。彼はうまく書けなかった。経験探しの何をやったかということを，自分の言葉で書いていったのが，彼の一連のエッセイです。それを読むと，それが彼の思想的な表現だというのがよく分からない。ただ彼はちょっと物足りなかった。「経験」という言葉で何が書けるか。それが彼の哲学。最晩年に『経験と思想』[89]を岩波書店から1冊出すんですが。ところがそこには何も書けてないです。「次に書く」という約束が彼の本の中に書いてある。「次に書く」と。けれども彼はそれで終わったですね。

『経験と思想』を見ても，「経験」という言葉にとらわれすぎて，結局は何も書けない。自分を「一番，もうこれがどん底です」というところを書けばいいんだ。後はほかの人が判断するんだから。僕が打たれたのはそこなんです。我々がサイコセラピーやっているのと同じじゃないか。我々もそこまで下りている。我々の言葉も新しい言葉をそこから発したい，ということなんですね。彼は，「あっ，サイコセラピーを語ってるな」と僕は思ったんですよ，森有正を読んだときに。それで全部読んでみたいと。

そして今度は逆に，「そういう言葉探しをする森有正って一体何者だ」ということが気になった。それをテーマにするようになったんです。だからわたしたちの仕事の基礎も，経験と成熟だと思います。

山本：おそらくそこに森有正が一種のカルチャーショック体験，自我違和的な経験をずっと書きとめてといって，そこも先生の当時の心境とリンクして。

鑪：リンクしてよく分かりましたね。そのとおりだと思いましたね。

岡本：私が森有正のアイデンティティ遍歴ですごくおもしろいなと思ったのは，日本にいるときの違和感と，それからフランスに行った後，しばらく何も書けなかった時代に，ものすごく内的な変容をうながされて，先生もよく引用されていますけれども，『バビロンの流れのほとりにて』の最初のページ[90]ですよね。

---

89) 森有正　1977　経験と思想　岩波書店

鑪：そうです，そうです。

岡本：私は中年期のアイデンティティ研究を始めて，森有正の中年期体験に非常に関心を持ちました。あれはすごくエリクソン的だなと思ったんです。人生の初期にその人のすべてが現れていると。

鑪：そうそう。あの最初の文章がね。

岡本：しかも美しい言葉ですよね。

鑪：うん，美しい言葉ですね。よくあれだけ書いたなと思うけど。ただ一方，森有正は非常に発達障害的なところもあるんですよ。

岡本：そうです。栃折久美子さんの『森有正先生のこと』[91]っていう本を読んだときに，イメージがずいぶん変わりました。

鑪：こんなに視野が狭いですよね。

岡本：そして落ち着かないですよね。

鑪：落ち着かない。大食漢。結局血栓症で，肝臓障害，その他の障害もあってボロボロになって。67歳で亡くなる。若いでしょう？
いずれにしろ，森有正は我々の側から考えても非常におもしろい。それから彼がテーマにしているところ，我々の経験の底みたいなものを何とか言葉にしようと彼が努力しているのも，我々が言葉で努力しているのと同じところだから。すごく関心があってね。

岡本：そうですね。

山本：ある意味でロジャーズも通じますよね。ロジャーズも究極の関心は，「エクスピアリエンス（経験）」ですからね。それも変化していくエクスピアリエンスという。

鑪：ただ精神分析との違いということで言うと，その経験を，土台にして，いかにそれを構築していくか，あるいは構築されていない場合に，そこをどういうふうに作り上げていくかというのが，我々のサイコセラピーのテーマですよね。だから森有正さんは，苦労してあそこにたどり着いたんだなと。僕にとっては，そういうことで関心がある。サイコセラピーなんて話を聞いたこともない人だから，そういう人（の本）なんか読んでないですよ。あったとしても多くない。
フランスにはラカンとかフーコーとか，いろんな有名人がいたんだけど，ほと

---

90)「一つの生涯というものは，その過程を営む，生命の稚い日に，すでに，その本質において，残るところなく露れているのではないであろうか。僕は現在を反省し，また幼年時代を回顧するとき，そう信ぜざるを得ない。この確からしい事柄は，悲痛であると同時に，限りなく慰めに充ちている。（中略）ギリシアの神話や旧約聖書の中では，神殿の巫女たちや予言者たちが，将来栄光を受けたり，悲劇的な運命を辿ったりする人々について，予言しているのを君も知っていることと思う。稚い生命の中に，ある本質的な意味で，すでにその人の生涯全部が含まれ，さらに顕われてさえいるのでないとしたら，どうしてこのようなことが可能だったのだろうか」(森有正 1968 バビロンの流れのほとりにて p.3)

91) 栃折久美子 2003 森有正先生のこと 筑摩書房

んどそれらの記述がない。彼は調子が悪くて精神科にかかったこともある。だからもう少し，そっちの方に関心が出ていたら，また違っていたんじゃないかなと思いますけど。そこらあたりはあまりないですね。

それから彼の場合，人間関係が非常に偏っています。数人の深い関係，親友みたいな人が何人かいる。それ以外は，ほとんどひとりだね。それから，森有正について本を書いているのは，お弟子さんたちですよね。お弟子さんというか同窓のひとたち。東大でフランス哲学，フランス文学をやった人たち。その人たちは，森有正のことをたくさん書いている。そこから外れると，関心は多くない。京大の哲学関係の人もあまり関心がない。

ただ優秀な人も1人か2人いるかな？　ほんとにお弟子さんかどうか分かんないけど。二宮正之だったかな。すごく優秀な。その人は森さんを「先生，先生」と言っているから。今はジュネーヴ大学の日本語学科の教授をやってる。森さんのパリでの最後のことを書いている。すばらしい文章です。文庫本で『森有正エッセー集成（1～5）』[92]を編集した人です[93]。その森さんの最後の文章がとても美しい立派な文章（「詩人が言葉を失うとき」）ですけど。いろんな意味で変わり者ですね，森さんは。

岡本：そうですね。ただ，森有正は，神谷美恵子先生のお兄さんと親交があって，私はそっちの方から森有正の名前は知っていましたが，一番インスパイアされたのは，やっぱり先生が講義の中で，森有正のことをおっしゃっていたということです。

それで，先生にお伺いしたいと思うのは，先生の広大を定年退官される最終講義[94]のテーマはアイデンティティでしたね。人間はどこへたどりつけばよいのか……。あの講義で先生がおっしゃったのは，「私たちの心はどこへたどり着けばいいのか」と。あのような先生の内的な問いが研究に昇華されていくところは，どういうことなのか。これは私自身も，いつもいつも感じることですけど。「これを納得したい」，これが納得できないと，もう先へ進めないような感覚というのは，大学院時代から私自身も感じてきたと振り返って思います。その先生の内的な問いというのは，例えばホワイトでの訓練にも呼応するし，あるいは森有正にも呼応する。そういうところは何だったんでしょうか？

鑪：それは難しい問いだね。それを考えたことないです。ただ，どこまで徹底しているかということでは，おもしろいならしっかり味わいたいという，貪欲というか，くいしんぼうというか，そういう動きじゃなかったかなと思うんです。だから徹底して問い詰めるというよりも，これおいしい。もっと食べたい。ほか

---

92) 森有正（著）二宮正之（編）　1999　森有正エッセー集成1～5　筑摩書房（ちくま学芸文庫）
93) 二宮正之　2000　私の中のシャントル　筑摩書房（ちくま学術文庫）
94) 鑪幹八郎　1998　広島大学定年退職最終講義「トト・ザ・ヒーローとアイデンティティ」1998年3月7日

に似たものがないか。そういう形でずっときたような感じね。それは大学のときの病気の後[95]、そうでしたね。あの病気がすごく大きかったですね。病気をしてなかったら、おそらく僕は、外向きの何かをやっていたと思う。体操の何かをするとか。柔道とか、剣道とか、すごく関心があったから。運動の方は失敗してうまくいかなかった。病気になってしまったし、外向きに体を動かせなくなった。内で何かするしかな

鑪幹八郎先生広島大学定年退職謝恩会にて
右より鑪幹八郎、岡本祐子、山中康裕京都大学教授。

いということで。それなら何か納得することをしたい。納得したいという、それだけでずっときて。ただ、納得ということで考えると、森有正のテーマと同じなんです。

　山本：つまり内的なうながし。

　鑪：内的なうながしということで。僕の場合は、そういう感じだったんだけどね。森有正は、フランスに行って気づく。

　岡本：そうですね。

　鑪：自分の言葉が通じないということを感じて。彼の偉いところは、それでなぜかと考え始めて、「あー、そうなんだ、自分に言葉がないんだ」と気がつく。「自分の言葉を見つけるのだ」。それはパリにしかない、と。その一心で、彼のその後の生活はあったと思います。だから、フランスにずっといたんだと思います。そこのところがちょっと似てるね。納得したいというところと、貪欲にもう少し食べたいというところね。食べるなら、本物を食べたいと。自分で探して自分で経験しないと、外から与えられてもおいしいかどうか分からない、というところですね。

　これは、臨床をやっていることが、それに一番ぴったりの方法論なんです。自分の経験をオープンにしておくと、そこに新鮮なものが入ってくる。だからこれはやめるわけにはいかない。それは内的な強烈なうながしですね。

6.「境界人」の意識

　岡本：もうひとつ、鑪先生が広大をお辞めになる最終年度の講義は、私も半年間、マスターの学生と一緒に聞かせていただきました。あの講義もすごく印象的でしたが、先生は時々、自分の感覚を講義の中でおっしゃって、「僕の盲点はひがみだ」とおっしゃいましたよね？（笑）。

---

95) pp. 33-36 参照

鑪：そうだね（笑）。

岡本：先生はその意味をちゃんと説明してくださって，「二流の傍流意識だ」と。「精神分析を専門にしながら，自分は医者ではなくて心理学の中でやっている」と。それからもうひとつは，「正当派の精神分析学派ではなくて，対人関係学派の中でやってきた」と。ああいう感覚は，私は全然分からなくて，そのときはすごくびっくりしました。私から見ると，先生の専門家アイデンティティは，もう相当確立されていたと思うんです。そのことと「盲点」，「ひがみの感覚」はどういうことだったんだろうかなと思います。

鑪：それは一種の境界意識です。ボーダーライン（境界線）の上にいるという感覚ですね。それもエリクソンと近いんだけど，エリクソンは「ステップサン・コンプレックス」という言い方をしているでしょう。僕は前にも話したように，自分の生まれからして，家族の中で1人だけ異質なんですよ。僕のやっていることは，僕の家族や親戚は，誰も分からない，ということもボーダーなんですよ。全然違う土壌から1人だけ出てしまった。こっち側に行った方が，多分楽だったんだろうな。親父の後を継いで何かお店をやっているか，あるいは小学校の先生で校長先生まで務めて終わるか。そこだったらみんなが分かってくれるし，「ああ，よくやったね」と。立身出世の中に入れてくれるかなと思うけど。別な世界に入ってしまったから，家族も親戚も，僕をどう評価していいか分からない。「あれは変わり者だ。自分らには分からない。あれは何をしてるのか。」そういう感じなんですね。まったく別世界の人間。だから，親戚に会っても何かよそよそしいですね。それも一種のボーダーですね。

山本：言い方を換えると，前から思っていたんですが，「マージナル・マン」という言葉があるけど……。何かそれに近いですよね。周辺人みたいな。

鑪：そうそう，周辺人ですね，完全に。だからいろんな意味のボーダーなんです。広大の実験心理学の中で，臨床心理学はまったくのマージナルです。臨床心理学は，その中でもクライエント中心療法が一番流行っていたところで，精神分析みたいなことをやり始めたからね。これもちょっと外れになってしまうし。

山本：でも，だからこそ逆に，それをバネにして先生ががんばられたっていうふうに，僕らには見えるんですよ。

鑪：それをバネにしたかと言われると……。あんまりバネという，それに敵対するという……。

岡本：あらがうというか。

鑪：あらがいながらやるというエネルギーは使っていない。無関心というか，無視した感じなんですよ。違うんだから，関心が別なんだから，別々で行きましょうと。けれど自分は，その大波に呑まれたくはないと。だから自分でがんばってやるけど，あらがうという感じはなかったですね。だいたい，あらがっても勝ち目はないもんね。勝ち目ないですよ，大きな力なんだから。それならしっかり

力を蓄えて戦おうとか，そんな感じもなかった。とにかくおもしろいからこれでやろうと。「おもしろい人は集まっておいで」ってそういう感じです。だから研究にしろ臨床にしろ，やってることがおもしろいかどうかということが，僕にとっては一番の決め手でしたね。

　研究もおもしろかった，文章を書くのも好きだった。それから読むのもおもしろい。臨床は一番おもしろいと。臨床の中に発見があるわけでしょう。面接が終わると，自分でときどき，「えーっ？！」と，うなり声を上げることがあったんです。「えーっ，これは何か新しい」とか，「えーっ，こういうことは今まで知らなかったな」と。クライエントさんが言ったことを「これはおもしろい，これは僕にとって新しい世界だ」とか。クライエントさんの言葉にいつも感動していましたね。だから面接が終わると，いつも驚きでしたね。新しい発見に対する驚きというのがずっとつきまとって，それは今も面接でそういう感じがあるけど。だから，持続するということの中では，新しい発見につながっているんじゃないかと思うんです。新しい発見というのは，一番楽しいことなんです。つまり，何か自分が生きていることのありがたさと楽しさみたいなものが，発見ということにある。これは持続する。発見が続くなら。面接しながらも，どこが新しいか，どこを掘り下げるかということは，新しいものが出てくる探検の喜びなんです。だからやめられない。ここまで続いてきた，持続してきたエネルギーはそこからくるのでしょうね。

　山本：ちょっとそのイメージが，僕らが思っていたのと違っていたね。先生の中にそういう傍流意識，マージナル・マンということで，強い言い方をすると見返してやりたいみたいな意地が，後ろにおありじゃないかなと，想像していたんだけど，それはあんまりないんですね。

　鑪：それは全然ない。マージナル・マンとしての感じは，どっちかというと，むしろ受け入れてもらいたい，どこかに所属させてほしいというそういう感じでした。けれどやっぱり違うから仕方ないな。そういう思い。征服するような感じは全然なかったですね。いつの間にか仲間が増えていって，一緒に仕事する人たちが増えたが，それは結果ですね。自分で求めるという感じはありませんでしたね。

7. オースティン・リッグス・センター[96)]での臨床経験

7-1. リッグスでの臨床活動

　岡本：リッグス体験は，これまでもいろいろなところで伺ってきて，先生ご自身の中でも本当に意味がある体験だったことは理解してきたつもりです。そこをもう少し深めて，リッグスでの経験は，どのような内的体験だったのか，変わっていかれたのかについてお伺いできればと思いますが。

　鑪：メニンガークリニック，チェスナット・ロッジ，両方とも現在は無くなっ

オースティン・リッグス・センター本館

てしまいましたからね。リッグスは、やっぱり運営がうまくいっているんじゃないかと思うんです。今もやっているのはすごいなと思いますけど。まあオットー・ウィルがどこまで良かったか分かりませんが、僕が行ったとき、所長は、ダニエル・シュワルツという人が、僕がいた間(所長を)やっていて。10年ぐらいやっていましたかね。行政的な手腕のある人です。その後、所長になったエドワード・シャピーロ[97]も行政的な手腕で……。

岡本：すごいカリスマだったと聞きました。

鑪：あまり臨床的には認められているということでもなかったです。シュワルツに対しても、シャピーロに対しても。けれど行政的手腕っていうのは、高かったみたいですね。お金を集めるとか、人を集めるとかね。いろんなイベントをやり始めたんです。それが成功しましたね。それで施設の方は、しっかりしたも

---

96) オースティン・リッグス・センター (Austen Riggs Center) アメリカ合衆国東部マサチューセッツ州ストックブリッジにある小さな開放病棟のみの精神病院。オースティン・リッグスは創設者の名前。1919年創設。この病院が本格的に精神分析的な治療方法を主体にして運営されるようになったのは、第二次世界大戦後の1947年であった。病院全体の機構改革を行うためにメニンガー・クリニックからナイト (Knight, R.) を所長として迎えた。ナイトは、同僚のラパポート (Rapaport, D.) やブレンマン-ギブソン (Brenman-Gibson, M.) をつれてリッグスにやってきた。1950年には、マッカーシーの再宣誓に抗議してカリフォルニア大学を辞めたエリクソン (Erikson, E. H.) が参加した。これらの人々によって、アメリカの中でメニンガー・クリニックに次いで精神分析的精神病院を経営することで広く知られるようになり、多くの治療実績と研究業績を上げた。特に、エリクソンの青年期の問題を中心としたアイデンティティの研究、境界例の研究、精神分析の理論的研究は、世界的な注目を集めた。

ナイトが1963年に逝去した後、サリヴァン (Sullivan, H. S.) の弟子であったウィル (Will, O.) が着任した。彼は、フロム=ライヒマン (Fromm=Reichmann, F.) らとともにチェスナット・ロッジ病院で精神分析的な接近を精力的に行い、アメリカではよく知られた精神分析家であった。リッグス・センターは、ウィルの影響で、それまでより重症の人々を治療の対象とした。正統派精神分析的接近から、対人関係学派や治療共同体的な発想への変化が見られた。

ウィルの引退後、1978年にエール大学からシュワルツ (Schwartz, D.) が所長として赴任した。行政的な手腕の高い精神科医で、オリエンテーションは、正統派精神分析であった。この時期に再びオリエンテーションの揺り戻しが起こった。同時に、ウィニコット (Winnicott, D. W.) らの対象関係論やラカン派の考えが導入された。ウィニコットに関しては、フロム (Fromm, G. M.)、サックステダー (Sacksteder, J. L.)、ラカン派精神分析に関しては、ムラー (Muller, J. P.) らが活躍し、アメリカでの研究の中心となった。このように精神分析のオリエンテーションとしては一貫しているが、精神分析の理論的立場は微妙に変化しながら、多感的な接近によって施設による精神分析の先導的な治療の試みと研究を行っている。

1990年に、エリクソンを記念してエリクソン研究所 (Erikson Institute) が併設された。Erikson Scholarとして世界的な心理臨床家・研究者が招聘され、経済的に保証され、自由な研究の機会が与えられるレジデント・プログラムが設けられている。(鑪幹八郎 2002 オースティン・リッグス・センター 小此木啓吾他(編)精神分析事典. 岩崎学術出版社 p.51 より抜粋・岡本加筆)。

97) エドワード・シャピーロ (Edward Shapiro) 精神科医、精神分析家。オースティン・リッグス・センター所長 (1991-2011)。現在、顧問。

のになったんじゃないかと思う。エリクソンを記念して，エリクソン・インスティテュートを作ったでしょ。あのために100万ドル集めるって言ったんです。僕はびっくりしてね。そんなお金が集まるのかと思った。集まったよね。

岡本：集まっていますよね。あの寄付金の額は，びっくり仰天です。

鑪：あれもすごかった。同じ基金というかファンデーションが，ハーヴァード大学にもあるんですよ。ハーヴァード大学にやっぱり同じぐらいの規模のがあって，リッグスはそれとは独立してね。あなたが行かれたリッグスのエリクソン・スカラーがすごいですね。

エドワード・シャピーロ
所長

岡本：本当にありがたい経験でした。ただ先生，ハーヴァードのエリクソン・センターの方は，もうつぶれたんじゃないですか？

鑪：ああそうなの？

岡本：ええ。クローガー先生のところに，（リッグスから）帰る前に寄ってきたんですが，クローガー先生は，以前そのファンドで，エリクソン・センターで研究されたそうですが，もう今は，それはないんだとおっしゃっていました。だからリッグスは，ますます盛んですよね。入れ替わり立ち替わりたくさんの研究者が来て。

鑪：うまくやってるよね，そういう点では。僕のときは，（リッグスに）行ったら，「医療スタッフとして同じことをやってくださいと。シニア・スタッフとして扱います」と。全部向こうのメディカル・スタッフと一緒ね。それで僕は，「その方がいい，そうしてください」と言った。お金はちょっと安かったかな，他の人たちよりね。けれど同じように，全部同じ条件でやるということで。

岡本：ケース担当とか。カンファレンスに出るとか，発表するとか。

鑪：もう全て同じ。だからそれもすごくよかったですよ。対等に扱ってもらえたということもあったし。まあ問題もいろいろある。あの中では，ケースレポートがやっぱり一番しんどかったですね。自分が担当したケースは，2ケースしかないんです。ただインテリムと言って，学会に行ったり，休暇を取ったりすると，休暇が6週間だから，先生方は6週間いないんですよね。その間，患者さんの面倒を見ないといけないんです。そういうのが何ケースかあるから，まあ平均すると毎週診ているケースは，4ケースか5ケースぐらいになりますかね。ひとりの患者さんに，分析を毎日やっているでしょ。だからかなりの時間になる。

　小さい病院ですから，もういっぱい問題がある。ちょっと患者さんの調子が悪くなると，外を徘徊したり，病院の中でギャーッと泣き叫んだり，わめいたり。病院には保護室がないんです。保護室がないということは，どっかの病院に送るか，なんとかそれをみんなで守ってあげるかしかないんですよ。だからそういう

ときに，ちょっと大変だったと思います。看護師さんが中心になって，看護室の前にベッドを置いて，個室から出して，そこで寝てもらって。だから看護師さんがいつも見ているわけ。患者さんが動き始めると，何人かが寄っていってサポートする。そういう形でした。

それから夜中でも，担当している患者さんに，何か事件があると呼び出される。一度だけ，僕がみていた統合失調症の患者さんが，交通事故を起こしたことがあったんですよ。車に跳ねられた。酔っていたんですね。大腿骨を打撲して救急車で運ばれて，帰ってきた。真夜中ですけど電話があって，「今，先生の患者さんが事故にあった。すぐ来てくれ」って。

「分かった，すぐ行きます」って言って，行ったんです。そしたら「先生，こちら」って，彼の部屋に行くと，看護師さんは「先生，どうしたらいいか，指示を出してほしい」，「指示が出ないと，自分らは動けない」。ちゃんとメモを取るんですよ。「ちょっと会わしてくれ」と言って，患者さんと話したんですよ。「元気そうだ。大丈夫じゃないか，外科的な手当てはしてあるから」。そうしたら「はい，分かりました」と言って。「この後，様子をみましょう」「何か緊急の事態が起こったら，また呼んでください」と言ったら，「分かりました」。看護師が一人横について。そういう形で看護師は，サイコロジストも含めて医療スタッフの指示どおりに動く。それ以外はしない。指示がないなら自分から何かすることはない。ということは，責任全部がそのメディカル・スタッフにかかるんです。次の日の，今度はカンファレンスね。朝早くやっているでしょ，毎日やる。

岡本：あの8時からの会合ですね。

鑪：うん。そこでアクシデントがあったと報告するんです。そして，看護師が「ドクター・タタラがこう言った，ドクター・タタラがこう言った」とノートを読むわけです。「間違いないか」，「ハイそのとおり」と。そのあといろいろ質問が出る。「どういう状況だったのか」，「その処置は適切か」とか。そして次の患者へのレヴューをしていく。そういう事故があると，時間がちょっとかかりますけど。そのときの，どう言うのかな，仕事の領域とかバウンダリーね，こっちの仕事とあっちの仕事，メディカル・スタッフとナース・スタッフと，それ以外のアテンダント，いろいろあるんですけど，そういうのがものすごくクリアで，僕はそのとき初めて分かりました。「あ，そうだったのか」ってね。だから指示を出さなかったら，看護師が文句を言うんですよ。「動けない」って。「私はどうしたらいんですか」って。全部ノートする。ということで，記録をしっかり作るというのと，役割がものすごく明確になっていて，その中で動いているっていうことが，その事件でよく分かりました。いろんな事件がありました。それも同じような動きをするんですよ。だから看護師は看護師の仕事はしますけど，それ以外の仕事はしない。

岡本：先生のおっしゃるとおりだと，私も感じますけれども，セラピューテッ

ク・コミュニティ（therapeutic community, 治療的共同体）と言われるように，双方のなんというか，受け入れの柔らかさというか，協力性っていうのは違いますね。日本の病院とは全然違うと思いました。

鑪：みんな協力的ですよね。

岡本：で，温かですよね。あれも，すごいなあと私は思いました。

鑪：いい雰囲気ですよね。

岡本：いい雰囲気ですよね，本当にいい雰囲気。

鑪：みんな親切で温かいということ。確かにそういう感じはします。僕のリッグスへ行ったときの感じに，ホワイトとも全然違っていて。ホワイトの後，10年日本で臨床をやってきて，次のステップのことを考えたのが，リッグスだった。ホワイト体験もある程度消化していたような気がするんです。それをリッグスに行って確かめているというか。印象としては，全然性質が違う。だからリッグスにいながら，ホワイトのことをずっと反すうして考えていたりしている。ホワイトのときは，もう全く距離がなくて，その中に入ってあっぷあっぷしていたでしょ。リッグスのときには，少しそれを外側から見るような形だから，それで，『リッグスだより』も，少し距離ができていたので，書けたんだと思います。

だからリッグス体験は，二重の意味で役に立っているんです。一つはホワイト経験をもう1回客観視したり，相対化したりするような形で，見直していく作業。それから，少し心に余裕ができた形で，リッグスの中に入っていながら，それを記述していくという。だから participating observation（＝参加観察）[98] というのは，まさにリッグスにいたときの僕の姿勢が，そうだったと思う。ホワイトにいた時は，それは分かりませんでした。もう無我夢中でやっていて，しんどいしんどいと思うばっかりだったから。そこが10年の開きで，大違いでしたね。経験としては。少し心の余裕があった。それから場所のよさというのがあるでしょうね。

岡本：場所がいいですね。

鑪：病院としては空間的に閉ざされた場所だけど，周辺には芸術家がたくさんいて，タングル

クーセヴィツキー・ミュージック・シェッド，タングルウッド

クーセヴィツキー・ミュージック・シェッドの内部

---

98) 研究対象となる社会・集団に，数か月から数年に渡って滞在し，その社会のメンバーの一員として生活しながら，対象社会・集団を直接観察し，その社会・生活についての聞き取りなどを行う研究法。心理学，社会学，文化人類学などで用いられる。

ウッド[99] があって。ボストンとの距離，ニューヨークとの距離も，そんなに遠くない。かなりあるけどね。ポールはニューヨークに通っていましたから，あそこから。車で1時間ぐらいかな。オーバニーのちょっと南の方に，ハドソンっていう駅があるんですよ。そこで汽車に乗り換えて，グランドセントラル駅までハドソン川をずっと南に下って行く。後はもう地下鉄で動けるでしょ。だから僕も，ホワイト行くときにはいつもそうしていました。バスとかで，直接行ってもいいけど，4，5時間かかりますから。

7-2. アンビアンス─リッグスの治療的共同体─

岡本：リッグスには，スタッフ同士，リッグス内部の治療的コミュニティ，ストックブリッジの町そのもののという，幾重もの温かで受容的な共同体が形成されていますね。先生はそれをどのように感じられましたか。

小澤征爾ホール
1994年に建設された。ほとんどの室内楽の演奏会とタングルウッド音楽センター・オーケストラの演奏会がここで開かれる。非常に評価の高いホールで，数々の建築賞を受賞している。

小澤征爾ホールの内部

鑪：アンビアンス ambiance という言葉をよく聞きました。ストックブリッジには，たくさんの学者や芸術家が生活していて，そういう人たちが町の雰囲気を作っていました。

山本：アンビアンスという言葉を，僕は初めて聞いたんですけど，もうちょっと説明してください。

鑪：アンビアンスというのは，アトモスフィア（＝環境）というのに近い。あるいはシチュエーションユン（＝状況）と言ってもいい。リッグスの中にいると，「アンビアンス，アンビアンス」とよく言うんですよ。これ最初はよく分からなかったけど，環境とか雰囲気とか，場所とか。

山本：風土とか，そういうのも含めて。

鑪：そうそう。「リッグスの治療共同体としてのアンビアンス」というんです。その雰囲気，それが大事だと。だからそれを作りあげていこう，それを壊さないように，アンビアンスということを言って。

山本：だからその治療的風土作りと言ってもいいわけですね。

---

99) マサチューセッツ州バークシャー郡レノックスとストックブリッジにまたがる土地である。そこで毎年夏にタングルウッド音楽祭とタングルウッド・ジャズフェスティバルが開かれ，1937年よりボストン交響楽団の夏季の活動拠点となっている。長くボストン交響楽団の音楽監督を務めた小澤征爾の功績を称え，小澤征爾の名前を冠した小澤征爾ホールもある。

鑪：治療的風土ですね。その中で患者さんは抱えられていると。

岡本：それは幾重もの，抱える器があるみたいな感じですよね。病院の中，地域の中，という。

鑪：そうです，病院と地域と，そういった文化みたいな。障害者への偏見があまりないのと，仕事では，知的な働きをする人が多かったですね。あそこは，お役所とか，農家というのはそんなに多くないんですよ。農家でもトウモロコシと麦を育てるぐらいです。後は，小説を書いたり，技術者であったり，大学の教授であったりという人たちで，そういう人がたくさんいました。偏見もない。黒人に対しても，それから東洋人に対しても。小澤征爾さんがいたというのも大事だったのかもしれないけど。あの人もずっと長く，20年以上，ボストン・シンフォニーの音楽監督でしたから。そういうふうなことで，すごく雰囲気がよかったですね。

岡本：あの何と言うか，「もう絶対に抱える」という共同体の雰囲気は，どうやって作り上げられたんだろうなと思うんです。本当に居心地がいい。ムラー先生などは，1960年代はリッグスの黄金時代だった。あの頃はエリクソンもいたし，たくさんの有名な分析家がいて，あの頃に方向付けが出来て，それがずっと維持されているんだと言われました。当時の所長だったロバート・ナイトはすごいカリスマだったと。

鑪：おそらくナイトが作ったんでしょう，土台をね。

岡本：そうですね。でもそう簡単に維持できるものではないと思うんです。リッグスでは内部で，きちんとしたスーパーヴィジョン体制ができていますね。ジュニア・スタッフを採用して，それをシニア・スタッフがスーパーヴィジョンをして，本当に抱えつつ育てるんですよね。

鑪：ジュニアというのは，フェローですよね。フェローは，Ph.Dと，それからMDを取って，レジデンスをやって。だから専門トレーニングを受けている。心理だとだいたい30歳ぐらいですかね。それからフェローになるということでね。米国の教育システムとしては，ポス・ドク訓練に当たります。相当，経験があるんだけど。後は臨床経験を深めるためのスーパーヴィジョンが残っている。そのスーパーヴィジョンをできるだけやるというシステムができたんですね。

僕が入ったときに，現在中心になっている人たちが若いシニア・スタッフだったんですよ。僕がそうだったし，みんながね。フロム[100]さんも，プレイカン[101]

---

100) ジェラルド・フロム（Gerard M. Fromm）　現エリクソン研究所シニア・コンサルタント，精神分析家。エリクソンに直接，臨床指導を受けた経験をもち，長年，エリクソン研究所所長 兼 オースティン・リッグス・センターのメディカル・スタッフとしてリッグス・センターの発展に貢献した。トラウマの世代継承，ウィニコット理論とエリクソン理論の統合等，幅広い研究に携わった。主著に，*Lost in transmission: Studies of trauma across generations.* London: Karnac Books, *Taking the transference reaching toward dreams.* London: Karnac Books など。

101) プレイカン → pp. 126-129 参照

ジェラルド・フロム

ジョン・ムラー

ジェームス・サクステダー

さんも，ムラー[102]さんも，それからジェームス・サクステダー[103]もそうだし，多くが，そのまま残っているんです。

岡本：残っていることがすごいと思います。

鑪：僕が一緒に仕事をした人たちが，ずっとそのまま残った。これも少し特異。だから僕のことも覚えていてくれるっていうのは，そういうとこがあったんじゃないかと思うんですよ。メンバーが，本当に変わってないですね。これからは変わる可能性はありますよ。僕と同じぐらいの年齢の人たちだから。

岡本：リッグスの，本当にしっかりと抱える質，エリクソンが言っている基本的信頼感というものを，リッグス全体でしっかり支えるという，ものすごくレベルの高い質が，どうやってリッグス内部で受け継がれてきたんだろうと，向こうにいる時からすごく関心がありました。もちろんそのコアは，セラピスト−クライエント関係なんでしょうけども。そのことをリッグスの先生に聞いたんですけれども，やはりあの独特のスーパーヴィジョンだなと思ったんです。スーパーヴァイジーであるジュニア・スタッフは，リッグス内のシニア・スタッフがスーパーヴィジョンをするわけですが，ああいう信頼関係はちょっとないんじゃないかなと思うぐらい，インパクトがありました。

鑪：シニア・スタッフもジュニア・スタッフも，持っているケースの数というのは同じなんです。

岡本：3ケースですね。

鑪：3ケースまででしょ。みんなケースを持っているんです。それで，みんなプレゼンテーションしないといけないんです。そこで全部分かる。ごまかしがきかない。共同生活だからね。それもいいんじゃないかと思います。その中でのスーパーヴィジョンだから。だからそれもすごく生きるんですよね。

それと，あなたが行った時にあったかどうか分からないけれど，クリニカル・ミーティングと言って，危機的な状況で患者さんが大暴れしたり，ここに置いておけなくてどこかに移さないといけない事態になるような場合，ミーティングをやるんですよ。担当のメディカル・スタッフと，看護師さんと，ディレクター・

---

102) ムラー → pp. 126-129 参照
103) 前オースティン・リッグス・センター所長。

オブ・クリニカルサービスと，それからスーパーヴァイザーと。それらがぱっと集まって30分ぐらい。どうしようかと検討して。患者さんが調子悪くなると，頻繁にやる。それでどうにか支えられるんですね。担当者はすごく支えられます。僕はすごく支えられました。だから，他人ごとではないんですね。病院の患者さんにひとりひとりに対してどうするかっていう姿勢で，それをやるから。それとね，「あなたはどうしたい？」って言って，それをものすごく大事にする。担当セラピストが一番大事で，「あなたはどうしたい？」と。「こうしたい」と言うと，「こういう点はどうするか，ああいう点はどうするか」と，いろいろ質問があって，「だいたいこれがいいんじゃないか」と言ったら，「これでいいか？」と言って，「じゃあ，それでいきます」という形で。担当者が中心になって結論を出すようなミーティングなんです。けれど，そこには経験者が入ってるわけね。それが頻繁にありましたね。あれはすごく支えられると思う。

岡本：そうですね。

鑪：とにかく病院の中に保護室がないというのは，どんなに大変かと。保護室に入れたくなるんですよね。あんまり暴れたりするのがひどいときには，保護室に入れたほうが危険が少ないんじゃないかと思うこともある。でもがんばっていましたね。だからお薬も使うけど，お薬は最小限。サイコセラピーでなんとかやっていこうという，一致した意見で。そういう形でやっていたと思います。

それからアンビアンスということで言うと，リッグスの医師，サイコロジストは，みんな近くに住んでいるんです。そうすると，自分は勤め先に行っているっていう感じじゃないのね。自分が住んでいる町にある所に，出かけて行って，そこで仕事をしているっていう感じだから。コミュニティで，自分もそれで支えているという。だから支え方がちょっと違うんです。遠くから通って，そこに雇われているという感じじゃない。自分の住んでいるコミュニティの病院に自分も勤めている。そういう感じですね。それはだいぶ違うような感じがするなあ。所長もすぐ近くにいたし。みんなが近いというのは，やはり大きな意味があるんじゃないかな。本当に，村として支えているっていう。その村の中に関係者がみんな

STOCKBRIDGE AT CHRISTMAS

Stockbridge at Christmas by Norman Rockwell

住んでいるからね。そういう感じで支えているっていうのは，雇われて遠くから来て，仕事して遠くに帰ってというのと全然ちがう。日曜日でもそのへんをブラブラしている。食堂に行くと患者さんと会ったり。

岡本：そうそう。私はその町全体の雰囲気っていうのも，すごくいいなと思って。ムラー先生の奥様のセシリアさんとお話したときに，ストックブリッジは，こういう雰囲気が町全体で維持されているのかと聞いたら，「いやそんなことない。やっぱりそうでない，もうちょっと裕福でない方々が住んでいる地域もあって，そこら辺はスクリーミングが聞こえたり，叫び声が聞こえたり，という所もあるんだ」と。だからやはりあのオースティン・リッグス・センターを中心としたコミュニティというのは，そういう範囲なんじゃないかなと思いました。でもそれが何十年も維持されているっていうのは，すごいですね。

山本：客観的に見て，ストックブリッジの雰囲気を作っているのは，オースティン・リッグス・センターなんですか？

鑪：おそらくそうじゃないかしら。実質的に，一番町にお金を払っているのは，リッグスなんですよ。病院の収入で納税額が一番多い。アメリカでもああいうところは他にないんです。やはり永い歴史的な中で，独特なあのようなスタイルを作り上げたんでしょうね。

7-3. エリクソンの心理臨床

岡本：エリクソンの心理学というと，日本では Epigenetic Scheme [104] とか，いわゆる発達論は有名で，ほとんどのエリクソン学者は，そっちはよく知っているけど，臨床についてはあまり知らないという感じだと思います。私は向こうへ行ってみると，リッグスでは今なお，エリクソンがリアリティを持って生きているという感じがしました。みんなエリクソンの話をされますし。エリクソンがリッグスでやってきた仕事のうち，最もすばらしいことは，やはり人間が成長していく，心が回復していく土台をリッグスの中に作り上げたことではないかと，それが（エリクソンが）亡くなってもう20年も経っているのに，今なおしっかりと生きているということをすごく感じました。

それからエリクソンの心理臨床の特質も，やはりエリクソンの発達論が臨床に生きているという気がしたんですよね。例えば，クライエントさんが回復していくプロセスを理解する視点，相互の関わりがどのくらいできるか，そしていろいろなこれまでの大変な体験を自分の中で維持し，まとめていける力がついてきた

104）精神分析的個体発達分化の図式（Epigenetic Scheme）　エリクソンが『幼児期と社会』（1950）において提唱した人間の全生涯を展望した人格の心理社会的発達理論。人格の心理社会的発達には，8つの段階とそれぞれに心理社会的課題と危機があるとした。中でも，第5段階にあたる思春期から青年期の発達的危機としてアイデンティティの概念が明確化された。発達の「危機」，「相互性」など，エリクソン独自のアイディアが示されている。

のかなどは，エリクソンの心理臨床的な視点で，そういう視点でクライエントの理解ができるんじゃないかと，一層考えるようになりました。エリクソンの心理臨床論を，先生はどのようにお考えになっているかということを，もう少しお伺いできますか。

鑢：そうね，エリクソンの発達論，それから臨床理論ですね。エリクソンの場合，臨床ビジョンはあまりはっきりしない。それと発達論も学術的というか，それを心理学的にもう少し細かく見つめるとすると，いろいろ問題があるというのが，批判としてはある。彼の考えを割と大事にしている僕みたいなのもいるし，（エリクソンの）言葉があまりはっきりしない，もう少し用語をきちっと定義しないと使いにくい。彼の理論が臨床的にどう

80歳の誕生祝いの会のエリクソン

結びついているか，あまりはっきりしないという批判的な人もいるんです。

それでね，誰も批判しない，「本当にそうやね」というところは，エリクソン自身の臨床家としての腕ですね。「これはすごい」と。子どもにしろ大人にしろ，エリクソンが患者さんと出会うと，患者さんがよくなる，変わる。「なんでかよう分からん。けれどもやっぱり彼はすごい」という評価がある。それには誰も文句がつけられない。だから彼は臨床家としては抜群なんだけれど，理論家として抜群かどうかというのは，クエスチョンマークだという評価なんですよ，全体的には。アメリカ全体の評価は，そういうものだと言っていいと思う。

だからエリクソンは意外と臨床的には使いにくい。例えば，Epigenetic な発達で，信頼感とか不信，それは患者さんに対して，どう操作するかというときに，どこからもその操作の答えが出てこないんです。信頼感というなら，どういうふうにしてそれを築き上げていくのか。

それを，例えばメラニー・クライン[105]みたいに，内的対象関係理論で，内的な母親対象が傷ついている。だから，母親対象に対して，それを修復していくのに，ここが大事だから，ここのところをしっかり見ていこうという，Good object, Bad object のイメージとか，あるいはそこから出てきてそれに反応するときに，プロジェクティヴにね，アイデンティフィケーション（投影同一視）したような反応が出てきてしまう。それに治療者が巻き込まれていくので，それをどのように巻き込まれないように操作していったらいいのかといったこと。それはメラニー・クライン理論で見ると，臨床的に分かりやすいし，役に立つ。

---

[105] メラニー・クライン（Melanie Klein） 1882-1960 女性精神分析家。早期対象関係の重要性を認識。特に最初の対象として母親の持つ役割を重視し，この早期母子関係で働く防衛機制としての投影，取り入れ，分裂，同一視，投影同一視などを説明した。これらが，後に精神分析的対象関係論へと発展するとともに，統合失調症や境界例の心理力動の理解を発展させた。

ところがエリクソン的にその図式を見ていくと，そういうふうにはつながらないんですね。後で，よくなった時の姿というのは，なるほど信頼感がすごく高まって，そして今まで不信感の世界で動いていた人が，ずっと安定してきたな。なるほど，そうだと。そこでワンステップ上がって，次のテーマはこういう形で出ているんだなと，つまり解釈として見ると，すごくよく分かる。ところがその解釈に基づいて，治療的にどう操作するか，働きかけるかというと，そこにはまた別なものがないと，うまくいかない。説明がつかない。だからみんな，Epigenetic Scheme を臨床的にどう使ったらいいかっていうところで，非常に難しいと思う。
　あるいは転移の問題。エリクソンの図式では転移のテーマっていうのは，あまり考えられない。理論と臨床の間に少し，隙間があって，この間を埋めるには別の臨床理論がいる。
　メラニー・クラインやウィニコットが，臨床理論として大事なものになり，それからサリヴァンのテクニックで言うと，"detailed inquiry"（＝詳細質問）ですね。"detailed inquiry" って言うのは，何が起こっているかを，まずしっかり観察するということ。その次に，それはいつ頃から来たかといった観察をする。そうすると，「いつ頃から，どういうふうになっているのか」とずっと遡っていくことができる。あるいはこう，今につながる歴史的な出来事が，「どこで起こっていたのか」「どのように起こっているのか」といった質問が，臨床的に役に立つんです。これが分析の中心です。
　そういうクエスチョンは，エリクソンは何にも言っていないです。それを後付ける図式にすると，エピジェネティク（Epigenetic）な図式がものすごく役に立つ。だからその２つが要るのね。だから僕にとって，エリクソンとサリヴァンは，この２つがないとうまくいかないんですよ。そして後で見ると，「なるほど，ああ図式の中のここなんだ」ということがよく分かる。だからそれをどのように明確化していくのか，はっきりさせていくのかという「関わりのテクニック」ということになると，エリクソンは説明しない。そしてエリクソンは一人でうまくやってる。

　山本：エリクソンは，解釈を多用していたんですか？
　鑪：解釈もそんなに多くないんですよ，あの人は。あまり解釈しないですね。
　山本：かといって，質問をたくさんしていくってことでもない。
　鑪：でもないんです。だから頭の中でいっぱい考えているんだけど，あまり解釈しない。患者さんが何か言うと，「それだ」と言って。それをアンプリファイ（amplify, 広げる，展開する）する，そう言うやり方なんですよね。すると患者さんは元気づけられる。自分でやっているっていう感じだから，いつも自我の自発性に注目している。
　山本：その一番エリクソンらしいプラクティスのうまいところは，言葉にして

ないんですね。
　鑪：書いてないんですよ。ところが見ると，すごいことやっていると分かる。記録は残っている訳です。
　山本：でもケースはそのスキルのレベルでは書いてないですよね。
　鑪：書いていない。少し書いているのは，『洞察と責任』の中の，青年期で外国伝道をやろうとした神学生。入院した患者さんの夢の解釈とか。あそこのとこで少し臨床的なやりとりが出ているんです。
　山本：エリクソンは，日常の臨床では自由連想法やっていたんですか？　カウチで。
　鑪：カウチはやっているかどうかよく分からない。リッグスでは，カウチはあまり使ってないですね。
　山本：対面で自由連想的な会話を。
　鑪：はい，自由連想的な会話ですね。ゆったりした椅子だからカウチに近いんですけど。そういう椅子を使っている場合が多かったですね。どうでしたか？
　岡本：そんな感じですよね。
　鑪：足をこんなに投げ出して，ちょっとカウチに近いような，寝そべったり。
　岡本：大きなロッキングチェアみたいなのがあって。で，柔らかい絨毯みたいなのが敷いてあって，患者さんもそんなふうに。
　鑪：本当にカウチみたいに寝そべるように足を投げ出して，自由連想的にしゃべっているんですね。でもだいたい対面です。
　山本：技法がないという中で，先生がエリクソン流に夢分析をしたときに，すごくやりにくかったみたいな。そこのところを，もうちょっと説明していただけますか？
　鑪：患者さんとのやり取りの中で解釈しているのはよく分かる。ところがその夢を素材として患者さんとやり取りするときの，やり方はよく分からない。エリクソンはやり方を書いていない。エリクソンは，そこにはあまり関心がなかったんじゃないかと思う。
　岡本：エリクソンは，「私は，患者の言った言葉の意味が分からない時のみ口を挟んで，ほとんどは聞いている」というふうな記述がありますよね。
　鑪：そうそう，だから自由連想的なんですよ。それで最後には解釈するんですね。「これはこういうことですか」と言ってね。たとえば，「のっぺらぼうの夢」[106]。幌馬車の中にのっぺらぼうの人がいて，それはお母さんかどうか分かんない。そういう夢なんだけど。髪がバサバサとたれている。エリクソンも「白髪でこんな」，「それは私かもしれない」，「お母さんかもしれない」，「お父さんかもしれない」，「おじいさん（祖父）かもしれない」それからもっと進んで，「ギリシ

---

106) のっぺらぼうの夢 → メデューサの夢 → p. 144 参照

ャ神話の中のメデューサかもしれない」とか。ずっと彼の頭の中ではやっている。そして，エリクソンが「どんな感じですか」と言うと，（患者さんが）思い出すのがおじいさんのこと。「じゃあ，おじいさんの話をして」と言って。おじいさんの世界の中へ入っていくと，「おじいさんはすごく自分にとって大事な人ですが，最後のところで仲違いして。結局，最後は死に目に会えなくて，おじいさんにさよならと言えなくて。それを思い出すと，すごく悲しい」と言って，（患者さんが）涙を流す。エリクソンは，「本当に大事な人を亡くしたんだね」と言う。そういう形で彼はついていってるんですよね。だからそういうやり方というのは，技法的には，連想をうまく使って，連想でもって過去経験の中へ，ずっと深く一緒に入って行っている。そして患者さん自身が，昔の大事な喪失の体験に対する悲しみをしっかり表現していく。「それは大変だったね」って共感していく。そのプロセスが治療的に大事なんだという，説明なんです。

　その時に，自分の使っているのはこんな技法だ。こういう点が出てきたから，それに対して，こうして経験が深まったんだ，悲しみに対するテーマがうまく整理ができたんだとか，そういうことはあんまり言わないんですよ。

　山本：そういう患者さんと，相互作用の中で起こってくる内的プロセスを促進するのがすごくうまかった。ただ，どう促進したかは分からないんですね。

　鑪：そうなんですよ。確かにやったから変わっている。患者さんがどんどん変わっていく。ほんと柔軟でね。クライエント中心な感じがします。だから，患者さんにしたら，自分がしっかり信頼されているという感じを持ったんじゃないかと思いますね。患者さん自身がエリクソンから信頼されていると。エリクソンにしたら，そういう信頼体験を，ニュー・エクスペリエンス（=new experience）と言っています。

　山本：あ，エリクソンも使っているんですか。

　鑪：エリクソンも使っているんです。

　山本：ほう，対人関係学派独自の言葉じゃあないんですね。

　鑪：いや，ちょうど同じぐらいに出ているんですよ。ニュー・エクスペリエンスとか。

　山本：ニュー・オブジェクト（new object）[107]は，日本では小此木先生が最初に紹介されましたけど，ひょっとしたらエリクソンあたりの。

　鑪：エリクソンあたりかも，ひょっとしたらね。ニュー・オブジェクトという言い方ね。対人関係論的な言い方ですよね。

　岡本：それはどこに書いてあるんですか。ちょっとびっくりです。

107）思春期・青年期の心理面接関係の中で，面接者は父母代理としての側面よりも，むしろ面接者が父母とは異なった発達促進的な新しい対象になることを示す。ニュー・オブジェクトは，クライエント自身が思春期・青年期的発達心性の中で希求し期待する人物像であり，心理面接関係の中でそれが面接者に投影される過程がみられる。

鑪：『洞察と責任』の中の，ちょうどあの夢のテーマが出てくる，第3章だったっけ。

岡本：さっきのメデューサの夢，あれは第2章だったと思います。

鑪：そこに出て来ていると思います。だからそこらあたりは，自我心理学から離れるところです。それとメラニー・クラインなんかとも違うところですね。

山本：見方を変えれば，面接関係の関係性みたいなのをすごく重視していたからこそ，言える訳ですよね。

鑪：そうなんです。非常に対人関係学派と近いんです。その「場」そのものをすごく大事にして，「場」の中で新しい体験をしてるんだと。それが「治療的」なのだということなんですね。だからその治療的な「時」に，治療関係の中でも，新しい人物像がそこに生まれている。それが治療者。その新しい人物像との新しい体験，これが治療的なんだと。オーソドックスな人は，その古い人物像を解釈していって，洞察に基づいて新しいものを自分の中に作っていくということなんですね。だからそこでは，治療の「場」の関係や体験がそれほど重視されてない。

山本：二次的になってしまうよね。古い対象を再現する場になってしまっているから。

鑪：再現して，それを解釈することによって，「ああそうじゃなかったのか」とか，「それは自分の幻だったのか」ということに気づいていく。ニュー・エクスペリエンスは，もっとダイレクトなクライエントとの関係の中で，もっと積極的に，今まで体験したことのないことが体験されている。今まで知らない人物がそこにいる。それが私を受け入れているという事実の新しい経験が治療的で，それがその人を促進させる，成長させるという考えなんです。だから「今というこの場」が大事になるんです。

岡本：リッグスの図書室に，昔むかしの

1950年代のオースティン・リッグス・センターのケース・カンファレンス記録
スタッフの発言はすべて録音，タイプライティング後，製本され，リッグス内の図書館に保存されている。写真には，エリクソンの発言が記録されている。（許可を得て岡本撮影）

カンファレンスの記録が全部タイプに打って保管してありました。

山本：エリクソンがいた頃からの？

岡本：そう。ケース・カンファレンスの記録がね。「エリクソンはこう発言した」とかいう記録が全部残っている。おもしろいのは，当時のテープレコーダーですから，「ここは聞きとれず」と書いてあるんです。

山本：それ，タイプで打ってあるの？

岡本：そうです。だから，ラパポートやエリクソンの生の声が残っているんですよね。フロム先生などもエリクソンをすごく評価しておられましたし，そういうエリクソンの実像を知っている人たちの評価がどこから来ているのだろうかと，私は気になりました。今の先生がお話でよく分かりました。

鑪：カンファレンスなどでのエリクソンのコメントというのは，そういうポジティヴな方向について，気づいてないところを指摘したり。「ここ，どうなってるの？」という質問をしたり。だからみんなが，はっと気づくようなことがすごく多かったと，いうようなことをよく言っていました。

7-4．エリクソン理論の位置づけ
エリクソンの親友　ラパポートと自我心理学

岡本：リッグスにいたラパポート[108]も，エリクソンの支えであり，親友として重要ですね。

鑪：理論的な意味でね。ラパポートもしっかり訓練を受けたサイコロジストです。理論家としてはみんなから尊敬されていた。エリクソンをなんとか自我心理学の枠の中に入れて説明しようとしていた。エリクソンを守ってた人ですね，ラパポートは。

岡本：エリクソンもラパポートをすごく大事にして。お互いに大事にしていた。でも，ラパポートが早く亡くなってしまった。

鑪：そう。あれも惜しかったです。ただどっかでエリクソンは，「ラパポートの友情はうれしいけれども，私はその中に入らないよ，含めきれないんじゃないの」，「ちょっとはみ出してしまうな」というようなことを感じてたんじゃないかなと思いますけど。エリクソンが，ちょろっとそういうことを言ってた頃があります。

ノーマン・ロックウェルによるラパポートの肖像画（オースティン・リッグス・センター所蔵）

108）デヴィット・ラパポート（David Rapaport）1911-1960 ハンガリー出身のアメリカの心理学者。大学で数学・物理学・心理学を学び，1938年アメリカに移住。精神分析学の立場から自我心理学の発展に貢献。主な業績は，精神分析理論の体系化，思考過程とその病態化の研究。オースティン・リッグス・センターで携わった統合失調症を対象としたロールシャッハ反応の思考病理学的分析は特筆に価する。

7. オースティン・リッグス・センターでの臨床経験

岡本：例えば先生が『著作集』の第1巻[109]の論文の中で書いておられますよね。「ラパポートはエリクソンの発達論を，無理やり自我心理学の中に位置づけようとしていたのではないか」と，先生が書いておられて。

鑪：エリクソン自身の言葉もあったんじゃないかと思う。「そんなに無理しなくたっていいよ」というような。ただどこかで，フロイトの伝統の中で自分は生きていきたい，離れないでいきたい，というのはあったと思います。しかし，自分の考えが自我心理学かどうかは，彼としては少し違うと言うと思う。

山本：でも実際には，その時代性とか歴史性とか，一つの関係性という意味では，むしろ対人関係学派のアイディアに近いですよね。

鑪：そうです，近いんです。

アメリカ精神分析学界における対人関係学派

鑪：ウィニコット[110]が受け入れられるようになって，エリクソンの理解が進んだんだと思います。ウィニコットは，ニューヨークに1回来たことあるんです。その前にね，ガントリップ（H. Guntrip）をホワイト研究所が呼んだんです。イギリスの対象関係論についていろいろ説明した。その中で，ガントリップとウィニコットは非常に近いんですね。ガントリップは5回講演したのかな。それが1冊の本になって出ている。あれはなんていう本，"Schizoid Phenomena: Object Relations and the Self."[111] だったかな。

山本：先生がホワイトにおられた時代ですか？

鑪：いや，僕の後ですね。60年代の後半か70年の初めですね。ガントリップもオーソドックス（＝正統フロイト派）の人たちから，だいぶ厳しく扱われた。あの頃は党派性というのが強かったですね。僕がいた時代もすごく強かったですけど。ホワイト研究所では，みんながよく分かると。サリヴァンの理論をある意味で増幅するような形だから，全く別なところで同じようなものが出ているなということで，よく理解された。だからホワイト研究所では，ガントリップも感じがよかったんじゃないかと思います。

次に，本家のウィニコットを呼ぼうということになった。ウィニコットも，ホワイトで講義したんですね。その時にはみんな，よく分かって，よかったという。ニューヨーク精神分析研究所（New York Psychoanalytic Institute），フロイディアンの牙城で講演したら，こてんぱんにやられた。それでウィニコットは失望し

---

109) 鑪幹八郎著作集　第1巻『アイデンティティとライフサイクル論』ナカニシヤ出版　p.12
110) ドナルド・ウッズ・ウィニコット Donald Woods Winnicott　1896-1971　イギリスの小児科医，精神科医。「ほどよい母親」（good enough mother）「本当の自己と偽りの自己」「移行対象」「ひとりでいる能力」などのアイディアで知られ，精神分析のなかで対象関係論の発展に貢献した。主著として，『情緒発達の精神分析理論：自我の芽ばえと母なるもの』（牛島定信（訳）　1977　岩崎学術出版社），『遊ぶことと現実』（橋本雅雄（訳）　1979　岩崎学術出版社）など。
111) Guntrip, H.　1968　*Schizoid phenomena: Object relations and the self*. London: Hogarth Press.

てね。「アメリカにはもう二度と行かない，すごく大変だった」という話を聞きました。だからそこらあたりは，まだセクト主義というか，特にホワイト研究所の位置も，そんなに精神分析学界の中では高くなかったんです。80年代だから。ウィニコットがアメリカに来るのが，12, 3年ぐらい早かったんです。そのころは対人関係論とか，アンビアンスとか，場の問題とか，母子関係のホールディングとかね。それらは，「教育であって，分析ではありません」と。「だからそういうのを強調してもしょうがない」とか言って。「分析の根っ子は無意識と解釈と洞察だ」と。だから相手にされなかった。

ところがホワイトの場合は，それが土台なんですね。治療者・患者の関係こそ大事なのだと。それがなかったら，治療が成り立たないというところから始まってるから，全然違うのですよ。

鑪：だんだんその後，本流の自我心理学のグループの中で，シェイファー（R. Schafer）が少しずつ少しずつ変わっていく。少しずつ関係論を受け入れ始めます。それからマートン・ギル（M. Gill），翻訳が出ましたよね[112]。あの人もラパポートと同じように，オーソドックス（＝正統フロイト派）の理論家なんです。それが変わり始めました。最後には，自分はホワイトのメンバーになりたいと言っていた。そのくらい変わってしまった。

それから，モリス・イーグル（M. N. Eagle）という人も，オーソドックスなタイプで，理論家だけども，オーソドックスな側から言うと，だんだんひより始めたのね。関係論的になって。

精神分析の全体がずうっと動き始めた。陰でやってたホワイトの人たちが外側に出てきた。その中心がスティーヴン・ミッチェル（S. Mitchell）[113]なんだけれど。その前からそうなんですよね。まあホワイト研究所の創立者のクララ・トンプソン（C. Thompson）もそうですよ。それからフロム-ライヒマン（F. Fromm-Reichmann）[114]もそうでしょ。フロム（E. Fromm）[115]は完全に社会的なものを

---

[112] Gill, M. 2006 神田橋條治・溝口純二（訳）転移分析―理論と技法 金剛出版

[113] スティーヴン・A・ミッチェル（Stephen A. Mitchell） 1946-2000 アメリカの精神分析家。ミッチェルは，ウィリアム・アランソン・ホワイト研究所で対人関係学派の訓練を受けたが，その後，対人関係論，英国対象関係論，自己心理学を含みこむような精神分析の理論と実践の再検討を行った。彼は，フロイトの古典的な欲動理論と対比して，その他の関係的な精神分析の諸理論は，心の成り立ちについて欲動理論とは異なったメタ心理学的見解を内包していると考え，欲動に代わる心の組織化の原則として，「関係基盤」という概念を提出した。この欲動基本図式から関係基本図式への展開を，ミッチェルは精神分析における一つのパラダイム・シフトと見ている。ミッチェルの提唱する立場は，アメリカで広く受け入れられ，対人関係学派というグループが形成された（横井公一 2002 ミッチェル，スティーヴン・A. 小此木啓吾他（編）精神分析学事典 岩崎学術出版社 pp. 554-555 より抜粋）。

[114] フリーダ・フロム＝ライヒマン（Frieda Fromm-Reichmann） 1889-1957 アメリカ合衆国の心理療法家。精神科医。ドイツ南部のカールスルーエで誕生，ナチスによるユダヤ人迫害が増すと，アメリカへ亡命した。心理学者エーリッヒ・フロムと結婚。離婚後も交友関係は続いた。主著に，『積極的心理療法：その理論と技法』（阪本健二（訳） 1964 誠信書房）など。

[115] エーリッヒ・フロム → p. 44 参照

取りこみながら，その中でやっていく訳だから，どんどんそっちの方が出てきたってこと。そしてそれが，言葉の上では「関係論」という形で，ミッチェルの言葉でまとめられたというのが，80年代半ばから後半にかけてなんですよ。

インターナショナル・サイコアナリティカル・アソシエイション（IPA）

　一方ではまた，ホワイト研究所が政治的に動いたこともある。オーソドックス・グループの中心，ニューヨーク・サイコアナリティック・インスティチュート（New York Psychoanalytic Institute）というのは，医者はトレーニングを受けられるけど，サイコロジストは受けられない。医師のみ正式の精神分析の訓練を受けることができる。心理の人は，リサーチ・アナリストでトレーニングを受けてもよいが，精神分析家として開業してはいけませんということになっている。そこでホワイトの人たちが中心になって，「学ぶ者に対する権利を剥奪している。学習者の権利剥奪」と言うことで，訴訟を起こした。そして，ニューヨーク州では勝った。それで，オーソドックスの中にサイコロジストを正式に入れないといけなくなったんです。だから，どんどんサイコロジストがオーソドックスの正式のトレーニングで入るようになった。

　一方では，世界の精神分析の組織の図が変わりはじめます。2000年になってからぐらいでしょうか。インターナショナル・サイコアナリティカル・アソシエイション（IPA）[116]，オーソドックスの人たちの大きいグループ。ホワイト研究所は無視されて参加を拒否されていた。それが2014年に，IPAに入らないかと誘ってきた。これは驚きの大変化です。

　山本：これからは国際精神分析学会の一つのメンバーとして入ることになった。
　鑪：僕がいた間は，歴史のはざまみたいな時でしたね。大きな変化です。現在は一緒にやろうという形になっています。

7-5. リッグスでの臨床経験の意味

　岡本：オースティン・リッグス・センターでの先生の経験の最後のまとめとして，先生ご自身にとって，リッグス体験の意味は何だったのでしょうか。
　鑪：基本的に同じ考えの人たちと，一緒に仕事をしているという実感がありました。自己愛的人間がいなかったので，仕事が本当に楽でしたね。どこでも自分を売りたいとか，目立ちたいとか，あるいは認められたいという人がいる。ところが，リッグスではそういう人に会いませんでした。割と，学びたいという感じと，いつも患者さんに集中して患者さんの問題は何かということを，みんな考えて生活している人が多かった。

---

116) IPA（International Psychoanalytical Association：国際精神分析学会）　1910年にフロイト，S.によって創設され，フェレンツィに受け継がれた学会。12,000人の精神分析家の会員からなる。

リッグスの体験の意味を考えると，重症の精神障害の人への心理療法のあり方を学んだということでしょうか。それは治療共同体ということの意味。そして比較文化や日本人としてのパーソナリティの特徴といったことを考えさせられました。これはそれぞれ深い体験だったと思います。
　「文化とパーソナリティ」ということで言うと，日本的自己像のテーマで考えると，日本人の場合は，自我のあいまいなものが多い。この曖昧なのをアモルファス amorphous[117] という言葉で表現しようとしました。アメリカ人の場合は，強烈な自己愛なものが多い。自分を売ることにすごく積極的な動きをする人が多い。それが少し人の話も聞けるようになる。日本の場合は逆で，自我の強化というのは，そういう意味のバランスを取れることである。
　アメリカの自我で自己愛的なものが少なく，その中間の自我のあり方，健康な自我というときの僕のイメージが，分析家なんですよ。分析家には，極端に自己愛的に自己主張して相手をやっつける人はあまりいない。自己主張ばかり勝手にするんじゃなくて，相手の言うことを一生懸命聞く。
　リッグスには，分析家のイメージに合う人が多かった。だから日常生活のアメリカ人といった，もう非常に外向きの，アグレッシヴで割と自己愛の強い人たちの集団みたいなものと，ちょっとイメージが違うんです。
　岡本：違いますね，本当に。
　鑪：だから向こうは，日本的な側にもっと寄ってこないといけないし，理解して，少し受け身的になって。日本は受け身的すぎるから，もう少し自己主張をして，バランスが取れるようになっていく。そのバランスが一番取れている人格像というのが分析家なんです。それに近いんですね。だからリッグスにいたときも，居心地が良かったと思うんです。話がよく分かる，しっかり聞いてくれる，そして意見もちゃんと言う，というそのバランスが取れている。
　岡本：なるほど。すごくよく聞いてくれるというのは，私も感じましたし，もう一つ感じたのは，ものすごく自分のことをよく話してくださいますよね。
　鑪：聞かれたら言うんですよね。
　岡本：そう，ものすごく率直に。ああいうのは私も気持ちよかったです。
　鑪：あれは，半分は文化でもあると思うんですよ。その自己表現を言葉でやるという，アメリカ文化はまさにそうです。
　岡本：そしてリッグスでは，エンヴィ（=envy，羨望・嫉妬）の世界が少なかったと。
　鑪：自己愛の裏にあるのは，エンヴィの世界と僕は思うんです。つまり他人が自己愛的であることを拒否したくなるんです。自己愛同士だから。そうすると角突き合ってぶつかるからね。そして負けた時に出てくるのは，いつもエンヴィの

117）アモルファス自我構造 → p. 112, pp. 229–230 参照

世界です。そうすると，蹴飛ばしたり，足引っ張ったり，いろんな破壊的な反応を起こしてしまう。そういう体験は，リッグスの時にはほとんど無かった。

患者さんを診ていると，それが典型的にある。僕が診ていたエリック[118]というボーダーラインの人は，その典型でした。もうすごかったです。人が持っていたら，全部奪ってしまう。エンヴィというのは本当に扱いにくい，一番難しい世界だと思います。メラニー・クラインがここに集中して，それを破壊的な要素として見ているのは，よく分かるような気がします。

8. 夢分析について

8-1. 夢に対する関心と『夢分析』シリーズ

山本：次に，先生が長く取り組んでこられた夢分析について，お伺いできればと思います。特に最初の著書は，『夢分析入門』という形で出版され，3冊のシリーズ[119]になりました。改めてその夢分析の持つ意味や意義，夢分析について先生の経験について教えていただければと思います。

鑪：精神分析の始まりは，フロイトの夢判断ですよね。『夢の解釈』という本。夢と精神分析というのは，もう同義語みたいな形で進んで，切り離すことはできない。それからいろんな文献を見ても，夢は頻繁に出てきています。私が夢に関心を持ったのは，自分の個人分析のときに，よく夢を見ていたんです。だからそれをいつも話していたんです。そこから得られるものは，すごく多いということは，実感としてあった。それで自分のトレーニングの中でも，夢があれば積極的に扱う。僕の場合，「夢を言ってください」と，クライエントさんに言っていた。

普通は自由連想の中に夢を扱うとしても，こちらから指示したり要求したりすることは，自由連想に反するから，オーソドックスの人はやらない。ただ僕は，夢はとにかくおもしろいと。夢は非常に重要な材料をたくさん提供してくれる。しかも精神分析に沿うような材料は，夢の中に出やすい。我々の幼児期のことなどは，夢に出てくる。だから分析に関しては，積極的に夢を使ったらいいということを，ずっと思っていたんです。

ところが，トレーニングを終えて日本に帰って，精神分析学会に行っても，夢の報告はないんですよ。それから周囲にいる人も，ほとんど夢を扱わない。ところがね，ユンギアンは夢を使うんですよ。夢をちゃんと書かせて，「書いて記録して持ってこい」と言うんです。僕は夢でずいぶん助けられたから，精神分析の人たちももっと，積極的に使ったらいいと思っていた。だから「何とか夢を使うよ

---

[118] エリック → 鑪幹八郎（1986）リッグスだより　誠信書房　pp. 86-98 参照
[119] 鑪幹八郎　1976　夢分析入門　創元社
　　　鑪幹八郎　1979　夢分析の実際　創元社
　　　鑪幹八郎　1998　夢分析と心理療法　創元社

うにしたい」がスタートなんです。

　それで，クライエントさんには夢に誘うというような形で，だいたい最初の面接の時に，よく眠れるかということをまず聞いて。そして「夢を見たりしませんか」と言うと，「いやあ，よく見ます」という人もいるし，「あんまり覚えてません」という人もいる。それでその次に，「夢を見たら，きっと材料として役に立つと思うから，短いとか長いとか関係なしに，教えてください」という。そうすると，クライエントさんは，だいたい夢を報告する。それで最近は，「書いてきて下さい」と言って。書かない人もいますけど。「夢を見たら，最初に言ってください」と。夢から（面接に）入るんです。それから自由連想に。だから「夢を連想してもいいんですよ」と。

　それで，日本では，精神分析の領域でも，みんなでもう少し夢を扱ったらどうかと，あの『夢分析入門』を書いたんです。僕も勉強しようという感じもあったから，『入門』は，フロイトから始まってユングも入れて，いろいろな人を入れて，その中でエリクソンを中心にしたんです。だからあの本は，人の仕事を紹介する形だから，割と早く書けました。

　その次は，普通の人はどうするかという問題ですね。日常生活で夢が増えて，夢に関心を持ってくれたら，と。だから今度は普通の人の，夢に対する関心のレベルを上げる必要がある。だから，「日常生活における夢分析」です。2冊目のテーマは。

　岡本：『夢分析の実際』[119]ですね。

　鑪：割とこれも早く書けたんです。これはまあ，『入門』の流れで，専門家になりたい人は，まず『入門』を読んでほしい。ただ自分の夢にも親しまないといけないから，どのように親しむかといったら，『実際』を読んでくれればいいという，つもりでね。だからあの中には，僕の夢もたくさん入っているんですけど。そういうふうな形でした。

　ところが本当にやりたいのは，3冊目なんですよ。「心理療法の中での夢の扱い方」。これを書くのが，難しい。時間がかかりました。『入門』と『実際』の方は2，3年ずつぐらいでできたんじゃないかな。その後，20年ぐらいかかったかな。

　岡本：先生のご定年の年でしたよね，『夢分析と心理療法』[119]が出たのは。

　鑪：書けないんですよ，なかなか。それでもがんばってやったのが，あの本です。ですから3冊本だけど，3冊目は間があいています。僕の気持ちとしては，とにかく夢について関心を持ってほしいということで，みんなに助けていただいて翻訳したボニームの本なども，その流れなんですね『夢の臨床的利用』[120]。実際，ボニームの本は，そういう意味では，実際に非常に役に立つ本です。

120）ボニーム, W.（著）鑪幹八郎・一丸藤太郎・山本力（訳）　1978　夢の臨床的利用　誠信書房（Bonime, W.　1962　*The clinical use of dreams*. New York: Basic Books.）

もう1冊はガセイルという人の，やっぱりどっちかというと対人関係学派に近い人の本ですけど，"Handbook of Dream Analysis"，翻訳書名は『夢分析の手引き―心理療法の実践のために』[121]というのがあるんですけどね。新潟の人たちと一緒に翻訳しました。40年ぐらい前の本です。まとまったいい本です。もうこれで夢については，僕の場合は，だいたい終わりかなと思っているんです。対人関係論的に方向づけられた夢分析ということで，まとまるんじゃないかなと思います。

8-2. 夢への関心に対する文化差
　鑪：日本の場合，関心が薄い。西洋の場合と日本の場合の，夢に対する態度が，違う。日本では，我々は夢に生きているような感じです。普段の生活が夢に非常に近い。ところが西洋の方は，異物なのね。日本人は普段，夢心地で生活している。だから無意識と意識の境目が，割と希薄じゃないかと。
　岡本：日本人の場合は，ですか。
　鑪：日本人の場合，夢みたいに生活していて，僕の感じでは，正気の生活と夢の生活というのがあまり差がない。夢っていうのは別に特別なものじゃない。夢に関心がないんじゃなくて，夢に近すぎる。夢として独立した，一つの異物を材料にして，精神生活に役に立てる，無意識の産物だという形で，エッセンスを取り出しにくい。日本の場合，その意識と無意識の境界が，薄いんじゃないか，そういう感じがする。
　岡本：今，先生がおっしゃったのは，例えばアメリカ人は，意識化，言語化と，ちゃんと示すということを，ものすごく大事にしますよね。
　鑪：そうそう。無意識は何なのかといったときに，夢というのが一番分かりやすい材料なんです。非常にしっかりした材料。そうすると，それを引っ張り出して，料理する。そうすると意味のあるものになるというのが，夢分析なんです。
　山本：夢を見ると，自分の深いメッセージが外在化して見れるから，インパクトがあるんですよね。ぴったりとくっついてたら，あんり問題意識を持たない。
　鑪：そう，日本の場合，問題意識が出ないんです。日常生活のものだから。激しい夢を見ると，「ああ，こんな夢見た」とか言うけど。
　山本：家族に言ったりしますよね，「今日，こんな夢見た」って言ってね。
　鑪：それでおしまいなんですよ。だから分析の中でも，夢を語っているのか，現実を語っているのか，分からないような人ってたくさんいるでしょ，日本の場合。夢に対する特別な関心とか，それを料理するとか，というような感じが，日本の場合，ちょっと違うのかな。

---

[121] ガセイル, E. H.（著）鑪幹八郎（監訳）2015　夢分析の手引き：心理療法の実践のために　創元社（Gutheil, E. A. 1951 *The handbook of dream analysis*. New York: Liveright Publishing.）

ただユンギアンの場合は，もう夢を表題にして，「これが材料です」と。それ以外の材料は使わないっていうぐらい，積極的なのです。だからユングとフロイトの方法論の違いに，あまり注目が行ってなくて。だから僕が夢の本を書いても，あまり関心が高くないんですよ。

岡本：でも先生，私たちが院生の頃は，わりと臨床のディスカッションで夢の話もしたし，それから先生も夢の研究をなさっていたし，研究としてもあの頃は，例えば夢の見方と自我機能とか，夢の見方とアイデンティティとか，いろいろやっていましたね。

山本：学派によってどう違うのかとかね。

岡本：そうそう，割とおもしろい研究がありましたね。ただ，80年を過ぎる頃から，そういう研究も，なくなってきている。この30年は，ほとんど進展していないと思う。それは何なのかなというのは，私も疑問に思っています。

鑪：全体的に言ったら，そういうことだろうと思う。だから夢というのは特別なものであり，特別にそのために知識を増やしたり，技法を学んだりしてやっていく必要があるが，そういう形になっていない。外国から取り入れるその取り入れ方が，どうしたらいいかということに，焦点が合ってるんだね。原理についてというより，方法を重視するというのは，心理学に限らず，日本の特徴です。

だから日本のリーダーが誰かによって，すごく変わってくるんじゃないかと思います。

山本：おっしゃるように，「人」なんですね。リーダーの「人」なんですよね。ユング派にしても河合先生が亡くなってから，ちょっと縮小してきてますよね。

鑪：リーダーによってどうなるか，変わるっていうことがあるんじゃないかと思う。夢は実際にものすごく重要だし，おもしろいけれども。

岡本：そう思います。

8-3．夢の象徴的理解と解釈

鑪：もう一つ，精神分析の人たちの教育不足の部分は，イメージと象徴です。理解がちょっと薄い，乏しい。日常生活の中でも，象徴として見るんじゃなくて，具体的な動作として見てしまう。言葉も，生の具体的な言葉として見てしまう。そうなると，その背後に隠されている象徴的な意味とかが分かりにくい。

ユンギアンの人たちは，それをなんとか象徴として理解しようとする。ユンギアンの場合，その象徴がパターン化されて理解されている。それはちょっと問題があると思う。パターン化しないで，象徴をいろんなレベルの象徴として理解すると，もっと夢が生きてくる。例えば，フロムの『夢と精神分析』[122]のように，個人的な象徴レベル，もう少しグループ的な象徴レベルがあると。ユングはその上

122）フロム，E.（著）外林大作（訳）1952　夢の精神分析：忘れられた言語　創元社

に，普遍的な象徴レベルを言っている。実際には日本の中で，いろいろ出てくるものを，文化も含めてグループ的な，象徴レベルで理解するというのは，大事だと思うね。

　日本の場合，例えば，夢の中に，自分のおじいちゃんが出たり，お母さんが出たり，友達が出たりすると，そのものとして理解してしまう。それはおじいちゃん，それはお友達，それはお母さん。すると，お母さんの背後にどういう象徴物が隠されているか，お父さんの背後に，友達の背後に……。こういう理解の仕方をしないんです。これが欠けてしまうと，即物的に人がそこにいるというだけになる。そうすると，夢が死んでしまうというか，夢をうまく使えない。夢は，心の一つの現れです。心の現れとは何かというと，それは象徴で示されるから，どういう人物が出ても，それは私，これは私，あれは私と。動物が出ても，それは私になる。フロイトが言う象徴の多重決定性というのは，一つのものがいくつも象徴によって包まれて表現されているということですが，そういう見方で夢をやっているとよく分かる。けれど日本の場合，あまりそういうふうに理解しないんですよね。

　岡本：もっとストレートにね。

　鑪：ストレートにね。

　山本：お母さんが出てきたら，なんでお母さんが今，出て来たんだろう，って考えているうちに，ひょっとしたら何かとつながっているということを考えますよね。

　鑪：そうそう，お母さん，おばあさん，あるいはお友達とかね。それを女性一般とか，さらに母性的なものとか，つながるといいけど，つながらない。具体的にお母さんで終わる。夢に関して言うと，その情動とか動きが大事なんです。

　山本：動きの共通性というね。

　鑪：動きの共通性ね。動きからは，その人の防衛のパターンみたいなのが，よく分かる。けれど象徴というのは，今言ったように，人物像，もの，動物でも，汽車でも，コーヒーカップでもいいんだけど，それにまつわる，いろいろな観念や経験を表しているのだという理解の仕方ができるかどうかです。それが夢理解ですね。

　人物関係でもそういうふうに，象徴的に見ると，理解が広がり深まると思います。転移状況というのも，象徴的に見ていると分かります。関わっているんだけど，治療者をその人として見てない。お父さんとして見てたり，友達として見てたり，恋人として見てたり。解釈というのは，その象徴と現実とを区分けしていくことでもあります。これが「脱幻想」という仕事です。

　それを一番典型的にやるのが，夢解釈なんです。人物像が出てくると，「あ，これは私ですね。これはあなたですね。ここにいるこれは誰？」，「これはお父さんだ」とか言って。夢が，もう全然違った人のイメージとして現れてくる。これ

が夢解釈の基本になる。日本の場合，それがなかなかできない。学生もなかなか，そこのところ分かりにくい。

山本：自分との関係性，ボニームの本で出てくる言葉で言うと，パーソナル・グロッサリーっていう言葉を使ってるけれども，そことの関連ですよね。

鑪：ええ。だからそれはパーソナルなレベルですね。これが一番役に立つんだけど，それ以外のものももちろんあって。日本人の夢と，アメリカ人ならアメリカ人の夢とちょっと違いがある。それらの共通性を求めるためには，もう一つ上の次元でないと求められないですよね。もう少し文化的なレベルになったり，あるいはそれを超えるようなものになったりというふうに。夢の場合，いくつかの層が出て来ざるを得ないでしょうね。

私たちは日本でやるんだから，文化的なことまで考えなくとも構わないんじゃないかと思うけど。夢は，面接関係をものすごく膨らませることができるんです。普通の言葉でしゃべっていても，その人はすごく象徴的な言葉でしゃべっているんだなと，こちらに通じる。

それはワンパターンのメッセージじゃなくて，重複したメッセージとしてこちらに伝わってくる。「ところで，こういうこともありますかね」って重複メッセージを相手に返すという，それが面接関係の中での仕事です。

山本：でもそれは，セラピストにすごい想像力を必要としますよね。

鑪：想像力っていうのは，結局，夢的想像力なんです。象徴語として相手の言葉を聞くわけ。そういう意味では，夢はやはり精神分析の一番王道であることは間違いない。僕がずっと関心を持ち続けてきたのは，そういうことです。

山本：ずっと，ユング派のように夢を使わなくても，日常臨床の中ではクリティカルな場面だけ夢が出てくるから，それをうまく扱えればね。

鑪：それで十分です。ただ，誘う必要はありますね。そうすると，もっと出る。「ところで夢は見ませんか，夢を見たら持ってきてください」と。つまりカウンセラーが，夢に関心があることが大事なんです。「先生，こういうの見たけど」とか言ってくれるとき，「これ，つまらん夢だから」とか言ってね。だからせっかくごほうびを，わざわざ持ってきてくれている，お土産を持ってきてくれているんだけど，「すごくつまらないお土産で申し訳ない」というような感じで持って来るんですよ。こちらは，「おおーすごい，すごいお土産ですね」と。こういうふうに受ける。すると，（クライエントが）「ええ？ なんですごいんですか」って。そこで解きほぐしていくのが，夢解釈です。そういう形でやると，とにかくおもしろいということでね。

僕がやったのは，絵画や映像というところで，その象徴を学生も分かるようにということで，いろいろなシュール・レアリズムの人たちの絵とか，そういうものをみんなにしっかり見てもらったり，映画を見てもらったりしました。内的なイメージや，そこに出ている象徴的なものを，意味のあるものとして学生が使え

るか，使ってほしいという気持ちで，いろいろ今までやってきていたんです。また夢解釈についてよい方法を考えたのが名島潤慈[123]さんですね。
　名島さんの夢解釈の本は，第一水準とか第二水準とかいう。夢の内容について，「これについて何か思いつきませんか」と言って，連想を膨らす方法。夢のエレメントと連想をつないでいく。あの方法は，夢の分析にとっては，とても分かりやすいし役に立つんじゃないかと思います。ああいう形で，それを入り口にして，夢分析の方にたくさん入ってくれたらいいんじゃないかなと思います。
　岡本：あれは分かりやすかったですね。
　鑪：日本の場合，あまりにも馴染みすぎてね。それから象徴的なものは，日本の生活の中にいっぱいある。例えば典型的なのは，仏像でしょ。仏像はどう見ても，人の姿には見えない。十一面観音なんて，こんな頭の上に頭がいっぱいあったり。後ろに手がいっぱいあったり。しかし，みんな違和感がなく，拝んでいるんです。なんでそれに違和感がないのか，不思議です。つまり，そのくらい，我々は馴染んでいる。これは夢の世界に近い。なんの違和感もない。そのくらい我々は，日常生活の中で無意識的世界を生きている。だから，どこへ行っても，ちゃんと手を合わせて拝むことができる。きちっとここから先は無意識，ここから先は意識であると，切り離して生活している西洋，近代的自我の時代というのは，しんどい世界だなあと思います。だから精神分析という特別な技法でもって，もう少しこれらを混ぜ合わせて楽になりましょう，というのがフロイトの精神分析ですよね。
　山本：そう考えると，我々のやっているカウンセリングというのは，夢だけじゃなくて，日常生活の報告も，ちょっと夢分析的な手法で関わっていってもいいということでもありますね。いろんな報告が，ある種の何かを象徴しているみたいに見て，そこから紐解いていくみたいにね。
　鑪：確かにそう。一つの色でものを言ってない。ただこれは茶碗だというだけではないんです。いっぱいそれにくっつけたほうがおもしろい。
　山本：ちょっと遊び心がいりますけどね，それやっていくの。ちょっとゆとりがないと，なかなか出来ない。
　鑪：まあ，遊び心といえば遊び心。即物的な面と，無意識的なものが混ざり合っているのが，一緒になっているから。日本の場合，非常に区別しにくいというところがありますね。
　山本：この夢分析のやり方を，例えば，技法レベルでは箱庭療法を使ったり，夢分析を使ったり，ちょっと似ているところがありますよね。箱庭療法は，今までの大学教育の中で，表現療法論とかいろんな形で使われているけど，夢分析を

---

[123] 名島潤慈　1999　夢分析における臨床的介入技法に関する研究　風間書房
　　　名島潤慈　2003　臨床場面における夢の利用—能動的夢分析　誠信書房

独立しては，あんまり教えているところは多くない。で，そんなに夢を詳しくなくっても，学生に初歩的な訓練とか教育する，何か分かりやすい方法ってありますか？

鑪：京都文教大学では夢分析をやっていたんですよ。授業の中で，箱庭と夢分析と入れて。自分の夢を持って来て，みんなで話し合うという，そういうやり方ですね。

山本：でもそれは，内部のディスカッションでしかないですよね。

鑪：そうです。だからそれでいいんですよ。それでだんだん，みんなが膨らんでいくんですよ。箱庭なども，もう少し解釈を入れるべきだと僕は思いますけど。ただ見ている，ただ作らせるだけじゃなくて。ユング派の人たちも，ほとんど解釈はやらないですね。

岡本：面接の中で，それを話し合う？

鑪：面接の中でとか，話し合って積極的に働きかけるという。「これはなんですか」「こういうふうに見えませんか」とか。「これはすごいですね」「そういうふうに見える場合もありますか？」とか言って。ユング派の人は，内的なものを投影されたその表現の作品として，こちらに置いてしまうんですよ。そうすると，二人の間の面接の交流の中に，その作品を持ちこむという形になっていないんです。だから「黙って見なさい，観察しなさい」「そこにいなさい」というのがユング派の人たちですね。

ユング派の人たちは，箱庭の内容について，「象徴的にこれ，どうですか」と聞いても，あまり言わないんです。夢を使うように，箱庭を使ってないんですよね。作品がテーマではないんです。関わりがテーマだし，結局その内的な表現が，言葉は悪いけど，まともな表現なのか，歪んでるか，あるいは多重に表現されてるものが，だんだん集約されて一番重要な表現になっていくのかということが，一番大事なことなんです。我々が，他の人と関わるときに，ストレートに関われるようになったときに，一番楽なんですね。対人関係的に歪みが無いわけでしょ。それを作り上げるのが，サイコセラピーだから。

岡本：先生がおっしゃっているのは，できあがった作品を，例えば，「この中にあなたはどこにいますか」とか，そういう働きかけですか？

鑪：そう，夢と一緒。夢の解釈のように，解釈していく訳ですよ。どんどん解釈するんです，一緒に。本当は，本人が解釈できるようになったら，それでいいんです。夢分析の一番いいのは，精神分析的やり方，——つまり自分の心の現れについての意味付け，それが解釈ですね。それを，本人がやれるようになる。だからいろいろ夢の話をすると，「あ，そういうことですか。そういうふうに見るんですか」「なるほど，そういうふうに言うと分かりますね」とか，「夢の中に，何かいつも人物が出てね，小さいのと大きいのと，いつも手をひかれているような夢。人は変ってもそれが主題ですね」「それは，心の中の主題と同じですね」とか。

岡本：そういうツールを身につけていく。
鑪：それを身につけていく。「あ，内容が変わってきましたね」と言うと，その変化のプロセスが分かる。それは箱庭も一緒です。そして「なんで変わったと思いますか」と言わないといけないと思う。そうすると自分の意識が，今までとちょっと違ってきているという。「今までだったらこっちへ置きたい。やっぱりウサギのほうがいいかな」と。「犬もいいと思ってたけど，どこが違うのかしら」と，自分で考えられたら。それが分析のプロセスなんですね。

クライエントさんのものは，クライエントさんに返さないといけない。夢もそうです。返さないといけない。クライエントさんの材料で，クライエントさんが出したものだから。心の表現を，具体的に表現してるということで，夢を材料として扱うんです。それが前提です。そうすると，「映像に表すように細かく，私は自分の心を今，言語化することはできません。ただ，夢として表現することはできます」と。「その夢を通して，もう1回言語化できるような方向で，進んでいきましょうね」。それが夢分析のプロセスですね。その結果，自分は自分の考えや気持ちを，言葉で相手に伝えることができるようになる。相手も言葉で返すことができる。お互いの理解を高めていくということなんです。

だからもっと使ってもらいたい。この象徴理解を深めるということが大事じゃないかと思う。

9. 心理臨床観を変えたクライエントとの出会い
―クライエントにとっての治療者との「心理地理的距離」―

山本：我々が臨床家として成長していく時に，クライエントと出会う，そこからある意味でちょっと辛い思いをしながら，我々が成長していくというところが，私自身もすごくあったんですけれども，先生自身にとってのスペシャル・ペイシャントについて，お話しできる範囲の中で，教えていただければと思います。

鑪：そうですね。2人のクライエントさんの話をします。統合失調症の人と，長い時間会って内面を掘り下げるというような形でなくて，生活を安定させるようなそういう面接をずっと続けてやっていたんですね。それで私がホワイトへ行くことになったとき，当時は手紙の連絡しかできなかったんですね。電話はものすごく高いし，まだインターネットはなかった。手紙はものすごく時間がかかる。患者さんは，返事が書けないんですよ。宛名だけは英語で書かないといけないでしょ。それが嫌なんです。その統合失調症の患者さんは，すごく状態が悪くなったんです。医者と共同でずっと診てて，医者はお薬のコントロールしてくれていました。ところが全然コントロールが効かなくなって，「先生から見捨てられた。先生がいない」と。そして入院してしまったんです。それを聞いて，本当に残念だと，申し訳ないなと思った。それまでは面接で，なんとか入院だけはしないと，

デイケアとかで生活ができるところを維持していて，それができたんだけど．

山本：それは手紙で，そういう連絡があった訳ですね．

鑪：そうそう，手紙でやっていたんです．そうやっている時に，やっぱり崩れてしまったんですね．僕が日本に帰って来てからまた再開して，それからは，今もまだ続いているんですよ．だからもう40年近く続いて．

今は電話なんですよ．電話で声を聞く．5分間の電話面接．そしたら，「また来週」って言うと，安心して「はい，また来週」と．それ以降は，入院していないんです．その代わりに，僕が用心したのは，出張するときにどうするかということです．例えば，僕がどっかに出掛けていくとか，旅行するとか，そういうことは一切，（クライエントに）伝えないんです．「今度はちょっと都合が悪いから，1回伸ばしましょうね」と言うと，ちょっと不安がるんですよね．「この次の週のこの日に待ってるからね」と言って．「この日に電話しなさい」と言ったり．クライエントさんはだいたい，自分のカレンダーに丸を付けておいて，電話してくるんですよね．

1回失敗したのは，ちょうど電話と電話の間，短い期間，ハワイで学会があった時に，「ちょっとハワイまで，学会があるから行って来る」と言った．言った瞬間に，もうものすごく動揺して．「でも次の週はちゃんといるから，お話するからね」と言っても「いや，先生は遠くに行ってしまう」と．「東京に行く」と言うと，日本の国内にいることだから，何かこう心理的な距離としては遠いという感じがない．ところが海外に行くと言ったら，ものすごく遠い．「もう会えないかもしれない」．それですごく不安定になるんですよね．時間的距離ではなく，地理的距離を頭に描く．

山本：そういう時は行動化もされるんですか？

鑪：行動化して，家の中ではものすごく暴れるんですよ．お薬の頓服でも落ち着かない．今度は医者の先生のところへ行って話をすると，少し落ち着いて，なんとか持つと．そういうふうなことが何回かあった．

私は気がつかなかったんです．次の週にはちゃんと話が出来るんだから，私がどこに行こうと，クライエントさんにとっては，何も問題もないんです．ところが，クライエントさんの空想の世界の中では，私が地理的にどこにいるかというのは，すごく重要なんです．時間的に，その時間が確保されるかどうかじゃないんです．もちろんそれも大事だけど．

それで，その後から私は，場所のことは言わなくなりました．外国に行くのにも，「ちょっと出張で出掛けるから」，東京に行っても言わないんですよ．「出張で，仕事で出掛けるから，この次はどうしても連絡が取れないから，その次に，何日に待ってるから」とだけ言う．「待ってるから」という言葉がすごくいいんです．日にちを指定して，「待っているから」と言うと，それは普段のいつもの電話面接なんだけど，「分かりました」と言って，待つことができる．

「北海道」って言ったら、もうパニックになるんです。ハワイでもパニックになる。特に外国は駄目。だからやっぱり、我々の内的なところでは、地理というのと、時間的な枠ということが、だいぶ性質が違うんですね。時間は確保されても、セラピストがこの間に、どこにいるかっていうことを本人は考えている。自分の想像できる地理の図面の中にセラピストがいると安定できる。この地理の外に出てしまうと、もう存在しなくなるのと同じ。それでものすごくガタガタになる。それは、この人が教えてくれましたね。

だから都合が悪くてクライエントさんと面接ができない時、代わりの時間が取れるなら、そうするということもありますけど、取れないときには1週間延ばしますよね。その時に地理的な用語はできるだけ使わないんです。

山本：そうすると深くは聞いて来ないんですね、向こうは。

鑪：聞かないですね、向こうは。「仕事でちょっと都合が悪いから」というと、「ああ、仕事で都合が悪い」と。私の地理的所在地は、クライエントさんの想像世界では、だいたい自分の知っている範囲になっているんですよ。それで安定してる。「先生はどこに行きましたか」ということも何も聞かないんです。興味がないんです。

このことから、「ああ、心理地理学っていうのが存在するんだ」と思いましたね。自分の描いているマップの外側にいるのか、内側にセラピストがいるのかというクライエントさんのイメージは、我々のイメージと全然違う。そのくらい「関係」が重要なんですね。1週間延ばすというと、それはものすごく大変なことで、毎週毎週やっているときに、それが2週間延びるとか、3週間っていうのは、人の中の心的なイメージがもう続かない。2週間まではなんとか持つけど。3週間になるときには、前もって準備する必要がある。

山本：もう本当に長いですよね。その面接では探索的なことするわけじゃない。何がクライエントを支えているんですか？

鑪：声ですね。しっかり声の調子を聞いている。僕が時々咳すると、「先生、咳してる。風邪ひいたんですか？」とかね。だから声というのは、とても大事だね。エリクソンも、「声」ということ言いますけれども。声の中にある真実なものというのは、一番見抜きやすいんでしょうね。

山本：ヴァーバルじゃなくて、ヴォーカルになっていますね。理屈で考えるときには、それでずうっと関わっていれば、やがてその相手がインナー・オブジェクト（＝内的対象）として自分の中に内在化していく、対象恒常性として住んでいくだろうという仮説ではあるんですけど、なかなか実際には、そうならないですか？

鑪：実際には、そうならないですね。統合失調症の人は、ちょっとそこまでは行かないです。その途中に、何度も何度も栄養補給が要るという感じがします。統合失調症の人は、その栄養補給の時間が長くて2週間ぐらい。その間に、声が

続いていると，関係は持続する。ところが声がなくなると，もうパニックになってしまう。もう生活できなくなるんですね。
　山本：そういう形で距離を置いて，いわば精神的な飢餓状態に置かれたら，先生の存在自身も，ちょっと迫害的な対象になるんですか？
　鑪：いや，迫害的にはなってないみたいですね。ただ，空白のパニック状態で，混乱状態になりますね。
　岡本：対象イメージが変わるわけではない。
　鑪：対象イメージが変わるわけではないですね。対象イメージが消える。それでパニックですね。大きな声で叫んだり，泣きわめいたり，「先生がいなくなったー。先生が分からない，どこにいるか分からない」って言って叫ぶ。外からみると混乱状態に見える。
　岡本：赤ちゃんですよね。お母さんがいなくなった赤ちゃんと同じ。
　鑪：そう，あれと同じです。あの感じ。対象保持の能力みたいなものが，統合失調症の場合は，低いんじゃないかと思う。だから，繰り返し繰り返し，いくつになっても要るんですね。だから期間が長くなる。深く関わっているかというと，そうでもない。一声，声がきけたら，それでいいんです。
　山本：面接時間も，短いんですか。
　鑪：短い。5分です。長くて10分ですね。その代わり調子が悪いと，それをいろいろ説明するのに10分ぐらいかかる。だからいつも，「ちゃんとノートを作って，ノートに書いて言ってください」と言って，そうやっているんだけど，「ノート忘れました」とか，「ノート書いていません」とかね。あるいは「ノートに何を書いているか，自分でもよく読めない」とか。たぶんぐちゃぐちゃ書いているんでしょうね。見たことはないんだけど。
　山本：距離の問題といっても，いわゆる通常の意味でのディスタンス（＝距離）というよりも，クライエントの中の，認知の世界における先生との「距離」ですね。
　鑪：そうです。クライエントの中にある「心理的地図」ね。僕がどこにいるか。クライエントの想像できるマップの中にいると，安定するんです。マップを越えると，もう分からない。
　山本：もうこうなってくると，お互いが元気な間は，もうずっと抱えていかざるを得ない，っていうことですね。
　鑪：統合失調症の人は，そういう人がたくさんいると思いますね。
　山本：主治医はいるんですよね。
　鑪：もちろん。お薬もずっと飲んでいるし。主治医はいます。
　山本：主治医との関係は，先生との関係とはまた全然，異質なものなんですね。
　鑪：全然違うんです。だから主治医も，「先生と相談してごらん」とか，言って。僕も，「何か悪かったら，ちゃんと先生のところへ行って，お薬をもらっていらっ

しゃい」って言うんですよね。ところが，意見とか，「こういう時にはどうしたらいいんですか」というときには，主治医よりもカウンセラーです。
　山本：そういう長い関係の中で，正直，僕らだったら，時々うんざりしてしまったり，どっかで卒業させていく，みたいなことするんですけども，先生はそれを我慢強くやっておられるのですね。
　鑪：全然我慢強くやってないんですよ。これはもう，必要，ミニマムに必要なものとして，やっているんです。卒業できないんです。誰かが要るわけね，誰か依存する，信頼する対象が。それは家の中のお母さんであっても，主治医であってもいい。誰であってもいいんだけど，たまたま僕が長い付き合いで，面接もやっていたわけだから。それで，そうなってしまっているわけですね。それは，もうこの病気の持っている性質なんじゃないでしょうか。誰かとつながっていなかったら，安定して生きていけない。
　山本：「心理地理的距離」というのを教えてもらいました。
　鑪：それからもう一人のクライエントさんも，それにちょっと近いんだけど，この人は，統合失調症の昔でいう「ディメンチア・プレコックス（dementia precox）」型，早期の破瓜型がずうっと成長してきているような人です。だから人に出会って，人から刺激を与えられると，もうそれだけで動けなくなってしまう。家族に守られているといいんです。最小限の，ある程度の仕事もできる。
　山本：仕事もできる。
　鑪：仕事をしていたんですよ。だんだん引っ込んで，それから体を動かさないで食べて，糖尿病になって。糖尿の治療と，サイコセラピーの方を僕が担当していた。
　この人も，やはり似たような心理的な距離の問題があった。この人の場合は，僕がリッグスに出掛けたときに，「2年間ほど仕事に出掛けるので，その間，他の人を紹介します」と紹介したんだけど，「（その先生と）合わない」って，行かないんですよね。結局は入院しました，僕がいない間に。僕が帰って来てからまた再開して，落ち着いたんですけど。だから重症の人たち，面接でなんとか維持してるような人たちの場合，面接があると仕事も最小限の仕事ができるんですよ。
　その人は，車の運転が仕事だった。だから誰とも接触しないんだけど，それはちゃんとやれるんです。ものも言わないでいい。車を掃除してきれいにして，言われたときに人を乗せてどっかへ行って，帰ってくるという，そういう仕事があるんですね。だからそれに，人と接触しているみたいで接触してない，ただ言われたとおり運転すればいいという。そして車から人を降ろして，また帰れる。その運転手室というのがあって，そこで一人でじっとしているんですよ。だからそういう保護された仕事を，そういうのがよく見つかったなと思うけど，その仕事ずっとやられていたんです。あとはもう病院ですよね。
　人との関係になると落ち込むんです。典型的な出来事では，あるとき家族で東

京に遊びに行くと言って出かけた。その人にとっては初めての東京旅行で，初めてホテルに泊まったんです。お風呂には洗い場がない。バスタブの中で体を洗うことが分からないで，外で体を洗った。そしたら家族がみんなで笑った。「このホテルではここの中でやって，外はきれいにしておかないといけない」。「あんたは外で，水をぶちまけて体を洗って，そんなのおかしいよ」と言って笑った。もうそれで，アウトになったんです。パニック状態で動けなくなって，即入院でした。ちょっとした失敗に耐えられない。自己評価が最低で，すぐ破壊されてしまう。

岡本：ちょっと発達障害的なところもありますね。

鑪：ありますね。今で言うと，発達障害的な面はかなりあるんじゃないかと思います。だから自己表現もほとんどできないし。発病も相当早かったんじゃないかと思う。おとなしいので，周囲は特に困らない。何か言われたら，すぐバッと引っ込んでしまう。反論もできないし。まあそういうタイプの人だったんですけど。

主治医には事情を説明して，「よろしくお願いします」ということはやったんだけど，2年間，入院しました。クライエントさんを別の治療者にうまく引き継いでもらえなかった。深く関ってしまっていた。だから，「臨時に，その間お願いします」ということが，分かりにくいところがあったんですね。

リッグスの場合，臨時はいつもあるから，臨時として面接している。セラピストは帰ってくるから，その間の，それを維持させるための面接。技法的にもそういう形で働きかける方法でやる。これを臨時面接技法（Interim Interview）といっていた。が，そのクライエントさんの場合は，面接者が目の前からいなくなると，「僕とはもうお別れ，さよなら」となってしまって，見捨てられた状況の中で，日常生活ができなくなったんです。

今はメールでやりとりできる。外国に行っているという感じがない。心理的には，同じようなペースでやってるから。自分の想像の枠の中で考えている。動揺もない。だから今のほうがいいですね。今だとスカイプとかそういうのも使えるでしょ。いいなと思いますね。不用意に，クライエントさんの心理地図から外れないということ。その心理地図から我々が圏外に出るときには，準備と用意がいる。この2つの例でしみじみと考えさせられました。自分の心理的マップ内で動くことですね。

山本：見方を変えれば，最後に患者さんとの解決すべき課題で残るのは，関係性の問題だと。症状は消えても最後は関係性ですよね。

鑪：そうです。それで支えられて。対象維持が，もう少し健康な人だったら自分の中にイメージとしてずっと持ち続けるんだけど。対象恒常性ですよね。それができない人たち，それが途中で消えてしまう人たちもいる。どのくらい対象イメージが維持できるかっていう期間の長さが……

山本：消える前に関らないといけないということですよね。

鑪：それが精神的な健康度に関係してるんです。それについて，この二人が教えてくれたのです。

10. 仕事への向き合い方

10-1. 広島での初日に平和公園へ

岡本：先生は『心理学研究の新世紀』の論文[124]の中に，「広島に移る第1日目に，家族で平和公園に行って慰霊碑にお参りした」と書いておられますが，これは，広島という地に根付いて教育・研究に携わることへの覚悟と考えてもよいのでしょうか。

鑪：それは全然考えてなかったです。たまたまいいチャンスを与えられて，すごくありがたいと，それだけです。将来どうなるかとか何も考えてない。アメリカに行くときもそうだったんですよ。だから，「将来どうなるかって，いやー，どうなるか分からないね」って。全部捨てて行ったわけです。職も捨てて家族と全部向こうへ移って。だから日本に帰って来れるかどうかも分からないんです。そういう点で，いい加減だったと思う。先を見ない，あまり見てないですね。「それから先どうなるって，さあそれは分かりません。ただ今，これをやりたいんです。これをやるチャンスを与えられたことにありがとう」ってそういう感じでしたね。広島に来たときもそうでした。将来どうするかとか，全然考えてなかった。野心も全然なかった。「広島でずっと臨床やっていいよと，これはありがたい」，それだけでした。こんなうれしいことはないと。将来展望という意味では，わりといい加減ですね，いつも。

広島に来て，家族で平和公園にまずお参りに行ったときに，僕は「どうぞ広島に受け入れてください」とお祈りした。僕には霊が見えるって言うとまた変になるけど，子ども時代とつながるところもあるんですよ。ここらあたり歩いていても，何か亡くなった人がいっぱいいるんですよ。空気が違うんですよ。京都のときもそう思った。独特な空気の，壁が厚いんですよ。ときどき，ここから先は行けないと思うようなときがある。最初に広島に来たときにまず，みなさんに受け入れて下さいと，お祈りに行ったんです。

それで受け入れていただいたような気がするんだけど。いつまでいるかというのを全然考えていません。だから先がボケてるんですよ。時がたってみると，そうだったんだという感じでね。「広島にせっかく来たんだから，ここで骨を埋めるぞ」とは思ってなかった。最初はほんとに受け入れてもらえるかどうかが大変だったの。

---

[124] 鑪幹八郎　2012　広島大学における臨床心理学の小史　岡本祐子他（編著）心理学研究の新世紀　第4巻　臨床心理学　pp. 1-35 における p.2 に記載

だから原爆の問題を研究するなんて，考えられなかったです，怖くて。何度もそういうチャンスはあったんだけど。僕の場合は，すごく違う形にしてしまいましたね。チェルノブイリ研究と関係づけて，チェルノブイリに行ったりしたんです。向こうの被爆者の研究をした。すごく気になるけど，ここはあまりにも近すぎて大きすぎて，研究の対象なんてそんなことできないと。ずっと思い続けていました。今でもその感情はありますけど。だから，研究していた人を一生懸命応援していたんですよ。ただ，しっぽはいつも怪しいですね。だから死に方も怪しいかもしれない（笑）。

　山本：しっぽは後ろだから，怪しいのは先（将来）の方でしょう？

　鑪：先です。しっぽじゃないか（笑）。頭の先だね。だから頭の先っていうの，ちょっと今のはおもしろい。方向の感じ方ね。頭はこう突っ込んでいるんですよ。それでこう動いている。お尻を向けて，お尻が前を向いて動いてるんだよ。つまり，事実に押されてだんだんだんだん後ろに下がっていくという歩き方ね。人生の歩き方っていうのは，いつも頭を突っ込んでるんです。突っ込んでいたら，次に動かされるんです。すると後ろに下がる。やっぱり後ろ向きにずっと歩いて行く感じ。全然，自分の将来を見てない。将来っていうのは，いつの間にか過去の足跡ができてるというだけの話で，そこから先は分からない。だからやっぱりしっぽになったんですよ，今の言葉で。

　山本：なるほど。スカラベだ（笑）。スカラベがそういう歩き方するのを知ってる？　和名で「ふん転がし」，餌の重い糞を後ろ脚で押しながら，後ろ向きに進んでいくんです。

　鑪：（笑）そういう感じだね。やっていることは排泄物かもしれないけど（笑）。

　山本：いやいや。でも，それは逆に言うと，与えられたことを先生がどっしりと向き合って，逃げないでしておられるからその重みでね。

　鑪：そうそう，そうだと思います。

　岡本：そういうことですね。

　鑪：その重みで少しずつ少しずつ引きずって行ったのが，人生の軌跡みたいな感じですね。

　岡本：私は，その感覚が分からない。やっぱり先生の向き合い方っていうのはすごいですよ。

　山本：その向き合い方というのは，岡本さんが言ったオーセンティシティ"authenticity"[125]じゃないの？　それは僕の言葉で言うと「本気」なんですよ。

　岡本：そう。別の言葉で言うと，「コンフロンテーション」（=confrontation）なんです。

　山本：僕は「本気」なんだけど，鑪先生と僕との中で学んだことはコンフロン

---

125) authenticity　本気であること　→ pp. 151-153 参照

テーションで。学生には全然コンフロントしてないんだけどもね。自分にはコンフロントしているけど（笑）。今の学生は，コンフロントしてもついてこないもの。

岡本：そうですね。コンフロントしなければ，教育効果はないです。

鑪：だから，ラッキーだったですね。広島大学では，どんなに学生にぶつかっても跳ね返す力がある。やっぱりそういうところでないと，うまくいかないでしょうね。僕みたいな生き方だったらね。

岡本：そうですね。ほんとにそう思います。

山本：でも先生は，いつも一つ一つ階段登るように組み立ててこられているから，そういうグランドプランがそれこそあって……。

鑪：組み立てているみたいで，組み立ててないんですよ。ただやりたいと思うところをずっとやっていっただけなのね。結果として，何かそれが階段を上がるようにみえるようになってきたという，結果なんです，全部。

岡本：それは，先生の意識としてはそうだったかもしれませんが，私たちから見ると，ほんとに，例えばお城の城壁を組み上げるような的を射たお仕事だったと思います。

山本：そういうふうに説明してこられたし，本を書くにしても倉石先生の本を書き，それから『試行カウンセリング』を作り，『心理臨床家の手引』を作り，『精神分析的心理療法の手引き』を[126]，というような形で一つ一つ組み上げてこられたみたいに。

鑪：そういう意味では，あったでしょうね。（心理療法の）トレーニングということを考えるには，僕がしたような苦労をしないでも，きちっと階段を作っていくような，そういうのがあったら，エネルギーが半分ぐらいでも済むんじゃないか。残ったエネルギーをもっと別な形で使ったらいいとは思っていました。だからそういう本を階段として書くということはあったんだけど，それはどこに行ってもできると思ったんですよ。だから初心者の人は，これをやったら次へ行けますよと。こっちに行ったらそっちに行けますって。音楽家の教育でいろいろあるじゃないですか。

岡本：バイエルから始めて。

鑪：バイエルみたいな。あれと同じように，これはあったほうが絶対いいと思う。自分らがもっていなかったから，そういうのを作ったらどうかと。

岡本：そういうことと，自分の人生の生き方ということは，また別なんですね。

鑪：それとはちょっと合ってないですね。それはむしろ，ほんとに自分が人生をこういうふうに計画的に行こうというんじゃなくて，これからこの世界に入って来る人は，こういうふうに行けばずっといいということで考えたんですよね。

---

[126] 鑪幹八郎　1977　試行カウンセリング　誠信書房
　　　鑪幹八郎他（編）　1983　心理臨床家の手引　誠信書房
　　　鑪幹八郎（監）　1988　精神分析的心理療法の手引き　誠信書房

ところが自分が臨床をやっている世界は，ほんとにある意味で行き当たりばったりだね。興味中心でおもしろいからやっているという。新しい発見が次々と臨床の場面の中で起こる。これがもうやめられないんだ，おもしろい。そういう新鮮なものにいつも触れられるというのは，何とありがたいんだろうと思っていたのね。それが続けるエネルギーですよね。そう思っています。

岡本：そこのところは，私はすごく分かるような気がするんです。というのは今年の８月に出した本[127]で，まったく臨床家とは違う陶芸家の方にインタヴューしましたが，同じようなことをおっしゃっていました。打ち込むエネルギーは何なのかというと，やっぱりおもしろいと感じる。日々発見があると。だからそういうところは，やはりプロフェッションの深化に共通のものなんだなという気がします。もう１つだけお伺いしたいのは，奥様は，それを完璧に認めて受け入れていらしたんですね？

鑪：そこのとこはね……。僕の家内は，自分で世界があるんですよ。それで一緒に生活していた方が都合がいい，自分を生かしていけるという，そういう感じではなかったかなと思うんですね。非常に苦労させてしまったけど，特にお金の面ね。それからあちこち引きずり回しましたよね。アメリカに連れて行ってしまったり，アメリカで２回も生活の場所が変わったり，いろいろ大変だったけど。それは自分にとっておもしろい，楽しいというそういう感じが，苦労しながらもあったんじゃないかなと思います。

だからそれは，今でもそうですね。全然別なこと，彼女は語学の勉強を楽しくやっているんですよ。だから朝の食事を一緒にすればそれでいいという，そんな感じ。何でそうなったかよく分からない。ある意味，個性的で自分というものがすごくはっきりしている。だからそれに合わないなら，「嫌」と言ってしないですね。

岡本：今おっしゃったことは，どういうことですか？

鑪：「あそこに一緒に行こう」とか言っても，「行かない」と。もうそれでおしまい。「行きたいなら勝手に行ったら」って（笑），そんな感じ。だからお互いに妥協することはないですね。尋ねて，「やりますか？　やりませんか？」と尋ねて「やらない」って言ったら，「ああそうですか，それなら私だけやります」。こうなんです。「そう，じゃあ行ってらっしゃい」ということで。そんな感じですね。特に最近はそうですね。僕は京都に16年もいた[128]けど，あんまり抵抗がなかった。電話は毎日しますよ。電話は毎日するんだけど，「元気？」とか言ってそれでおしまい。ものすごく苦労をかけて，僕の中には罪悪感がある。僕のために苦労かけたのと，あちこち引き回して。だから子どもたちにもそうだけど，それはほ

127）岡本祐子（編著）　2014　プロフェッションの生成と世代継承：中年期の実りと次世代の育成　ナカニシヤ出版
128）京都文教大学教授，学長として 1998-2014 年の間，京都に滞在。

んとに申し訳ないなと思いながら。けれども自分なりの楽しさがあったみたいね。ときどきそういう話を，自分の仲間には言っているみたい。

岡本：そうですか。それはほっとしますね。

鑪：そういう感じなんですね。それはありがたいなと思う。

山本：僕は，晩年の夫婦の一つの形だと思うね。そういう形で独立して，それぞれが元気であることさえ確認すれば，あとは自分のっていう感覚。そういうのと，ベターッとする夫婦と，２つのパターンがあるよね。旅行でも何でも２人で一緒に動いていくみたいな　そういうパターンの夫婦もあるけども。

鑪：だから似ていて違うんですよね。例えば旅行が好きで，旅行に行ったりするでしょう。外国へ行ったりするんだけど，彼女が見たいものと僕が見たいものは全然違う。例えば美術館に行くとするでしょう。そうすると彼女は，にぎやかなところを見たいのね。お土産屋さんとかそういうところ。いろいろ小間物をあさったり，そういうのが好きなんです。僕は全然そういうのに興味がない。「なら何時に会おうね」って言って，別行動にする。

岡本：なるほど，別行動。それはいいんじゃないかな。例えば先生は，リッグスに２年いらっしゃいましたよね？　ご家族も一緒に行かれて。私はああいう異国での子育ては，――先生は勉強で行かれて新しい体験が自分の中に構築されるでしょうけれども――，奥様は苦労されたんじゃないかなとか，いろんなことをイメージしたりするんです。

鑪：そうそう。帰国するときなんかはちょっと苦労があったでしょうね。手伝える部分は手伝って，子どもの学校とかそういうことは，僕も行っていろいろやったりしましたけど。そのうちに仲間ができるんですよ，彼女に。友達が。リッグスにいたときも……。

岡本：レッドライオン・インのウェイトレスさんのような。

鑪：そうそう。

岡本：びっくりしました。「鑪先生を知っている」とおっしゃって。前盛さんと上手さんが（ストックブリッジに）来たときに一緒に食事をしていたら，日本語を聞きつけてウェイトレスさんがいらして。

鑪：だからそのような人とも家族で付き合ったりしていたんですよ。彼女は彼女なりにそういう人たちと付き合って。

レッドライオン・イン
アメリカ合衆国の開拓期1770年代より続く宿屋・旅館。「レッド・ライオン」をシンボルとし，100年以上前に設置されたエレベーターも今なお稼動する。ストックブリッジの名所の一つとなっている。

10-2. 足跡を確かめながら歩む

山本：前回，先生は，先生がやって来られたことはしっぽを見ていた，とおっしゃって。私

は，頭の先を見てたんじゃないかという話がありましたよね。「見方が後ろ向き，自分は後ろ向きだった」というふうにおっしゃって。これを一般的に表面的にとらえてしまうと，後ろ向きの人生はネガティヴにとられてしまうんですけど，絶対そうじゃないと思うので，先生がおっしゃった主旨を説明していただければ，より正確に伝わるんじゃないかと思います。

　というのは，我々から見たらいろんな新しいものを開拓して作ってこられた。開拓するのは，将来こういうふうになりたいと思って，ヴィジョンを持ってやっていかないと開拓できないと，普通思うんだけども，先生は「基本的に後ろ向きであった，後ろ向きで見ていた」とおっしゃっていました。そのことの意味をもう少し……。

　鑪：僕が「後ろ向き」と言ったのは，自分の足跡を確かめているという，そういう感じだったんですね。前向きでは，足跡が見えない。後ろ向きだと自分の足跡が見える。自分の動き，行動を確認するような意味。そうだと，後ろ向きになるんです。そういう意味で言った。

　だから前を向いて何かを作り上げて，目的のためにというようなことは，あまりなかったです。今やっていることを，もっと充実させる。それがいつの間にか，だんだん膨れ上がっていくという感じなんです。だから前向きに，建築家が仕事をするように，これを作って，その次，というのと違って。自分の足跡を，「これでいいのかな，これでいいのかな」と確かめながら歩いているっていう感じなんです。そして進んで行ったら，いつの間にか，ああこういう道を歩んできていたんだという感じがするんですよ。

　山本：そういう説明になると，我々の経験も基本的にはそうかもしれないね。

　岡本：よく分かりますよね。

　鑪：自分の足元をしっかりと確かめていってるような。

　山本：前回の話の中で，キーワードは「森有正の経験の感覚と似ている」とおっしゃったんだけども，あれはどういう意味だったんですか？

　鑪：僕は森有正を僕なりに発見したと思ったのね。同じことを考えている人がいると。しかも向こうは哲学者。彼が「経験を発見した」という。いい年して，50歳に近くなって，彼はあんなことを言うようになった。それがうれしかった。

　山本：それはフランスの文化に否応なく飛び込んでしまったその経験を，後づけしていくみたいな。

　鑪：そうなんだ。それまで日本にいる間，彼は頭で生活していた。頭で全部割り切れると思っていた。フランスに行ったら，それが何の役にも立たないということが分かった。それでものすごい混乱が内的に起こったんじゃないかと思うんです。「一体これは何なのか」と思ったときに，「もう自分の足で立つしかない」ということに，彼は気がついた。それを彼は「経験」という言葉で表現した。「経験」とは，自分の中に起こってることを，自分の言葉で表現すること。だからい

ろんな人の本を読んだり，特にデカルトとかパスカルとかを読んで，何かができるというものではないということを，彼はフランスに行って初めて分かったんだと思うんです。

　その時に彼は，自分に戻って来た。いろんなことをやっていても，それは川の流れの中に立っているようなもので，それは経験ではない。それは「体験」だ。いろんな体験の中で，その上澄みから沈んできた，一番底のものが「経験」だ。それは個人的だが普遍性を持つものだと。体験というのは，結局，個人個人によって全部違うから，「ああそうですか」という他ない。普遍的じゃない。けれど，上澄みが全部取れてしまって，一番底に来たときに，「経験」という共通言語が存在する。僕はすごくよく分かったんです。ピンと来たんですね，その時。僕がやろうとしていることと同じことを，彼はやっているんだということが分かったんです。

　山本：それは，行動レベルじゃなくって，認識レベルの話ですよね。行動レベルでは，先生はどんどん前に出ていかれた。行動の結果，生まれてきた経験を，どう後付けていくかという意味が，「後ろ向き」ということですね。

　鑪：そうなんです。そうすると，それは後ろ向きになっちゃうんですね。下向きやね。前を向いてなくて。そういう意味なんです。だから動きとしても，お尻を向けて前に進んでいて，という感じなんです。それは何をしているかと言うと，掘りながら，自分の足跡を見て，動いてる。それを後ろ向きで歩いてるような感じと言った。だからどこに行くかということは，あまり考えてなかったんですよね。

　岡本：その行った方向は，先生が好んで選ばれた，それとも偶然が生み出したものですか？

　鑪：偶然でね，後ろ向いて行っていたら，いつの間にかそっちの方へ行ってしまったという。たまたまそっちしか道がなかったし，そこに道が開かれてたから，そこに行ってしまった。違う道に行ったかもしれないんだけど，こっちしか道がなかったっていう。

　山本：その行ってしまったものが，結構，先生の体験では，カルチャーショックに近いような経験があって，その意味をずっと深めていく作業の中で，それがまた論文になっていくと。

　鑪：そうなんです。作業としては，それを論文にしたんですね。

　山本：それは，面接と同じですよね。

　鑪：そうなんですよ。そこもつながっているんです。だから面接も，そこに実感がこもるような話があるか，ストーリーがあるか，それを見ているんですね。そうすると，自然と深まっていく。

　山本：それがある程度見えてクリアになってきた時に，また次の疑問が出てくるから，また動き出して，っていうね。

鑪：ええ。だからそれは限りなく続くんじゃないかな。人の心の深さみたいなのがあってね。
山本：クリアになるまで，次の目標はある意味で見えてこないんだね。ある程度になってきた時に，次が見えてくる。
鑪：うん，見てないですね。とにかく深く行けばいいというだけの話で。
岡本：実際の先生の人生と面接のプロセスが，本当にパラレル・プロセスで。
鑪：パラレルになっていますね。ずっとパラレルですね。だから面接というのは，いつも新鮮なんです。ずうっと繰り返した面接も，新鮮。両方の新鮮さがあります。だから面接でもうあくびが出るとか，つまらないというような面接はないですね。退屈するような面接もないし。退屈するような時には，働きかけているんですよ。「ここはどうですか」と言って。そうやって向こうを覚醒することで，自分も覚醒している。

10-3.「持続のエネルギー」について

岡本：「持続のエネルギー」ということを，先生はいろんなところで書いておられますよね。森有正についての論文や，著作集第1巻にも「持続するエネルギーとは，はっきりと目覚めた意識的努力が土台になっている」「普段の努力による緊張した糸のような力である」[129]という一文があります。これは，エリクソンの言う「人格的活力」とか「自我の強さ」という視点から見ると，すごく分かります。ただ私は，それが鑪先生の生き方そのものになっているような気が，学生時代からずっとしていました。

鑪：持続という面で言うと，続けることが大事だとは思っていました。ただ，続けると言ったって，おもしろくないと続かない。そのおもしろ味というのは何かというと，その自分の疑問が解けたとき，疑問を解くときの答え，何かが見つかる。その時にエネルギーもまた湧いてくる。それが続く。そういうものです。根っこにあるのは，「発見」かなと僕は思う。発見の前に何かあるとすれば，好奇心ですね。「続く」という意味では，好奇心。好奇心は誰にでもあると思うけど，その好奇心が，広くいろんなものにあって，目移りするようにあっち，こっちへ行ったりするんじゃなくて，僕の場合，すごく狭いんですね。そこに目が行ってしまうことで満足する。だからそれからまだ先へと。方向としては広がるんじゃなくて深まるような感じです。それがエネルギーを持続させることかなという感じもする。関心はあまり広がらないで，狭くなっている。学者・研究者の生活という意味では，僕にとってはよかったと思います。

岡本：先生は，簡単には納得されませんよね。

鑪：そうね。「そうかな？」と思って，「なるほど」というところに行けばいい

---

129) 鑪幹八郎著作集 第1巻 アイデンティティとライフサイクル論　p.144

んだけど。「そうかな？」と思うところではね。けれど評論家みたいにいっぱい書いたり，いっぱい見せびらかしたりする人には，あまり興味が湧かないんです。そういう自己愛的人間はそんなにおもしろくもない。あまり感心もしないという感じです。

　山本：「好奇心」という言葉だと，いわゆる対人関係学派が常に面接の中でも，キュリオシティ（=curiosity）ということを強調しますよね。そことつながっているんですか。

　鑪：つながりますね，面接なんかでも。クライエントさんに対する好奇心ですね。

　山本：で，それに引きずられて，クライエントも自分に対するキュリオシティが出てくるというね。

　鑪：そうそう，そういうことだと思います。だからいつも，いろいろ質問していても，クライエントさん自身も自分の問題に関心を持てるかどうか，好奇心を持てるかどうかですね。ずっと持ち続けたら，問題は自ずから解決するような方向に進むと思うんです。持続すれば。

　岡本：そうですね。ただし，そういう関心を持ち続けるのは，ものすごいやっぱり内的な活力っていうか……。

　鑪：活力と言うか，集中力だと思います。

　岡本：集中力，そうですね。

　鑪：集中力がひょっとしたら活力を生むかもしれない。

　岡本：そうですよね。だから納得するまで集中して，これを何とか「ああそうだったんだ」というところまで持っていきたいと。そういう感覚というのは，私もすごく分かるような気がするし，自分の中にもあるような気もするんですが，でも鑪先生の場合は，すごいですよね。納得の仕方が違うんじゃないかと，学生時代から思っていて，それが私自身，先生を一つの研究者モデル，専門家モデルとして，ずっと見続けながら，自分も成長してきた部分もかなりあると思うんです。それの一つはやはり，持続のエネルギーという言葉で言えるんじゃないかなという気がしていました。

　鑪：でも，非常に狭いですよね。常識が欠けていると，いつも家内からは言われる。「あなたは常識がない」とか。テレビなんかもほとんど見てない。ニュースだけ。なんか言われても，「それ，何？」というような調子で，全然ピンとこないらしい。「もうあなたとは話しない」とかいつも言われる。

　岡本：それは知りませんでした。それとすごく近いところにある問題意識だと思うんですけども，先生はよく，「これを納得しないと先へ進めない」と，そういう感覚で，例えば特研（=臨床心理学特別研究，研究指導のゼミ）の時などに，学生たちに言われました。だからそういう内的な問いが，先生の臨床経験なり，あるいは物を書かれたりする中で昇華されていく経験は，常にお持ちだったんじゃ

ないかなと思うんです。やっぱりこういう世界で生きていてよかったという感覚は，ずっと体験されてきたんじゃないかなと思うんですけども。

鑪：そうね，自分でこのようにずっと生活してきた，生きて来たということに対する不満は，あまりないですね。もう少しこういうことしたかったとか，それもあまりないです。こんな狭くて，他の人から見たら馬鹿みたいかもしれないけど。自分で納得することが一つずつ，見つかっていくような生活がずうっとできた。クライエントさんに対してもそうですね。クライエントさんと一緒に，何かを発見するということで，クライエントさん自身が変わっていく。それを一緒にやっているという世界だから。それは僕にとっては自然な感じですね。特別な努力をしないでいいという意味で。

ただね，やってると広がるんですね，自然と。なんか穴掘りって，やっぱり外側，だんだん穴が大きくなる。この領域でのいろいろなもの，僕の場合は，例えば映像がまず一つです。それからイメージ。それから絵画とか。分析をやり始めて変わったのはそういう世界ですね。絵をよく見るようになりました。それから小説の読み方が変わってきた。他の芸術的ないろんな活動，それにも関心が強くなった。

山本：その関心は，先生のおっしゃる根っこの世界と全然違うところですよね。高校卒業して以降の世界の関心ですよね。

鑪：そうなんです。特に分析をやりだしてからですね。だからあそこには，人生上の大きな段差があるような気がします。分析を知り始めたことで，集中する方向が定まった。定まることでだんだん輪が広くなっていった。それはだいたい芸術系の世界の輪です。それ以外のはないんですよ。世の中にいっぱいあるけど，それ以外のものに対する関心は，あんまりないんです。だから，芸術系の世界と，後は心理的な関わりの世界だけだね。だから非常に狭いという感じがする。狭くても困らないけど。

岡本：そうです。だから狭いからどうってことはないですよね。私たちは，それでやっていく。

山本：それ以外は，先生は関心がないという感じですよね。

鑪：関心がないです。

山本：関心がないんですね。だから不満にも思わないというか。

鑪：そうそう。不満にも思わないし，うらやましいとも思わない。

岡本：それは私たちも似ているんじゃないかなと思いました。私も，50代半ばになって，これは娘のおかげですが，陶芸家の方々に出会うようになって，これがものすごくインパクトがあったんです。何人かの陶芸の職人さんと親しくなって，私はものすごくインスパイアされました。若い頃，陶芸の世界に出会っていたら，その世界に行っていたかもしれないなとさえ思いました。で，もう一度自分の専門世界に戻ってくると，すごくつながっているんですよね。ですから，今

先生がおっしゃったような，例えば絵をよく見るようになった，それがどんどん深まっていくというのは，それは同じようなところのものを共有していると言えるんじゃないかなと思います。

鑪：ひょっとしたらね，そう言えるかもね。

岡本：だから私から見れば，鑪先生が，例えば映像や芸術についても，心理学的にどういうふうに理解，解釈できるかということをおっしゃっても，それはものすごく広がりとして受け止められると。

鑪：職人に対するうらやましさみたいなのはありますけど。そういうものを作り上げる技術がないんですね。けれどなんとか分かりたいという感じはあります。その芸術家の何か表現したい「もの」というのは，わりと共通しているんじゃないかと思って，根っこの部分がね。

岡本：そうです。だから根っこはやっぱり，おもしろさ。やって，自分がそういうことをおもしろく感じる快感というのは，同じなのかなあと思います。

鑪：快感ね。これも微妙だけどな。喜びだけでもないみたい。うまく表現されるといいんだけど，なかなか。違う，違うという形になるんです。「違う」というのは分かるけど，「それじゃあ何か」っていうのが分からない。そうすると体験としては行き詰まり体験になる。それを抜けるには，ものすごいフラストレーションみたいなのがある。それと行き詰まり体験みたいな。すーっといきなり深く入っているんではないような気がする。フラストレーションとか，行き詰まりとか，そんなのをずうっと体験して……。

山本：それは岡本さんの言葉だと，アンフィットネス（＝unfitness，ぴったりこない感覚，不適合感）に近いかもしれない。

鑪：日常的にはね。そういうのがありますね。時々ね，クライエントさんと話をしてても，パッと光が見えたような気がするときがあるんです。「なんかこれは新しい」とか。「今までとちょっと違って，ちょっと輝いている」とか。「こういうことなんですね」と尋ねると，「そうなんだ」と言って，同意されたときの実感みたいなもの。面接が終わってから，「ああ今日は新しいことが起こったな」とか，「新しい感じがあるなあ」とか。「そういうことなのか」って後で納得したりとか。そういうことは時々，感じることがあります。だから最先端の意識としては，フラストレートした状態と，そういうのが混合したような，そんな感じがする。その中で分かりにくいものを，もう少し分かりたい，もう少し分かりたいというのが，集中したエネルギーになるというか。

山本：好奇心ということ，集中するということ，持続するということ，なんかそこで極めていく，みたいな……。極める。

鑪：自分ではね，「極める」ということで仕事をしている感じはしないんです。それよりも，「つかみたい」と。そういう感じ。極めるというより，分からないものをつかむ，はっきりさせたい。それを外から見ると，極めるっていうことにな

るかもしれないけど。動いているときには極めるって感じはあんまりない。

岡本：「つかみたい」ってむしろ，発見に近いですね。

鑪：発見ですね。どっちかというと，光を当てるという感じ。自分の目が光なんです。だから自分の目を光らせて，分かりにくい闇みたいなところに，光が当たるという感じです。

岡本：じゃあ，それが少しクリアになれば，持続のエネルギーは減るんですか？

鑪：クリアになると，もう一歩先に行くんですよ。増える。

山本：もっと先の新しい好奇心が出てくる。そこをまた光をあてて，持続していくという。行ったら次々と，新しい光が見えてくるみたいな。

鑪：そうなんです。やっている仕事って，そういう感じです。だからそれを言葉にするのが，また難しいね。言葉になかなかならない。でもどっちかというと，そんな感じがあるな。最先端で動いているところというのは。

岡本：というと，もうきりが無いですね。

鑪：きりが無い。

山本：だから持続できるというか。だからそれが持続のエネルギーになるんですね。極めたと思ったら先がまだある。まだ光が。

鑪：そうなんです。ずうっとそれがある。時々，クライエントさんは，それが嫌なのね。休みたいと言う。「ちょっとしんどい」と言って。こちらが夢中になっていると，「先生，ちょっとしんどい」とか言って。

岡本：そういうときはやはり，クライエントさんのペースに合わせないといけない。

鑪：「ごめんなさい。こちらが夢中になっていた」と言って。クライエントさんのトレランスを考えてない訳だから。

岡本：そうですね。今そういう話が出たので，ちょっと最初のテーマと前後してしまうんですけども，やはり今，先生がおっしゃったことは，いわゆる私たちの「熟達」とつながっていくと思うんです。私は，深く理解しながら抱える感覚というものを，どのくらい自分がクライエントさんに示すことができるか，もう一つは，やっぱりこっちは一生懸命がんばっているんだけど，——さっきのトレランスの話じゃないですけども——，やはりクライエントさんのペースにできるだけフィットするように待たないといけないとか，こういうスタンスですね。

そういうものが，どのように先生の中に熟成されてこられたのか。やっぱり先生の場合は，アメリカと日本という文化的な問題が，大きな促進，きっかけになったということなんでしょうか。

鑪：今もこれは，同じようにあると思います。サイコロジカル・マインデドネス（psychological mindedness），それは「言葉」なんです。言葉を使う文化か，それともアクションの文化か。アクションというのは，結果だけを求める世界。言

葉は要らないというような形でいくのか。(日本では)クライエントさんの質もあって,「先生,どうしたらいいんですか？」というのが多い。「どうしたらいいかを一緒に考えましょうね」と言っても,「先生,答えがあるでしょ」って。「けち」という。「答えくれないのは,けちだ」ってね。
　アメリカの患者さんは,「先生,それはどこから来ているんですか」とか,「私の問題っていったい何なんですか」,そういう質問なんです。すると,「本当にそれを一緒に知りたいね。掘り下げようね」という方向になるんです。日本では,「先生,どうしたらいいでしょう」って言ったら,「答えをください」って言っているわけ。「答えを一緒に探しましょう」って言っても,「いや,答えをくれるのは先生の仕事でしょ,私はいただくだけです」と。そのズレです。
　ここにあるのは,(日本の) パッシヴ (=passive, 受動的) な生活のスタイルと,(アメリカの) 自分の問題は自分で解決するために努力するけど,そのための援助をしてほしいという,アクティヴ (=active),またはイニシアティヴ (=initiative)[130] の姿勢との違いです。これは,文化的な違いだと僕は思っているんだけど。精神分析が日本に定着しにくいというのは,文化だと思う。「私の問題はどこから来るんでしょう。私の問題はどういうふうに考えたらいいんでしょう」というところから発して,それに答えを出そうとしているのが精神分析。
　それに対して,「私はどうしたらいいんですか」に対する答えは,精神分析の中にはない。「それはあなたの中にあるでしょ」ということだから。「あなたが自分のことを,手探りで進めるように,一緒に考えて行きましょう」「あなたが探るんですよ。探ることをお手伝いします」ということだから。それが全くぴんと来ない。分析家がごく普通に使う言葉に,次のものがある。"I help you to help yourself"「自分を自分で助けられるように,お手伝いします。」ということですね。
　岡本：だからクライエントさんの中に,自分を見る視点を面接の中で育てていくと。
　鑪：そうです。だからいつも,そこでぶつかるんです。自分の問題は,本当に大事なことなんだ。自分で見ていけば,自分の生活を自分で立て直していけるんだとなるのに,ものすごく時間がかかる。
　岡本：そうですね。院生の事例を聞いてると,そこのところまで辿りつかないで,中断になってしまうケースは,いっぱいあります。
　鑪：だから分析的にやると,中断しやすい。ところが,一方で分析的にやると,クライエントさんもだんだんおもしろくなる。「そうなんだ,なかなかこれはおもしろい」と,だんだん思うようになってくる。そうすると深まるんですけど。文化的なものをどう乗り越えるかというのは,つまり,日本の中での精神分析の

---

130) initiative:「自発性」と訳されている。自分から自発的に動き始めるという意味。

位置づけは，そういう意味でちょっと難しいんですね。だから，日本の精神分析の将来がどうなるかという問題は，僕は難しいなあという感じはします。世の中がそういう方向に進むかどうか。日本の文化の根っこというのは，そんなに変わってないと思う。そんな中にあって，CBT（認知行動療法）は，みんなが一番求めてるものなんです。すぐ答えが出るから。

　岡本：単刀直入に。

　鑪：単刀直入でね。ちょうどお薬をもらうのと一緒だから。お薬を出さない医者は，「ヤブ医者だ，あの先生は薬もくれん」とかいう，あれです。我々のやり方は薬を出さない。言葉だけで。「言葉でどうなるんですか」という疑念がある。言葉に対する信頼度が低い。まったくないかというと，そうでもない。小説もあるわけだから。昔から，紫式部とか，偉い人もたくさんいるんだし。

　岡本：今，先生おっしゃったことは，若い頃から何度も聞いてきて，そのとおりだと思うんですが，先生ご自身の，いわゆるご自分の熟達ということを考えた時に，先生は，日々，臨床経験・訓練と，日々の内省ということをずっとやってこられたように見えるんですが，その中で，何か今までのやり方でうまくいかないということを思われたことってありますか？

　鑪：クライエントさんと最初に出会うときに，いつもそれを思いますね。難しいというのは。だからクライエントさんに対しては，それを突き抜けるまでには，時間がかかると思いますけど。

11. 精神分析の位置づけと認知行動療法

　山本：CBT（認知行動療法）の場合には，実際に実施するまでに，かなりクライエントがCBTの考え方をどう使っていくかというレディネス作るための心理教育をていねいにやっていきますよね。精神分析はもともとあまりそういうことしなかったと思うんですけど。先生は，そういう心理教育的な，精神分析の考え方はこうだから協力してほしいというようなことは言われるんですか？

　鑪：言いませんね。あんまり言わないと思います。

　山本：なるほど。それが難しさを多少増幅しているって感じは……

　鑪：いや，そうは思わない。CBTは，意識心理学なんです。理屈です。意識があって理屈なら，説得することができる。ところが無意識の世界に入ると，ほとんど効果はない。無意識的なものを意識的に説明したりして，いろいろやっても分からない。体験しないと分からない。その差だと思う。意識心理学的にいけば，説明すれば分かるんですよ。説明すれば分かったところで行動させるから，納得がいくでしょ。ところが「夢とかそんなこと言われても，それがどう役に立ちますか」と聞かれて，「ちょっとね，体験しないと分からないんだから」と，そうなる。説明のしようがない。そこが難しいところです。無意識を扱い始めると，そ

こが難しくなる。

　一番分かりやすいのは，「癖」ですね。「癖として，どうですか」ということ。癖という言葉なら，少しは分かる。「癖って考えないでもやってしまうでしょ。あれですよ」と言うと，「そう言えば考えないでもなんかやってる。いろいろな癖があります」と。すると生活全体，行動全体に癖がある。人とのかかわりに独特の癖がある。これは少しは分かる。そして面接の中で，「これがあなたの癖ですね」と言うと，「あ，そうか。これが癖なのか」とか。つい遠慮してしまったり。自分でちゃんと言いたいことあるのに，言わないで反対のこと言ってしまったりとか。自分を出すことに対する恐れとか。批判される不安とか，そういうものが，一杯ある。その時に，「つい反対になってしまう。これが癖ですよね」というと，「これが私の癖です」と。「この癖がなんとかならんことには，気持ちが楽になりませんね」と言うと，「そうだ，それは分かる」と言う。けれど，最初から，「癖だ，癖をなんとか直しましょう」と言っても，ピンと来ないんです。だから無意識の扱い方の難しさは，結局，体験の中で，「ああ，こういうことが無意識の力なのか」ということに出会うと，ある程度分かる。

　山本：体験でないと分からないことの一番は，僕は転移，逆転移だと思うんです。

　鑪：そう，それも結局，無意識の世界なんです。だから説明では分からない。説明でクライエントさんにオリエンテーションはつけられないんです。できるのは，「とにかく思いつくままに言ってみられたらいいですよ」「何を話してもいいんだから」ということで。こちらの見方としては，何を話しても結局は無意識につながるから，どっからでもよいという姿勢。自由連想法の基本は，そういうことです。自我の統合力と言ってもいいけど，根っこは一つだから。外側の行動に出ているものを，我々が内的な経験やイメージにつなげられるかどうかということ。それが技術，技法の問題だと思います。

　ということで，CBTと非常に違うと思うんです。CBTは薬と似たようなものだから，患者さんは喜ぶと思うんです。日本ではね。アメリカだと，症状があると，なんとか取りたいって気持ちはあるけれど，他の人によって自分が動かされるのは嫌だという人も多い。

　だからそういう意味では，分析はなくならないと，僕は思うんです。やっぱり本当の自分自身に出会うというのが分析の仕事だから。本当の自分に出会った時に，自分の健康を取り戻すということになると思う。それがある限りは，僕はなくならないと思う。少なくなるかもしれないけど，なくならないと思う。

　それに到達していたのは，日本の中では禅とか，宗教的ないろんな訓練，修行の努力ですね。あれはものすごく厳しい。そういう形で何年も時間をかけて，しかも人里離れてやらないと，到達できないことなんでしょ。到達点はすごく似ていると思うんです。分析も，禅の修行も。ところが方法論は非常に違う。我々は，

街の中で普段の生活をしながらそれをやるけど，修行者は全部捨てる。そっちの世界へ入らないと，本当の自分に，真の自己に到達できないというのが禅ですね。だから，すごく世俗的な意味で，禅の悟りと似たようなと言えるかどうか分からないけれど，それに近いような。自分自身に出会う体験が分析だと思う。

　そうすると，まあ全部とは言わないけど，ある程度の人が求めていることだと思う。本当の自分に出会いたいとね。その欲求がある限り，それに一番近いのが，世俗的な技法としては精神分析だと思います。そういう意味で，僕はなくならないと思う。

　岡本：今，先生がおっしゃったことは，私も非常に馴染むんです。私も 20 代の 8 年間，参禅の修行をしました。人間が陶冶されていく，本来の自分に気づいていくプロセスが修行ですよね。だから，それと力動臨床心理学は，本当にコインの裏表みたいに，近いなあという感覚はずっと持っています。

　そういうプロフェッションというのは，ずっと残っていくと思うんですが。ただ，2 年前にリッグスに行ったときに，リッグスの先生たちは，一生懸命がんばっておられるんですが，悲観的でしたね。

　鑪：何に対して，悲観的？

　岡本：要するに，スコラ哲学[131]みたいになってしまうんじゃないかと。現代の社会の仕組みは，スコラ哲学が創った。現代人のほとんどはスコラ哲学を知らない。それを知らないでも，世の中はうまく動いている。精神分析もそんなものではないかと。だけど，私は，自分というものを本当に深く知りたいという願望・欲求に応えるという意味で，精神分析はやはり，人間探求の技法プラス理論プラス実践として残るんじゃないかという話は，私の意見としてしました。「あなたの言うそのとおりだ」とおっしゃったんですが，ただまあ，リッグスの先生方は，割とみんな悲観的でしたね。ですが，リッグスで，あれだけの実践をやってがんばっているというのは，数は少なくなるにしても，一つのプロフェッショナル領域として，ずっとその価値は残っていくだろうというのが，私の結論だったんですけども。

　鑪：多分ね，僕も残って欲しいと思うけど。文化的な意味でどこに価値を置いているかということなんでしょうね。精神的な病というものをどうとらえるかということもあるけど。「偽りの自己」がそういう病を引き起こしているんだから，「偽りの自己」から「本当の自己」に立ち戻った時に，病もなくなるというふうに考えるか，病は生活の中の夾雑物だから，お薬で取ってもいい。そうしたらもっと楽に生活ができると考えるか，自分のこれまでの生き方に関係しているのかと考えるか。

---

131) 西洋中世の大聖堂や修道院の附属学校（スコラ）で研究・教授された哲学。教会の権威を高め，アリストテレスなどの伝統的哲学を援用して，理性的な教義の体系を創った。

山本：ただ，今の心理療法の考え方，CBTもそうだし，ブリーフセラピーもそうなんだけども，治療者はノット・ノーイング（=not knowing）で，知らない。知っているのはクライエントであるということを，CBTもすごく強調していて。だからCBTの対話は，ソクラテス的対話というお産婆さんでしかないというし。解決思考の方ももっと強調していて，とにかく発見の答えはクライエントにあるんだと。だから今までの生活経験の中で，どういうことをしたらうまくいったかということを聞き出していって，「じゃあそれを，やってみなさい」と。決してこちらが教えてはいない気がするんですよ。それについてはものすごく，ある意味で我々以上に強調してる感じがしています。

鑪：そうなの？　だいぶ近づいてきているんじゃないかな。もっと強調すればね，無意識の世界のところまで同じになればね。

山本：だからクライエントが自分を一番よく知っているという意味では，CBTも精神分析も，ソリューション・フォーカスト・アプローチ（解決志向アプローチ）も，僕は同じだと思って。ソリューション・フォーカスト・アプローチの公式の一つが，ノット・ノーイングなんですよ，「カウンセラーは知らない」と。「専門家はあなた，クライエント自身なんだ」と言う。ただそこで，その人がどう解決するスキルを持っているか，対処法を持っているかを知っているのは，あなただからという。それをうまく引き出していこう。お産婆さんみたいに引き出していく技術の専門家が，サイコセラピストだという考え方ですよね。

精神分析はもともと，僕のイメージではフロイディアン的には，答えは分析家が持っていて，それを解釈するみたいなイメージがあって，解釈投与なんてのがありましたが。でも対人関係学派はむしろ解釈も，セラピストの解釈も，ある程度クライエントの解釈があるという。1980年代にボニームの『夢の臨床的利用』[132]を読んだときに，「ああ精神分析といっても，クライエントが主体的に解釈をしていくんだ」という，あれは当時，僕は，目からうろこだったんですけども。

今の治療の流れは基本的に，どの学派もそっちの方向に向いているという感じが，僕はしているんです。だから僕は，お産婆さんというアイディアはすごく好きなんです。産むのはあなたなんだ，ただ一人でちょっと産めないから，手を貸してあげて産み落とすという。

鑪：だいぶそれに近づいてきているっていうのは，いいんじゃないかと思うけど。ノット・ノーイングっていうか，分からないというのが，どの次元でどのぐらい分からないかというところに，ひょっとしたら差がある[133]。

山本：なるほど，同じように「分からない」といっても，信念などの前意識的

---

[132] Bonime, W.　1962　*The clinical use of dreams.* New York: Basic Books.（鑪幹八郎・一丸藤太郎・山本力（共訳）　1987　夢の臨床的利用　誠信書房）序論の「解釈活動」の項を参照

[133] Rosner, R. I.　2012　Aaron T. Beck's drawings and the psychoanalytic origin of cognitive therapy. *History of Psychology, 15* (1), 1-18.

な経験か，より深い無意識的経験なのかという差があると。ただ……CBTが外から操作的に動かすというのは，精神分析のようなやり方に比べたらそのとおりだと思いますが，実際の個人面接での相互作用を考えると，先生の認識は古いというか，ややステレオタイプな見方ではないでしょうか。たしかにCBTの場合，セラピストは主導権を握っていて，心理教育的介入や図式的な認識の仕方，指示も多いでしょうし，時に説得療法になることもあると思います。ただ他方で，クライエントに「ソクラテス的質問」を投げかけて，クライエントの側の自己観察力を高め，そのクライエントの主体性を刺激しながら細かく段階的に面接を進めていこうと努力しているのではないでしょうか。またそうしないと面接はうまくいかない。僕は，現在，力動的なアプローチを基盤にはしながらも，さまざまな状況に応じて雑多で折衷的なやり方を取り入れて，面接を進めていますので，ちょっと挑戦的に言ってしまいましたが……。

鑪：僕は頭の中で分かっているだけで，実際全然知らないんです。CBTを見たこともないし，やったこともないから。ただ図式に当てはめてそれに乗せるような感じでしかないんです。だから，技術的に，あるいは機械的にやって，うまくいって，それに対して治療者の関与が少なければ少ないほどうまくいくような，精神分析の対局にあるような感じはするな。それで効果の評価も，何がどう変わったかということもすごく大事で，CBTなんかすごくきれいに効果の評価ができているんですよね。

岡本：グラフで。

山本：ほとんどが効果研究だよね。

鑪：それに対して分析は，あまりにもそういうことに関心が向いてないんです。今でもやはりあまり関心がない。評価をするということは，分析の本質は何なのかということにつながると思う。だから無意識，無意識と言っているんだけど，無意識というものをもう少し説得できるような形にできないか。やっぱり評価をしっかり考えていくことは，これからの仕事の一つではあるでしょうね。

山本：それをやっていかないと，先生がおっしゃったようなガイドラインもうまく作れなかったですよね。

12. 自己探求と心理療法

鑪：ガイドラインもうまくいかないですね。禅では，どうなの？ この人が師匠になれるという，ここまで達したという証明というのは，何によって分かるんですか。この人の修行とか，この人が深く経験できているという……

岡本：江戸中期以降の禅は，公案による修行体系ができているんです。初関から始まって，何段階かの公案のレベルがあって，「十重禁戒」という最後の詰め，それは，自分の我を臨機応変に，「殺す」という言い方をしますけども，我を消し

て，相手にぴたっと一体化できる。こういう境涯に達したら，印可（＝修業が修了したという証明）がおりる。

山本：その公案，境涯を見る試験みたいなのがあるわけ？

岡本：それは，参禅といって，老師と一対一の問答なんです。老師から公案をいただいて，座禅をして捻蹄（ねんてい）して，見処を持って，夜と早朝に老師の部屋に行ってそれを示す。要するに自分の得たこの公案の世界を老師の前に示して，老師がそれを感じられたらよし。で，次の公案をいただくわけです。

実は，夫は40代半ばに（その公案修行の）最後まで達して，印可証明をもらったんです。夫と私の師だった仏通寺派管長 藤井虎山老師が亡くなられた後は，次の老師が仏通寺を引き継がれて，その老師について続けて。私は，参禅によって，夫がどのように変化していくかということは，興味深くずっと若い頃から見ていましたけれども，やっぱり相手に合わせる力と臨機応変性。筋は守りながら，臨機応変にその時その時の危機に対応できる。だから私は，先ほど先生がおっしゃった「人間の陶冶」ということから見れば，精神分析も非常に近い，禅仏教にもすごく似ているという感じがしますね。だから夫婦関係にしても，どんどんお互いに生きやすくなりますね。

鑪：それは素晴らしいね。

山本：今の心理療法を見ていたら，結局，共通要因をいろいろ探り出しているから，精神分析もそうだし，CBTの最先端もそうなんだけど，仏教思想とものすごくつながってきて，森田療法との共通点とかもすごく言われてきている。だから逆に言うと，わけが分からないんですけれど。

岡本：クライエントさんが自分について理解が深まり，生きやすくなるという方向は。

鑪：症状と生き方。症状が取れるともっと生きやすくなるから，それから先は自分でやったらいいという考えと，また，生き方そのものが，転移によって我々は汚染されているわけだから。その汚染をずっと少なくしていって，本物の自分になるのに時間がかかるんだという考えと，そこのどちら側を取るかっていうことになるんですよね。

そういう意味では分析というのは，贅沢なものだと思います。だから，限られた人にしかやれない。金も時間もかかるし。しかもそれで生活できるようになるというのは，ちょっと至難のわざだと思う。それほど日本も豊かでないし，世界も豊かでないけど。禅の修行とか，お寺の修行というのは，隔離された世界で，特別な世界でするからそういうことが可能だと思う。すごく贅沢な世界だけど，一部の人はその贅沢なものを求めているとすれば，それは可能かなと思う。

それを世の中全体にやることが可能かというと，ちょっと難しいような気がするね。お金がかかるし，時間も長くかかるでしょ。その上，症状よりも，生き方のテーマが中心になっているからね。

山本：だから我々はやっぱり，人間そのもの，内的な成長に関心があるよね。行動療法系の人は，あまりそっちには関心がない。僕はそう思います。

鑪：症状が取れればいいわけだから，自分でやっていけるという信頼があれば，もう症状だけでいいと思う。

山本：あとはクライエントのニーズだよね。クライントのニーズが本当に大事。クライエントも，自分のことを見つめることに全然関心のない人がいるから。その人たちにやっても意味がないし。

岡本：そうですね。自分に関心がない人というのは，そもそもカウンセリングにおいては，相当まずいと思うんです。私が最近感じるのは，自分への関心のレベルがどんどん浅くなっているような気がして。だから洞察が深まる，自己理解が深まる，そして自分の小さい頃からのいろんな癖のパターンに気づいていくということの納得感が，すごく浅くなっているような気がするんです。だからカウンセリングをやっていて，そこら辺が今の私のジレンマです。

鑪：そうね。

岡本：どうしたらいいか分からないんですけども，でも私が身に付けた方法は，力動しかないので，それでやっていこうと思っていますけれど。

山本：我々がやったら，何をやっても力動だと思います。根っこがそこだから。僕はSFAやCBT的なこともやるんだけども，やってても行動療法の人から見たら，これは分析的だと言われてしまうもの。

岡本：なるほど。それでいいんじゃないでしょうか。なんか最近，そういう意味ではジレンマというか，疑問をいろいろ感じています。

鑪：そうね，その関心として，問題があってその問題を解決したいと言って，患者さんが困っている。だからそれを解決したい，というのと。もっと自分を知りたい，自分自身，もう少し生きやすくなりたい。そういうのとの違いみたいだね。「患者さんが困っている」というのは，病院などでは症状中心です。それに対して，「生き方のテーマで苦しんだり困ったりしている」というのは，大学生や，学生的な生活している人と，知的な生活を主にしている人の世界になるんですね。ならざるを得ないんじゃないかと。そこで精神分析は役に立つ。それ以外のところでは役に立たない。それ以外のところは，分析の中にあるアイディアをいろいろ使うことは可能だけど，実際に分析という形でやるのは，とても難しい。

アメリカでも，例えばホワイトでがんばってやったんだけど，自動車ユニオン組合と協力して，自動車の職工さんに分析が役に立つかという大きなプロジェクトでやったことがあるんです。ユニオン・プロジェクト[134]という。前に少し話が出ましたが。あまりいい成果が出なかったのです。そういう人たちは，しんどい時にはお酒をいっぱい飲めばいいんだ。一番手っ取り早いし。それからお薬を

134）ユニオン・プロジェクト → pp. 99-100 参照

飲めばいいと。そういう形で解決してしまう。そういうのは日本でも同じようで，日本はそれがずうっと上の社会階層までそうなってくる。向こうは，中産階級になると，言葉の世界になる。言葉の世界には，分析は役に立つ。身体感覚の世界には，分析は役に立たない。

　日本の場合，社会階層の知的な層まで浸透してきていて，知的な階級でも言葉が上手く使えない人がたくさんいる。そういう人は，カラオケへ行って歌を歌うとか，ちょっと体を動かして問題を解決しようとする。日本では，自分の問題を掘り下げて，考えて，その中から何かを見つけようというのは，生活の中で相当特殊なやり方なんですね。だから（分析が役立つ人は），やっぱり相当限られてくると思う。

　山本：だから今の解決志向アプローチでもなんでもそうだけど，やり方は，「カラオケで歌って解決したいというリソースを持っている人は，それをやってごらん」という形になるし，「おしゃべりをしていたら，ちょっと楽になるんですよ」って言ったら，「じゃあもっとおしゃべりの機会を増やしてごらん」みたいな，そういう方向になりますよね。それで本当に元気になるならば，もうそれでいいということですよね。

　鑪：そうそう。そういうのは文化の質ですね。精神分析的文化というのがあるとすれば，ただ情動レベルで終わるとか，肉体的な感覚レベルや衝動レベルで終わるということでなくて，心の中にある世界をしっかり見ることによって生活の質を高めようという文化です。その文化を違った文化にあてはめられるかというと，なかなかそうはいかないと思う。日本はどっちかというと，衝動の文化で快感原則で，衝動が満足されればいい。あるいは肉体的な満足があれば，だいたいいい生活であり，これでいいんじゃないかという形で。文化として，全体の生活の質が，そのようになっているんじゃないかと思う。少なくとも中流階級までは。

　岡本：向き合わないでも生きていける。

　鑪：だから，それでも掘り下げて考えていきたいという人は，本当に宗教の世界で修行に入ったり，少数の人が，哲学などにすごく関心を持って深めていったりとか。日本の中には，その人口はそんなに多くないと思う。それは文化の質だと思う。そこに精神分析の生きる領域は狭いんですね。だから一般化して，もっと分析が広まって深まるという感じはしない。けれど，（領域として）小さくても，生き残るだろうとは思うんです。

　岡本：一つ付け加えるならば，私は若い頃からずっと，人生を通じての発達に関心がありました。人生の危機ですね。青年期ももちろん危機だし，中年期も危機だし，その他，生きていく途上で出会ってしまういろんな危機の中で，人間が，その苦しんでいることをきっかけにして，どういうふうに自分に直面し，自分の内的世界をもう一回掘り下げていくかという視点です。

　そういう視点から見ると，今，私がお会いしているクライエントさんは，そん

なに知的な方ではないんです，高卒とか，大学もあまりいい大学を出ていないとか。ですが，例えば，中年の独身で，すさまじい孤独感とか，あるいはどのお医者さんにかかっても体の痛みが取れないとかということで，面接に来られている。こういう問題は，もう自分で向き合わざるを得ないですよね。そしたら，やっぱり面接に来て，そこで向き合うことによって，自分のことが分かってくる。そういう意味ではその危機というのは，あるい意味で精神分析的世界に入って行くチャンスではないかな。だから私は事情が許す限り，長く付き合いたいと思っています。

鑪：そういう人は，知的なレベルでいう高さに関係しているんじゃなくて，もう少し人間的なレベルですね。

岡本：あ，そういうことですよね。やっぱり辛くて生きておれないと……。

鑪：そういうコンフリクトに直面できる人と，そうでない人とあるね。

岡本：ただ，面接のなかで直面が深まっていくというか，できるようになっていくという面はすごくあると思うんです。

鑪：いわゆる賢い人っていますね。そういう人は，深く考える人ですね。

岡本：考えざるを得なくなる状況で，考えるようになると。

鑪：そういう状況の中で深く考える。考えざるを得ない状況の中でも，考えない人もいるけど。

岡本：そうですよね。

13．海外体験余話―インド旅行―

鑪先生は，ホワイト研究所やオースティン・リッグス・センターなどへの長期の外国滞在ばかりでなく，インド，タイ，ドイツ，エジプトなど短期の海外出張にも，しばしば出かけられた。研究室には，海外からの絵画や置き物がいくつも見られた。ここでは，印象的な海外体験について語られている。

山本：リッグスに行かれる前に，僕がよく覚えているのは，先生がちょっと学生の目から見たらしんどそうな窮屈な思いをされていた，その時期にインドに行かれましたよね？　あれは，どれぐらいの期間でしたかね？　1カ月ぐらい？　インドに行かれて，戻って来られたら何かすごくリフレッシュされていて，生き生きとされて，それでインドのスライドを全部見せてくださって，「君たち，あんまりこういうことは関心ないかもしれないけど」と言いながら。僕らはすごい興味持って聞いて，何かあそこから先生がまたちょっと違う体験をされたみたいに学生の目には映ったんですけども，インド体験はどうだったんですか？

鑪：インド体験は，何か育ちと関係あるかもね。神秘的なものは前から関心はあったんです。いろんな人の手記を読んだりすると，インドでそういう世界とか

かわれてとか。インドだったらうまく時間を利用していけないかなと僕は思った。夏休みの1ヵ月間行こうと思った。それで大学を訪ねようと，国立カルカッタ大学に連絡した。そこを基地にして，いろんなところに行ったらどうかと。ガンジーの遺跡も見たい。ガンジーについてはエリクソンが書いているから[135]。ということで行ったんですね。カルカッタから入って。

岡本：今は，コルカタとか。

鑪：名前が変わりましたね。いろいろ不思議なことが起こりました。それぞれのところで。最初はカルカッタで。

エリクソンの直筆によるガンジーに関するデータの記録
エリクソンは，著書の執筆前の資料を絵画のように配列・整理した。オースティン・リッグス・センター図書館内（許可を得て岡本撮影）

大学の先生に手紙書いて行った。カルカッタ大学のゲストハウスに泊めてもらえた。大学をいろいろ案内してもらって。カルカッタ大学の心理学コースにタイから来ている留学生，マスターコースの学生がいて。彼はお金持ちのボンボンで，タイの王家とつながっている。それは後で分かったんです。その留学生に，カルカッタ大学の先生が，「お前がカルカッタの町を案内しろ」と。彼が案内してくれたんです。彼は車を持ってるんです。あっちこっち行っていろいろ，外国人の目で彼は見ているから，いろんなことを教えてくれた。

シタールですね，こんな長い。6弦か8弦か，そういうすごいのを聞かせてもらったり，ドラム，太鼓と一緒の演奏を聞いたり。そういうのとか，いろいろめずらしいこと。それと水が印象的だった。インドの人たちは清潔なんですよ。家は狭いが。水道が外にある。道路に消火栓みたいな感じで水が出ているんです。そこでいつもきれいに洗ってる。だからいつも清潔なんです，インドの人は。また，主任教授のお母さんが亡くなられたのです。それで家に行ってお葬式に参加させてもらって。その教授は全部頭を丸坊主にして，これから1年間は喪に服すんだって。いろんなものを見

シタールを弾くインド人男性
18世紀に描かれたもの。

---

135) エリクソン，E. H.（著）1969 星野美賀子（訳）1973 ガンジーの真理：戦闘的非暴力の起源 みすず書房（Erikson, E. H. 1969 *Gandhi's truth: On the origins of militant nonviolence.* New York: W.W. Norton.）

せてくれたり。
　それから教授は，カーストのバラモン階級でないとなれない。バラモンの証拠って何かと言うと，袈裟じゃなくて，細い紐なんですよ。細い紐で数珠みたいなのがあって，それをいつも，ちょうどネックレスみたいに肌に巻いている。その上に服を着ている。だから普通は見えない。これがバラモン。そういうのをいろいろ教えてくれたり。
　岡本：バラモンでないと教授になれないんですか？
　鑪：今はそうでもないかもしれないが，カーストがきびしいですよ。ガンジーが苦しんだのもそうでしょう？　クシャトリアかな，あの人はね。3番目，低いんですよね。いくつかの挨拶言葉を教えてもらった。町の中でのどがかわいても生水は飲みたくない。何を飲んだらいいかって言ったら，ティーを飲みなさいと。チャイという。茶ですね。茶というのは世界中どこでも発音が茶ですよね。これは紅茶。紅茶がものすごく濃い。紅茶は沸騰させて，そこに煮沸したミルクを入れる。甘くておいしい。いつもそれを飲んで。町の中でもチャイはどこにも売ってる。店に入っていって，「ナマステ」とか言って，「チャイ」と言うと喜んでくれて。「ナマステ」という言葉を言うだけで，「エッ？　この人は挨拶言葉を知ってる」って。チャイを一緒に飲むと，みんな喜んでくれて，取り巻いて一緒に何かワーワーって言うんだけど僕は分からない。最初から何かよい関係ができたんです。それからボンベイに行って。ボンベイは，今はまた名前が変わりましたね。
　岡本：ムンバイ。
　鑪：ムンバイか。あそこでは大学に行ってないんだけど，あそこでは鳥葬ね。
　山本：鳥の葬式。
　鑪：死体を鳥に食べさせる。
　山本：で，鳥と共に魂が天に上がって行くという。
　鑪：そうそう。そういうのがあそこにあるんですよ。それをできることなら見たいと。ただ，「あれはだめだ」と言われました。信者でないとそこに入れさせてもらえなかったですね。だからムンバイで印象に残ってるのは，そういうことですね。
　それからガンジーのところ行ったんですね。ガンジーのところはほんとに何のつてもなくて行って，頼りはあのエリクソンの本だけです。だけど印象的でしたね。ガンジーの道場です。ちょうど彼がインドの独立を助けたところ。お墓というか茶毘に付されたのが川の縁でね。そのお墓も残ってる。きれいに今でも。そういうところを見たりして。そしてもうひとつインドで見たかったのがガンジス川のほとりで死体を流す。沐浴するところ。ベナレスの聖地。そこに大学がある。有名なベナレス大学。そこの先生に手紙を出した。飛行場に迎えに来てくれたんです。女性の先生が。大学のゲストハウスがあるからそこに泊まった。その先生がまた親切な人だった。家に呼んでくれて，食べ物とか，食べ方とかいろいろ教

13. 海外体験余話―インド旅行― 217

えてくれたんですよ。ベナレスはそんなでした。

死体を焼いて流すとか死体そのものを流すとか。そこで沐浴してるんですよ，すぐ横で。それをこちら側からも見てもいいけど，船に乗って向こうから見たら全体がよく見えるからと言って，先生が船を手配してくださって，先生と一緒に船に乗って，それをずっと見ることができた。すごい体験でしたね。

後でまた1人で行きましたけど，そのときは沐浴っていうよりは，ただ水に足をつけるという程度でしたけどね。ただ，すごい異国的な感覚がある。みんな澄んだ鋭い目をしている。真剣な目なんです。ここは聖地で，よそ者が近づいてはいけないという雰囲気があった。そういう場所でしたね。

山本：それだけのいろんな経験されていて，僕の記憶の中でも鮮やかに映像があったから余計に覚えてるんですけども，不思議にどこにも書いておられないですよね？

鑪：書いてないですね，それは。インドは，僕は2回。最初のときにはただ名所をグルグル回っただけだったけど，後のときは大学を回りましたから，印象が鮮やかでした。

山本：特研で見せてもらったのは，その大学を回られたときの経験でしたよね？

鑪：そうです。そのベナレス大学では講義しろって言われて，大学の学生に日本の臨床心理学の話をしました。あそこでも不思議なことがあった。校庭を1人で歩いてたら男の学生が来て，「先生はどこの人か」，「日本から来た」，「先生，ちょっと来てくれ」って言う。自分の寮ですね，学生寮に。「自分は絵を描いている。だから絵を見てほしい」，「東洋人にどういうふうに写るか，自分は知りたいんだ」とか言って。部屋に行くと，たくさんの絵を描いているんです。それがペン画でね。山とか，森とか。全部ペンで描く線画ですよ。「あー，これはすごい。すごくオリジナルだ」と言ったら，「これを先生にあげる」って1枚。僕にサインしてくれてね。それを僕は，大学のどっかに置いていたんです。

岡本：線画は先生の研究室にありました。額に入れて。覚えています。

鑪：絵があるんですよ，こんな山みたいなものが描かれた黒っぽい絵。それをもらった。それもおもしろい経験でしたね。その次にニューデリーに行った。それも紹介。ニューヨークのときの友達の教え子が開業しているので，それを訪ねて行きなさいと。だから今度は分析家と出会うということになって，ニューデリーで。そこのオフィスとか。どういうふうにインドの人たちがやっているか。インドに精神分析が入ったのは古い。1930年代。それをサポートしているのがホワイトの人達でした。トンプソンとかタウバーとかそういう人たちが論文で支えていた。「シャミクサ」という名前の雑誌。意味はよく分からない。それは今も出ているんじゃないかな。それから彼女のオフィスを見せてもらったり。どういう患者さんを扱っているか，教えてくれて。そこもレベルなんですよ。バラモン

の人たちは教育程度が高い。その人たちに分析やるというのはほとんど問題ないし，抵抗ない。英語も全部しゃべれる。その階級の人を相手している。それ以外はほとんどやらない。お金がない。問題は心身症的な反応が多かった。

岡本：下の階層の人ですか？

鑪：下の階層の人。治療の方法も，サイコセラピーというような形でないほうがいいと。いろんな民間療法がある。そういうのを教えてくれたり。雑踏を一緒に歩いたり。

それでずいぶん見方が変わりましたね。インドっていうのはあんなに古い国だけど，約200年間イギリスに支配されて。カーストはその前からあったんだけれど，カーストがはっきりしていてね。その中でみんなが生活している。一番下の人たちも卑下している人がいない。そのように見える。この次生まれたときには，私はこのカーストに生まれるとか，みんな言うんですよ。

その例ですが，乗り継ぐための飛行機のオフィスに行った時のこと。従業員がいっぱいいる。こんなことやるのに何でこんなに従業員がいるかって尋ねたんですね。そしたらこれは大事なんですって。雇用対策で。わずかな金でもみんなが収入になる。だからたくさん雇っているんだと。あれも印象的で忘れられないです。カーストっていうのは，やめたらいいということじゃなくて，それを前提にしていくならどうしたらいいかということで，いろいろと考えている。自分の仕事はここからここまで，書類を持って行くだけとか。だから絶対ほかのことに手を出さない。ほかのことはしない。じっとして待っているんです。あれも独特でね。少しインドの世界を見ることができた。

それから大学とのつながりで，先ほど言うの忘れたけど。カルカッタ大学でドクターの審査には大学の先生方と，カルカッタ大学の外部から必ず1名，審査員に入るという。だから審査員になって欲しいと。審査員になってくれって。「まあ，僕でよかったらいいですよ」っていった。ほんとに論文を送ってきた。

岡本：先生，学外審査員になられたんですか？

鑪：なったんです。広島に論文を送ってくるんですよ。2編ぐらい審査しました。文書の評価表を向こうに送ると謝礼が来るんですよね。そのころいくらだったかな？　400〜500円ぐらいの金なんですよ，換算すると。

岡本：日本円でね。

鑪：向こうでは相当な金になるみたい。その後，向こうの主任教授が代わって，それから連絡はなくなりましたけど。だから，いろんなインドの世界を見ることができたという感じですね。特にベナレスの体験は大きかった。

山本：（先生の）見る視点が変わったから，学生の僕らが見てて，先生が何かリフレッシュして，ちょっと元気になって帰って来られたと思ったのは，間違いじゃないんですね。

岡本：私は，若い頃にミシガン大学に留学したときに，ルームメイトはインド

人でした。専門は数学で，お父様は大学の数学の教授だって。娘さんはPh. Dを取りにミシガンに来てて，やっぱり向こうの，バラモン階層，知的階層というのは凛としていますね。ものすごい使命感というか，自分がやらないと誰がやるのかという感じで，すごい刺激を受けましたね。

鑪：やっぱりバラモンというのはそういうもんなんでしょうね。自分らが社会の指導者だという意識はすごい……。

岡本：しかももともとの意味の僧侶階級と違うんですよね？　バラモンは表面的には僧侶の階級でしょう？

鑪：僧侶の階級なんだけど，社会の一番上の指導者層ですね。あれはやはり見事でしたね。先ほどの続きで，カルカッタ大学に行って，タイの留学生に案内してもらって。彼は論文を出したいという気持ちがあった。私が日本に帰った後，「ぜひ広島大学に留学したい」と言って。「頑張って来たらいい」って言ってたんだけど，なかなか奨学金を取れなかったんですね。それで来れなかったんですけど。ただ，僕の方が向こうに行くようになったんですよ。

岡本：タイにですか？

鑪：タイに。タイにときどき遊びに行ったりすると。すると彼が出て来るんですよ。

岡本：先生はタイに遊びにいらしてたんですか？

鑪：そう。タイには3回ぐらい行きましたね。1回はユネスコか何かの会議で行きましたけど。そのときは，ほとんど遊ぶ暇なかった。一度は彼の家に泊めてもらって。豪華な家だから。王族の家なんだから。彼は知覚心理学か何かやってた。

山本：それリッグスに行かれる前の話ですか？

鑪：リッグスの前ですね。

岡本：あまり聞きませんでしたね，その話は。

鑪：タイには何度も行きましたね。

岡本：タイか……。「王様と私」。

鑪：うん。だからタイの上流階級の人はこんな生活をしているのかというのがよく分かりました。彼はインドに留学しているのに，車に乗っていたもんね。自分の車を持っていた。ちょっと付け足しておくと，彼が来てくれていたら，広島大学とチュラロンコン大学のつながりはもっとできたのではないか。彼は，チュラロンコン大学の先生になったんです。タイの国立大学の一番優秀な大学。今は年齢的に言うともう定年に近いんじゃないかと思う。

岡本：王立チュラロンコン大学。広大とも交流協定を結んでいますね。

鑪：あーそうですか。そのチュラロンコン大学の先生になった。そういう不思議な……。人間関係って不思議ですね。

岡本：そうですね。人と人とをつなぐリエゾンみたいな。先生の力っていうの

はすごいですね。
　鑪：何かこうおもしろ半分にやっているんですよね。それがいつの間にかつながって。
　岡本：ちゃんとつながって，しかも生産的な仕事に発展していくというか。

第6章
心理臨床学（界・会）を牽引する

　鑢先生は，1998年3月に広島大学を定年退職後，同年4月に京都文教大学教授として着任された。その後2014年3月に同学長を引退されるまで16年の長きにわたって，京都を拠点に活躍された。それは，創立3年目の新しい大学の発展への貢献にとどまらず，我が国の臨床心理学の学問的な基盤と職業的専門性の両面の確立を牽引するものであった。

1. 臨床心理学部を創る

　岡本：私たち広大時代の門下生から見たら，京都にいらしてから先生はまた，活躍の場が広がって，心理臨床学会を発展させ，資格問題が具体化していき，常にその重要なところに先生はおられたと思います。京都での先生のお仕事は，どのようなスタンスと打ち込みでなさっていたかということを，お伺いできますか？

　山本：僕は広大の外にいたので，外からの印象ですけども，広大時代のイメージだと，先生はちょっと鬱々としておられたイメージがやっぱりあるんですよね。だけども京都に行かれてから何かが解放された，抜けたみたいな，元気になられたなという感じがしていたんですけども，そこも含めてお伺いできますか。

　鑢：京都文教大学の内部では，新しく臨床心理学科を作るところだったんです。学生たちは2年生まではいました。創立3年目，専門課程から僕は移った。教員も学生もそれから他の職員たちも，みんなが受け入れてくれたんです。だからやりやすい環境だった。行って2年間は，僕は，役職は何も持たないで向こうに適応するみたいな感じで，ゼミの学生だけを相手にしてやっている感じでしたね。あとは研究会に出るとか，京大の人たちと付き合うとか，そんな具合で。

　僕の仕事は大学院を作ることでした。あと2年たったら大学院を作る。大学院をどう構想するか，建物まで新しくする。これはすごく楽しかったですね。設計図の段階から面接

京都文教大学

室をどういうふうに作るか。面接室を並べて，9つ作った。プレイルームを入れたり。シャワー室とかね。汚れたらそこでシャワーを使えるように。ほんとにぜいたくな。教員に1人ずつ，面接室は自分で設計してくれと，好きなようにしていいと。全部面接室は個性的に作ったんですよ。僕がやったところは一番広く取って（笑），寝椅子を置いて，寝椅子も使えるようにして。それから部屋の飾りも。僕は，井堂雅夫さんという京都で有名な人の版画を置いた。だからぜいたくにやらせてもらったんです。全部部屋のデザインが違うんですよ。

また，大学の内部については，臨床心理学の教員をたくさん入れようと考えた。とにかく臨床心理学を看板として，大学をしっかりいいものにしようということで。大学の学術顧問の河合隼雄さん[136]もまだ元気で，やれ，やれという調子で支えてくれた。動きやすい状況があった。

外部では，河合さんが心理臨床学会の理事長だったから，僕はその下で事務局長をやったり，いろいろな形でいつも河合さんを支えていた。だからそういう役回りで。学会ではいろいろ発表したり講演したり講義したり。ワークショップを担当したり，ずいぶん長くやりましたね。ワークショップは僕にとっては，精神分析を広げることができる，ここで夢分析を広げられるという感じでした。みんな関心があるから，すごくたくさん集まりましたね。そういう形で，学会で活躍しているというふうに見えたのかもしれないですね。自分ではとにかく楽しいことを，大学院づくりも楽しいし，それから学会などでやるのも楽しいしということで，生き生きした感じだったと思います。何をやってもおもしろい。自分のテリトリーが全部生かされているわけでしょう。それぞれのところで。

だから内部の組織作りもそうだし，大学院が新しくできるのもそうだしというようなことでね。大学院も研究しやすいようにしようと，研究費も学部の倍にした。学部は50万円，大学院担当は倍にすると。理事会がまあよくそれを認めたなと思う。理事会はものすごく期待していたんですね。その期待にある程度，応えたんじゃないかと思います。大学院も1学年定員30名にしたんですよ。

岡本：臨床心理学部って日本で初めてだったわけでしょう？　あれはすごいですね。

鑪：大学院で定員30というと，日本で大きいほうじゃないですか？　その定員の倍以上，いつも3倍ぐらいは受験生が集まったんですよね。

2．心理臨床学会[137]を育てる

鑪：学会もそういう形で運営するんです。学会の運営というのは，自分らが動けばそれで片付くようなもんですね。委員会がいくつかあって。僕は常任理事を

136）河合隼雄 → p.28 参照

やっていたから，河合さんが理事長だと，その横でいろいろな世話をするというのが，僕の仕事だったんです。そんなに嫌じゃなかったですね。学会のためにということがあったから。河合さんが任期は2年だから，2年すると，次の理事長に僕がなる。再選が1回だから4年ですよね。その後，また河合さんがやった。河合さんとは，いろいろ話は通じたんですね。お互いに「さん」で呼び合う仲だからね。河合さんも，僕を使いやすかったんじゃないかと思う。河合さんが何かやると，こういうことですねと，それを実現するということで，僕は動けたからね。何かあると一緒にやっていた。

　ただ，ケースとかそういう話になると違うんですよ。だからそれはお互いに，「それでいいんじゃない？」というところで。だからケースについては，あんまり触れない。とにかく彼にはそっちで講義して，僕はこっちで講義するというふうな。だからその住み分けも，わりとうまくできていたんじゃないか。あの時代は，みんな住み分けが上手でしたね。成瀬悟策先生[138]がいたでしょう？　河合さんでしょう。成瀬さんの横に前田重治[139]さんですよ。全然違うんですよ。ところが上手なんです。一緒にいるんですよ。河合さん，そして佐治守夫[140]さんでしょう。これもまた全然違うんです。あとは名大にいた村上さんとか，これもまた全然違う。ところがみんな仲良しで，結構話ができて，研究は全然別なんですよ，お互いにやっていることが。そういうふうなところで。僕もその中に若造として入って，第一世代の一番下に入っていたんだけど，違っても平気なの。だから組

---

137) 日本心理臨床学会　1982年，「心理臨床の業務にたずさわるもの相互の連携協力によって心理臨床科学の進歩と，会員の資質向上，身分の安定をはかる」ことを目的として設立。2016年6月19日現在，会員総数28,074名・社で日本の心理学界では最大の会員数を持つ学会。主な活動は，日本心理臨床学会大会（年次総会と研究発表），機関誌「心理臨床学研究」の発行（年6回），理事主催の研究会，大学院生のための研究集会，優れた心理臨床研究に対する顕彰，国際交流，会員の倫理や資質の向上のための諸活動，心理臨床のためのカリキュラムの検討，日常時や非常時における心理臨床活動の支援など，心理臨床に関係するあらゆる活動のための研究，研修，活動支援を行っている。

138) 成瀬悟策（なるせ ごさく）　1924年生まれ。臨床心理学者。医学博士・臨床心理士。わが国の心理系催眠の第一人者として知られる。竹山恒寿，池見酉次郎らと「日本催眠医学心理学会」を立ち上げ，学術面からの催眠研究に尽力した。前田重治，蔵内宏和ら精神分析を専攻する精神科医にも催眠を教授し，日本に科学的催眠研究の礎を築いた。また動作を用いて人の生き方や健康を援助していく方法である臨床動作法を創始した。主著として，『催眠面接の技術』（誠信書房，1959），『心理リハビリテイション―脳性マヒ児の動作と訓練』（誠信書房，1973），『動作療法―まったく新しい心理治療の理論と方法』（誠信書房，2000）など，多数。

139) 前田重治（まえだ しげはる）　1928生まれ。精神科医。九州大学名誉教授。精神医学，臨床心理学の分野において，精神分析の研究，臨床，教育に携わる。専門書，翻訳書も多く，芸道にも造詣が深い。主著に，『自由連想法覚え書 古沢平作博士による精神分析』（岩崎学術出版社，1984），『図説臨床精神分析学』（誠信書房，1985），『続・図説臨床精神分析学』（誠信書房，1994），『芸論からみた心理面接』（誠信書房，2003），『図説精神分析を学ぶ』（誠信書房，2008）など。

140) 佐治守夫（さじ もりお）　1924-1996　臨床心理学者，東京大学名誉教授。ロジャーズが提唱したクライント中心療法をわが国に導入した。主著として，『異常心理学 異常行動の基礎理論 フラストレーション』（異常心理学講座，1954，みすず書房）『異常心理学 異常心理の治療・相談・処置 心理療法 第1』（異常心理学講座，1958，みすず書房），『臨床家佐治守夫の仕事』全3巻（近藤邦夫・保坂亨・無藤清子・鈴木乙史・内田純平（編）　2007　明石書店）など。

織としては，みんなこれを創り上げるのが大事だからということで，みんなまとまるという，そんな時代でした。

そういう形での組織作りと，臨床を大学にしっかり位置づけるということでした。大学で大事だったのは，心理教育相談を有料にするということ。河合さん，前田さん，それから佐治さんのちょうど3人が学部長だったんですね。京大，九大，東大でしょう。文科省は「うん」と言ったんですね。僕は尻についていて，それなら広大もお願いしますよと言って，広大も有料化にできた。

だから京都文教大学へ行っても，京大の人たちとはもうほとんど付き合いがなかった。世代が変わってしまった。僕がいた世代というのは，齋藤久美子さんの時代だから，その下はもうあんまり分からないですね。東山紘久さんとか田畑治さんとか，そういう人たちが助手だったから。助手仲間として付き合っていたというのはありますけど。

山本：先生は僕らから見ると，京大から来られたということで，京大に対する所属意識がすごく強いままかと思っていましたが，どこかでそこもちょっと切れて。

鑪：もう切れているわけですね。文教では，定年まで非常に伸び伸びとやったと思います。70歳までの7年間ね。その間，学会も並行して生き生きとやっていたと思います。それから先はちょっと狂い始めて。雑用が多くなってしまって。

山本：その経験と1回目の（面談の）ときにおっしゃった，これでいいんだっていう納得感みたいなものがどこかないみたいな。

岡本：達成感がないということともつながっているんですか？

鑪：達成感という方向でものを考えたことはないです。

山本：目標があって，そこを実現して夢がかなうみたいな。

鑪：それがないね。一生懸命ぶつかってやっていると，次に何かが出てしまうんですよ。するとまたそれをやる。また次に出てくるのをやる。

岡本：でも，出てくるそのものはものすごく確実でしたよね。心理臨床学会だってここまで発展したし。

3．博士（臨床心理学）の学位

山本：京都文教であのシステムを作り上げたのは，夢がかなう経験の1つのような気がしてしまうんですけれども。それって先生のビジョンが実現していくわけですよね？

鑪：一番のビジョンは，しっかりした大学院ができるということ。それを証明するものが2つある。1つは博士の学位が出せる。もう1つは臨床心理士試験に100％近く合格する。こっち（＝臨床心理士試験の合格）の方はできたんだけど，学位は難しい。僕が定年で出る年に学位も出せたんですよ，1人だけ。だからそ

れが一番達成感がある。これで大学院も完成したと思った。それで僕はもう広島に帰れると。ということで，それは少しの達成感はあったかもしれませんね。

岡本：先生が学位の第一号を出されて，その後もずっと学位論文は出続けているわけですか？

鑪：そうそうそう。

岡本：それはすごい。

鑪：僕がまた文教に帰ってからね。学長として帰ってから。僕の仕事はそれだと思ったんですよ。

岡本：学長の仕事をしながら，主査をずっとなさっていたんですか？

鑪：いえいえ，主査はしなかったです。（教員を）激励して。（学位を）出せ。みんなの尻を叩いたんですよ。みんなも頑張り始めて。それで出るようになったんです。「私立大学で，心理学を標榜している大学で，学位を出さないのはおかしい」と言って第1号は出した。その人は学会賞をもらったり，現在，京都文教大学で准教授を勤めている松田真理子さんです。なかなか頑張り屋さんですね。論文博士も3人出した。課程博士が4人で，全部で7人になった。僕がいる間に。尻を叩かないといけないというのは，学長の仕事かと。ほんとは研究科長の仕事。

岡本：私のような（心理学講座の教授という）立場だったら，もうこれは自分の責任だと思っていますから，ドクター課程に入れたら3年か4年できっちり仕上げると。学生と二人三脚ですよね。日々張り付いて指導するというか。

4．学長としての光と影

岡本：私が37歳のときに広大に戻って，先生にご挨拶に行ったときに，「学内政治なんかにはうつつを抜かさず，ちゃんと自分の研究をしなさい」とおっしゃったのを覚えています。私は，それが先生のお仕事のスタンスだと，ずっと思っていました。先生は，大学の管理職に関心をお持ちだったんですか？

鑪：はい，それは京都文教に行って分かりました。文教に行って，「あー，僕はできるんだ」と思ったんです。

岡本：管理能力もしっかりあると。

鑪：学部長，研究科長をやって，大学院も作ったでしょう。あれは自由に僕はやったんです。「あー，ああいうこともできるようになった，文科省に通ったり，いろいろやって，ああいうこともできるんだ」というのは，後で分かったんですよ。管理的な面で少しそういう能力があるんだと思ったのは，文教に行ったときでしたね。

岡本：それで先生は，そういうお仕事をされても楽しかったのですか。

鑪：学長になるまでは楽しかった。学長という職は全然違いますね。京都文教は，学部も臨床心理学部でしょ。大学院も臨床心理学の大学院ですね。それは自

京都文教大学学長就任時

分が一番やりたい仕事なのね。仲間を増やしたい。だからほんとに一生懸命やった。それで，教員も絶対いい待遇をしようということで，今，大学院担当者は研究費が100万円ですよ。100万をどのように使ってもいいと。

岡本：すごい。

鑪：70歳の定年で辞めたら，もう帰るつもりだったんです。だから7年やって定年になって，70歳になったから，もう広島に帰ると，みんなに公言してたのね。そのときに説得されたんですね。「光華女子大学で大学院を創るので，どうしても来てもらいたい」と言われて。その時学長をしていたのが，高木さんといって，京大で僕と一緒だった助手仲間なんです。教育行政学の人だから，全然専門は違うんだけど仲良しで，助手時代は一緒に飲んだり一緒に話をしたり。教育学部はそういう小さな学部ですからね。アメリカでも偶然に同じ時期に留学して，一緒になったりね。だから断れなかった。「教授会には出ません，大学院だけです」「それでよろしい」ということで。そのときもすごく楽だった。研究室に行っても，大学院の学生が5～6人いるだけですので。僕がいる間は，臨床心理士試験には，全員合格しました。だから先生方も喜ばれて，おそらく管理者もうれしかったんだと思います。

2年契約だったんです。大学院ができたらもうよろしいと。ところが「どうしてもあと1年いてくれ」と言われて。あれがまずかったね。もう1年いたら，今度は（京都文教大学を）樋口（和彦）学長が中途の3年目に辞めると言う。学長候補になるような人は，内部には誰もいないといって。結局，僕にやれと言ってきた。

学長の6年間は，僕にとっては大変つらい思いをした。学長という職は，何の魅力もなかったですね。辞められるならいつでも辞めるという感じ。

岡本：いつかお会いしたとき，「僕は，最近はお金の計算ばっかりやってて，臨床はやってない」とおっしゃっていましたよね。

鑪：そうなの。お金の計算でね。でも億単位の計算だからね，なかなか分からないんですよ（笑）。

山本：実感がないからやりにくい（笑）。でも，それを向いてない，あるいは嫌だと思いながらも，逃げずに全力でされたわけですよね。

鑪：そうです，全力でやりました。だから体がボロボロなんですよ。

岡本：いつか広大の事例検討会に来ていただいたときに，「咳が止まらなくて，身体全部，精密検査したけど，どこも悪くなかった。これは心因性だ」と学生たちの前でおっしゃいましたよね。私はもうほんとに言葉もなくて胸が痛かったです。

鑪：吸入とかそういうのを対処療法的に。でも止まらないんです。ほんとに変でしたね，しばらく。腰痛が始まって。腰痛はまだちゃんと治らないんだけど。僕の場合，体に出るんですね。だから人生の最後で，あれはまずかったなという感じ。あの選択は，半分周囲の圧力で選択させられた。
　山本：若い時は自分の人生を選ぶというよりも，選ばざるを得なかったり選ばされる部分がすごくありますけれども，先生の年になったら全部選んでおられるのかと思ったら，そうじゃないんですよね。
　鑪：僕は選んだという感じは，あんまり持ったことないんです，ずっと。それはもう子どものときからそうです。自分で選んだっていう感じはないですね。九州学院[141]へ入学する時も。親父から「行け」と勧められて，自分では選択する余地もないわけですよ。行ったら，与えられた仕事として一生懸命やる。大学のときもそうです。大学院でもそう。
　分析の訓練というところは，選びたいという気持ちがあった。言葉にしたいと。前に言いましたね。それでチャンスを待っていたという。けれど，あそこ（ホワイト研究所）に行くと決心して，ホワイトに行ったわけじゃないんです。つまり精神分析を学ぶというか，「言葉」を与えられるところがあればという。たまたま奨学金がもらえるからそこに行った。行ったらそこで打ち込む。帰って来てもそうですね。大阪教育大学のときもそうだったし。広島大学も自分で選んで来たんじゃないんですよね。選ばれて，僕はラッキーだと思って来て，一生懸命打ち込んだ。それだけなんですね。定年になった時，京都文教大学が新しく大学と大学院を作るという。京都なら懐かしいという感じもありましたけど。まだ少し元気があるから行こうかっていう感じで。これも自分で選んだというよりも選ばれたんですよね。行ったら，打ち込むという形でね。ずっとそういう形できたのは確かだけど，最後の管理職に指名されたときに，ちょっとゆがんでしまった。
　山本：それまでは全部，結果的にはよいめぐり会わせと思えるんだけど，管理職だけはそうは思えない。
　鑪：そう，管理職はそう思えないです。だからあの６年間はちょっと辛いですね，最後のとき。何か罰されたような感じがするけど。「あんたは今までいい思いしてきたから，罰だからやんなさい」とか言われて（笑）。

5. 心理面接でエネルギーを回復する

　岡本：学長さんっていうのはものすごい激務だと思うんですが，夜はちゃんと心理面接をやっておられたんですよね。
　鑪：そうそう，そこのところ言わないといけない。

141）九州学院中・高等学校 → pp. 18-23 参照

岡本：それがすごいです。

鑪：週に3日だけやった，夜ね。月，火，水曜に。6時〜10時半まで時間を空けていたんです。

岡本：4ケースですか。

鑪：それでだいたい4ケースね。1週間に合計10ケース。これは絶対やめないと。そこで僕は，エネルギーを回復していたんです。クタクタになって帰るでしょう。それで面接すると，生き生きとなるんです。エネルギーをどんどん取り戻して。だからやめませんでした。あれはよかったですね。それが支えたんじゃないかと思う。

山本：面接の思考回路になったら，疲れるんじゃなくて，エネルギーが得られるって。

鑪：そう，逆なんですよ。だから10時半に面接が終わると，何かものすごく生き返ったような感じ。毎日楽になっていましたね。だから夜の会合は木，金，土を使うということで。外で飲んだりいろいろ会合がありますけど。月，火，水の会合には出ない（笑）。臨床をずっと続けたのは，ほんとによかったと思いますね。それで何とか命を長らえたんじゃないかと。

岡本：何か心の中のみずみずしさというか。

鑪：そうそう，それを取り戻す。それをずっと繰り返したんですね。

山本：そういう意味では，臨床の場面というのは相互性があるんですよね。管理職では疲れてばっかりだけど。

鑪：そうなんです。管理職はかなりエネルギーを吸い取られていく。ほんとに面接というのは返ってくるものが多い。

6．2つの学会賞をめぐって

6-1．精神分析学会との心理的距離

山本：先生は，2回学会賞をもらわれていますよね。精神分析学会と心理臨床学会。あれは一番貢献が認められることだし，すばらしいことなんですけれども，そこでの達成感はやはり……？

鑪：あまりないですね。ありがたいとは思うけど。だから僕の感じでは，「あー，そういうふうにみんな認識してたんだ」っていう感じだね。精神分析学会なんか特にそうね。精神分析学会の方は，所属感が70％か80％ぐらいなんですよ。心理臨床学会は100％ですが。

山本：そうか。ほどほどの距離だったわけですね。

鑪：ほどほどの距離なんですよ。精神分析学会で一番大事だと思ったのは，書くこと。だから（『精神分析研究』の）編集委員になっていたんです。編集委員長にもなった。それが学会賞につながったんじゃないかと思う。

山本：少し話がズレますが，昔，小此木先生が広大に集中講義に来られて，そのときに鑪先生はリッグスに行って不在でしたので，代わりに小此木先生のお世話をしました。まあ，おもしろかったんですけど。

岡本：私は院生として講義を受けました。

山本：そのときの小此木先生が，僕は，近い仲間とか弟子とどっかで葛藤を起こしてしまうと，けんかをしたこともあるけども，今は多くの弟子と再接近危機を乗り越えてきて，対象恒常性ができつつあるんだ，みたいなことを酒の場で言われたんですよ。ほどほどの距離ということで連想しました。

鑪：自分の仕事，臨床というものが広がる，仲間が増える，そういう研究する場が多くなるという形が，僕にとっての学会活動だったんです。その範囲ならもう何でもしたいと，どんなことでもお手伝いする，そういう感じはすごくありましたね。それで一生懸命になっていた。学会賞をもらうというのは，ある程度認めてもらったんじゃないかなという，そういう感じでしたね。

6-2. アモルファス自我構造と日本の精神分析

鑪：精神分析学会の場合の内的な距離について，こんなこともあった。僕が学会賞をもらった次の年に，学会賞講演というのを精神分析学会でやった。テーマは「アモルファス自我構造と日本の精神分析」[142]。ほとんど無視されましたね。反応がないんですよ。ああいうことについてはね。誰も考えてない。

岡本：私は，あの論文はおもしろく読みました。

鑪：学生に読ませると，「これは私のことです」とか言って，みんな（笑）ほんとに身近に読んで考えてくれるんだけど。学会としては，全然反応がなかったですね。もうちょっと議論してもらいたいなと思ったけど。

山本：わざわざ「アモルファス」という難しい用語を使われた，それがやっぱりスッと入ってこないんですよね。みんな辞書をひいて，「アモルファスって何だ，無結晶って何だ」って（笑）。ストンと落ちない理由の1つは，そこなんですよ。

鑪：あれはわざとああいうふうにしたんですよ。「アンビギュアス」という言葉が，もう1つあったんだけど。何かちょっとかっこつけておきたいというところなんですよ。それと，インターナショナルに通じるような言葉だったら何かなと考えて，「アンビギュアス」というのとちょっと違うんですね，ニュアンスがね。結晶がきちっと凝固してある形をとらない未分化な形で浮遊しているような，そういう状態のことなんですよね。そうすると「アンビギュアス」というのは，言葉としては，そういう状態をうまく表わしてないんですよ。だから「あいまいな自分」というのは，大江健三郎のノーベル賞講演が「あいまいな日本の私」とい

142）日本精神分析学会学会賞受賞記念講演　鑪幹八郎　2007　アモルファス自我構造という視点：対人関係論から見た日本の臨床　精神分析研究, 51 (3), 233-244.

う，あの「あいまい」と言うのには，英訳では「アンビギュアス」と言うんです。

山本：川端康成の「美しい日本の私」のパロディじゃないけども。

鑪：そうそう。川端康成のあれに引っかけている。大江健三郎の講演を見ていて，似たようなところを見てるなと思ったんです。「アンビギュアス」という形で，彼は我々の心の状態をとらえている。僕にもそういうのは非常によく分かるし，自分の経験からすると，そういうものなんだと。そうすると精神分析のあり方も，やっぱりどっかで少し違うのではないかと。中核的なところじゃなくて周辺的なところが違ってくるんじゃないかということなんだけど。自我の中核論ならそれほどお互いにズレてないかなという感じ。

中核論というのは内的対象論ですね。けれど，かかわり論になったら違うんです。だからこれから，対象関係論と，かかわり論を少し説明していくようにすれば，みんなに分かってもらえるのかなと思うけど。反応はなかったですね。それから心理臨床学会の学会賞の講演のときも，全然反応はなかったです。

6-3.「心理臨床におけるガイドラインの思想」[143]

岡本：あの「ガイドラインの思想」に対してですか。

鑪：ガイドラインについて。やっぱりあれは少し組織のことを考えたり，我々の将来の資格問題。ようやく今年から，来年ぐらいからガイドライン論が出てくるんだけど，10年早かったですね。自分らの職業の範囲は何なのかをきちっと明記するのが，ガイドラインです。今は，好き放題，やり放題で，大事なところが抜けている。倫理的な問題もそうだし，テストの問題もそうだし。ここまでの基準なんですよ。この仕事をやる以上は，これは必要なんですよということがガイドライン。

山本：医療ではだいぶ前から治療ガイドラインは，きちんと整備されてきましたね。医療のアイディアを応用されたんですか。

鑪：そうなんです。ガイドラインというのは医療だけではないんですね。いろんなところで。1つの枠だから。その仕事をする以上は，枠が必要だと。

山本：標準治療は何かということを明らかにするわけですよね。先生のアイディアが時期尚早という意味では，30年以上前に，仲間内の会で先生がピアレヴューについて紹介されたのも，僕らは，当時何かピンとこなくて，でも今は普通にピアレヴューという言葉を使いますよね，あれは30年早かった。ガイドラインの思想もちょっとそれに似ているのかもしれない。

鑪：いろいろ打ち込んでやるのと逆の，外枠ですね。だからガイドラインとか，職業倫理とかそういうものですよね。これはやっぱりこの技術と一緒についてこ

---

143) 鑪幹八郎　2003　心理臨床におけるガイドラインの思想　第22回心理臨床学会 学会賞受賞記念講演（鑪幹八郎著作集 第3巻 心理臨床と倫理・スーパーヴィジョン　ナカニシヤ出版　2004 pp. 48-72に収録）

ないといけない。それでないと社会的な意味での形ができないから。それは今後のとても重要な問題になると思う。

山本：さっき先生は，自分には達成というのはあまりぴんと来ないとおっしゃった。達成というのは，どっちかと言ったら上昇志向ですよね。目標があって，という。先生は枠組みを作る。僕は，ガイドラインというのは，枠組みというよりもむしろ標準治療という少し違うイメージなんですね。その枠組みをきちっと構造化していく。だから内部をはっきりと求心的に整備していくみたいな，そんなイメージに近いですね。

鑪：だから昨日言ったように，僕は後ろを向いている[144)]んですよね，前を向いてないで。道ができたら，アスファルトをちゃんとはって，今度はほかの人が通りやすいように。耕して，少しずつ少しずつ，一歩一歩，後ろに下がって行ってる。それで道ができてきている。だから達成感というのはあまりない。どっちに行くかよく分からない。それを引っ張っているのは森有正と同じ，言葉，経験なんです。そこでみずみずしい発見があれば，これは正しいと，僕は思っているんです。その道を歩けばいいと。

山本：そのときは，エリクソンのグランドプランとか全体像を描くというのとまたちょっと違うんでしょうね？

鑪：違いますね。そういう意味ではちょっとね。ああいう形というのは，僕にはあんまりない，できないですね，大事だと思うけど，あれは独特の資質ですね。全体をパッと見てしまうというのは。

岡本：でも，エリクソンは，あれはもう思春期ごろにイメージの中であったと。『エリクソンの人生』[145)]の口に書いてありましたね。

鑪：だからやっぱりエリクソンの天才的な部分でしょうね。非常に直観的に。

岡本：直観的に見えてしまう。

鑪：あとは，彼は一生かかってそれを埋めていくという。そういう人もいるんだろうね。

岡本：そうですね。

7. KIPP（京都精神分析研究所）

鑪：KIPP[146)]もなんか不思議な部分かな。やっぱり一

フリードマン，L. J.（著）
エリクソンの人生（上）

---

144) 後ろを向いている → pp. 197-200 参照
145) フリードマン，L. J.（著）1999　やまだようこ・西平直（監訳）2003　エリクソンの人生 上・下　新曜社
146) KIPP 京都精神分析研究所（Kyoto Institute of Psychoanalysis & Psychotherapy）　対人関係論に基づく精神分析の研究所。専門家を対象に精神分析的心理療法の訓練を提供するとともに，一般のクライエントを対象に精神分析的なカウンセリングを行っている。

種のコンステレーションみたいなのがあるんですね。KIPP というのは，"Kyoto Institute of Psychoanalysis and Psychotherapy" を KIPP と言ってるんですけど。川畑（直人）さん[147]が，中心で。川畑さんは，そういう才能が抜群でね。

　全く偶然ですが，一丸藤太郎さん，私，川畑直人さん，横井公一さんの4人が，関西に集まってきたんですよ。同じホワイトで縁のある人たちが偶然集まってきた。そんなら関西で何かできるだろう。広島でやっているのを京都でもやりたいと。ならば京都に同じようなの作ろうと言って。最初は，セミナーをやり始めて，そしたら割と集まりがいいんですよ。きちっとできたのが去年ぐらいで，10年ぐらいかかったんですけど。3年目か4年目ぐらいになったら，今度は吾妻壮さんと占部優子先生が加わった。吾妻さんは出身が阪大なんですよ。そして向こうで医者のトレーニングを受けて，レジデントになって，そしてホワイトのコースを終えて，阪大に帰ってきたんです。

　それから占部先生っていうのはもう年配の精神科の先生ですけど，京都府立大学を出てずうっと京都で，精神病院で仕事をしていたんですね。そして60ぐらいになってからかな，私は好きなことをやりたいからと言って，ホワイト研究所を選んだんですよ。そんなら仲間に入ってくださいよということで，結局，一丸，川畑，占部，吾妻，横井，鑪という，6人になったのね。医者が半分，心理が半分。メンバーが揃った。それならトレーニングのコースを作ろうということで，4年のコースにしてやり始めたのが10年前です。2年に1回，募集する。キャンディデートは5人以下でやろうと。個人分析は120時間，スーパーヴィジョンは40時間を3人の先生に受ける，ということで。のちに，鈴木健一さんもホワイトから訓練を受けて帰ってきて。グループに加わった。

　岡本：1ケース，40時間。同じケースを40時間。

　鑪：そうです。同じケースを40時間で，3人の先生にスーパーヴィジョンを受けるという形ね。

　岡本：最低3ケースですね。

　鑪：3ケース。だから3ケースをきちっと。3ケース以上になる場合が多いけど。最後に修了論文も書くという形で。それをだいたいきちっとやれたらパスということにして。4年のプログラムで，学習のプログラムも，1年，2年，3年，4年と，3科目を10セッションずつ，ですから30時間ですね。実際は1回のセッションが2時間半で，それを10回ですから。それを3人の別々の先生がやるという。それを4段階にして，イントロダクションから始まって，上に上げていく。かなりハードなんです。訓練生になると，ほとんどもう休日が使えない。土日で開講してるから，訓練生は休みがないです。

---

147) 京都文教大学臨床心理学部教授，教育学博士，臨床心理士。ウィリアム・アランソン・ホワイト研究所で訓練を受けた精神分析家。

それを研究所にするということで，クリニックの場は，川畑さんが有限会社にして，会社組織にした。そこはクリニックを運営する。研究所はトレーニングをやるという形にして，これは社団法人にした。その卒業生はソサエティ，協会という形。これらをうまくやってるのは，川畑さんです。これをやる能力がすごい。3期生まではみんな修了したんです。病院に勤めている人，開業している人と，刑務所で心理技官として働いてる人，大学でやっている人とか，さまざまですね。

だから形としては，協会と研究所，クリニックっていうのが3本立てで動いている。クリニックにはたくさん患者さんも来られるし。大学だと学生相談しかないので，いろいろなヴァラエティのある患者さんに接することができない。訓練生が，このクリニックを使っているんです。料金を取りながらね。半分の料金はこのクリニックに出す。自分の収入は半分。そういう形です。

山本：50年前に先生が初めてホワイトに行かれて，それが今，こういう形で花開いている，50年かかった訳ですよね。

8. 国家資格問題

岡本：先ほどの心理臨床学会のお話しに戻りますが，先生からご覧になって，学会についてどのようにポジティヴな問題と心配な問題を感じておられるか。

鑪：一番心配なのは，資格問題ですね。資格問題がきちっとできるかできないか。公的に認知されるか，されないかということですね。今は雑多な問題がいっぱいあるのと，精神科的な活動，今まで陰になっていた部分が，社会の表面にずいぶん出てきましたよね。それは，ほとんどチームワークなんです。医者がいて，看護師がいて，ソーシャルワーカーがいて，その他作業療法，その他いっぱいある，その中で動くんだけど，その中に心理が入れない。チームを組めない。なぜかというと国家資格[148]がないから。だから病院の中でやる以上，どうしても国家資格がいるんですよね。一番重要な心理が，そのチームの一員になれないというのは，病院としても困る。我々としては，せっかくトレーニングを受けて病院で働きたいと思っても，職場としてその中に入れないということだから。だからなんとかして，国家資格を作らないといけない。少なくとも病院に関してはね。

病院以外でも，国の仕事をやるとなると，国の資格を持っている人が優先されて，穴が空いているのが心理なんです。どこでもそうなんですよ。これを国が認知することで，活動しやすくなる。それでチームが組めるようになる。これが，今，一番求められている部分じゃないかと思うんですね。

---

148) 2015年9月9日，公認心理師法案が参議院本会議において全会一致で可決・成立し，心理職が国家資格化された。同法は，9月16日付で公布され，官報に掲載された。第8節は，2015年1月の時点での鼎談である。

これは，いい資格ができるか，悪い資格ができるか以前の問題。まず資格ができる。「いい資格でないといらん」とか言って資格に反対する人もいるんだけど，それは現状認識から言うと，ちょっとずれている。いい資格が欲しいことは，もう初めから分かりきったこと。資格というのはやっぱり国がどう思うか，それから地域，関係者がどう思うかによって，決まる。我々は一生懸命主張するけれど，スタートは，まあこれで我慢しろっていうんなら，それで我慢しますということなんですよ。

　あとは実績を作って変えていけばいい。今まで資格を作るために30年かかった。あと30年かけて変えていけばいいと思う。でも，ここでできなかったら，あと30年間また苦しみます。もう病院では心理はなくなります。なぜかと言うと，CBTなんて心理がやらなくたっていい。マニュアルがあります。看護師がやります。ケースワーカーがやります。それからソーシャルワーカーがやります。できるんですよ。できない根拠は何にもない。それはトレーニングが違うからという。（病院の中で）そのぐらいのトレーニングをやればいい。1，2年でできるようになる。国の資格をもった心理がいないんなら，病院はそうなる。心理テストについてもそうですね。

　だから，我々はまず病院の中で，「これは心理の仕事です」という場所をきっちりと確保しなきゃいけない。そのために資格が必要になってくる。資格ができたら，いいものにして磨きをかけていこう。あとは内部でしっかり検討したらいい問題だ。というのが僕の考えなんですよ。

　今度の国会で，資格は多分できると思うんです。その根拠は七者懇と言って，精神科医療七者懇，精神神経学会をはじめ，病院協会とかその他，七つの団体があるんですよ，精神科関係で。それは政治的にも非常に強い。前の2資格1法案のときに反対されてつぶれた。今度はその人たちが，今の法案を無修正でパスさせようと言って，声明文を出したでしょ。我々も声明文を出しましたね。

　だから反対しているのは，認定協会，大学院協議会。だから内部で，2つに割れているんです。大学院指定制がなくなると，教育の程度が下がる。外的な理由は，これ以上，（教育の質を）下げてはいけない。日本の精神衛生に対するサーヴィスが劣悪になることだから，そういうことをやってはいけないという。カリキュラムも臨床的カリキュラムにならないんじゃないかということを言っているんですね。

　大きな反対はその2つだから，それに対してどうするかということで，資格関連委員会では，法案の受験資格の第2項に「大学院卒，外国での訓練を受けた人」というのがあって，第3項が「学部卒で，その関係の経験を積んだ人」というのがあるんです。すると，学部卒の人が受験資格が取れるのか，そしたら大学院教育が駄目になるんじゃないかと，こういう議論なんですね。これは，学部卒で国家資格を取ってやっているのがあるんです。家庭裁判所の調査官，法務技官。

そういう人たちは学部卒なんだけど，内部で訓練を受けて，ずっと経験を積んで，それで専門の心理技官として働いているんです。それが定年になったときに，また長いキャリアを積んだ時，その人たちに資格をどういうふうにして与えたらいいのかというのが，第3項の規定です。だから学部を卒業した人にいきなり受験資格を与えるということでは全然ないんです。けれど，法文をみて，利用する人も出てくる。それをどうするか，ということですね。

大学院資格というのが最初，これは2年。少なくともこちらの学部卒の人は2年で対等になるでしょ。だから2年間がまず良いと。そして2年の中身は何かという議論。するとこちらは組織的に勉強していて，その経験はあるんだけど，それ以外の知識経験が無い。これと同じ教育を受けると，さらに2年かかるだろう。現場で働きながら学習していくのを単位化して計算すると，5年という線が出たんです。まだそれは公認されてない。だから，そうなるかは分かりませんけど。

次の問題は，それをチェックするガイドライン，あるいは仕事の基準なんですよ。前にここで話題にしたガイドライン，基準とは何か。それは，それぞれの施設，あるいは施設を超えた施設の連合，例えばスクール・カウンセラーみたいなね，そこで何をしないといけないか，どういう技術を持っていないといけないのか，どういう学習をしたか，と。これがガイドラインの中に書いてあるんですよ。その技術を持っていない人はここには参加できませんと。とにかくガイドラインを満たさないといけない。私の10年前の講演のところにようやく到達しそうになった。今だと5領域，教育，医療，福祉，産業，それから司法ですね。その5領域にそういうガイドラインができる必要がある。

自分らのことだから，学生たちももう少し関心を持ってくれるかなと思ったら，そうでもないんですよね。

岡本：学生たちは，全然ついていけてないですね。

鑪：やっぱり実感がね。先生方もやっぱりそういう危機感というのがあんまりないんじゃないのかな。あんまり関心が無い人もいる。心理系の良さと悪さが重なってる部分だけど，理想主義者が心理には多いんです。あるいはファンダメンタリストと言ってもいいけど，純粋な人なんですね。

山本：だから慎重派の人たちの文言を読んだら，正論なんですよ。間違ったことは言ってないんです。

鑪：そうなんですよ。それが理想主義だね。それを壊したくないの。（資格を）作るんならそれで作ると。だから100年でも待つということなんですね。それはすごくピュアだから，一見，正論に見えるんです。というところが一番難しい。

山本：本当の戦いは法律ができてからですよね。そこから実際にどう作っていこうか，駆け引きがね。医療関係との駆け引きもあるし，実験系の人ともあるし。

鑪：だから駆け引きを範域の力関係にしないで，クライエントさんレベルで考えるといいと思うんですね。何が必要なのか，どのように役に立たないといけな

いのかと。

　山本：ともすれば，他領域とのテリトリー争いになりがち……。

　鑪：だから臨床の人は，もう少し実験系の人を分かる必要があると思うんです。話す必要があると思う。同じ心理学なんだから。「こういうことなんで，患者さんにとってはこうでしょう？」「そうしたらこれが大事じゃない？」と言ったら分かると思う。そういう職域が増えることは，実験系にも必ずプラスになるということじゃないかと思うけどね。なかなか難しいけど，議論をしないといけないね。

9. 心理臨床の倫理とガイドライン

　山本：鑪先生は若いときからずっと倫理の問題に関していろんな形で言われていました。おそらく鑪先生の弟子たちはみんな鑪先生の生き方を見て，かなりストイックな生き方をされていると思っていて，倫理的にもいろんなことを考えておられるという印象を持っていました。

　鑪：倫理については，周囲の人を見て，自分の生き方はこうだというようなことはあまり考えたことはないんです。だから，倫理的に，ストイックにというようなことも，自分ではあんまり意識してなかったです。ただね，いつも私は自分で「狭いな，狭いな」と感じていたんです。自分の生き方が。遊びがないしね，遊び方を知らないということでもある。遊ぶようなチャンスに恵まれなかったということもあるんじゃないかと思う。

　そういうことを知らないというのが，ストイックな感じというふうに見えたのかもしれない。ただ仕事一本で。嫌々それを打ち込んでやっているというのではないんですよね。ただ仕事がおもしろいから。だから，宗教の修行みたいに，外からの枠付でストイックにやらなければならないとか，頑張って自分の生活を規制するとか，そういうものと違う。僕の場合はたまたま，そういう遊びの世界を知らないできた。それは世代的なところもあるかもしれない。

　岡本：そうですね。戦争の時代に成長された。

　鑪：戦後の飢えの世界で思春期を送ったでしょ。例えばビートルズは僕が卒業した後です。その中に入れない。ずれてしまう。いろんなものがちょうど谷間谷間に，たまたま入ってしまって，それに乗れないというかね。アイドルが生まれてくる後の谷間谷間で，一歩遅れるか一歩早いかでずれてしまっている。だから遊びに熱中するということがなかった。そして貧乏だったから，そっちの方にお金を使えなかった。時間を楽しむというのもできなかったですね。それに体を動かすこともできない。病気だったからね。

　岡本：そうですね。

　鑪：そういういろんなものが重なって，そっちの方を失ってしまっている。ストイックさというなら，そういうストイックさですね（笑）。

山本:僕なんかは正直なところ,むしろ先生は遊びを知っておられるというふうに思っていました。例えば若い頃,お酒を飲むだけじゃなくて,よくダンスパーティーして,みんなでゴーゴーしたりとか。それから,もちろん魚釣りもされるし。それから。

岡本:映画もたくさん見に行かれるし。

鑪:それを取り返したいような,そういう感じがありましたね。映画はね,何もしないでおれる。安いということで。学生時代によく行ったんです。映画はよく見ました。アメリカに行ったときもそうでしたね。夜の使い方は映画ぐらいしかないんです。特にリッグスの場合はそうでしたね。

岡本:そうですね。

鑪:遊びの1つの大きな変化は,リッグスでのタングルウッド[149]ですね。

岡本:ああ,タングルウッドは素晴らしい,本当ね。

鑪:あれでね,クラシックの聴き方というのが,全然変わりましたね。寝転んで聞いていい。クラシックをお酒を飲みながら聞いていいんだと。なんか本当に枠が外れた感じするんですね。クラシックはぴしっと正装してネクタイして深刻な顔をして聞かないといけないのかなと思っていた。それで,遊びも別にとらわれるというのもないし,ということでね。広大のときには,よく山本多喜司先生に連れられて,海釣りに行ったりした。

岡本:そうでしたね。それはもう熊本の時代から釣りをされていてその延長線上ですか。

鑪:いや,熊本では釣りはしていませんでしたね。釣りを本格的にやり出したのは,広大に来てから……。そうそう,小学校時代でも確かにそういうような……カワエビみたいなのを釣るという,そんな遊びはしましたね。笹を山から取ってきてね。すぐ近くが花岡山という山でした。昔はすごく笹が多かったですよ。

山本:それは春日町におられたころですね。

鑪:春日にいたころね。山に行って,その笹を束ねて持ってきて。釣りざおを作って川に行って,近くでミミズを掘って,釣りをする。そんなでしたね。

山本多喜司先生に連れられて,一緒に海釣りに行ったり,太田川の川釣りに行ったり。川釣りはよくしました。そのときは息子も連れてね。そういうのはずいぶん楽しみましたね。

山本:なんか僕らから見ると,そういう遊びの世界も,先生はずいぶん豊かにされてい

タングルウッドにて鑪由李子夫人と岡本祐子(1981年)

149) タングルウッド → pp. 163-164 参照

るように思っているんだけど，先生の意識の中では，あんまりないという。

鑪：ないという感じですね。僕の感じで遊びというのは，音楽とか，そういうようなことでしょうね。そちらは鈍いんですよ。一生懸命クラシックとか聴いたり，レコードもよく聴いたし，テープも聴いたし，実際のコンサートにも行きましたね。でもやっぱり頭に残らないんです。すぐ忘れる。音楽が，頭にメロディーとしてちゃんと残らないんです。かなり音痴じゃないかと（笑）。歌もあんまり歌えない。最近は全然だめ。歌いたくもない。

岡本：でも，先生，著作集の第2巻『精神分析と心理療法』のところに，心理臨床家になるための体験に役立つこととして，しっかり遊ぶことが大切だと書いていらっしゃいますよね。遊びの中で生きていて良かったような体験をすることが大切だと書いておられて。私はあの論文は，ものすごく印象的でした。私はそれは，先生の実体験に基づいて，そういうことをおっしゃっているんだろうと思っていました。

鑪：それは人生の後半のことですね。そういう世界というのは，広大から始まったんじゃないかな。ずいぶん遅いですよね。それに偏っていますね。

岡本：若いころの先生の中で，時代の影響もあって，失われた経験を後で修復して取り戻していくみたいな，そんな感じ。

山本：それで，ちょっと「倫理とガイドライン」のほうに戻りたいんですけども。もともと先生が「ガイドラインの思想」をあの時期ぐらいから着目されて，それを新たに提案された，その思いや背景をまず伺えればと思います。

鑪：「ガイドライン」ではね，学会賞をもらったときに，すごく考えたんです。この学会はこれから先，どうなるだろうかということを。この学会で一番やらないといけないのは資格問題だと思っています。資格をきちっと作り上げる。大学院の教育がしっかりしなきゃいけない。

その1つは（臨床心理士）資格認定協会に参加するということね。あれはできたわけです。資格認定協会を作った後，今度はその次に，社会から求められる要求を満たすためには何をしなければいけないのかと考えた。それぞれの職域で，これだけはやらないといけないという枠組みが必要。その枠組みに従って，我々は学ぶ必要もあるし，そこに出てくる要求を我々が満たすことができるようにならないといけない。

職域の要求というのは，大学院教育と別です。その上なんだね。現場に出ないと分からない。現場に出ると，大学院教育というのはすごく偏っている，一般的だから。必要最小限の教育。資格も必要最小限だ。現場に入って現場の要求を満たすというのは，プロフェッショナルとしては当たり前のことなんだけど，イメージとか枠がないんです。今もないんです，残念ながら。

それで我々が資格を得たときに，どのようにこの資格で世の中で役に立つか。これだけの仕事はしないといけませんというのが，それぞれの領域であるだろう。

ところが，心理の場合はまだ何もない。それをきちっとしないと，その次に進めないんじゃないかというようなことを，あの時は考えていたんです。

山本：それぞれの領域で働いているんだけど，独自のやり方であって，コモンセンスとしてない。共通の枠としてね。

鑪：そうそう。それぞれの職域の枠ね。例えば我々がやっているのは力動的なサイコセラピーで，それはそれでいいと思っている。けど，それだけじゃ足りないわけね。そうすると，例えばもう少し広く，CBT もある程度頭の中に入れておかなきゃいけない。テストはちゃんとやれなきゃいけないというような。そうすると，そのメインにするものとそれ以外のもので，自分の職域の中にあるものを少なくとも頭の中に入れる。足りないなら，誰かそれを手伝ってくれる人をそこに置いて，チームとしてそれをやれるようにならないといけないと思って。ガイドラインでは，そういうことを考えたんです。

だから，いろんな領域でガイドラインが必要だということです。医療だともう全部あるわけです。すごく細かいガイドラインがある。当時は誰も全然ぴんと来てなかったみたいだけど。

山本：その当時ぴんと来てなかったというのは，どういう感触から，そう思われたんですか。

鑪：僕の話に誰も反応してくれなかったから。講演のときも，後でもね。だから，やっぱりぴんと来てないんだなと思いましたよ。だから，僕のほうがずれていたのかもしれない。

山本：学会賞では普通，自分自身が何をしてきたかとか，そういうことを考えるけれども，そうじゃなくて，先生は学会としてこれからどうなのかということを考えられた。未来志向で。

鑪：それはずっと思っていたんです。それは今でもまだ，ちょっと残っている。だから，今度の資格問題で，学会でいろいろな人がいろんなことを言っている。足りないということは分かっているんだけど。今度はカリキュラムの問題が出てくるんですよ。カリキュラムを縛るものがガイドラインだと思う。現場はこうなんだから，これはちゃんと学んできなさいよと。これはちゃんと訓練受けてきなさいという形ね。そうすると，現場と大学院教育というのが結び付くんじゃないか。その肝心のこっち側の受け皿のほうの枠がないんです。

今後，何を試験するかといったら，その現場で要求されているものを，ちゃんと大学院でやれるように勉強してきたかという資格試験になるんじゃないかと。だからそのために，できるだけ大学院でしっかり学ぶと。なぜそれが必要かというと，現場はこうなんですよと言う，その「こうなんです」というのがガイドラインなんです。現場で我々が要求されていること，やらなければならない仕事。みんなが少し分かってきた。

山本：僕の中では，ガイドラインというのは幾つか多層的にあって。先生がお

っしゃっている職域のガイドライン，それから，面接のような技法的なガイドラインも要るし，それから倫理ガイドラインという。それを皆それぞれ整備していくということですね。

鑪：全部整備しないといけない。もう大変ですよ。だから，次の段階はね，ひょっとしたらもっと大変かもね。資格ができたというだけじゃない。これを充実させないといけないというときに，ガイドラインがどうしても必要なんです。

僕は学会賞のときに考えたのは，もうすぐ資格ができる。そうしたら，次はもうガイドラインなんだ。だから，資格と一緒にガイドラインのことをみんなで考えようという，そういうつもりだったんだけど。なかなか資格が実現しないので，もうガイドラインのことはみんな忘れてしまっています。

山本：そういう意味で時代を先取りし過ぎてしまって，みんなぴんと来なかったという，そんな感じですね。先生はちょっとみんなが反応しなかった，無視したというふうにおっしゃっているんだけども，僕はずっと見てて，やっぱり徐々に定着している感じがしています。例えばスクール・カウンセリングも，もうほぼガイドラインができているし，それから，私がやっている緩和ケアのガイドラインもこれから作るし，全体のガイドラインはあるんですけども，心理のガイドラインをどうしていったらいいかという。ちょっとずつそこでガイドラインという言葉を使いながら，形になりつつあるという感じはするんですよね。だから，それをもうちょっとみんなの共通の言葉としてね。

鑪：そうそう。いろいろなところにそれができると，とてもいいですよね。あなたが言うようにガイドラインは階層的にあるんですね。いろんな職域とかその全体枠とかね。だから，倫理的な問題も，倫理基準とかスタンダードとか，一応できたけど，それぞれのまた職域で違ってくるとか。情報の扱い方とか，まだまだ細かいガイドラインが要ると思います。

10．事例研究・事例研究発表のあり方

山本：自分自身の臨床経験を深めていくときに，うまくいって感謝された事例からあんまり深まることがなくて，本当に難渋したり困ったり，時には失敗に近いようなことがあったときに，ものすごくやっぱり考えて悩んで，そこからちょっとずつ自分の方向性が見えてくるという感じがあるんですよね。それは野球の野村監督がかつて「勝つに不思議の勝ちあり，負けるに不思議の負けなし」という有名な言葉を使ってる。もともとは剣術の言葉らしい。それを引用しているんですけどもね。確かに，剣術にしても，勝つときに不思議に勝ってしまって，なんで勝ったかよく分からない。負けたときには必ず振り返ってきたら，自分の中の何かがあるという。

それは臨床にも共通していると思うんです。私がいつも思うのは，かつて若い

ころは，自分がうまくいかなかったケースをみんなに聞いてもらったり学会で発表したりして，そこからいろんな意見をもらいながら考えたんです。でも今は，これだけ倫理の問題がいろいろ言われて，必ずクライエントの許可をもらわなければならなくなった時，やっぱり失敗事例は許可は取れない。そうすると，臨床の失敗学を，事例研究や学会発表を通して失敗学を作っていくのにすごく限界があるというジレンマに陥ってきたんです。そのあたりは，先生，何かお考えはないでしょうか。

鑪：失敗から学ぶというのは，まさにそのとおりですね。成功するということは，結局自分の図式に全部合ってしまうのね。そうすると，図式は確認するんだけど，その図式を拡大するとか，あるいは図式の歪みを修正するということは，そのケースからはできない。けれど，失敗ケースだと，確かにそれができる。

ただ臨床の場合，もう少し規模が小さい方がいい。そして学会の下部の研究会議がいっぱいあって，その中で議論をしたり，討論したりしていく。そこで練り上げたものを学会に報告する。それでみんながシェアができる。スーパーヴィジョン的なものを学会に代用させるのは，もう数が膨らみ過ぎて難しいんじゃないか。だからもう少し小さな会をクローズドでね。そういう形になるんじゃないかなと思いますけどね。

山本：そうすると，シングル・ケース・スタディとして，失敗事例を検討して出すということは難しい。

鑪：それは非常に難しいですね。ケースの失敗例としては，非常に出しにくいでしょう。許可が得られないからね。この場合，その出し方を工夫することですね。ケースを幾つかのセグメントにして。例えば，この側面の解釈のここが問題で，ここでうまくやれなかったから，全体的にここが歪んでしまったとかね。そのセグメントだけをテーマにして論文を書くとか，そんなことはできるんじゃないかと思う。もう全体像は書かない。だから，ケース・リポートじゃない。精神分析の研究雑誌を見てもそうだけど，セグメントとか，ビニエットといいますよね。

山本：ビニエットね。

鑪：それはもう1セッションでもなくて，やり取りが5つぐらいの，セラピストがこう言った，それにこう反応した，こう言った，こう反応した，こう言った，こう反応したぐらいで，もうおしまい。あとはそれについての解釈を，なぜそこのところはこうなったかということの説明を書いている。それは誰なのかというのは分からないですね。特定することはできないし，また特定する必要もないんです。技法的なチェックはそれでいいと思うんです。全体のケースということじゃなくてね。

全体というのは，やっぱりケースのおもしろさみたいのがあるからね。おもしろいケースというのは，成功例でもケース・リポートとして報告してもおもしろ

いと思います。

　山本：その場合に，それを引っ張り出して来たときには，必ずしもクライエントに許可をもらわなくても OK と理解していいですか。例えば先生の夢分析は，夢であって，誰か分からないんだけども，許可をもらっているケースって結構ありましたよね。

　鑪：そうそう。だからね，分かるような場合には許可を得る。それと関係の近い人がある。事例を出して，この人は誰かということが分かるような場合は，許可なしでは出せないと思う。

　山本：そのあたりが本当にジレンマで，みんな四苦八苦しているし，ガイドラインを作る時に，必ずこうしなければいけないとなったら，もう本当に事例研究の数は激減すると思う。新しい事例報告，事例研究の仕方を提案していかないと，今までみたいに全体のプロセスを検討するというのと違う事例研究の仕方をね，我々はついつい日本的スタンダードに慣れてしまっていて。

　鑪：ただ，ケース・プレゼンテーションはいろんなところで，内部でやってることね。そこでは内部の全員が守秘義務者だから，その範囲なら集団的守秘義務として，許可を得ないでもよいと。許可を得る場合もあるけどね。許可を得る場合は，最初に承諾を取る。例えばリッグスだと，入院承諾書の中に全部入っているんです。ケースは全部レヴューします。それはあなたのためです。だから，それを承知してくださいと。入院時にそれにサインして。OK というサインが要るんです。

　山本：そのレヴューは，リッグスの中だけのレヴューという意味ですね。

　鑪：リッグスの中だけです。

　山本：それを論文にするという意味じゃなくて。

　鑪：論文にするのはまた別。それは治療の一環としてやると。それを報告するなら，それは前もって許可を得ておく。

　岡本：その点ですごく印象的だったのは，リッグスでは，週２回カンファレンスがありますね。患者さんが 15 分ほど来られる。私は，エリクソン・スカラー[150]ですが，部外者ですよね。そしたら，ケースを発表するセラピストの先生がちゃんとその患者さんに，「エリクソン・スカラーが参加していいか」と，いちいち許可を取られるんですよね。そして「あなたは許可を得ているから，出席してよろしいです」と。きちっとやっていると，私は感動しました。

　鑪：きちっとやっていますね。

　山本：いずれにしろ，欧米ではフルセッション全部が出ている論文は見たことないですね。

　鑪：たまにはありますよ。ケース・リポートというのがあるでしょ。確

---

[150] エリクソン・スカラー → pp. 160-161 参照

か"The International Journal of Psychoanalysis"，それから"Contemporary Psychoanalysis"にもそれがあるんです。それはもちろん患者さんの許可が得られているわけです。全部のリポート。本当に細かく細かくやり取りまで出て，もうセッションそのもの。テープに録音してテープを起こしているかどうか，それは分からない。割と細かく記憶でリポートを書いているのかもしれない。そういうのはあります。今もたくさん出ています。けれど，それは特別な形で，主流じゃないですね。

山本：日本は全部フルセッションを出すのがメインストリームだから。

鑪：だから，世の中に何のために出しているのか，そこから何を学ぶのかということがちょっと曖昧なんです。なぜ全体を出さないといけないのかという，目的があって，資料が出ているわけですね。症例全体が出るのは，独特のかかわり方とか，特にパソロジーがこういうところで出ているとかね。それは生育歴からずっと全体を説明しないと，治療のプロセスで見ていかないとよく分からない。そのようなときに，ケース全体を出す意味がある。そして，その1つのセッションでいうと，こういうふうに応答して次に進んでいるということで。

日本の場合，学会でのケース・リポートは教育のためにやっていたんです。今も若干そういうところがあります。みんなケース全体を出して，ちょっとスーパーヴィジョンを受けるようなもので。学会を利用して，公開のスーパーヴィジョンを受けている，そんな感じなんですね。しかし，ケース・スタディは全然性質が違うんですよね。ケース・スタディというのは何なのかということを考えて出すと，それに一番ふさわしい資料が出てくるわけ。

患者さんの問題なら，その患者さんの一番大事なところが出る。また，生育歴だけで終わるかもしれないしね。実際，難しい患者さんにどう臨床的に応答したらいいかというときには，その臨床の場面がそのまま出る。そういうディスカッションの材料がそこで生きてくる。ケースを出す目的がどうかで決まる。

山本：全く納得，同感ですけど，先生が，学会でケース・リポートと，ケース・スタディをはっきり分けましょうと言われたその後ろには，今のようなアイディアがしっかりあって。ただ，一般に受け止められたときに，単純化して言うと，ケース・リポートは考察なし，フルセッションに考察をつけたらケース・スタディというふうに，単純化して見てる人たちがいて，僕も7年間（「心理臨床学研究」の）編集委員をやってきて，ケース・リポートにただ考察が付いてるだけの論文をいっぱい見てきましたね。

鑪：それはあんまり意味がないんですよね。

岡本：ケース・スタディというのは，やっぱりそのケースからどんな普遍的なものを見出したかまで書いてないと。ケース・スタディとは言えないですよね。

鑪：そう。だから今まで学会は，会員がまだ成長のプロセスにあって，まだ学習しないといけない。そのために学会を利用して学ぶということなのでね。それ

を「だめ」って言ってしまうと，もう学ぶ場所がなくなる。地方に行くとスーパーヴァイザーがいない。そこで1人で頑張っているときに，自分では何をしているか分からないという人はいっぱいいるわけ。

山本：だから，学会で3時間，2時間半のケース報告をすると，やっぱり全過程を提出するという，ふだん我々が慣れている形でやってしまいそうなんですけども。事例ってやっぱり臨床家にとって非常に重要だし，核になるべきだと思うんですけども，今，先生おっしゃったことに何か追加して，学会の中でどうしていったらいいか，何か方向性というのはありますか。

鑪：精神分析学会みたいなのは，1つのモデルになるんじゃないかと思うんですよ。精神分析学会は，「ケース・スタディ」と「研修症例」と分けているんです。研修症例は，今後もっと臨床的に腕を上げるためのもので，コメンテーターが付くわけです。そこで発表したら，コメンテーターが丁寧に問題点についてコメントして，その後，みんなでディスカッションする。60〜70分で1コマになっています。そして，学会発表の後，学会誌にもその発表を研修症例として出して，コメンテーターのコメントも全部出る。

もう1つのケース・スタディの方は1時間半ぐらいですね。発表者はもうちゃんと独立してやっている人で，出てくるのは主にビニエットですね。セッション全部は書いてない。最初からフリーにしてディスカッションするということでね。ただその中でも，やっぱりプロセスについて細かく議論したりするとか，いろいろなのがあります。この2つは分けている。

山本：そのあたりの方向性は，今，「心理臨床学研究」も，事例研究の割合が相対的に減ってしまっていて，調査研究が多くなってきていますけども，1つのターニングポイントで新しい方向性を探っていく時期ですよね。かつて村瀬孝雄先生が，今，日本の臨床心理学は事例研究運動だ，ムーヴメントだと言われたんだけど，最初のムーヴメントが終わって，新たなムーヴメントを模索していくことをしないといけないかなと思って。

鑪：学会に一種のコンタミネーションが起こっている。それぞれの大学院や養成機関がきちっとやっていないわけですよ。だから，学会にそれを持っていって，そこでもう少し別な形の教育を，足りない部分の教育を受けるという，そういう形になっているんですね。学会をそういう形で利用している。これはもう一度大学院に戻す必要があると思います。大学院でそこまでやれるかというと，また非常に厳しいですが。

第7章
残された仕事と次世代に伝えるもの

　鑪先生は，2014（平成26）年3月に，京都文教大学学長を引退され，広島にお帰りになった。現在は，広島市光町に「ふたばの里精神分析研究室」を開き，心理面接を続けておられる。

1. 熟達の基盤
1-1. 熟達の基盤とは何か
　岡本：若いころからずっと臨床心理学の世界にいて，熟達の基盤というものがあるのではないかと考えてきました。熟達の基盤とは何か，基盤がもしあるとするならば，それがその後，どう揺れに耐えて伸びていくのかという問いです。専門家人生には，活力が湧き続けるとか，あるいは安定しているという基本的なものが，相当影響しているのではないかと。例えば，「艱難汝を玉にす」という言葉がありますが，皆がそうできるわけではない。こういう与えられた運命をパッシヴなものからアクティヴなものに転換していく，そういうものが何かあるのではないか。こういう基盤のテーマについて，先生はどんなふうにお考えなのかをお尋ねしたいと思うんです。
　鑪：「艱難汝を玉にす」というのは，外から見る，あるいは後から考えると，そういうふうに言えるかもしれないけど，やってる本人にとってどうかというと，かなり違うような感じがする。僕にとって艱難というのは，お金でしたね。お金が思うようにならない。お金がないためにうまく達成できないとか，若干あったような気がするけれど，それは外的なものなんです。それで，艱難とか困難というような場合に，内的に何か束縛するようなものがあったかというと，あまり何も感じてないんです。内的には，自分の体で納得できるようなことをしたいとか，そんな感じですね。それをずっと続けてきたんじゃないか。うまくいかないことや失敗するようなことはいっぱいありましたけど。
　しかし，失敗は，何かを知りたいことの妨げになったかというと，そうでもない。失敗したら，もう1回繰り返す。もう1回繰り返すということで，道を開いてきたような感じがする。その中にあるのは，知りたいということ，あるいは知り得たものを自分で味わいたいということ。それはずっと一貫していたみたい。だから，その部分で，困難というようなことをあんまり感じたことはないんです。

経済的，社会的ということでは，いろいろ難しいとこはありましたけど。それもちょっと楽天的なところがあって，「まあ，何とかなるだろう」というような。

岡本：そうなんですよね。

鑪：「何とかなるだろう」というのは，僕の幼児期の貧乏体験がそれを支えたんじゃないかなと思います。どんなにひどくなっても，あれほどひどくはならないという感じだからね。「もう，じゃやめよう」とか「方向変えしよう」とか，「別なチャンスがないか」とか，そんなのはあまり求めたことなかったんですね。それでもやっていると，いつの間にか，次にチャンスが与えられたり。次に展開していったりという，そういうようなことが起こってきたのでね。そういう意味では，後ずさりしないで，やれているんじゃないかと思う。その実感があってやれたんじゃないかな。「艱難汝を玉に」したかというと，「あなたは玉にならなかったんだ」と言われるかも知れないけど（笑）。

岡本：それはそんな……。

鑪：それはそうかもね（笑）。自分の感じとしては，ずっとわがままだった。好きなことばっかりやってきて。本当に嫌だとか，これはもうやらないというようなことはなかったんじゃないかと思うんです。ただ，最後の6年間だけはちょっとそれを思ったんだけど。

岡本：学長さんだった時ですか。そうですか（笑）。

鑪：学長に，ついなってしまった。

山本：不思議だね。僕らから見てても。やっぱり，（学長は）あんまり似合わないなと思ったんですよ。

岡本：私もそう思いました（笑）。

鑪：だから，あれは「艱難」ですね（笑）。あれを乗り越えていたら，本当に玉になっていたかもしれない。僕はずっと，与えられたことに対して逃げるということを，それまで一度もやったことないんです。何か扉が開くような感じで，次に与えられたものを喜んでやってきたんです。やったことの実感があったんですね。最後のそれだけが実感のない世界でした。ただ，そこまでのことを考えたら，ひとりでに何か内的なことだけに目が行っていたから，それだけを求めてきていた。研究の場所にしても，大学も与えられて，ずっと定年まで仕事ができて，その後もやっぱりそういう形でできた。そこまでは僕は良かった。だから，非常に贅沢な感じがします。自分のやりたいことをやらせていただいた。そういうチャンスを与えられたというのはね。そのお返しはできたかどうか分からないけど。

出てくるのは全部向こうから出てきたから，「ありがとう」と言って，それを受け入れるようなパッシヴな姿勢だけど，それに対する取り組みはいつもアクティヴだったですよね。そこから逃げない。それをさらに深めたいとか。だから，外側ではいろいろ変わっているんだけど，内側のテーマとしては，同じテーマが少しずつ構築されるというか磨かれて，少しずつ水が澄むように澄んでいったよう

な，そういう感じはありますね。
　岡本：今，おっしゃったことは非常によく分かるんです。今回，鑪先生のお話を伺って，先生の人生の中で自分の生き方の方向を決める，決定的な出会いが思春期以降，幾つもあった。先生はそれにしっかりと出会って，そして本当に自分の血肉にしてこられたということに，私は感動しました。
　そういうしっかりと出会うことのできる力，土台，基盤というものは，私なりの感想では，お母様が本当に温かい人であったこと，そして最初のものすごく印象的なエピソード，お父さんに寄りかかっているという記憶があること[151]，そういう土台の安定感みたいなもの。エリクソン的に言うと，いろいろなことがあったけれども，やっぱりポジティヴな方が勝っていると。それから貧しくても窮屈であっても，その世界に巻き込まれずに，自我の自律性を維持されてきたことは，すごいなと思いました。
　鑪：そういう意味で，自分がずっと認められていたということはあるでしょうね。幼児期の写真がやっぱりね。親父とは本当に，親父が死んだ後，親父と大げんかしたり，親父を殺したくなったりしたことがある。親父が死んだ後ですよ。ということは，自分の中で葛藤というのか，闘っていたんだと思うんです。一番根っこを考えるとね。新制中学になって，まだ学校もなかった，田んぼの中にここに学校が建つ予定という時期でしたから。九州学院に行ったら全部揃っている。新しい文化というか，キリスト教の文化があって。親父が「あそこへ行け」と言ってくれたことは，どこかで大事にしてくれていたのかなという，そういう感じはしますね。
　おふくろは最後まで，別れるまで，いつも信頼してくれていたと思う。一番大事な人だったと思う。だから，それはひょっとして，ポジティヴに動く部分の根っこにあるのかもしれませんね。あんまりそんなこと考えたことなかったですけど。
　岡本：先生は，今までそういうことを考えたことはなかったのですか。
　鑪：あんまりなかったですね。こういうふうにして話すまでね。この第1回のときに，いろいろ幼児期のことを話して，「そうかな」と思ったりしましたけどね。それまではなかったですね。
　岡本：それはまた，ものすごくおもしろいですね。
　鑪：どういうのかな，自分のやってきたことに，それほど大きな葛藤がなかったんですよ。
　岡本：そこなんですよね。それはすごいことだと思います。
　鑪：これがやりたいと思ったら，それが実現して，そこから次に道が見えてくる。それやっていくと，次に道が開いてという感じでしたから。だから，もう一

---
151) 第1章 pp. 4-5 参照

回振り返って，何が前向きに私を動かしたかということについて，あんまり考えていなかったですね。

山本：葛藤がなかったということは，自分の内的な欲求と外界とがあんまりずれなかったということ。

鑪：ずれてなかったですね。何をしたいかというときに，自分の体で味わいたいとか，自分の経験を中心にしたいと。それで納得いくなら，それが一番大事，そんな感じがしたね。ものを決める時に。

山本：それは全然頭でっかちじゃないですよね。

鑪：頭ではあんまり考えてない。頭で「こっちのほうがかっこいい」とか，「これが良さそうや」という，そういう選び方は全然してないです。「これがおもしろいか」「これがぴったりするか」とか，そういう感じで選びましたね。

山本：「体で味わいたい」ということを，もうちょっと説明していただけますか。

鑪：自分にぴったりするかどうか。あるいはしっくりするかどうか。という感じですよね。それ以上にはあまりはっきりした言葉で言えないんだけど。おそらく子どもの頃から，それはあったんじゃないかと思う。「何かしたい」「自分の体で味わいたい」というのは，子どものころの遊びにつながると思う。子どもの頃は，体を動かすことが多かった。山に行って戦争ごっこしたり，前に言ったように竹を切って，釣りをしたりとか，竹馬を作ったり，いろいろね。何かいつも体を動かしていた。だから，体のレベルで何か納得するような方向というのが，大人になっても根っこにあったような気がしますね。これもあんまり考えてなかったことだけど。

岡本：やはり自分に対する信頼感というのが，ものすごくあったんじゃないでしょうか。自分の感覚を信じて，こっちへ行くというか。

鑪：自分の感覚だね。それも身体感覚。

岡本：身体感覚ですね。

鑪：気持ちいいかなとか，そんな感じ。

岡本：「気持ちいい」ですか。なるほどね。

鑪：何となく味わうような。体を動かして，体で確認する。大学に入った時に，心理学にすごくひかれたというのもそうでしょうね。心理学という言葉の世界じゃなくて，いろいろ実験道具があって，それを自分でやる，そこから結果が出る。それがおもしろかったですよ。やらないと実感が湧かないわけだから。

そこで体を動かすと，もっと動かしたいような感じになった。それも，実験，操作で，知的に作り上げるというよりも，本当に関わりたいという形になるわけでね。それにつながって，子どもと関わるというような形になった。たまたまその実験が子どもと関わる実験だったから，それにつながってしまって。今度は子どもと関わる遊びというようなことが研究になった。それが勉強になると，そっちのほうがおもしろい。だんだん動いていって，臨床心理の世界へ入っていった。

だから，いつも体験で区別して，より分けていたような感じですね。
　山本：ホワイト研究所に行かれる前はどちらかと，今おっしゃったような外的な世界にも関わることだった。ところが，ホワイト以降は，先生の活動は，内面と関わるというふうにシフトしていきますよね。根っこはやっぱり，先生がおっしゃった内面の体と関わるというのも，もうちょっとオヴァート（overt）なレベルで，という感じですよね。
　鑪：どこかで，体で，あるいは感覚的に実感のあるような世界が確かなような感じですね。それで，知的な実験的な形というよりも，臨床的な経験の世界でまとめられるなら，そっちの方がおもしろい。体で関わりますから。ということで，そっちの方に動いていったような気がする。後で振り返ればだけど。
　山本：そのときの僕のイメージに浮かんでくるのは，先生がある意味でちょっと避けたかった，いわゆる学者的じゃない文化，家族文化，それはまさに体の世界ですよね。理屈抜きにね。で，ぶつかっていって，なんかそこに一番野性的な先生の姿が，まさにガキ大将として動いていきながら，みたいなね。
　鑪：親父が商人だったというのも，それにつながっていくかもね。物の世界なんですよね。体で感じるとかね。商売だと跳ね返ってくるわけですよ，お金でね。
　岡本：分かりやすくて，リアルですね。
　鑪：一番分かりやすい。
　岡本：現実ですよね。
　鑪：現実主義ということでは，直接的な商売とか商人体験はないけれど，（子どものときに）見ていた。それからいつの間にか，自分が感覚的なところで経験を大事にしながら生きてきたというのは，割と似ているかもね。僕はあんまり知的には判断していないんですよ。あるいは知的な喜びというのも，そんなに多くないね。
　岡本：え，本当ですか？
　鑪：体の快感みたいなのが大事なんです。それを記述するとか，文章化することはあるけれど，それで快感が得られないなら，あまりそっちのほうに行きたくない。論文も知的な世界のことではあまり書きたくない。そういう感じでしたね。

1-2. 決して逃げない。徹底して自分のものにする

　岡本：私たちが先生と出会ったのは，当然のことながら，先生が専門家になられた後の世界ですが，今までのお話には，先生ご自身の専門家としての危機とか，岐路とか，揺れとか，そういう視点からは語られなかったような気がするんです。先生のホワイト体験は，そこで先生が「人間まで創り変えられた」というふうにおっしゃった。ただし，日本にお帰りになってからは，日本ではまだまだやることいっぱいあって，それをずっと着実に一つ一つの課題を開拓的にやってこられた。けれど，それがご自分の中のいわゆる揺れのような体験としては語られなか

W.A. ホワイト研究所の精神分析家
資格授与式にて

ったと思うんです。

山本：ホワイト体験も一種の岐路であり危機じゃないの？

岡本：そうですね。ただ，鑪先生のスタンスは，自分の内的な感覚に基づいて，出会いによってその世界に入り，そしてそこでもう決して逃げない，徹底して自分のものにする。そして，それがちゃんと自分のものになっていかれたという感じ。

鑪：自分のものにしようという感じもあんまりなかったですけど。深めたいという感じはあった。あるいは知りたいとも。それが結果として，いつの間にか自分のものになっているということはある。ただ，その経験の最先端で自分が動いているときには，もっと知りたい，もっと知りたいと，そういう感じです。貪欲な知りたい欲求というような，そういう感じじゃないのかな。どういう結果が出るかとか，どう積み重ねられるかとか，そっちの方はあんまり考えてなかった。人間まで創り変えられたのも，後で振り返ると，何だか違ってしまったなというような，そういう感じなんです。

自分の中でエヴァリュエーション（=evaluation, 評価）というのが，ほとんどありませんでしたね。今，自分が何をしているか，それをどのくらい達成して他の人に受け入れられるかどうかとか，そういうエヴァリュエーションの動きをあんまりしてないです。そちらの方はあんまり興味がなかった。自分のものを売りたいとか，そういう興味もあんまりなかった。本はたくさん書いたけど，売れるといいなとか，それもあんまり思わなかったです。

岡本：人がどう思うかは関係ない。

鑪：書いて，納得という，そういう形で。後は本屋の仕事だから。向こうで考えてくれ（笑）。

山本：先生のアイディアが売れるということは，それが共有されることだと思いますが，そっちの方はあんまり。

鑪：あんまりそれはね。

山本：僕は自分が書いた本が売れればいいなと思う。お金は要らないけれども，そのアイディアをちょっと共有してほしいなって。

鑪：分かってもらいたいとは思いましたね。分かってもらいたいです。せっかく書いているんだから。分かってもらいたいとは思うけど。

岡本：反応があると，大変うれしいですよね。

鑪：その反応というのはね，やっぱり微妙なところだな。あんまり宣伝してないんですよね，本を。もう少し宣伝すれば良かったのかもしれないけど。何となく恥ずかしい。書いてしまうと。ただ，書くことは非常におもしろい。書くのは，

だんだん好きになりました。特にワープロが出てからでしょうね。僕は，悪筆でね，読んでもらえないんですよ。本を書いても，もう編集者泣かせでね。
　岡本：奥様が清書されていたんですよね。
　鑪：家内は読めるんですよ，僕の字を。だから，いつも家内が清書してくれましたね。今も頭が上がらない。今も言われます。
　山本：でも，学生時代はみんなあれが達筆だと思ってたんで。
　岡本：私たちも清書を手伝いましたよね。
　鑪：そうねえ。だから，周辺にいる人は，だんだん読んでくれるようになる。

1-3.「岐路」の体験
　岡本：少し戻りますが，もう一度確認したいのは，先生の中でいわゆる「岐路」「揺れ」「限界感」，そういう体験というのはなかったのかということなんですが。
　鑪：非常に極端に言ったら，岐路で僕はどちらを選んでもよかったと思う。例えば，大学へ入る時も，子どもも好きだし学校の先生やれたらという，そういう形で選んだ。それから，研究者になるときに，心理学はおもしろい，もっとやりたいという，それだけです。他のことは何も考えていない。大学院に行ったら，勉強できるらしい。しかし大学に入ると，ほとんど実験だった。臨床はほとんどない。日本中どこもなかったです。

　今年，畠瀬さん[152]が亡くなったと聞いて，非常にショックだった。僕が（大学院へ）行ったときには，先輩は畠瀬さんしかいなかった。だから，彼を頼りにして，一生懸命本を読んだり，ディスカッションしたり。春夏秋冬，いつも一緒だったんです。子どもと一緒に遊ぶのがすごく楽しかったからね，やはりそっちの世界に入っていった。

　ただ，神経心理学か，臨床心理学か，どっちに行くかというのは，すごく迷った。というのは，前に言ったように，田中昌人さん[153]，近江学園[154]で一緒に生活していましたから，いつも話していた。田中さんは最後には京大に帰ったけどね。ただやっぱりもうちょっと体で感じたいというのが，子どもと一緒に遊ぶということだったんですね。でなかったら，発達検査をもう少し，僕は神経心理学的な方向でやっていたと思いますね。だから，田中さんには悪いことをしたなと思ってね。これも分かれ目だったですね。

　京大で臨床をやっている間に，精神分析を学ぶチャンスが来た。これもまた偶然でね。あのとき，ロジャーズをずっとやるならやっても良かったと思う。ロジャーズ自身もちょうど分岐点にいたんです。つまり個人セラピーからグループセラピーに移って，エンカウンター・グループというのをやり出した。ちょうどそ

---
152) 畠瀬稔 → pp. 63-64 参照
153) 田中昌人 → pp. 58-59 参照
154) 近江学園 → pp. 58-59 参照

のころなんです。クライエント・センタード・セラピーから，エンカウンターに移るところ。畠瀬さんはエンカウンターに移った。僕の1年後輩の村山さんもエンカウンター。それから，田畑さんも移った。だから，京大の一緒にやっていたグループは，そっちに流れた。その中で，僕だけがちょっと違った方向に行ってしまった。あとは齋藤久美子さん。僕は登校拒否（不登校）の謎解き[155]をしたかった。このところの選択は，ちょっと知的な問題を動機にした選択だった。僕のあと，齋藤久美子さんが精神分析を勉強したいと言って，ホワイトに1年間，外国研修で来たんです。その後，精神分析の領域が少しずつ広がってきた。

　対人関係か，自我心理学かというのは，これはもう本当に偶然で，僕はたまたま対人関係学派のところに行ってしまった。ちょっと運命的な感じ。自我心理学のとこ行っていたら，自我心理学をやっていたと思います。意外といい加減といえばいい加減だったのね。それは非常に幸いだった。20年か30年ぐらい先取りした人たちのグループだったんですね。当時は本当に差別されて，爪弾きグループで，相手にされなかったけど。みんな本当に一生懸命，臨床としてやっていた。臨床の強さというのはそれですね。経験を記述する言葉が対人関係学派がもっとも革新的だったということですね。それを学ぶことができたのは，偶然だけど，本当に良かったなと。

　だから，そういう形で入ってきて，研究か精神分析かというのも，一度も深刻に考えたことないですね。研究業績っていつの間にかそうなってしまっていたんですよ。やりたかった研究をやって，知っていることを書きたかったという，それだけ。そしたら，いつの間にか，研究業績が積み重なっていた。

　山本：業績稼ぎという発想は全然なかったですね。

　鑢：そうそう。それがなかった。学生には，頑張れと言っているんだけど。今はやはり業績を上げることは大事。そこのところはだいぶ違ってきたと思います。僕みたいなのを許してもらえた，世の中で認めてもらったというのは，僕が生きた時代のいい部分だったんでしょうね。今だと，そうもいかないんじゃないかと思う。自分の内的な関心が高い方向に動いていたという感じはすごくします，今もね。

　山本：それはすごい共感できるね。

　岡本：内的な関心，私たちもそうですよね，やっぱり。

　山本：僕は自分の言葉で，「心の中に風が吹いてくる方向に歩いて行った」という言い方をしていたんだけども，まさに同じことだね。

　鑢：そのとおりだね。あんまり僕は，風は感じなかったけど（笑）。

　岡本：私の言葉でいうと，「研究テーマは自分の中にある」と。常に自分と向き合って何を感じるかで，研究テーマは自然に選ばれるという生き方で，ずっとや

155）登校拒否（不登校）の謎解き → pp. 66-68 参照

ってきた感じがします。

山本：自分の関心のあることは生き生きとするから，周りも認めてきて，こっちのことをやらしたらあんまり関心がないということが周りにも見えるから，そういう役割はあてがわないみたいな。だんだん自分の生き生きしているところが，役割があてがわれていくみたいなね。

鑪：それは本当にそうですね。あとはもう臨床の場だけ。臨床の仕事だけで良かったですよね。ほかのことは何もしなかったです。

岡本：だから，先生が広大におられた頃は，特研（＝臨床心理学特別研究）でも「あなたはなぜ，それをやりたいの？」と先生は聞かれた。私たちも，先生にそういうスタンスを学んだし，認めてもらえた。私はそれをずっとそのまま頑固に維持し続けています。そういうところは，私は非常にありがたかったなと思います。

鑪：それは僕自身の基本的な動機でもあったわけだから。みんなにもそうあってほしいという気持ちはすごくありましたね。

1-4.「やっていることがおもしろい，結果として新しいことになった」

鑪：僕にしたら，自分のやっていることはおもしろいだけ。他の人から見ると，何か新しいことをしているという，そういう感じなんです。僕は別に新しいことをやっていると思ってなかった。臨床心理学そのものもそうでしょう。いつの間にか，臨床心理という分野ができてきたんだけど。それは新しい分野なんだけど，自分としては，別にそれを作りたいと思ったわけじゃない。仲間を増やしたいと思ったけど。いつの間にかそれができてきて，新しいものができたという感じ。「これを作ってやるぞ」，「この領域が必要だ」，「だから，やっていこう」という，そういう外枠はほとんど考えてなかったですね。

岡本：専門家としてやっていくということを考えたときに，自分が内的にしっかりするということと，先生の言葉でいうと「仲間」ということですけども，自分のちゃんとやっていることが他者とつながっていく，こういう関係性の世界ってすごく大事だと思うんですよね。

先生の場合は，思春期の頃からその関係性がつながっていって，それがまた新しい世界の扉を開くことになった。先生が研究者になられてからは，その専門世界を多くの人がすごく魅力に感じて，先生に学びたいという人がねずみ算的に増えていった。こういう関係性の縦軸と横軸とはすごいなと思っていました。

鑪：一緒にやるのは，すごく楽しかったですね。楽しいことをみんなと一緒にやれるというのはね。だから，みんなにもすごく説得していた。「これは楽しいぞ，これ楽しいぞ」と。「一緒にやれ」と。そういう感じでしたね。自分の意志の通じる仲間ですね。それで本も作りたいと。そうすると，全部気持ちが通じるわけね。温かいんですよ，本が。脈打っているんだよ，生き生きと。そういう感じだよ。

山本：だから，駆け出しのころからね，本を翻訳したり。

岡本：私たちもね，大学院のころからいろいろ参加させていただいて。私は，先生が本当に私たちを育てようと意図して，その意図があって入れてくださったのかと，そっちが先だと思っていたんです。

鑢：そういう意図というよりも，育てるというのは，むしろ仲間を増やしたいとか，話せる仲間，一緒にやれる仲間を増やしたい，そういう感じでしたね。

山本：我々は結果としては，それで育ったんだけれどもね。特研よりもそっちの方がはるかに育った部分が多いんだけど，先生の意識としてはちょっと違うんですね。

鑢：少し変わってきましたね。若い人たちに教える感じは。広大にいた時の感じとはだいぶん違いますね。広大にいたときは本当に仲間として。

山本：あのころはお互いの年齢も近かったですしね。

2. 次世代を育てる経験について

2-1. 臨床を学ぶエッセンスを伝える

岡本：現在，私の最も関心のあるテーマのひとつとして，次世代の専門家をどう育てるかという問題があります。先生が心理臨床のスピリットとして，何を大事にして学生や次世代に伝えようとしてこられたのかをお伺いできればと思います。

鑢：大ざっぱなことから言うと，自分が苦労して苦労してきたことの中には，そんなに必要のない苦労というのがあるような気がしています。無駄が多い。何もなかったからね。

山本：開拓者ですからね。

鑢：それでね。できたらその無駄を半分ぐらいにしたい。そうすると，その時間を倍使えるわけですよね。だから，僕が学んだことのエッセンスを提示することができれば，若い人は僕の半分の時間で，僕のところに来る。そうすると，あとの半分は，自分がそれから先へ進んでいけばいい。そんな気持ちだったんですね。そのエッセンスは何かということを，できるだけみんなに伝えたいという。パーソナリティの構造的理解，解釈の意味，治療的な働きかけの性質など，みんなそうです。

でもおいしい食べ物はおいしいかもしれないけど，選ばれたものばっかり食べていると，もっと雑食の中に含まれているものをしっかり食べていないと，基本的な体力はつかない（笑）。そういうことがあるかどうかだけど。だから，苦労を無駄と思っているけど，ひょっとしたら無駄でないのかもしれない。そこのところがちょっとよく分からないところなんですね。

山本：僕らから見たら，全然無駄じゃない気がしますね。

岡本：私もそう思います。

山本：言葉を換えれば，先生は玉石混交の経験をされて，玉だけの経験をスピリットとして与えたいとおっしゃるんだけども，やっぱり玉石両方を味わってきて初めて，何が石で何が玉かが区別が付くみたいな。

鑪：その玉石混交の体験をしなければいけないのは，クライエントとの関係なんですね。これは誰も苦労しないと学べないんです。そこはエッセンスだけでクライエントさんと出会えることはない。どうしてもやっぱり自分が出てしまうから。そこで格闘しないといけない。

ただ，そのときに手がかりになるもの，こういうことを言われていたなと思い出し，こういうことなのかと考えてつなぐ——そういう幾つかのものが提示されていると，分かりやすい。僕らの時代は，これは一体何なんだと言葉探しから始めないといけなかった。その差ですよね。その言葉探しに時間が掛かった。

解釈と言われても，よく分からない。何回も何回も失敗して，こういうことらしいと経験的に得て，これに間違いないという形になって，ようやく一歩クリアする。それが言葉になる。だから，臨床というのは，自分で体験しないと分からない。体験しないといけないけど，その体験の苦労のときに，それを振り返る材料に幾つかの言葉があると，ずっとやりやすい。我々のときには，その言葉がなかった。精神分析の言葉と経験が結び付かない。言葉だけが浮いていたりする。自分で使っているんだけど，ぴんと来ていない。やっぱり言葉があるというのは楽ですね。こういうことかと考えていって，どれにも当てはまらないようなのは，ひょっとしたらオリジナルなんですよ。

山本：先生がいろんな知識を構造化，理論化して書いておられるのは，もう僕らにとっては，道しるべみたいなある種のガイドライン，道標と思って読んでいました。

鑪：例えばガイドラインに非常に近いのは『心理臨床家の手引』[156]とかね。それから，次の『精神分析的心理療法の手引き』[157]とか，ああいうものですよ。力動的な立場でやると，こういうふうになるから，それはまずきちっと学んでくださいということですね。

岡本：それはもう，そのとおりだと思いますし，『心理臨床家の手引』は，広大では，もうずっと大学院，マスター１年の最初の手引書として，今も使っています。そういう知的なところでの先生が，私たち，それから孫弟子たちに示してくださったことはすごくたくさんあると思います。けれども，やはり先生と face to face で学ぶ中で，先生から直に受け取った臨床家としての感性みたいなものがあるような気がするんですよ。例えば，先生がよく言われたこと，「懸命に努力しな

156）鑪幹八郎（編著）　1983　心理臨床家の手引　誠信書房
157）鑪幹八郎（編著）　1998　精神分析的心理療法の手引き　誠信書房

がらしっかり待つ」とか,「しっかり抱える」とか,こういうことはやはり直接触れ合わないと学べないところだと思うんです。

鑪：そのとおり。

岡本：だから，そういうものはやっぱり先生のスピリットの柱になっていると考えてもいいんでしょうか。

鑪：そう思いますね。だから人とか場が要るんですね。本から学べない部分ですね。だから，学生が大学院のこの先生のところで指導を受けたいという形で入学してくるのは，そういうことだと思いますよ。それはとても大事なことだし，いいことだと思うんですね。でもだんだんその部分が薄れてきているんじゃないか。

岡本：そうですね。そう思います。

鑪：大学院だったら，資格を取るためばかり。そこでパスすればいいと。特定の先生に教わるとか，そういうようなことは，別にあんまり問題にしなくなるとかね。時々，もう少し授業料の安いところに行きたいって（笑）。学生にしては，それなりに深刻。ところが，「いや，苦労してでも，やはりこの先生に教わりたい」と思うのと，ちょっと違う。だから，教師－学生関係が薄まっている。資格が出てくると，そっちの方につい目が行ってしまうから，自分の臨床家としての成長や体験，それから師弟関係の中で，この先生から教わるんだという意気込みみたいなものは，ずいぶんと薄れる感じがしますね。

岡本：それはもう，私もひしひしと毎日毎日感じています。

2-2. クライエントの「声」を聞く―「深く理解し抱える感覚」「懸命に努力しながら待つ」―

岡本：深く理解し抱える感覚，あるいは懸命に努力しながら待つスタンスは，どのようにして熟成されるのでしょうか。

鑪：待つというのは本当に難しいですね。サービスのし過ぎというのが，普通は多いんですよね。それは，何が一番効いているかがよく分からないから，効きそうだと思うことを全部やる。だから，料理でいうと，ちょっと味が濃い。調味料が入り過ぎている。この素材ならこの調味料でいいというのが分からない。この素材が生きるから。素材を見分ける力は経験が必要じゃないかと思う。

だから，素材を見分けなさいと言う。この素材は何ですか，この素材にはどういう調味料がいいですかと。特にスーパーヴィジョンなどでやっているのは，そういう質問です。目を磨くというか。そういうことだと思う。その中で，大事なのが「声」。これはサリヴァンやエリクソンもよく言っていることなんだけど。ヴォーカル（音調）と，本当に伝えたいことをクライエントさんが言っているかを聞き分けること。音調は目をつぶって聞くとすぐに分かる。しかし，本音は，心を澄まさないと聞こえない。

山本：今おっしゃっている声というのは，言葉に表した後ろの経験過程という意味ですね。ものが読み取れるか，聞き取れるか。

鑪：そうそう。だから，それ自体は表現できない。表現してもらうために，いろいろ質問する。僕は，それが解釈だと思っているんだけど。解釈とはストレートに「これですよね」と言って，「先生，それですね」というのが解釈ではなくて，「ここに何かありそうだけど，あれ何ですかね」という，これが解釈だと思う。そうすると，「え？ これ何ですかね」「これ何でしょう」「先生，これはこういうことですかね」と，本人が言える。「そういうふうに見えますか」と言うと，「よく見ると，そういうふうに見えます」とか，「あ，なるほどね」と言って。「どういう言葉で言うのが一番ぴったりですか」と言ったら，「それが一番ぴったりします」と言う。それが実は解釈のプロセスなんですよね。

だから精神分析で時々言う，解釈というのは，秘密を当てることではない。「いや，先生そのとおりです」とかね。それはクライエントさんの成長には，あまり役に立たない。そうではなくて，自分が自分で観察できるように力をつければいいんです。あとはクライエントさんが自分でやるんだから。

そういう仕事をやっているということを，学生にも伝達したいところなんだけど。これはやっぱり時間がかかる。何度もケースを繰り返し繰り返し，見直したり聞き直したりして，「あ，そうか」というところまで聞くこと。いつもクライエントさんのことを想像したり夢に見たりしながら，そういう反復のプロセスがこちらにあるかどうかということなんだと思うんです。それが伝えればと思います。

山本：それはどちらかというと，inquiry（質問）であるかもしれないし，明確化であるかもしれない。そっちのほうが近いですよね。

鑪：それの方がずっと近いです。僕は，それを含めて全部「解釈」と言ったらいいと思います。そういう意味ではinquiryがものすごく大事ですね。

山本：最終的に，理想としては，クライエントの方が発見してくれればいいですよね。

鑪：発見しないといけない。

山本：（セラピストとクライエントの）両方で見つけていく感じでしょうかね。

鑪：両方で見つけるけど，最後は，クライエントが見つけないといけない。あそこに何かありませんかと。あれは何ですかと。

山本：だから，精神分析で「解釈投与」という古い言い方は不自然ですよね。

鑪：不自然というか，ほとんど治療的な意味はない。だから，そういう意味では，解釈イコール経験なんですね。解釈することでクライエントさんの経験を促進させるわけ。発見する力をクライエントさんが促進していく。新しく得ていくという，仕事です。それがセラピーだと思います。

山本：クライエントが発見していく，促進していけるように場を提供すると。

2-3. 転移関係を理解する

鑪：場を提供するのが我々の仕事です。これについて，忘れられない事例がある。転移関係のドラマティックな事例。夫婦関係のことで相談に来た女性。この人は幼児期から家庭内暴力の中で育った。父親が母親にすごい暴力をふるうんです。ドメスティック・ヴァイオレンスの極端な人。母親は傷つけられるが，自分の夫から離れられない。クライエントは暴力をいつも怯えて見ていた。

山本：今の転移関係って，その原家族と結婚した家庭での転移関係ですね。

鑪：幼児期の人間関係が，そのまま生きて，日常生活に出る。それが転移関係。それが今度は，セラピストの私との関係にも出てくるわけです。自分の結婚の時，高学歴だけど，人間関係にはやや淡白な人を選んだ。しかし，生活が始まると，夫は性的にも淡白。優しいことばもない。自分が働きかけても応じてくれない。食事を作っても反応を示さない。おいしいとも，ありがとうとも言わない。こちらがイライラして，文句を言いたくなったり，声を荒げたりするようになった。お父さんの暴力が私に出るようで心配と言う。自分は夫に優しくしてくれることを求めているだけ。しかし，夫は無関心。夫といるとイライラして，怒りが爆発しそう。私の父のような暴力を夫にしそう。私はどうしたらいいのか分からない。怖い。自分は優しくしてもらうことを求めている。食事なんかも作りたくない。

この人の場合，2枚の図式としてみると，よく分かるんですね。「こっちの図式はお父さん，お母さんとを。もう一つは，夫とクライエントとの関係。幼児期の父親との関係をこのまま移行させて，夫と自分との関係が逆転している」と言うと，「それは分かります」と言う。「そうすると，ご主人はお父さんとは別と思って選んだのに，今度は関係が逆になりそうですね」と言うと，「今までそんなこと考えたことがなかった」「ただ夫は自分に関心が薄いのかと思っていた」と。

少しそういうことが分かってきて，転移ということを，クライエントさんに具体的に理解してもらう。その図式は次のようになっている。親子関係が1枚，夫婦関係が1枚，またセラピストの僕との関係が1枚，だから，計3枚のフィルムが重なり合って，現実の行動をしている。それが転移関係なんだということが分かってくる。すると自分が何をしているのか，過去の経験がどんなに強いものか，今も生きているかということが分かってくる。

山本：今のケースは面接の実際のプロセスとしては，夫婦関係の問題を扱っていて，先にそっちからですよね。

鑪：そっちからです，スタートは。

山本：それから，次はライフヒストリーを聞いていく。

鑪：ライフヒストリーに入った。そしたらもう，すごいことが起こっていたと分かった。

山本：分かって，夫婦関係の謎が少し見えてくるという。その問題を，先生との面接関係ともリンクさせていくというのは，一番最後ですか。

鑪：いやいや，僕に対する好意というのは，割と早くからそうですよね。すごくにこにこして，いい感じで好意的です。

山本：もう1回，先生，扱う順序というか，展開していく順序なんですけども。それはかなり重なり合っていると思うんですけども，まず夫婦関係の問題が主訴というか。

鑪：そうです。夫婦関係の問題できたのね。何もしたくない。これではいけないと思う。どうしていいか分からない。家の中もぐちゃぐちゃになっている。それがスタートだった。ライフストーリーになると，すごい暴力の世界が出てきて，その中で赤ん坊になっている無力なクライエントがいる。夫を無害な守る人として扱っている。しかし，全然そういう形では夫は動かない。なかなかうまくいかない。僕に対しては怒りというよりも，赤ん坊でした。

山本：転移といっても，いろんな側面がありますね。誰との関係によって移し込まれるかで，持ち込まれるものも違いますね。

鑪：そうそう。どこにも本当の自分がいない。私はどうしたいかとなると，分からない。何か違うということは分かるが。そういう転移の世界，つまり過去の経験が生きていて，その親子関係のパターンがクライエントの現実の生活を支配している。その過去の経験にとり組むことが心理療法の中心となる。このことを，学生に分かってもらいたいと思ってるんだけど。

山本：その複雑な過程を，今の私たちの経験の中では理解ができるんですけど，若い人に理解してもらうの，かなり難しいですよね。うまく伝わりますか。

鑪：ちょっと難しいと思うね。けれど，どこかでそういう幻想の世界が現実と一体になっているようなものを分かってもらいたい。転移と我々は言っているけれど，転移とは何か，それは過去の経験の幻想に我々がしがみついて，それを現在も重要な生き方だと思っているということです。

岡本：過去の幻想。でも，そのクライエントからしたら過去の実体験ですよね。

鑪：過去の体験がそのまま，今の現実に関わっているわけでしょ。

山本：過去の現実ですよね。

鑪：過去の経験の記憶。それは今から見ると幻想。今から見たときには，全部過去の出来事の記憶だから。しかし過去の出来事じゃない。

山本：そうですね。その幻想が今の経験に張り付いているみたいな感じ。

鑪：張り付いて，それが現実の関わりを邪魔している。けれど，簡単にはぎ取ることができない。我々の作業はそれをはぎ取るわけじゃないけど，区別していく作業。

岡本：そういうことですよね。それと，やはり親の世代のゆがんだメカニズム，そして自分が今度夫婦になったときの自分の関係の歪み。やはり自分の子ども時代の親体験と，自分の現実の体験というのが，すごく相似形になっている。そういうことは大学院教育のレベルで分かると思うんです。ただ，こういう難しい事

例を大学院時代に，若いセラピストが体験できるかといったら。
　鑪：それはちょっと難しい。
　岡本：それはなかなか厳しいですよね。
　鑪：ただ，プレイセラピーでもそれは言える。プレイセラピーで乱暴だったり，おとなしかったりということは，家の中のことを全部そのまま持ち込んでいるわけですね。そうすると，やはりいつも二重になって，こちら（セラピスト）が仮面を付けられているような形で。子どもはその仮面の方を本当だと見ているわけです。しかし，セラピストはどういう仮面を付けられているかがよく分かっていない。仮面劇としてのプレイ。そこで，怒り，恐怖，不安を，子どもは再体験して乗り越えていく。
　仮面ということにつながって，転移関係についてフロイトとサリヴァンとで比較すると，フロイトは，統合失調症の人たちは転移状況が作れないと言った。なぜならば，総合失調症の人はナルシスティックで，全部エネルギーを自分に向けているから，関係そのものが成立しない。だから，分析的な治療関係というのはできないと。それに対して，サリヴァンはどう言ったか。統合失調症の人は全部が転移関係だと。最初から全部むき出しの転移関係になる，というふうに言っているわけです。正反対なのね。それはすごくおもしろい。どっちかっていうと，やっぱりサリヴァンが正しいと思うんです。過去を全部担って，他の人に出会うということは間違いないわけで。
　子どもを見ると，まさにそうなんです。プレイセラピーに，子どもは，全部，家の（関係）を持ち込んでくるわけでしょ。子どもは，セラピストを自分の思い描く人として扱っているわけです。「仮面」と言ったのはそういう意味です。子どもが描いている以外の人になると，子どもはびっくりする。突然，仮面が割れて，中から別な顔が見えてしまうという。子どもにとって，これは怖い。
　岡本：セラピストも少し仮面の役を演じているところもありますよね。
　鑪：演じないといけないところがあるわけですね。子どもも，サリヴァンの言うように，子どもの生活は全部，転移関係といえる。セラピストは現実ということでなくて，子どもの投映という幻想の中に入っていくんだということ。大人との違いは，大人の中には現実原則が働いている部分があるから，ここのところはある意味で現実感がある。転移関係というプロジェクション（＝投映）の世界に違いがある。そういうことじゃないかな。
　山本：今の問題が，古い体験と新しい体験へと結び付いていくわけですね。

3. 時代の変化の中での次世代の専門家の育成

3-1. 切り開く時代，拡大整理する時代，維持する時代の世代継承
　岡本：今日の最後のテーマとして，変化の速い現代社会において，次の世代の

専門家を育成していくことについての，先生のお考えをお伺いしたいです。

鑪：いろんなものには，切り開く時代と，それから，拡大・整理する時代と，維持する時代があって，その後にまた新しく展開するような。そういう大きなサイクルがあるんじゃないかなと思うんですね。これからの心理臨床や精神分析的世界が，どの時代で生きていて，それがどういう形で継承されるのかというのも，それぞれ変わってくるんじゃないかなという感じはしますけど。現代は，切り開く時代から，拡大・整理する時代に入ってきているのかなという感じがしますね。維持するというのは，結構難しい。

山本：今は，先生の認識では，その拡大・整理する時代というふうに。

鑪：そんな感じがしますね。まだ拡大しているんだと。整理という意味には，資格の問題，カリキュラムの整理，ガイドライン，それからいろんな基準とかね，いろいろやらないといけないことが，まだまだたくさん残っている。ガイドラインというのは，大枠。それに対して，参加者がそれを守りながら，どのレベルまではやっておかないといけないのかというのは，基準だと思うんですよね。その基準はここまでですと。これ以上でないといけませんという。そういう両面から見ていかないといけないんじゃないかと思うんですけど。

組織だった形になったら，展開はストップして，次にどのように維持していくかという，そういう時代になってくるんじゃないかと思う。それは皆さんの時代，あるいはもう一世代，若い人たちの世代になるかもしれないですね。

我々の歴史そのものにも，事象のサイクルがあるような感じがするんですね。心理臨床の世界にもあるような気がする。新しくできてきて，拡大してきたんだけど，まだ切り開く世界と，拡大・整理する世界が混交したような形で，ある意味，もっと拡大していくんじゃないかと思う。資格ができたら，そこがものすごく大きなターニングポイントになるような気がする。それからまた次に展開するんじゃないかなと思うんですけど。

それで，次の世代が何をどう継承するかというと，切り開く世代の継承と，拡大・整理する世代の継承の仕方と，維持する時代の継承と，違うんじゃないかと思う。

明治維新みたいに切り開く時代で活躍した人，それから，それを維持していって，明治維新から明治時代に入っていく。やっている人は違いますね。それぞれね。坂本龍馬も西郷隆盛も切り開く人ですね。彼らがみんな亡くなってしまって，次の維持の時代に入っていくような感じですね。だから，明治維新の改革が終わって，その後，伊藤博文の役割は，そういう意味では，拡大・整理する時代の中心にいた。あの人が暗殺されて，その後も日露戦争までぐらいは一応維持される。それからまた変わっていく。そういう時代の移り変わりも割とはっきりしているけど，我々の中にもそういうのがあるんじゃないですかね。

岡本：マクロなヴィジョンとしては，先生がおっしゃったことは，私もそのと

おりだと思うんです。が，日々学生を育てる立場から見ると，いろいろ難しい問題があります。つまり博士の学位と論文の数が大学の専任ポストを獲得する必須要件となっている今，力のある心理臨床家を育てることは本当に難しい。山本先生や私などは，先生の世界に魅力を感じ，自分もそうなりたいと思い，できる限り頑張ってやってきて，すごく不十分ですけども，何とか自立するところまで来た。ですが，今の時代，なかなかそういうコミットメントは難しいですよね。臨床家として力を付けるためには，じっくり深くクライエントさんに向き合い，その中でクライエントとのみずみずしい感覚を体験していくことが必須だと思うんですけども，一方である程度のところへ来たら，研究業績も積んで自立させないといけない。そうすると，今の枠組みというのは，なかなかうまく行かない。そういうところを，先生としてはどのようにお考えなのかというのを——こんなことを先生にお尋ねするのもどうかと思いますが——ぜひお伺いしたいと思うんです。

鑪：僕もよく分からないけど，歴史を見ていてもね，先ほどの坂本龍馬の例でもあるけど，人間関係とかも割と乱暴で練れていない。全体を丸めてやっていこうとするのではなくて，危険を顧みず行動し，そのうちに殺されて死んでしまう。そういう非常に短命な形での革命家みたいな時代と，その次の時代は，ちょうど今，あなたが苦労しているように，官僚の時代のようになるんです。

岡本：官僚の時代ですか。

鑪：次の官僚の時代というのは，ちゃんと試験を受けて，勉強して，一つ一つの積み重ねがあってという。だから，その中に，坂本龍馬みたいな乱暴な人は入れないんです。「あんた，もうちょっとちゃんと勉強してきなさい」って追い出されてしまう。

岡本：きちっと整ってないと。

鑪：整ってないと，その中に入り込めないような，そういう時代ですね。だから，今からの時代はひょっとしたら，そういう時代に入っていくんじゃないかなという感じはしますよね。それは指導する側から見て，非常に厳しいと言えば厳しいところです。新しい時代の人たちとは，修行の形が変わってくる。前の時代は，乱暴でもアイディアと情熱でやってきた。それはバタンと倒れる可能性がある。次の世代はまず知識と，それからゆっくり経験を併せ持って，じっくりとその組織を維持するように，やっていくという。それを少しずつ少しずつ変えていく。今は，そのはざまにあるような気がする。

だから，もう一回元に戻るという具合にはいかないんじゃないかな。（心理臨床の世界は）これだけたくさんの人にもなったし，いろいろなところでもちゃんとやる人が多くなった。それから，層がすごく厚くなりましたね。その層をずっと登っていくためには，やっぱりきちっと枠の中でやらないとうまくいかないという，そういうものがあるかなと思います。だから，官僚的になる。けれども，

3. 時代の変化の中での次世代の専門家の育成

それを登っていかないと,実際には成功しないし,うまくいかないし,指導者にもなれない。次の世代の役割は,あるいは時代が求めているものは,そういうことかもしれないなと思いますね。

だから,僕らみたいに,今までのものすごく乱暴にね,好き勝手にやってきて,何とか通用した。けれども,これからはもう通用しない。我々の時代の人間はいっぱい欠けている部分,足りないところがある。今からの人は満遍なくやっていかなければ。

山本:でも,小粒になりますよね。

鑪:小粒になるのは仕方がない。それを今度は束ねるわけ。

岡本:仕方がないと思うのか……。

鑪:3人か4人ぐらいが一束になって,ようやく一人前という。そういう形ね。だから,数は増えるし,それから仕事ももっと専門化するというような形になって。全体としてチームというのが,大事になる。臨床の場でもそうだと思う。我々の頃は,それぞれがみんな一匹狼ですよね。だから,ものすごく欠けている部分があるんですよ。

岡本:一人一人を見れば。

鑪:一人一人を見ると。これも足りない,あれも足りないとね。ただ情熱とアイディアでもっている。だけど,その備えがないんですよ。そういう世界がやっぱり革命というか,新しく時代を切り開くときの動きだと思うんです。岡本さんの言う,難しさ,つらさということは,そういう時代に入ってきていることの1つの表れじゃないかなと思う。

山本:だから,岡本さんなんか,今では珍しいリーダーシップ像じゃない。今は,集団指導体制ですよね。決して鑪先生のように,誰かを要にして扇形でつながっているわけじゃない。

岡本:そうそう。うちだってそうです。

山本:本当にいろんなチームでやっているよね。その中で岡本さんの研究室は,岡本さんを中心に扇形モデルで動いているという感じが,やっぱりすごくしています。今はなかなかそういう形では運営できない教室が多いと思うけどね。

岡本:広大も臨床心理士養成大学院ですから,6人の臨床系教員が今,すごくうまくいっていると思うんですよ。兒玉憲一先生がおられたときは,教授は私と兒玉さんと2人で,非常にいい役割分担でね,かなり博士の学位も出したし,臨床心理士もたくさん育ったと思うんです。それはいいんですが,私はそれだけでは満足できない。やっぱりスピリッツをちゃんと身に付けてほしいと。私の門下生は割としっかり育ってきた。ただし,それはドクターに入った学生だけ。マスターレベルでしたら,臨床心理士資格は毎年かなりいい合格率で,今年は100%でした。就職もあるし,育っていっている。

でも,私は,それが本当に継承と言えるかといったら,そうは思わないんです。

もうちょっと自分の専門家アイデンティティをちゃんと自力で育てていけるような，そういう大学院教育をしたい。とすると，ドクター生に限られる。そして，その中でも本当にしっかりやれるのは，その3分の2ぐらいかなという気がして。もうそれはしょうがないのかなと思ったりもしますが。でも，それは何なのかなあ，それでいいのかなあという気がするんですよね。

鑪：やはりそういうのも時代の要請みたいなものがあると思う。次の時代のね。違ってきているのね。やっぱりたくさん時間をかけて指導しないといけないとか。昔だったら，数も少なく，やる気のある人が多い。ほっといても育つというとこはあったけど。そうはいかない。今はね。

山本：ちょっと極端に言うと，昔は20人に1人の逸材を育てるみたいなところがあったけど，今はそうじゃないよね。

岡本：そうです。だから，資格を出すからには，やっぱり最低の基準を全員クリアさせないといけない。

鑪：そうそう。

岡本：マスターは，私はそれでいいと思うんです。でも，マスターばかりじゃ困るわけで，やっぱり次世代の指導的な臨床心理士も育てないといけないですよね。そうしたときに，先生が言われるように「指導で大事なのは，こちらの指導によく反応する学生の意欲だろうと思う」と。そうなんですよ。これでいいならば，私はそれでいいんですが，何かないかなという気がするんですよね。

鑪：意欲があるというよりも，学生にしたら反対に「もっときちっと教育しろ」と要求する。自分が学びたいという意欲よりもね，自分がここに入ってきたということは，教育してもらうのが当然だと。発想が逆転している。だから，「先生方が忙しいのは，それは当たり前だ」と。「先生方の仕事だろ」という。学生のほうがそういうふうに威張っている。これまでに比べると。だから，「何をしたらいいのか」って，今度は，学生がつまらない質問してきたりね。それで，これに答えないと，「先生は答えてくれない」って怒ったり。何だかね，逆転ですよね。

岡本：おかしな話ですよね。

鑪：「そんなことは自分で考えてこい」って言いたいね。

岡本：「自分が知らないのは先生が教えないからだ」というふうなことは，私は許さない。

鑪：意欲のある学生って，やっぱりいると思う。本当にやりたい学生とか，意欲のある学生とかね。それはどういう形で集まってくるか。そういうのを集めたいわけですね。それは，学ぶ環境，特に学生にとって教員がどのくらい魅力的かということ。あの先生がいるから，あそこに行きたいという形で。これは僕はなくならないと思うけど。

しかし，一般的には，資格さえ取れればどこでもいいと。資格というのがテーマになってくると，堕落します。それが増えるのは仕方がない。だけど，その中

広島大学大学院心理臨床学コースの院生と
広島大学心理臨床教育研究センター客員教授としての最後の授業（2015年9月27日）

核にもっと意欲的な，先生の生き方，考え方を学びたいという学生はやっぱりいると思う。

　そういう学生が集まってくるためには，大学の中で生き生きとして，先生がよくやっている，頑張っていると見えるかどうかですね。それが見えるところは，学会とか，論文とか，本とか，やっぱりそういうところになるわけです。この先生はこんなことを書いている，これを学びたいんだというような形で学生が集まってくる。

　一番中核には，そういう学生が一定数ずっといると思う。けれど，その時代その時代によって，それが表面化する場合と，底流にあるけれど，表面には，もう少し組織的にきちっと学びたいとか，そのためにはきちっとカリキュラムを揃えて教えろとか，そういう人たちの群れが多い。一番本流にあるはずのものが，だんだんと底流になっていくようになるんじゃないかと思う。維持する時代になったら，それがもっと激しくなると思う。

　そして，ある時に行き詰まりが来るような気がする。あるいは何か新しい，本当に革命的なものが何か出てきてね。それがまた，全体を動かすようになる。それは100年先か200年先か分からないけど。

　山本：僕の連想，そういう内発的な動きが出るためには，晩年のスティーヴ・ジョブズがスタンフォード大学の卒業式で言った最後の言葉があるよね。"Stay hungry, stay foolish." それが，彼が癌になってね，最後に学生たちに残したメッセージなんですよ。"Stay hungry, stay foolish." という。何かそういうものが僕らの時代は多少あったよね。今の学生には，ちょっとそれは違うような感じがするね。

　鑪：最先端で，切り開いていく人は確かにそうなんです。やっぱりハングリーでないと具合が悪い。それと，foolish というのはね，そこにあるものを信じてと

いうんじゃなくて，あるものを疑えと。「分からん，分からん」と言えと。そこから新しいものが生まれるということなんですね。非常に革新的な，一番流れの先端にある人はいつもそうだと思う。ただ，それが成熟と言えるかどうか分からないけど，社会が成熟するのと同じように学問も成熟する。臨床も成熟すると，そういう人はかえって邪魔になる。だから，"Stay foolish."まさに foolish になってしまう。どうもあれは話にならんとかね。そういうので排除されてしまう。そうすると，革新的じゃなくなってしまう。そういう扱いをされることで，エネルギーが低下する。

　混乱があるときには，革新的な人が生まれるし，もてはやされる。だんだん安定し始めると，また別の人が統率したり，あるいは組織を作ったりする。組織のないところに組織ができて，今度は組織ができると，それを維持する人たちがまた出てきて。そうすると，今度は入ってくる人は，そういう組織がもうあるんだから，組織全体を理解して，それに適応しないといけないと。そうすると，入学試験を受ける人たちは勉強の仕方が全然違う。

　岡本：違いますね。

　鑪：拡大の時代だったら，とにかくまずやる気のあるやつを探せと。ちょっとぐらいできなくたって，中に入って頑張るからいいよと。逆に維持する時代だとね，ちゃんと勉強している人でないと使えないと。という形でやっぱり少し，今後の臨床心理学も少し変わってくるのかもしれないなと思うんです。だから，変わり者がもてはやされた時代と，ちょっと違う。ひょっとしたらリーダーもリーダーシップもちょっと変わってくるのかなと思う。

　山本：本当にそう思います。それぞれの時代のリーダーシップというのは，リーダー像って違ってくると思うよね。だけど，維持する時代が来たとしても，やがて制度疲労を起こして，瓦解していきますよね。また，生まれ変わらざるを得ないというか。

　鑪：そうです。ただ，それがどのくらいの時間で起こるか。

3-2. 博士の学位の変貌

　岡本：私が学位をいただいた直後でしたが，学位制度が 1992 年に変わって，課程博士をどんどん出す時代になりました。私は，それはいいと思うんです。やはり Ph.D. がないと，世界に通用しないし，いまや就職もできないと。広大は頑張って，学位論文の指導・教育，学位取得者の就職の指導までしっかりやると。それはいいんです。

　ただ，私が耐えられないのは，あまりにもレベルが低過ぎる。全国学会誌でレフリー（審査付）論文 2 本。この基準は最低で，まあいいと思うんですが，今，学会っていっぱいあるでしょ。だから，論文採択基準の低い学会でも全国学会誌なら 2 本あれば OK なんですよ。ちゃんと学位規定に合っていたら，学位を出すわ

けですよ．それで，「そのあと一人前の研究者として育つのか」「自力で伸びていけるのか」と思わずにはいられない．

山本：でも今の学位は，論博（＝論文博士）とちがって研究者としての出発点を保証するに過ぎないわけでしょ．

岡本：はい．ただ，学位取得後，ステップアップができない．広大は，就職の面倒も見ますから，就職率はいいんです．ほぼ100％，大学のポストを得ている．最初からいいポストなんてないですからね．次はもう自力でステップアップしてほしい．でも，ステップアップできないのがいっぱいいる．

鑪：そういうのはいっぱい出てくるだろうな．

山本：僕だって最初，あなたもそうで，短大から入ったよね．四年制大学に移って，国立に移るみたいなね．ここは自力ですよね，お互いにね．

岡本：それは自力でしたね．

鑪：だから，そういう人は出てくるんじゃないの？

岡本：そうですよね．だから，もうそれは良しとせざるを得ないのか．

鑪：全体の流れとしては，そうなんじゃないかな．我々の時代って，もう本当に1人か2人しかいなかったわけでしょ．大学院でも少なかった．今はもう何十人といる．だから，その中に1人いれば，いいんじゃないかと思う．教育制度が整ったり，いろいろな課程博士がちゃんと出せるようになったということも，一種の進歩ですよね．既製品がたくさん増えて，大量生産型になってきたんですよね，ようやく．

岡本：大量生産型ですね．

鑪：だから，それは僕はいいことだと思うけど．ただ，その中に，何というか，きらきら光るのが少しいてくれたらね．そういう人たちがやっぱり次を引っ張っていくと思うんですね．あとは，組織を支える人たちだから．官僚を見ていると，大学出てすぐの同期の人たちでは，例えば文科省に20人，30人と入る．その中で課長になるのは半減するんですよ．部長になるというのはもっと半減する．結局トップの局長になるのは1人しかいない．その中でやっぱりセレクトされていっているわけね．そういう人は，そこでもまれてもまれて，優秀なのが一番トップになる．官僚の強さとか良さというのはそういうものじゃないかな．それで，全体が維持できるということだから．

山本：時々優秀じゃないのが，トップになっているのを見るのでね（笑）．

鑪：そんなのがいると，今度は官僚組織そのものが壊れてしまいますね．

山本：本当の力じゃなくて，政治的な動きとか，人間関係で上に上がる．日本の文化では結構あると思います．

鑪：そうそう．そうなると，ちょっと困る．だから新しい時代になったときには，それ相応のシステムがちゃんとできてないといけない．その中に古い時代の人が入ってくると壊れる．システムが．

山本：おのずと，我々が訓練された時代と今の訓練の仕方，やり方を変えているよね。やっぱり今の学生気質とか，今のシステムに応じた形で我々は変えざるを得ない。だから，そういう教え方とか，そのあたりは鑪先生をモデルにしてやっているわけでは全然なくて，違うものをいつの間にかやっているよね。

岡本：そうですね。臨床心理士養成のためのカリキュラムも整いましたし。それから，あともう1つ，今は学生の指導ももう手取り足取りですよね。いいとは思いませんが，手取り足取り。それから，広大の場合は心理臨床学コース全体で，きちっとステップを踏んで指導教員の指導を受けるような，ある意味で仕掛けですよね。初回面接の報告，受理面接の報告，中断や終結報告，それぞれの時点で，指導教員のチェックと指導を受けるとか，スーパーヴァイザーには必ず付くとか。ケースごとに付くとか。兒玉先生と私とでこの12年の間に，このような仕掛けをかなり整えましたね。要するに学生の訓練のセーフティーネットをちゃんと整え，きめ細かにしてきたというか。

鑪：そういう仕掛けに乗っかれば乗っかるほど，学生は小粒になりますよ。

岡本：そうなんですよ。それが私はおもしろくない。

山本：僕は一時期，社会福祉系の学部にいたでしょ。そのときに，ちょうど社会福祉士ができたんですよ。いろんな議論を聞いていて，福祉の世界では，あの国家資格の社会福祉士に反対した人がいた。それは標準カリキュラムができるじゃない？　そうすると，教科書にのっとったことを教えなきゃいけない。例えば○○○大学みたいにソーシャル・アクションとか，がーっと社会変革みたいなことを中心にやってきた大学が，今度はカリキュラムができると，ケースワークとか，何か教科書にのっとった授業をしなければいけなくて。○○○大学の大事な伝統が消えてしまうということで反対するとかね。そういう難しさがあると聞きました。それは多分，国家資格でできた副作用といえば副作用だと。

鑪：公認心理師資格に反対する人たちの中にもそれがあるんですよ，同じように。精神が消えるとかね。みんな小粒になってしまうとか，レベルが下がるとかね。同じようなことですね。

時代精神からすると，それ自体が変貌して，臨床心理学がもうひとつ大きくなった証拠。それを望んでいたんだから。次の段階ではもう少し組織的にきめの細かい動き，それが結果的に学生に対しては，ちょっとパッシヴな受け身的な姿勢で，カリキュラムに乗ってればいいというような，ちょうどツバメの子が母鳥が来たときに，口開けて待っているような，そんな感じになってしまうんでしょうね。それが一種の新しい形じゃないかなと思う。それに適合するようなカリキュラムやチームワークや，チームプレーのアイディアとか，そういうものが次の段階でまた必要になってくるような感じですね。時代の流れにはそんなのがあるんじゃないかと思う。

坂本龍馬が明治時代を生き切れていたかというと，無理だと思うね。組織がで

きたら，もうああいう人は要らない．そこらあたりは本当に難しいね．だから，いつも生成発展というのかもしれない．時代の継承，あるいは世代の継承というのも，継承の仕方が組織保全となる．同じものを継承するんじゃない．その時代に合うものを継承していく．そういう継承の仕方ってやっぱりあるんじゃないかな．それは芸術家の動きとちょっと違う．1人の個性でそれをずっと進む．同じ個性を引き継ぐという形の継承とは違う．

山本：10人のうち1人ぐらい，ひょっとしたら，1本のラインができるかもしれない．あと9人は違いますよね．

鑪：ひょっとしたらね．ただ心理臨床の場合，その1本で生きていけるかというと難しいかもね．はみ出してしまうと，食っていけなくなる．

岡本：そういう10人のうちの1人という考え方もあると思うんです．広大心理臨床学コースは，毎年だいたい15人，マスター生を入学させ，そのうち3，4人しかドクターへ進学してくれないんですけども．その3，4人は，私たちが鑪先生から受け継いだような，もっとコアの，まさにコア・アイデンティティですよね．技法とか知識とかはもちろん土台として身につけるんだけども，プラスのところをね，やっぱり私は育てたいと思う．だから，学生の意欲と能力に応じて，そういう学生がやはり1学年に1人ぐらいはいてほしいんですよね．願わくは1ゼミ1人．だから，5人教員がいたら，各ゼミ1人ずつと．あとは，最低のラインの力付けてくれれば．

山本：受け継ぐのはコンテンツじゃないんですよ．コンテンツはやっぱり古くなるんです．中に盛るものはいろいろなんだけど，それを流れるコンテンツを組織化していくスピリット．だから，鑪先生に教えてもらったコンテンツはあんまり今の学生に教えていない．でも，教えてもらったスピリッツは，何か引き継いでいるという感じはすごくするんです．

岡本：なるほど．

山本：うん，僕もそうだし，学生もそれを受け継いでいるという．だから，見たこともない，会ったこともない鑪先生の孫弟子だと思っている，うちの弟子はいっぱいいるわけですよね．でも，あんまり精神分析のこと知らないんですよ．ただ，何かそこにあるスピリッツみたいなものとかね，打ち込む精神とか，持続するエネルギーとか，皆スピリッツに近いんだけれどもね，そっちのほうは受け継いでいかれるけど，コンテンツは時代の要請によってすごく違ってくるから．

3-3. 生き生きとしたかかわり・オーセンティクなつながり

鑪：確かにそのスピリットというものでしょうね．コンテンツじゃなくてね．継承するというのは，やっぱりそういうことかなと思う．ただ，その中で重要なのは，いつもそういう相互的な関係があるかどうかね．学生との生き生きとしたつながりですね．学ぶということはどういう場にもあるし，僕は学びの中心は発

見だと思うんですよ．発見がある限り，学ぶことはできる．発見というのは一番楽しい活動だから．それを教員もやる，学生もやるという，それが1つのサイクルになっているんですね．それが一番のスピリット．

山本：臨床をやっているものの多くはそこじゃないかな．

岡本：そうですよね．

山本：クライエントとの関係もそうだし，学生との関係もそうだし，それは本当に発見的な営みというかな．だから，臨床でおもしろいと言っているのは，結局そこに行き着くという感じだね．

鑪：そこのおもしろさでしょうね．それをいつもじかに体験することができるというのがね．学生との関係も，そういう意味のスピリットの世界をオーセンティック（authentic）といえばオーセンティックなんですよ．最も本来的なものという意味でね．オーセンティックな関係とか，関わりというのは，クライエントとの関わりでも同じこと．やっぱりそれが一番効き目があるんじゃないかな．

ただ，そのオーセンティックというのをどう伝達するかが，患者さんの場合，ちょっと難しい．向こうは受容器というか，受け取るところがずいぶん破損しているから，それを組み立てていきながら，そこに音を流していかないといけない．だから，どうしてもこちらからの働きかけで，そういうオーセンティックなものを作り上げていく気がします．それはクライエントが一番難しい．

「深める」というのは，接触しているという体感が強くなる，濃くなることだと思う．だから「熟達」というのは，相手の心に「濃く接触する」「深く接触する」「深く味わう」「深く感じ取る」という体験かもしれませんね．

学生もやっぱり似たようなところはあるんですね．そういう意味で．学生とのかかわりでオーセンティシティ（authenticity）とかスピリットができたら，それはおそらく一番重要なものが達成できたと言えるかも．だから，今の学生の一番根っこに，そういうスピリット渇望みたいなのがあるかどうかですね．全体的に（制度が）整うということは，みんなをパッシヴにしてしまう可能性があるんですね．そうすると，スピリットも死んでしまう可能性もある．

山本：スピリットって「画竜点睛を欠く」のその最後の魂を入れるところがね．

鑪：そう．だから，これからの時代は，むしろそっちのほうが難しいと思う．今までは情熱さえあれば良かった．今はそうは行かない．もっとデリケートにやっていかなきゃ．それはやっぱり時代とか，組織の成熟度とか，それから我々の経験の成熟度とか，時代の要請とか，そういうものによって，学生の学びも変わってくるし，伝達の仕方もまた変わってくるんじゃないかと思うけどね．

山本：結局，先生がおっしゃっていた若い時代にやっぱり時代精神が求めるリーダーというのがあって，これからの時代が求めるリーダー像というのが出てくるんでしょうね．

鑪：そうじゃないかと思いますね．だから，僕らがもう一回，次の世代で仕事

ができるかというと,もうできないと思うんですね。今までのやり方と違うから。先生は荒っぽ過ぎるとか言われると思う。

　岡本:あともう1つ付け加えるならば,やはり私は学生たちと長く付き合いたいんですよ。本当に交流ができるのは,学位を取って就職した後からで,付き合っていておもしろいですね。いろんなことを一緒にできるし,やっぱり根っこが一緒だし,私も若い人たちからいろいろ刺激を受ける。だから,やっぱり長く付き合いながら,世代は違いますけれども,ずっと一緒に仕事をしていきたいと思っています。

　鑪:世代の継承というのは,そういうところにあるのかもね。例えば,本を創るとかね,そういうのもね。若い人たちが入ってきて,こちらも参加して,1つのものができる。若い人たちが得ていくものと,こちらが得ていくものとは,全然性質が違いますね。だけど,引き受けて,それを次の,今度はその人たちがまた次の世代を引きつけるときに,そういう関わりの中で引き継いでいく。それが本物だと思うな。一世代前は,あの先生は立派だから,人格的に素晴らしいからといって人格的影響力で,こちらが引っ張られてきた。我々の世代の引き継ぎというのは,いい仕事を次の世代につなげていくという,そういう引き継ぎね。いい仕事ができたか,次もいい仕事ができたか,次もいい仕事ができたかと。そのいい仕事というのは普遍的なんです。ここでやったことが,例えば日本中に全部それは生きてくる仕事だし,アメリカへ持っていっても,中身は違っていてもそれなりに光っているという,そういう形のものです。だから,ものを創るその創り方によって世代が動くのと,上下関係,人間関係で世代が動くのとね,ちょっと違うような気がする。

4. 50歳の「父親殺し」のテーマ,再び

　岡本:先生,もしお話しいただけますならば,第1回の面談で出てきたお父様との関係[158],「父親殺し」のテーマが50歳ごろにもう1回出てきたと言われました。すごく自分の中の内的な危機とか不安定さとつながってるような気がしたんですが,先生の50歳というのはどういうことだったのでしょうか。

　鑪:父親殺しのテーマはね,一番大きかったのは大学生の時,僕が結核で寝ている頃でしたね。本当に自分では殺したいと思ったですよ。何と言うか,遅れたエディプスみたいな感じで。僕が自立することを阻害しているのは父親だと思ったんです。そして,ずっと妨害し続けてきたのじゃないかと。僕は大学へ行きたいと思っても,お金はないし,早く死んでしまうし,もう許せないと。親としては,全然責任を果たしていないとかね。なんでこういう親なんだという怒り。

---

158) pp. 36-40 参照

父の商売というのもね，自分の生き方の中には，ほとんど選択の余地はなかった。自分は知的な世界に進んでいきたいと思っている。けれど，親が商売人というのはすごくかっこ悪いことだと思っていたんです。それで，その影も消してしまいたいと。消すということは，もうああいう親は要らんという，そういう感じでずっといた。

知的にも，親父によって僕の偏った知的な生活になってしまったんだと。家の中には知的なものは何もない。読む本もない。そういう中でやっていくしかなかったわけだから。僕はもう自分の体の半分が，まだ全然でき上がってないという，そういう感じなんですよ。それは知的な生活がない世界ですね。先ほどの知的に楽しむ世界のいろいろなものから疎外されているという。楽しみの世界も全然知らないとか，他の人とは非常に自分が違っているという，そういう感じでしたね。それで，もう1回殺しても殺し足りないという，そういう感じはありました。

大学を出る頃には，親をもう相手にしなくてもいいという，そういう感じになったんですね。その頃までは，対決しているぐらいに親を頼りにしてたんじゃないかと思うんです。精神的にね。それが青年期の親殺しでしたね。だから，本当に遅れたエディプスだなと思っていました。もっと普通だったら，中学校ぐらいで起こるんじゃないかなと思って。僕の場合は，大学でしたね。

山本：何か聞いてて，それこそ対象関係的な中での……。

鑪：もう完全に対象関係ですよ。だって親はいないんだもん。死んでいるんだもん。中学校のときに死んだんだから。だから，その後6年ぐらいたったときです。父親との出会いは。もう完全に対象関係なんですね。殺すなんて実際にできない。死んでいるんだもん。それでもね，消したかったです。そのくらい激しかった。これは，あまり人には言えませんでしたね。言っても，「おまえは親，いないんだろう」と言われるのが関の山だから。誰にも分かってもらえなかったですね。

僕の親父は50歳で死んだんですよ。僕は50歳になったとき，もう1回出会ってしまったんですよ。

山本：それって，アニヴァーサリー・リアクション（命日反応）[159]の1つですよね。やっぱりみんな親が亡くなった年って，すごくそこで賦活されますよね。

岡本：意識しますね。

山本：意識しますよね。自分の寿命もそこぐらいまでかなとか思うこともあるしね。

鑪：そうそう。寿命も考えました。もう僕の寿命もこれから先はないんだと，

159）アニヴァーサリー・リアクション，命日反応，記念日反応　大切な人やものを失った1ヶ月，1年という区切りの頃に，無力感や罪悪感を感じたり，落ち込んで気分の晴れない状態を示す。「命日反応」とも訳され，故人の命日や故人が亡くなった年齢の頃に「喪」の経験が活性化される現象を示す。

これで終わりだと。これから先は全部もうけものだと思いました。これから先はわざわざ私のために誰かが与えてくれる命だから，大事に使いましょうと思いました。

ただね，そのときの葛藤はまた，すごく身体的な反応が起こったんですよ。非常に不思議でしたね。僕の家内もね，なんか変な顔していたけど。衝動的というのとちょっと違うんだけど。食事している最中なんかでも，ぱっとやめて，外へ出ていきたくなるんです。立ち上がって。どこに行くかというと，親父が散歩していた道をちょっと確かめたいと。突然ですよ，それが。

山本：それは熊本の話ですか。

岡本：広島におられたのに，確かめたいと。

鑪：そうそうそう。そういう感じなんですよ。

岡本：広島にいるんだけども，感覚的にそんな感じになられた。

鑪：うん。ぱっとやめてしまう。そして，一番大きなことが起こった。親父が死ぬ前に，親父とおふくろが，讃岐の金刀比羅さん（琴平宮）に行っているんです。その写真がある。階段のところで親父とおふくろが写真に写っている。それが親父の最後の写真なんです。その1枚の写真が。ある日，僕は突然行ったんですよ。

岡本：金刀比羅さんに。

鑪：金刀比羅さんに。

山本：あの階段のところへ。

鑪：そうそう。家には何も言わないでね。

岡本：ええ？

鑪：突然なんか失踪したみたいな形になったんですよ。だから，家内には何も言わないで，ぱっと行ってしまったんです。ここが親父が来た最後の場所なんだと，それを確かめたかった。階段を踏みしめて，ずっと上まで上がりました。ここだ。ここから見た親父の最後の景色がこれだなと。それを確認して，帰ったんです。家内は「あんた，どこに行ってたのよ」って大騒ぎだった。一晩いなくなったです。そういうことがありました。

山本：それは50歳のいつごろですか。夏ですか，そしたら。

鑪：夏です。

山本：お父様が亡くなられたのはいつ，季節は。命日は。

鑪：いつかな。寒いときではなかったですね。寒いときでなかったというのは覚えてるけど，いつかはあんまり覚えてなくて。実際にそんな変なことがありま

父母の追体験として訪れた琴平大社の本宮（700段の階段の頂上）にて

した。そのアニヴァーサリー反応という，そうかもしれないね。親父が死んだ年の50歳になってそれをやった。

　金刀比羅さんの広い舞台のあの上から下を。海が見えますね。それを見たときにね，何となく安心した。それで，落ち着きましたね。その後は，あんまりバタバタしなかった。それまで半年ぐらい，どっかおかしかった。大学のときの親父殺しと，それから50歳のときの変な動きと，その2つですね。

　山本：それは，先生，父親殺しじゃないですよね。正直言って，ちょっと涙が出てきたんだけど，お父さんと和解みたいに感じられてしまって。

　鑪：そうだったかもね。確認したかったんです。

　山本：僕は，何か今の話をずっと追体験していたら，そこでもう一回お父さんと出会って，一種のリユニオン（＝再会）みたいなのが起こって，和解するみたいな。そうするとちょっと落ち着くじゃない。それを思ったら。

　鑪：そういう感じです。出会いといえば，出会いだったかも。出会いという感じでは見てなかったけど。すごく気持ちが楽になりましたね。あの階段を踏みしめて上って行って，踏みしめて下りたときにね。上から景色を見て。これが親父が見た景色なんだというのを見たときに。

　山本：同じ目線でね，追体験をされているわけですよね。

　鑪：追体験です。同じかどうか，分からないんだけど，同じだと思いましたね。それで，安心して帰ったんですよ。

　山本：風景も全然変わってないと思うし。

　鑪：それは1枚の写真です。そのときはね。親父とおふくろが，金刀比羅さんの階段のところで，2人で写っていた写真ね。

　山本：その話を聞くと，僕はもう，すうっと連想が最初のお父さんと先生の写真までつながってしまって。

　鑪：幼児期のね。変だなと思いましたよ。自分でね。うまく説明つかないんですよ。突然だからね。そうしないではおれなかった。

　山本：少なくともその後半の方は父親殺しじゃないですよ，絶対にね。

　鑪：父親殺しじゃない。何か訪ねていって，確認したかった。

　岡本：確認ですよね。

　鑪：最後のところをね。だからあれは健康な親父じゃなかったかと思うんですね。おふくろと一緒に写っていたというのはね。

　山本：最初と最後の記憶，両方とも写真ですね。

　鑪：写真です，僕の場合。親父殺しも内的なもので，現実に親父とけんかするとか，全然そういうのじゃないんです。だから，ずっと遅れたエディプスだと僕は思っていました。覚えていないんですよ。親父とけんかしたとかね。記憶がない。

　というところが，気になる部分ではありましたね。あんまり人に話すことはな

かったですけど。その後はどういうのかな，自分が生きているということが，親父が死んだ年の後の命というのはね，とてもありがたいという感じはありましたね。だから，僕はもう30年余計に生きているんですよ。
　山本：お母様が亡くなられたのは何歳でしたかね。
　鑪：おふくろは84歳で亡くなった。
　山本：84歳ですか。
　鑪：だから，おふくろ体験と親父体験は全然違いますね。
　岡本：違いますね。

5. 専門家としての人生と家族

5-1. 仕事へのスタンスと家族
　岡本：これは私の，女性の研究者としての率直な，深いところから出てきている〈問い〉なんですが，先生の生活のスタンスについて，例えば先生は，休日もしょっちゅう仕事で出掛けられていましたし，普段も夜遅くまで研究室で仕事に打ち込んでおられました。私は，大学院を終わって，すぐ結婚して，子どもを育てながらの日常生活では，そういうところは同一化したくてもできなかったわけです。それはある意味で，現在まで続いています。先生のそういう仕事への打ち込みのスタンスについて，先生は「家族に許してもらった」と言われました。それは，奥様が先生の仕事をもう全面的にサポートし，そのように支えられたということなんでしょうか。
　鑪：これは時代によってずいぶん違いますね。最初の支えというのはね。大学院ドクターの後半に，僕は結婚したんですよ。結婚するまでは，アルバイトと奨学金とで生活していた。結婚したら，それでは足りない。その時に，家内が仕事をしたんです。だから，何か本当にアメリカ・スタイルみたいな。結婚して，どちらが支えるかという形。家内は学校の先生でしたからね。それを京大の先輩が，堺の大阪府立養護学校，肢体不自由児の養護学校なら職があるからといって。
　その時，僕はものすごく鈍感だった。今でも申し訳ないなと思うんですけど。結婚して京都の京大の近く，左京区の泉川町というところに住んだ[160]。京阪電車には近い。歩いて5～6分かな。出町柳というところまで歩いていく。そこから大阪まで行く。堺だから，南海電車にまた乗り換えないといけない。だからね，1時間半か2時間ぐらいかかるんじゃないかな。それをそのままにしてね，僕が便利だもんだから。京大まで歩いていける。家内は毎日それで通ってたんです。出町柳というところは出町商店街といって，京都の古い商店街があるんですね。家内は帰りにそこで買い物をして帰る。そんなでしたね。家内が働くなら，大阪

---
[160] pp. 77-78参照

か堺に住む場所を移してね，僕がこっちの大学に通うというのが当たり前だったんじゃないかなと思うけど，全く無頓着でしたね。最後には，子どもができるまで働くということで，それで妊娠して，家内はおなかが大きいのに通った。すごく残酷なことしたなと思うんだけど。全然，文句を言いませんでした。何も言わなかった。

それから，前に言ったと思うけど，切手も買えないぐらいの貧乏所帯だった。あの頃，連絡というとみんな手紙ですからね。それぐらいの貧乏だったから。今も何も言わないけども，それは今でも思い出すと，やっぱりすごく胸が痛みますね。

その後僕は助手になって，お金がもらえるようになった。それで少し楽になった。だけど，今度は子どもを育てる生活。子どもを育てた時の一番の印象的なことは，一番上の男の子が生まれたばかりの時。お金がないもんだから，隣近所が鯉のぼりを上げるわけです。でも，うちは鯉のぼりを買うお金もない。それで新聞紙を丸めてね，鯉の形を作って，ひもをつけて，子どもの首にかけて（笑），それで鯉のぼりだと言ってね。写真を撮ったことがありました。

　山本：それ，先生が作った？
　鑪：僕が作ったんですよ。
　岡本：なるほどなあ。
　鑪：そんなことがありましたね。貧乏の象徴みたいでしたけど。その狭い四畳半二間だったかな。狭い狭い場所ですよね。お風呂も何もないんですよ。京都には，ああいう長屋にはお風呂がないんですよ。だから，京都には銭湯がたくさんあるんです。今も京都は銭湯が多い。
　岡本：赤ちゃんがいて，銭湯に行くって大変ですよね。
　鑪：子どもを受け渡してね。子どもを洗って，それを受けてと。いつもそんなふうにやっていました。銭湯は近くにあったんです。長屋スタイルは狭くてね。非常に不便。ただ，裏が川でしたから，川の土手で日なたぼっこするとか，そういう楽しみはありました。糺の森ね。今でも立派なところです。湯川秀樹先生の家の横を通って，細い道でその森の中を抜けて下鴨神社，そこが遊ぶ場所でした

糺の森

ね．環境的には良かったんですけど，あの時代が一番，今思っても申し訳ないという感じがします．

山本：お子さんが小さいころ，先生は子育てにかなり参加されたんですか．

鑪：そうです，そういう意味では．すごい癇（かん）の強い子でね．夜中に泣く．抱くと泣き止むんですよ．だから交代で．夜中じゅう，抱いてないといけない．そのくらいですね，参加するといってもね．ちょっと大きくなると，一緒に川に行ったり森に行ったりしましたけど，そんなに多くなかったんじゃないかな．

山本：でも，3人育てるというのも，相当大変なことですよね．今の若い女性はなかなかできないぐらい大変で．

鑪：そう，大変でした．まだ2人だけでしたからね．それが一番申し訳ない気持ちでしたけど．

それでね，大阪の吹田に万博の会場があるでしょ．あのちょっと手前のところで，ちょうど万博の大開発が始まったんです．阪急電車の関西大学のもう1つ先が終点でした．それが今の阪大のところまで延びていったんですけど．その終点の近くに八雲台という場所を開拓して，そのころはモダンな10階建てぐらいの住宅用アパートができたんです．昭和37〜38年ですね．公団だから全部抽選で，それにたまたま当たったんです．（家賃が）安いからね．それでそこへ引っ越すことになった．

その家を引っ越すのと，僕がアメリカへ行くのとが，また同時だったんです．引っ越すけれど，家族は僕が向こうに慣れるまで待って，半年間遅れて来てもらう．そういう準備をして，八雲台へ移った．コンクリート造りの1階で新築なので，まだセメントが乾いてない．そうすると，特に冬なんか，ものすごい水滴がつく．結露で，家具なんかもうすごくかびてしまって．新築って怖いですね．4月に移って．その引っ越しも，知り合いの運送屋さんに頼んで，安くしてもらって，家具もあんまりないので，小型トラックに積んで．仲間の助手に手伝ってもらって，引っ越したんですよ．

それで半年したら，僕はアメリカ行くことに決まっていた．半年間は出張として認めていただいた．これは助かりました．またアメリカでも貧乏という意味ではぎりぎりの生活で大変でした．子どもが成長するまでの間の第1期は，そんなでしたね．

少しずつ変わっていった．少し外向きに，出番が多くなってきたということがありました．皆さんがリッグスに来てくれた頃は，子どもが大きくなって，もう手がかからない，自分も何か仕事をしたい．それならボランティアで何かやったらと．子どもを好きだから，幼稚園で何かサポートするような仕事があればと．それで，リッグスの先生がね，自分の家内が幼稚園をやっている．手伝いに来たらどうかと言って．それで行くようになったんです．

岡本：あのリッグスの中の幼稚園ですか．

鑪：いや，別なところです。家から30分ぐらいの森の中にある幼稚園。半年ぐらいしてから，家内が怒り出してね。「あの先生は駄目だ」「子どもを叱る」と言ってね。「あの人は園長の資格がない。あんな幼稚園教育をしたらだめだ。言うんだけど，通じない。もう行かない」と怒ってね（笑）。リッグスにいる時には，別に仕事はしませんでしたけど。ただ，そういう外に出たり，横のつながりで生活することができるようになった。

日本に帰ってきて，広大はそのころ，今でもそうだと思うけど，東南アジアから留学生がたくさん来ていた。いつも2人か3人ぐらい引き受けていたんですよ。韓国，中国，それから遠いところでスペインとかメキシコとか。韓国からは次々と来ていて。この人たちに，日本で馴染んでもらうために何をどうしたらいいか。そのときに考えたのが，こっちから何か教えるのは時間が掛かり過ぎるし，時間がない。だったら反対に，留学生に言葉を教えてもらうと。韓国語を教えてくれる留学生に家に来てもらって。そうすると，家内も一緒に教えてもらえる。だから，2人が生徒なんですよ。

岡本：先生も韓国語を習われたんですか。

鑪：僕も習ったんです，もちろん。

岡本：先生が韓国人留学生をお家に呼ばれて。

鑪：そうそう。一緒に食事したり。そして定期的に家で勉強会をしましょうと。留学生はすごく喜んで，家へ来たら食事が出るし。お金は払ってはいなかったと思う。お金を払ったかな。そういう形で，留学生が日本に適応するのを，僕が生徒として助ける。向こうは母国語だから，教えることに何も困らない。母国語で心理学を教えろと，やったんですよ。

ところが家内の方が熱心で，僕よりも上手なんです。留学生を先生にして，自分らがハングル・グループを作った。そこに留学生に来てもらう。それは今も続いてます。だからもう40年以上。韓国語に関しては，家内は読み，書き，話すことが自由になった。時々一緒に韓国へ行くと，家内が通訳してくれる。僕は途中で脱落（笑）。同じことをスペイン語でもやった。タイ語とスペイン語と韓国語ですね。

岡本：心理学講座に来ていた人。私が学生のころに。

鑪：タイ国のモンコンもいましたね。

岡本：スペイン人の男性もいましたね。

鑪：それから女性も。メキシコに帰って精神分析の勉強を始めた。メキシコ大学にいた人だったので。メキシコ大学附属の精神分析研究所[161]があるんです。

---

161) メキシコ国立自治大学・メキシコ精神分析研究所　1551年に王立メキシコ大学 (Real y Pontificia Universidad de México) として創立し，アメリカ大陸で2番目に古い大学。フロム, E. は1949年にメキシコシティに移り，1965年までメキシコ国立自治大学，次いで1974年までメキシコ精神分析研究所 (Instituto Mexicano de Psicoanálisis) で教えた。

それがね，不思議な縁ですね。フロム[162]が創ったところ。フロム・インスティテュートなんです。フロムが，奥さんの健康のために空気の乾燥したメキシコに行って。メキシコからニューヨークへ通っていた。スーパーヴィジョンとか講演とか，そういうことをやっていた時代です。その研究所を見せてもらったりしました。

僕はスペイン語に関しては，スペイン語の家族心理学の本を読もうということで，言葉を教えてもらった。意味については僕が向こうに伝達する。そういう交流でね。それもずっと続いたんです。

岡本：スペイン語の勉強会も先生のお家でなさった。

鑪：そうそう。だから，その中に家内が世話をしながら入るというような形になった。家内は今度は，だんだんそういうグループを自分で作って動き始めたんですね。今度はそういうグループから独立して，グループ同士でいろんな社交が始まって自由に動くようになったんです。徐々に自分の世界を作ったんですね。今はもう完全に自分の世界がある。仲間もたくさん。

僕との一番の違いは，人付き合いが非常に上手なんです。話しかけてすぐ仲良しになる。僕はそれができない。あれは変わり者だからって，いつも僕はのけ者にされた。みんな集まっても，ちょっと挨拶して，あなたは邪魔だからって，いつも言われる（笑）。

それとあと，子どもが自立してしまった後は，また2人で何か一緒にしようということでね。性格が真反対。今の社交性の話もそうだし。僕はどっちかっていうと，ちょっと自閉的な感じだから。人付き合いはあまりしない。

そういうことで，どんどんどんどん自立していくという形で。これで良かったな，結婚して最初のときの罪悪感が少し薄れたかなという感じですけど。だけど，本当に僕が生き延びたのは，彼女のおかげだと思っています。それがなかったら，おそらく全然違った生活をしていたかもしれませんね。

岡本：先生が最初にホワイトにいらしたときも，長いですよね。リッグスに行かれたときも2年ですよね。ああいうふうにご家族で一緒に移住して，先生はもちろん研究，勉強をされた。家族ぐるみで移住されることに，奥様は違和感はなかったんですか。

鑪：しんどかったと思いますね。違和感はそんなになくて，そういう異質な世界に住みたいという感じはあったんじゃないかと思う。最初のニューヨークのときはね，まだ子どもも小さかったですから，相当戸惑いもあって，苦労もあったんですけど。大変だったと思いますけど。ただ，リッグスの時にはね，ずっと楽なようでしたね。アメリカの事情も前に生活しているから分かっているし。

だから，ずっと支え役に回って。プロフェッショナルとしてちゃんと仕事がで

---

[162] フロム, E. → p. 44 参照

きるんだけど，それをやらないでね．あとは趣味の世界をずっと自分なりに広げていって，仲間がたくさんいて別世界でやっています．

5-2. 女性研究者と家庭

鑪：だから，妻が女性研究者という場合，そういう家族のあり方というのは，とても大変じゃなかったかなと思いますけどね．あなたのような場合ね．

岡本：先生と私は一世代違いますけれども，私の夫も専門は違いますが，やはり研究者で．主人は，自分の世話はあんまりしなくていいと．ただ，子どもが生まれると，やはり母親は家庭に張り付かないといけない部分が多いですよね．特に夕食ってすごく大事だと思う．私は，出来合いのものを家族に食べさせるのは嫌なので，自分で作る．まだ私が若かった頃の学生たちが言いますけど，私は夕方6時になったら，どんなに仕事がたまっていても帰る．夕食は7時半と決めていました．となると，やっぱり鑪先生のような働き方は無理ですよね．

もう1つは，もし私が独身だったら，あるいは子どもができなかったら，30代にもう一回留学したいなと思っていましたけれど，それは実現できなくて．そういう意味では，私は自分なりに頑張ってきたとは思うんですけども，やっぱりまだまだですね．あんまり切れがないというか．

鑪：やっぱり動き方は違いますよね．

岡本：違いますね．

鑪：それは確かにそうね．

岡本：だから，やっと娘，下の子が大学生になって家を出ていった時ののびのび感は，私はうれしかった．けれど，もうこっちも50代ですから管理職をやらないといけない．本当に隙間を縫って頑張って，できる限りのことをやるしかないという感じでずっとやってきました．そういう意味では，私は奥様にリッグスでもお会いしたし，先生のお家でも何度かお会いして，やっぱり先生を本当に支えてこられたんだなという感じは，常に思っていました．

鑪：世代的なものが確かにありますね．僕らの世代で優秀な女性は結婚してないです．学者を通すという人，何人かいますけど，結婚していない．おそらくできなかったんだと思う．次の世代はみんな結婚している．それから，少し男のほうも手伝うことができるようになって．もっと若い世代はもっと自由だと思うんですね．

岡本：今は男性も一生懸命子育てをしますから．実際，やっていますよね．

鑪：子育てもしますしね．そういう夫婦の役割のあり方としては，僕はやっぱり旧世代の人間だったんだろうと思いますね．家内はそれほど文句を言わなかったですよ．僕がやらないということに対してね．お金のないことには，愚痴を言っていましたけど．

山本：「もう少し手伝ってほしい」とかそういう要望もあんまりなかったです

か？
　鑪：いやそれは，例えば大きな荷物を動かすとか，そういうときにはもちろんやっていたんですよ。しかし，日常生活の中で，細かい子育て，学校の用事，PTAとか，そういうのには僕は出たことはないんですよ。
　岡本：学校の参観日に，先生はいらしたことはないですか。
　鑪：参観日に学校へ行ったことはないですね。
　山本：じゃあもう町内会のことも全部，奥さんに任せておられた。
　鑪：任せていましたね。そういうところは参加してないですね。
　岡本：先生のご実家のご両親，ご家族は，先生の知的な関心や仕事については全然分からなかった。奥様はそういうことをすごく感性豊かに感じ取ってくださったとおっしゃいました。結婚後もやっぱり奥様は，先生の仕事を非常にリスペクトされていたのですね。
　鑪：そうですね。
　岡本：それで，その中身は当然理解されていた。例えば韓国語で心理学を勉強する。その心理学をテーマにするというのは，奥様も非常に関心を持っておられた。
　鑪：家内の関心は語学です。言葉に対しての関心。別に心理学を学ぼうということではないんです。自分がやりたいことがあるんですよ。自分はこうしたいとすごくはっきり言いますよ。だから，1人で決めるなと言うんですよ。
　岡本：先生が1人で決めるなと？
　鑪：どこか出掛けていくとかいう計画もね，前もって言ってくれと。今でも，京都にいたときは特にそうでしたけど。週間予定表とか。月間予定表というのを家に張ってある。何月何日何時に僕がどこにいるというのは，全部分かる。どこに連絡すればいいか。
　山本：先生は，全部報告されていたんですか。
　鑪：そうです。今もそうです。月間の予定表が張ってある。今ここにいるとかね。これに合わせて，自分はこうするとかね。向こうも先に言うんですよ。そうすると，予定に組み込んでね，それは邪魔するなと（笑）。
　山本：奥さんは，今もう本当に自分の世界をしっかり持っておられて。
　鑪：今は自分の世界を持っていますね。よく邪魔するなって言われる。もう時間はこれで決まっているんだから，変えられませんとか（笑）。
　山本：それは先生，距離ができた感じというのとも違うんですよね。
　鑪：不思議な，自我境界みたいなのがあるんですね。それと，家族境界みたいな。そこでは互に自立してやっている感じですね，今は。その方がお互いに楽なんです。
　岡本：そうでしょうね。そう思います。
　鑪：それで，私が自分の時間の中でやっていることに対しては，何も文句を言

わない。何をやっているかは知っておきたい。それは予定表を見れば分かる。どこにいて，何時から何時まで何をしているかが分かる。
　岡本：そうすれば安心できるわけですね。
　鑪：そういうコミュニケーションはある。けれど，お互いの自我境界はできるだけ侵さない。一緒にやるときには合意してやろうと。そういう感じです，今は。
　山本：かといって夫婦としての絆は全然変わってないというか。
　鑪：おそらく変わってないんじゃないかと思いますね。言いたいことは言いますからね，向こうもね（笑）。

5-3. 研究の問題意識と「生き方」
　岡本：自分が専門家として人生を生きていくことと，研究の問題意識，自分の生き方と研究は，私はもう本当に表裏一体でした。私がアイデンティティに魅力を感じたのは，そういうこともあると思うんです。自分の体験世界から研究の問題意識が生まれるという点は，鑪先生と私はあんまり変わらないかもしれませんが，日々の現実生活を維持，運営していくところ，研究の問題意識と現実の生活の距離感は，何か先生と私とでずいぶん違うなという感じが，若いころからずっとしてきましたね。今回の面談でも，先生は専門的な知的な世界に没入して，そのことから物事を切り，語り，臨床実践にしても当然そうですよね。けれど，私の場合はやっぱり，研究とか専門的な仕事と生活というのは，もうほとんど距離がないと。その中から問題意識が出てきて，それをできるだけ客観的な言葉で表現しようとしてきたというのが，今までの仕事です。その違いというのが，すごくよく分かりました。
　鑪：あなたのように，女性として家族を育てるとか，家庭の中心にいるというのと，僕の場合，男としてやっぱり家族の中心というのと，ちょっと違うんですね。僕の場合，家族の上澄みの上の方にいる。土台を支えるところ，日常の生活ですよね。食事をするとか，洗濯するとか，掃除をするとか。そのレベルに僕はほとんど参加してないですね。
　岡本：今は，広大でも大学院生の7割は女性なんです。ドクターになるとちょっと男の子が増えますけど，それにしても6割は女性です。彼女たちは，本当にプロフェッショナルになりたいわけです。だから，そこら辺も柔軟に，自分のアイデンティティのコアの部分は大事にしながら，家庭・社会的な責任も果たさないといけない。そこら辺をどうやって感じ取ってもらうか。これからのもう1つの大事なところじゃないかなと思うんです。
　鑪：臨床の良さは，実験系の研究のように，実験のデータをずっと積み重ねていって，休みなく実験をしないとデータが取れないというのと違って，日常生活そのものが臨床経験にとってすごく大事なものですね。だからむしろ陰影を深めていく上では，そういう生活をできるのならやったほうがいい。そうすると，子

育て，結婚というようなこと，あるいは夫婦生活そのもの，それらは臨床の重要な経験の素材なんです。

そういう意味では，男性も女性も一緒になって，生活の世界に入ると。例えば出産とか，一時的にいろいろあって，研究そのものは中断する。この間は研究はできない。けれど，この間は深い臨床体験をしている。それは全部，次にデータとして生きる。それはクライエント理解にも役に立つ。

だから臨床の場合，中断期間は論文にするなどはできないかもしれないけれど，家庭生活と研究をインテグレートして，この間は重要な臨床の基礎体験をしてるんだという意識があれば，男性でも女性でもそれはプラスだと思っているんですよ。

岡本：本当に私もそう思います。私自身もそのようにやってきたつもりです。

鑪：次の世代のいい点は，同じ仕事に就いて，いろいろディスカッションしたり，それを夫婦で一緒にペーパーにしたりというようなことができるようになったということですね。それは新しいことで，いいことだと思います。僕らの世代は院生同士で結婚しても，女性のほうが家に引っ込んでしまうというのはよくありましたね。もったいないと思うんだけどね。大学院まで教育を受けて，ある程度論文も書いて，そのまま全く学会の活動をしなくなるというのは，もったいないですよ。

6. 引退後の残された仕事

山本：先生も公職を 80 歳で引退されて，また別の人生のステージに入ってこられたと思うんですけれども。私は昔から，発達のイメージというのは山登りではなく，連山を縦走していくような感じでいつも思っていて。例えば年を取ってきたり自分が病気になったりすると，「え？ こんな経験をしていくんだ」という新しい，ある意味でチャレンジみたいな感じがしているんです。先生はもう本当に 80 歳ということで，今まで経験しなかった世界にまたこれから入っていかれると思うんですけど。まず，先生がお元気なうちに，ぜひこれからやっておきたいというか，残された課題として，どんなことでも結構ですので，今お考えのことを教えていただければと思います。

鑪：今は混乱の時期です。だから，何もまとまらないですね。何がしたいかとかというようなこともまとまりにくい。時間感覚や時間の使い方がちぐはぐ。この十何年間はずっと 1 人で生活していて，朝起きて，食事して，歩いて大学まで行って，そして，適当に帰ってくるという。家で面接している間，大体大学も 5 時に終わって帰ってきて，1 時間ぐらい休憩して，それから夜の面接をやるという，そういう生活をずっとやってきた。

それが全部なくなった。ある程度，生活はパターン化されることが必要な気が

するんだけど，それがまだうまくできていない。そして古いものからの圧力みたいなのがあるのね。何もする必要はないのに。何となく心の中に，そういう図式がある。何かやらなきゃいけないけど，やる必要ないという，ちぐはぐさ。新しいのは何かあるかというと，まだない。辞めてしばらくの間，その混乱が続きましたね。

山本：新しい生活の構造がまだできないという。

鑪：できない。それと物を書けない。それは集中できないということね。広島カウンセリング・スクール[163]のこととか，細々したのはいろいろあるんだけど，中心になるものがない。まず動きにくい。表層的なことはいろいろやっているけど，中心に何をやりたいのか，何を置いておけば安心か，それが今のところ分からない。

山本：活動の中でのプライオリティがつけられない。

鑪：そう。幾つかはあるんだけど，それ実行できるかどうかも分からない。家内からいつも言われるのは，「もう，あんた長くないんだから，遺言はちゃんと書きなさい」と言われるんです。

山本：お子さんも多いですからね。

鑪：でも，書けない。「書く，書く」とは言ってるんだけど。手につかないんです。

岡本：そんな簡単に書けるものじゃない。

鑪：もうちょっとしてから書く，来年そうしようとか。1年伸ばし……。それから病気も，特に狭心症だから，いつ何時どうなるか分からない。ばたんと逝くかもしれない。だから，ぎりぎりになって慌てるかなと思いますよね。そうならないようにとは思っているんだけど。何をしたいかというのは，幾つかはあるんですね。

具体的なものとしてはね，『洞察と責任』の改訳，『森有正に出会う』と言った形の本を書きたい。また時間の余裕があれば『エリクソンの心理臨床』といった精神分析の技法，ライフサイクル的な発達論，対人関係精神分析との関連をつないだ本を書いてみたい。あとは『映画と心理臨床』といった映画との対話の本を書くなどをやりたいなとは思っているんだけど，問題はどこまで生きられるかということなんです。仕事をするための体力，気力，知力，判断力，持久力，それらがもう本当に低下したなと思います。すぐ疲れが来る。たびたび休まないといけない。集中できない。それで何となく休みたくなる。コーヒー1杯，飲みたくなる。するとつい，今度は他のことをしてしまう。昔だったら，また元に戻って，それに打ち込む感じだったのが，今はもどりにくい。幾つか中断しながら，行っ

---

[163] 広島カウンセリングスクール　1974年，広島で初めてのカウンセリングを学ぶ場として開講。今日までに，一般コース修了生は2100名以上を数える。現代に即した活動を支え，「こころの時代」に役立つ存在を目指している。理事長　鑪幹八郎。

たり来たりする。そんな感じですね。だから，完成するかどうか分からないけど。

6-1.『洞察と責任』の改訳

鑪：その中でやりたいのは，『洞察と責任』をもう1回きちんと読み直して，今の言葉で訳し直したいなという感じはあります。現在，絶版になっています。だから，これはもう1回下読みして，あとは日本語的表現を直すのと，もう1回きちっと訳ができているかどうかをつき合わせていきたい。「ジェネラティヴィティ」(generativity) とか。「ジェネラティヴィティ」は岡本さんのおかげで，「世代継承性」という訳が定着してきたから，すごくよかったと思うけど。「アクチュアリティ」(actuality) なんかも，日本の言葉で何か訳しにくいんですよね。「ミューチュアリティ」(mutuality) も訳しにくい言葉。そういう訳しにくい言葉がいっぱいあって，以前は文字に当てはめていくという感じだったけど，少し意味的にきちっと訳をしたい。

「コンフィギュレーション」(configuration) なんかも，どう訳していいか，今だに分からない。もう「コンフィギュレーション」そのままがいいか，ドイツ語に戻して，「ゲシュタルト」(Gestalt) がいいか。「ゲシュタルト」と言うと，またいろいろ注釈が要りそうな感じ。どれもぴったっとした言葉がなくて。そういうのを何とか。『洞察と責任』は，倫理的な本でもある。そういうことも心理学者がどう考えるかということを，これは心理臨床が成熟するにつれ，大事な問題だから，きちっともう1回，やりたいと思っている。

山本：今の社会が必要としているニーズと，『洞察と責任』を訳し直されるというのは，我々の世代にとってはすごく意味がある。先生にとっても，とても意味がある。そのあたりの，今の時代に『洞察と責任』が必要な倫理の問題とか，そことうまくつなげられればいいかなというような気がするんですけども，いかがですかね。

鑪：そこらあたりね，よく分からないけど，外側のニーズじゃなくて，僕にとってこれは大事だからと今は思っています。本屋がやっていいと言っているから，きちっとそういうふうにしようかなと思って。僕としては，ひとつ気持ちを整理ができる。

山本：なるほど。『改訳版　洞察と責任』みたいな感じ。

鑪：自分なりに満足のいくような。誤訳もない形でできたらなという。それから，日本語として意味が通じるということですね。

6-2. 森有正への〈問い〉

鑪：森有正については，論文はたくさん，15本ぐらい書いたんですけど[164]，これを1冊の本にしたい。ただ，論文を本にするって，また難しいんですよね。論文集ならそのままでいいんだけど。これは特に臨床家に分かってもらいたい。経

験ということについて一番深く考えたのは，森有正じゃないかと思う。心理学者じゃなくて，哲学者だっていうところがおもしろい。だから，初期の森有正の研究というのは，僕にとってはあんまりおもしろくないんです。デカルトとかパスカルとかたくさんあるんですけど。

　岡本：やっぱりフランスに行ってからですよね。

　鑪：フランスに行った後の森有正ね。

　岡本：あの文章の変容って，すごく印象的ですよね。

　鑪：極端なんですよね。あれは本当に，彼がカウンセリングを受け始めてからという，そういう感じがするでしょ。彼にとってフランス文化がカウンセラーでね。全然違う異質の世界に彼が出会って，戸惑いながら自分が変容していったという。そういうプロセスですよね。『洞察と責任』は，多分今年中には。

　岡本：今年中ですか。すごく楽しみです。

　鑪：だいぶ時間をかけてきた。なかなか集中が難しい。それが終わったら，森有正に集中してみて。森有正で気になる部分，あと2つ，まだはっきりしてないところがあるんです。1つは家族ですね。森有正の家族は，もう1人しかいないんですけど，その人，息子さんに僕はまだ会ってないんです。1回会いたい。自分の親父さんのことをどう言うか，確かめるため。僕の考えとどのくらい合っているか，違うかというのを確かめたい。

　森有正は，その息子さんを捨てたような感じなんですね。離婚するときに2つに分けて。娘さんは自分がパリに連れていって，息子さんはお母さんと一緒に東京にいて，別れてしまった。ただ，息子さんが結婚するときには，パリで結婚式を挙げているんですよ。ということは，森さんのところで結婚式を挙げているんですね。だから多分，そこで和解している。どんな感じなのかね。娘さんは亡くなった。それも自殺。だから，森さんの家系は途絶えてしまって，それで終わりというところで。それが何なのかというのが確かめたいところ。

　それから，森さんが自分の家系や歴史をたどるときに，森有礼のことを言う。日本の最初の文部大臣，彼のおじいさんです。おじいさんの嫁 寛子さんが偉い人で，これには公家の流れがある。はじめの結婚は有馬家。そこで子どもが2人

164）鑪幹八郎の森有正に関する論文
　森有正の「経験の哲学」の契機とアイデンティティ形成について　鑪幹八郎・宮下一博・岡本祐子（編）アイデンティティ研究の展望Ⅳ　1996　pp. 1-26.
　ことばの発生と心理療法のかかわり　京都文教大学心理臨床センター紀要 臨床心理研究, 4, 34-43, 2002.
　自己分析の可能性：森有正の経験へのこだわり　京都文教大学心理臨床センター紀要 臨床心理研究, 5, 1-13, 2003.
　森有正の生活における母性の希求：ローザスのビトローの光という観点から　京都文教大学心理臨床センター紀要 臨床心理研究, 6, 1-10, 2004.
　森有正の神秘的体験またはヌミノース体験について　京都文教大学心理臨床センター紀要 臨床心理研究, 12, 55-66, 2010.　他

できる。有馬家というのはなかなかしっかりした家系で，血筋もしっかりしている。2人の子どもができるが，離婚させられる。そして，森有礼と結婚する。そして，1人子どもが生まれるんです。それが森さんのお父さん，明という。

その森有礼のところまでは，森さんは行く。日本でいい仕事をしたおじいちゃんだと。おばあちゃん（寛子夫人）は公家のその5女。こちらの方はずっと上まで行くんです。貴族階級，公家の世界へと。父方の方は，森有礼のところで，ストップしている。僕はこれが気になる。森有礼は，薩摩藩の下級武士の出なんです。そしてちょうど明治維新で薩摩と長州と一緒になって，日本を全部制覇してしまう。あの時期でね。有礼はそのちょっと前に脱藩して，イギリスに留学するんです。いろいろ西洋の知識を身に付けて日本に帰って，それもすごく若くて，政治家になって，いろいろと日本の黎明期に大事な仕事をする。森有礼の人生は激動的に生きたこと。最後は暗殺されています。

なぜ森有正は，その歴史をたどるとき，おじいさんの方は有礼でストップさせて，おばあさんの方はずっと上まで行ってね，こちらがなぜ大事なのかということが，僕は気になるんですよ。そこを確かめたいなと。鹿児島に一度行って，公文書館とか，そういうところで調べる必要はあるんじゃないか。それから，鹿児島にはそういうことを研究している人がいますから。まだ連絡してないんですけど。できたら，これに着手したいなと思ってます。私にとっての森有正を書きたいんです。いろいろ森有正に質問したいわけ。

岡本：森有正自身にね。

鑪：自身に。それをそのまま文章にしたい。

岡本：森有正って今ちょっとしたブームですよね。お弟子さんが何冊か本を書いておられて。私も何冊か読みましたけど。以前，鑪先生から受け取ったイメージで森有正全集[165]も何冊か読みましたけど，今はずいぶんイメージが変わりました。何か人格的には発達障害じゃないかと。落ち着きがないし，周りのことが見えないし。

鑪：発達障害はあると思います。森有正は，あれがプラスしていると思う。

岡本：あんな美しい内面的な文章を書く森有正と，行動レベルと，私はものすごいギャップを感じて戸惑いました。

鑪：そうそう，そのとおりなんです。

山本：あの感覚レベルの本当に美しい文章と，論理的に組み立てているときの日本語は全然うまくないという感じで，分からないという感じがね。

岡本：（笑）。デカルトとかね。

鑪：経験ということだけだもんね。こだわりがね，非常に印象的です。

岡本：こだわりですね。

---

165) 森有正全集　全14巻 1978〜1982　筑摩書房

鑪：発達障害的です。だから，人間関係もそうだしね。それから，女性との関係なんかも。お弟子さん関係もそうですね。森有正に私淑した人たちが書いていて。だから，あんまりおもしろくない。森有正のことについてはお弟子さんたち以外はあまり書いていない。

山本：あと，ずっと付き合っていた女性ですかね，書いているのは。

鑪：栃折久美子[166]さんだったかな。もうひとり，フランス人のディアーヌ・ドゥリアーズ[167]。サーカスの空中ブランコの女性だけど。

岡本：え？　サーカスをやる人？

鑪：サーカスをやる人。すごい頭のいい人でね。すごく魅力的な女性だったらしいね。ソルボンヌで哲学を勉強していて，森有正の秘書みたいにして。それで，深い関係になって，森有正は結婚まで申し込んだ。それがね，彼独特で，ちぐはぐな。女性がどう思っているかというのは，彼は全然考えていない（笑）。森有正は，自分はお金が幾らかあって，家もあるから，結婚したら，それを全部あげるとか言って。そういうプロポーズなんですよ。それに対して，その女性，ドゥリアーズは，今まで自分に結婚を申し込んだ男性は，何人かいる。その人たちは，自分のお城があるので一緒に住まないかと言った。森有正のものはちっちゃなアパートで，もう全然レベルが違う（笑）。別にからかってはいないんだけど，そんなのを書いていてね，おもしろかったです。

山本：だから先生は，森有正の伝記を書きたいんじゃなくて，先生ご自身が森有正とどう出会い続けているかという。

鑪：そうなんですよ。

山本：ということは，先生ご自身の経験を一方で書かないと見えてこないですね，読者にはね。

鑪：そうです。森有正が一生懸命言葉にしようとしたのが，経験ということなんですね。まさにそれは，我々が苦しんでいるのと同じところで，彼は苦しんでいるんですよ。彼は哲学者としてそれを言語化したいということなんだけど，我々は心理学としてそれを言語化したいという。その焦点が同じなんですよ。だから，最初の出会いもそうなんだけど，出会ったことを文章にしたい。森有正の伝記ではないし，お弟子さんたちがいっぱい書いている，そういうのでもないんです。

山本：もう1つ，今聞いていて感じたのが，森有正の若い，昔からルーツ，家系の話を先生はよくされていて，僕はよく見えない世界になっているんだけども，なんでそこにそんなに関心があるのかなと。必ずしも力動的な関心というふうに単純に思えなかったり，よく分からないです。

166）栃折久美子　2003　森有正先生のこと　筑摩書房
167）ドゥリアーズ, D.　1991　恋する空中ブランコ乗り　筑摩書房

先生のお年になられると，むしろ鑪家のルーツを今みたいな好奇心で探されてもいいようなものだけども，今回のお話聞くと，先生のルーツ探しというのはあんまり関心がなくて，むしろ森有正のそっちのほうにすごく好奇心が働いているというのも，何なんだろうなという。

鑪：それは，彼を理解する手がかりですよね。彼の家族でもあり，彼が関心を持った祖先です。それは彼にとって非常に重要なんです。それをもう少し，どこを彼は受け取っているかと。受け取ってない部分と，受け取っている部分とあるんですね。

　おばあちゃんのことについてもね。森さんのお父さんは一人っ子みたいだけど，その上には2人の異父兄がいる。全然，彼らには関心がないんです。書かれてない。それはなぜか。お父さんとは大げんかするような感じなんだけど，後では和解。早く亡くなるんだけど，彼自身も教会から全然離れてないんですよ。ずっと教会で説教したり，「説教集」[168]も出版している。

岡本：パイプオルガンを弾いて。

鑪：ええ，パイプオルガン。お母さんから教えてもらった。お母さんは水戸徳川家の娘さんなんですよ。なかなかしっかりした人なんだけど。学習院で教育を受けて，英語も音楽もちゃんとできて，相当自立した女性に見える。全然外に出てこないんですよ。森有正のお父さんは早く，37歳ぐらいでぜんそくで亡くなる。けれど，ずっとそのまま家にいる。全然出てこない。お母さんは森有正にとっては，「お母さま」なのね。あるいは何か貴族用語みたいな特別な言葉があるんですよね。そういう形でつながっていて。だから，関わりが選択的なんですね。フロイト的な意味で自分の欲望に従って，自分の先祖というのを見ている。だから，客観的な家系図じゃないんですね。彼の中にあるイメージ。それは『バビロンの流れのほとり』[169]の中にも，おじいさんのことが時々出てくるんです。お母さんのことも出てくるんだけど。どこを取っているのか，彼の選択に関心があるんです。

山本：なるほど。言い方を変えれば，どういうふうに自分の家系を物語っているかという。

鑪：物語っているか。それが自分にとっては大事です。それによって自分を支える。支えているわけだから。だから，そういう自分の中の物語ね。どこが受け取られて，どこが受け取られてないかということでね。客観的なデータが欲しいわけじゃないんですよ。そういうことを少し調べることができたら，書いたらいいかなと思って。

---

168) 森有正　1977　光と闇：森有正説教・講演集　日本基督教団出版局
169) 森有正　1968　バビロンの流れのほとりにて　筑摩書房

6-3.『エリクソンの心理臨床』

岡本：エリクソンの心理臨床についても，先生は，今，非常に関心を持っていらっしゃいますよね。

鑪：そうです。これは一昨年，たまたま遊戯療法学会でエリクソンの話をして，その2カ月くらい後に，甲南大学の大学院卒業生のグループで，エリクソンの話をした。僕のイメージとしては，子ども版と大人版と，別々にして話をしたんです。それを中心に，両方を1つに合わせれば，「心理臨床とエリクソン」という形でまとめられないかなと思ってね。みんなにもエリクソンを実際に役立ててもらいたいという気持ちがあるから。そこまで行ければということなんだけどね。

岡本：その内容は，去年の夏に広大の心理臨床センターに来ていただいた時のお話とだいぶん重なっているんですか。

鑪：そうそう，重なっている。すごく重なっている。

岡本：そうですか。ああいう内容を先生は，もうちょっとかっちりとまとめたいと思っていらっしゃる。

鑪：かっちりとはいかないと思う。少しルーズに（笑）。

岡本：私は院生といっしょに，3日間ずっと先生のエリクソンの講義を聞かせていただいて，おもしろかったです。本当におもしろかった。というのは，エリクソンについてはアメリカではあまり議論しなかったけれど，日本に帰ると，みんな熱気を持って語りますよね。ただし，それは発達面だけで，臨床のことをあんまり誰も語らない。エリクソンの臨床の部分は，エリクソンの仕事の中心的な部分だし，大事なところだと思うんです。ですから，これはぜひまとめていただけたら，すごく役に立つと思います。

山本：僕のニーズは，森有正よりも先に『洞察と責任』の続きとして，「エリクソンの心理臨床」という方が……。

岡本：すぐに大学院教育に使えるし。

鑪：なるほどね。そういう流れのことをあんまり考えてなかった。

岡本：先生，いつか学会でお会いしたときに，仕事をお辞めになったら，もう1回オースティン・リッグスに行きたいとおっしゃっていた。それは現地調査をしたいという思いを持っていらしたんですか。

鑪：フリードマンの"Identity's Architect"[170]という本が出たでしょう。もうあれ以上のことは調べられないでしょうね。あれは（エリクソンのことを）非常によく調べてあるので。僕は時間が欲しかったんですよ。だから，今はもう時間はたっぷりあるからね。それと向こうへ行って，いろんな人と接して，ディスカッションしたりね。しかし，それはもうちょっと体力的に無理という感じがして

170）フリードマン, L. J.（著） 1999 やまだようこ・西平直（監訳） 2003 エリクソンの人生 上・下 新曜社（Friedman, L. J. 1999 *Identity's Architect: A biography of Erik H. Erikson.* New York: Scribner.）

います。遊びに行くかもしれませんけど。
　岡本：向こうの先生は喜ばれると思いますけど。
　鑪：ちょっとね，やっぱり（学長の）6年間が，あれが惜しかったですね。あの前にそれを考えるべきだった。
　岡本：それはおっしゃるとおりだとは思いますが，リッグスの図書館にまだローデータはいっぱい残っていますよね。
　鑪：そういうのをひょっとしたら，見にいかないといけないかもしれない。向こうにいる間もね，1回見たことは見たんですけど，ずいぶんたくさんあってね。シュラインという人がいて，エリクソンの雑誌論文のほうは全部，彼が編集した。こんな分厚いでしょ。
　岡本："A Way of Looking at Things"[171]ですね。
　鑪："A Way of Looking at Things"。彼がね，エリクソンの臨床をもう1冊まとめたいと。それで集めたんですよ。その原稿は見せてもらって，それが出ると素晴らしいなと思っていたんだけど。これはプライヴァシーに関わって，まだその関係者が生きているということで，その間は出せないという。許可がもらえない。有名人が多いから，名前を知られたくない人はたくさんいるんじゃないかな。それで原稿はあるんだけど，出せないというのでね。エリクソンを語るということになると，エリクソンが公刊しているケース・レポートを使うしかないですよね。断片的にはそれでもだいぶたくさん事例は出ていますから。
　岡本：まだ計画は，先生の中でいっぱいあるわけですね。
　鑪：いっぱいって，このくらいです（笑）。
　岡本：これだけ形にできたら，素晴らしいと思います。
　鑪：こんな全部できるわけないだろうと思う。僕は一応，気持ちとしてね。88歳というのは何？
　岡本：米寿です。
　鑪：米寿か。家内と，米寿まで生きようねと言っているんですよ。そこまで行ったら，もうおしまいにしていいと（笑）。だから，あと8年間。ぼけなかったらというとこだけどね。

6-4. 老いと死について

　山本：僕はいつも年齢じゃなくて，2本の足で動けるかどうか，寝たきりにならないかどうかということと，意識が清明かぼけるかという，その2つの軸で，元気さがどこまで保てるかを考えています。まだだいぶん先のことになるんでしょうけれども，先生もたくさんの親しい方を亡くされたり，年齢的に考えても，死を思わないというわけではないと思われるので，ちょっとそのあたりのお話と

---

[171] Erikson, E. H. / Schlein, S（Ed.）　1987　*A way of looking at things*. New York: W.W. Norton.

か，感じ取られることがあれば，教えていただきたいなと思うのですが。

鑪：意識が鮮明であるというのは，自分というものを保てるということですね。自分が保てるということには，他者とのつながりがある。自分があるというのは他人があるということ。そのときに，仕事がテーマになるんです。他人と自分との間に仕事があるんですね。自分を語ることで，それを役立ててもらいたいと同時に，ほかの人がそれに関わってほしいという。それが仕事なんですね。意識がなくなったら，多分もういろんなもの，自分ではもう選択しないだろうなと思うんですよ。ぼけてきたらね，もう死にたいなとも思わなくなる。

山本：そうですね。

鑪：もう自分で死ねなくなる。もうその状態では。だから，やっぱり他人があるときに自分は死にたいと。もうこれ以上，他人との関係で維持することができないから，自分を消したいという。自殺願望というのはそこまでだと思う。それから先はもう天に任すしかない。もうぼけたら，他人はないんだから，この世界の中で。認知症の世界ってそういう世界だと思うね。どうやって死ぬかということもね，もう分かんなくなって。そこから先は，何が起こってももう神様に，天にお任せするというしかないなと思ってるんだけど。

だから，自分が鮮明であるかどうかということがすごく大事。そこまで。終わりに近づいたかどうかというのは，どこかで分かると思う。だいぶ別な意識が混じってきたなというのはね。その時にはもうギブアップしてもいいかなと思うね。

山本：ギブアップするってどういう意味ですか。

鑪：ギブアップというのは，もう何かを自分からやるというのを放棄する。もう任そうということね。最後に僕はどういうふうに死ぬかなというのはね，一度考えたのは，『黄落』[172]という本を読んだとき。

岡本：小説ですね。

鑪：小説。もうろくして死んだ自分の旦那。今度は奥さんの死に方。夫は痴呆状態で亡くなる。その奥さんの方はそういうふうに死にたくない。自分で死を選択するんですね。旦那のことが「黄落」で，ぬれ落ち葉，葉っぱが落ちて，死んでいく。それは非常に惨めに見えて，自分は自分の意識が鮮明のうちに，もう最期のときが来たというのを感じたら，そこで死にたいと。これは自殺ですね。ある日，もうこれで私は終わりますと決めて，食事を絶つ。一切。そして餓死して死んでしまう。自分の選択でね。

禅の坊さんには，時々ある。山本玄峰というお坊さんね。静岡県三島市の龍沢寺の住職。亡くなるときに弟子たちにね，「もう死んでもいいか」と言った。弟子が「先生，今は忙しいから，駄目」と言って。「なら，もうしばらく待つか」。またしばらくしてから，「もういいか」「はい。もうよろしゅうございます」って（笑）。

---

[172] 佐江衆一　1999　黄落　新潮社

それで，山本玄峰老師は「じゃ，お別れする」と言って，そのまま座禅組んだまま，一切飲み食いをやめて，そのまま死んでいくんです。餓死。だから，生き仏。それも1つの選択かなとは思ったこともあるけど，僕はそんなに勇気がないだろうと思う（笑）。

山本：リアルな病気をしている者の立場からすると，一番単純なのは延命治療をするか，しないかというようなことで。私は放射線治療も抗がん剤も使っていません。それはQOLを下げるから，自分のやりたいことをやるためには要らないと言って，してないわけで。そうすると，私の場合には，もう女房にもよく言っているけども，延命治療も要らないし，自然なまま。オピオイドを適切に投与すれば，痛みは90％は除痛できるというような形にしていく。そうすると，意識もそんなに混濁しないで，最期までいけるかもしれない。

鑪：緩和治療って確かにそうなのね。意識が鮮明に保たれているというからね。

山本：苦しさは一方で意識しないといけないけれども，それは自分の人生だから，むしろ周りと交流しながらのほうがいいなという感じで。意識がなくなったら，そこで自分の人生完全に終わりますからね。というような，少なくとも延命治療に関しては，家族とよく話し合って，余計なことするなと言っているんですよね。ただ，仲間と話していたら，いや，自分はやっぱり別に植物人間がいいとは思わないけど，できるだけは長く生きたいと。やれることはできるだけいろんな治療で手を尽くしたいという仲間もいるし，なかなかそこは，一人一人の人生観かなという気もするんですけどもね。

鑪：家族もありますよね。大変でも生きていてほしい。息をしていてほしい。それが自分の方の生きがいにつながるからと。

山本：特に遺される側は，もうほとんど，そう思いますよね。

鑪：そうだと思います。選択という意味ではそこらあたりが難しいね。最期は本当に病気で死ぬのがいいか，ぼけて死ぬのがいいかって，なかなか分からないね。

山本：分からないですね。

鑪：ただ，だんだん意識が混濁して，もう半分以上，「あ，これ何か違うな」といった時には，多分何かするんじゃないかと思うけど。それまでは生活を今までの流れの中で，何か新しいものに，あるいは発見の喜びみたいなのをずっと味わっていたいという，そういう感じはありますね。だから，最期のところがどうなるかっていうのは，本当に分からない。今決められないし。延命治療をしようとは，自分も思わないですけど。

私の場合，あとは結核が再発するかどうかね，老人性結核。結核で私の生活はがらっと変わりましたけど。化学薬品が効かなかったら，もう終わっていた。それで運動とかいろんなことが制限されてしまった。僕の場合は，本当に世の中との出会い方が全く変わった。

山本：最後に僕が思うのは，もともと僕は死生観というのはなかったんです。うちの母親は死んだらどうなるかって，小さいころから「土に帰るだけだ」とか言ってて，「うん，そうだなあ」とか。親父はキリスト教徒だから「天国に行く」というふうにイメージして。自分は全然分からない。今も分からないんですけども，はっきり言えることは，死とは自分の大切な人との永遠の別れだというのが，単純な今の思いなんですよね。だから，単純に永遠の別れだと思うから，今までちょっとおざなりにしてた人も，大切に付き合いたいという気持ちは，ものすごく強くなりましたよね。

それ以外の怖いことがあるとしたら，もう僕の中で何かちょっとずつ，自分の中で死というのを考えて，受け入れてはいないけれども，ちょっと覚悟はして，いろんなことやっている。ただ，痛みだけは嫌だなと。苦しんで，のたうち回ってというのは，それはちょっと勘弁してほしいけども。でも，そのプロセスを経て，死ねるとしたら，結果オーライかなとそんなことを思って。岡本さんは「死とは？」と言われたら，どんなイメージが浮かびますか。

岡本：そう言われると，私はまだリアリティがないですけれども。私は去年夏に還暦を迎えて，現役引退まであと5年。現役引退はクリアカットに見えてきました。ですから，65歳までは生きていたいと思うんですよ。現役引退まで計画していることは3つぐらいしかないですが，それはちゃんとやり終えたいと。私はここまで来れるとは自分で思っていなかったので，大変ありがたいと思っています。本当に幸せな人生だったと思うし，子どもたちはまだ独身ですが，もう成人したし，何とか食べていくだろうし。私は50代後半ぐらいから，これからの地平はだいぶ見えてきて，こういう感じでいい。だから，自分が年を取ってどうこうしようというのは，あまり具体的に考えないですね。65歳までは一生懸命，やることはちゃんとやりたいと思っています。自分の仕事をどうまとめるかというのは，今やっているジェネラティヴィティ研究[173]はあともう3冊まとめたいと思いますが，もうそこで仕事は終わりでいいんじゃないか。エリクソン的に言うと，第8段階[174]は研究に限らず，もうちょっと広くまとめられたらいいな，いろんな経験の中でまとめられたらいいなと。

山本：エリクソンの定石のインテグリティ（＝統合性）の問題という意味では，僕にとってはがんという病気になったことが，結果として，自分の研究生活には幸いしました。つまり，人生の「締め切り」を強く意識することで，ことに研究

173）ジェネラティヴィティ・プロジェクト　エリクソンのライフサイクル論，アイデンティティ論に基づいた，専門家アイデンティティ，プロフェッションの生成と世代継承性に関する研究（研究代表者：岡本祐子，プロジェクト・メンバー：上手由香，前盛ひとみ，奥田紗史美，神谷真由美，高野恵代，他）

174）エリクソンの精神分析的個体発達分化の図式の老年期の段階。この段階の心理社会的課題は，「自我の統合性 対 絶望」とされている。

生活を短期間にインテグレート（＝集約）できた感じがするんですよね。自分の経験を通して「統合性」の課題を自分なりに理解しているわけです。

岡本：そういう意味では，鑪先生は恩師ですけれども，1つの生き方の道標みたいになっている。とても及びませんけども，こういうふうな仕事，プロセスがあるんだと。これはすごく大きな支えですよね。本当にありがたいことだと思います。

山本：こういうふうに長く付き合わせていただけるというのも，本当にありがたいし。どの先生もこういう付き合い方をするわけじゃないですからね。

岡本：そうですね。本当にそう。

山本：今回，鑪先生の話を聞いていて，仲間づくりの件もそうだし，学生との付き合い方もそうだし，いろんなところで改めて違いを感じることによって，先生との位置関係をもう1回取り直せたみたいなね，すごく座りどころが良くなったという感じがしますね。

岡本：仕事の魅力というのは，私は，青年期の専門家アイデンティティ形成期に，そこで何を経験するか，先生から何を受け取るかで，ほとんど決定的に決まってしまうと思うんです。その体験がおもしろければ，その後の人生で，どういう工夫をしてでもやります。私もやってきた。

最後に昔の思い出ですが，大学院時代にこれから行く先はやはり悩みますよね。特に（ドクター課程に）進学するか，結婚するかとか。私の父が「ドクターなんか行かずに結婚しろ」と言ったときに，先生がいろいろ話をしてくださって「結婚するのはかまわないが，研究や仕事と両立できるように。商売人とは結婚するな」とか「医者はいいが，開業医とは結婚しない方がいい」と。

鑪：そんなこと言ったっけ（笑）。

岡本：はい。覚えています。なぜかと言うと，商売人は，私たちの知的な創造的な仕事とは価値観が違うから，私たちが一生懸命やっていることを分かってくれないと。それから開業医は，もう昼ご飯の世話まで張り付けられるから，あなたは仕事ができないと。私は，それは先生の価値観でおっしゃっているんだと思っていたんですが，今回の面談で，先生の実体験からのアドヴァイスだったんだということが分かって，感動しました。何かぽーっとしてしまうほど感動しました……。

それでは，これで終了でよろしいでしょうか。今回の面談は，私としてはこんなに早く，しかも確実に実現すると思っていなかったので，本当にうれしいです。それから，山本先生が加わってくださって，非常に中身の濃い面談になり，心からありがたく思います。

山本：先生，最後に何か。

鑪：いろいろ長い間，聞いていただいて，ありがたかったです。

岡本：本当に先生，ありがとうございました。

鑪：いやいや，こちらこそ。どうもありがとうございました。
山本：お疲れさまでした。ありがとうございました。

山本力教授の岡山大学「最終講義」の会場にて（2015年3月1日）

第Ⅱ部
受け継ぐ側の思索

第8章
鑪幹八郎とは何者か
—師弟関係からの論考—

山本 力

1. はじめに

　本書は，日本の心理臨床の黎明期から発展期を生き抜いてきた鑪幹八郎先生の生涯，そのオーラル・ヒストリー（口述史）の全記録である。聞き手は岡本祐子氏と私。二人とも長年の弟子であるからこそ語ってもらえた希有の口伝である。鑪先生が広島大学の心理学教室に着任された時，私は学部3年生だった。迷いなく最初のゼミ生になった。それから院生を経て助手へと10年間にわたって師事した。やがて広島を離れて岡山の地に移り住んだが，その後も付かず離れずの距離で交流を続け，45年の歳月が流れた。私が岡山大学を定年退職する歳になって，仲間の岡本氏と一緒にこの困難なプロジェクトに挑戦できたのは実に感慨ぶかいことである。

　岡本氏が諸般の準備と段取りを進め，私も質問したい項目を整理したり，著書等を読み直したりして準備した。こうして鑪先生へのインタヴューは始まった。初日，たいした打ち合わせもなく先生の語りに耳を傾け始めた。まもなく恩師への調査面接という仰々しい構えは薄れて，昔と変わらない話しぶりを懐かしく聴いている自分がいた。若い頃，酒宴や泊まり込み合宿などのくだけた場で先生の語りを繰り返し聞いた。昼間の講義よりも，くだけた場での口伝の方が私には刺激的で身になった。当時，リアルタイムで見聞きした先生の言動の記憶と，眼前の先生が紡ぎ出す今の物語――内的生活史と言ってもよい――とを照らし合わせ，自らの理解を確認し，分からない疑問や空白を問い掛け，心の中で先生の経験のプロットを再構成していった。だから，私にとって鼎談というより，心理臨床的な対話に近いと感じられた。

　本稿では30時間余りのインタヴューとその逐語記録を素材にして，鑪先生の経験の本質に焦点を絞って事例検討を行うつもりである。しかし，これは極めて難しい検討作業となろう。すなわち師弟関係であるので鑪先生を公平に対象化できるのか，読み手として誰を想定して執筆したらよいのか，多様で重層的な経験の本質をどのように同定したらよいのか，一個人の経験を越えて普遍的な世界とのつながりをどう見出すのか。とにかく試みるしかない。そして究極の目標は，「鑪幹八郎とは何者か」の問いを探ることである。

2. 希有な姓名の由来

　鑪先生は昭和9年，熊本駅の東北に位置する新町（熊本城の城下町）に生まれた。名前は幹八郎，父親が名付けたと思われる。おそらく鑪 幹八郎とは日本で唯一の姓名であろう。「鑪」という名字の由来は自ら言及されているが，砂鉄等を原料にした「たたら製鉄」と関係している。たたら製鉄は明治の頃まで各地で行われていた伝統的な製鉄法である。粘土製の炉の中に大量の木炭と砂鉄を交互に入れて，三昼夜かけて燃焼させて鉄を取り出す方法で，精錬された玉鋼は刀剣類の素材でもあった。熊本県でも各地で砂鉄が採取されたが，鑪家の本家があった熊本県飽託郡河内村の山間（熊本県道101号線沿い）にも砂鉄採取の際の水路跡（熊本市指定史跡）が残されている。インタヴューで「どうも親父は最初は炭を商っていたらしい」と語っておられるが，父親が木炭を扱っていたとは興味深い。先ほど言及したように，たたら製鉄と木炭は切っても切り離せないからである。まったくの推測であるが，もしかしたら明治時代にたたら製鉄が消滅していって，木炭の商いだけが生き残ったのかもしれない。何か不思議な因縁を感じる。だから鑪家を江戸時代まで遡ると，先祖は陶芸家のように炎を扱う「たたら吹き」の技術職人であったのではなかろうか。

　もう一つ以前から気になっていた，「幹八郎」という名前の由来を尋ねたところ，「河内村（船津）に鑪の本家がある。そこに鑪の泉と呼ばれる場所があって，親父が言ったのは，その鑪の泉を覆って茂っているような（樹木を思い描いて）名前にした」と先生は答えている。インタヴュー後に地図や文献を調べ，さらに河内町付近の現地調査を行った。村の丘陵には河内みかんの段々畑が整然と広がっている。その山裾に「鑪水」と呼ばれる湧水（平成の名水百選に選定）が今もある。近くの金峰山からの伏流水が湧きだして小さな池を形成している。その池の真横に生命力の象徴であるイチョウの大樹が屹立している。大樹の根元をくり抜いたように空洞があり，その空洞から16℃の地下水が湧きだしている。鑪水とイチョウの根幹が一体となった珍しい風景である。大イチョウはなんと樹齢600年，幹の外周が7メートル近い。昭和初期には樹高が30メートルに達していたという。イチョウの木を間近で観察すると，その太い幹と荒々しい表皮に圧倒される。まさに父親の語った「鑪の泉に覆い茂る」大樹ではないか。父親は鑪の泉に育つイチョウの大樹に息子の成長のイメージを重ね，託したに違いない。大イチョウの太く逞しい幹こそ幹八郎という名前の原イメージである。現地を確認して名前が持つスピリットに出会ったような気持ちになった。

3. 家族風土から九州学院という新たな風土へ

　日中戦争の頃に尋常小学校が改組され1941年に国民学校と名称が変更された。

そして，終戦後の 1947 年の学制改革によって新制小学校，新制中学校として再出発した。だから鑪先生は小学生では国民学校に在籍し，終戦と共に新制中学校に上がることになった。戦後の混乱と変革の時代に思春期を迎えたことになる。この歴史‐社会的変動は鑪先生の内的生活史での混乱と変革とも重なり合い，両者は見事にシンクロナイズしていく。

当時は，市街地は空襲で焼けて青空教室で授業を行わざるを得なかった。父親は焼失を免れた九州学院中・高等学校への進学を強く勧めた。九州学院はルター派の私立学校で，先生の家族の有する文化とまったく異なるキリスト教系の文化にほうり込まれることになった。時代と社会が大きく変動するのと軌を一にして，中学での生活状況も大きく変動し，ほどなく大黒柱の父親も亡くなる。鑪少年は，これらの押し寄せる大きなライフイベントを受け止め，むしろ新しい環境に積極的に入り込んでいった。

学院ではミラー牧師などアメリカ人宣教師たちに学びながら，外国人と交わることにも慣れていった。それが後年，ホワイト研究所での訓練，リッグス・センターへの招聘と計 6 年間もの渡米体験の一つの伏線になっていくわけで，振り返れば人生の大きな岐路であった。そして亡き父親に代わって，学院の内海牧師が親代わりの存在になっていく。他にも戦争等で父親を亡くした生徒はいたであろうに，鑪少年だけが特別な存在であるかのように，牧師が親代わりになっていく。この「のめり込み」の対人過程はとても興味深い。語りにあるように，この後も「いのちの恩人」と評されている重要な助っ人が不思議にも繰り返し現れるが，その対人過程の原型をここに見出すことができる。鑪先生の人との付き合い方には，気の合う人と出会うと，損得なしで向き合い，のめり込み，仲間として関係を長く維持していくところがある。多くの出会いと助っ人の出現は，このような対人的資質が呼び寄せた縁であるとしか思えない。司馬遷の史記の李将軍列伝に記載されている「桃李もの言わざれど，下おのずから小径を成す」という諺が思い出されるのである。

4. 結核の療養生活と亡き父への怒り

熊本大学に入学してすぐに閉鎖性の結核が検診で見つかり，療養生活を余儀なくされた。自宅で療養しながら，たっぷりできた時間に夏目漱石（漱石は「（熊本）五高」の教授歴がある）などの文学書を読む生活に変わった。「そこから僕の思考回路が変わったような気がするんですよ」。ガキ大将だった幼い頃から好きだった身体を動かし，感覚的に生きた思考回路から，精神内界で考えて葛藤する青年期的な思考回路に変化しはじめた。その結果，内的生活史に深刻な変化，いわばアイデンティティの危機が勃発した。先生のことばで言う「父親殺し」，つまり「父」と息子との対決と排除のテーマに遭遇した。

先生のエッセイ風の論文の中にイングマール・ベイルマンの映画『野いちご』(1957) の解説がある。その文章の中に「私に対して父親はやさしかったのに，私は父を憎んでいた。母親は無限に優しかった」との謎の一文がひっそりと埋め込まれている。とても気になった私はインタヴューで父親との関係について思い切って尋ねた。すると「それはすごく大きな問題なのです」と口を開かれ，先生から語られた説明は意外な内的経験（父に対する認知）であった。

　　心理的な意味で父親に出会ったのは大学に入ってからなんです。大学時代に結核になって，親父は一番大事なことを僕に教えなかったと気づいた。自分の中に土台になるものがない。文化的にも，学問的にも，そういう（精神）風土がない。埋めようのない欠落感です。（教官や大学の仲間にはあるのに，自分の内面は）なんでこんなに欠落しているのか。家族の中に文化的な世界，理屈で考える世界がほしかったけれど，親父はそうしたものをネグレクトした。そういう親父の生き方は無駄だ，僕にはいらないと。親父は中学の時に死んでいるのに，消してしまいたいという気持ち。だから僕は大学に入って父親と（対象関係において）対決した。もう一度死んでもらわないといけない。「父親殺し」がテーマだった（第2章2を参照）。

　この父親との対決は九州学院での生活に馴染んでいく過程で暗々裏に準備がなされていたと推測される。それが意識に突如として上ってきたのが，九州学院を卒業し，療養生活で内面と対峙せざるを得なくなった時であった。もともとなければ，ないことに気づけない。思春期以降，ソトの世界にふれて，あることを知ったがゆえに，ないことが鮮明に浮かび上がった。ないこととは金銭的・文化的・学問的・知性的な欠落感に他ならない。それらの欠落が戦後の社会，それも知的な世界で生き延びていくには決定的な瑕疵（阻害要因）になると認知された。その欠落感の原因を亡き父に帰属させ，その結果強い怒りとともに意識から排除しようとした。その心の営みはとりもなおさず，自らのアイデンティティの基盤を排除する危険をもはらんだ。それが深層での根こぎ感を生みだし，裏を返せば代替の所属感の希求となったのではなかろうか。

　しかし何事にも光と影がある。伏流する欠如感，根こぎ感があったからこそ，それを埋めるべく一途な努力を続けていく契機にすることができたのではなかろうか。欲求（ニーズ）とは欠如の産物である。もっと敷衍して一般化するなら，多くの人々は何らかの形で，一生をかけて育ちでの傷つきを癒やし，内的喪失を埋めるべく対処し，劣等感を補償しようと挑み続けるのではないか。その必死の努力が，もし実れば多くの果実を収穫することができる。

5. 亡くなってから出会った父——遅れたモーニングワーク——

　ここで私の専門であるモーニングワークの枠組みから鑪先生と父親との関係を検討してみたい（山本，2014）。前述したように九州学院の頃から醸成され，結核の療養生活を経て，原家族で得られなかったさまざまな欠落感——金銭的，文化的，学問的な欠落感——が意識化された。その結果，亡き父を蘇らせ，改めて死者と対峙し，象徴的な意味で殺し直すというモーニングワークをやらざるを得なかった。絆をつなぐ方向での喪の仕事ではなく，絆を切る方向での喪の仕事に取り組んだ。それが鑪青年に天が課した青年期的な出立の儀式であったのであろう。

　戦争とその後の混乱の時期，人の死は日常の事態の一つであって，悲しみを情緒的に経験することは困難な時代状況だったと思う。だから鑪先生にとってもモーニングは遅れてやってきたのかもしれない。死別後6年を経て，亡き父を記憶の底から蘇らせ，その上で否定して乗り越えるという青年期的な喪の仕事だったと，私には思えてならない。先生の本音としては，きっと優しい父親に頼りたかった，父を自己の成長の糧にしたかったであろう。それが叶わない，むしろ邪魔をしていると考えたとき，父のことを葬り去った。いっしょに家族文化も葬り去った。その上で生まれ育った家族とは異なる新しい家族，新しい文化の中に自らの居場所を見出そうとした。それが奥様との結婚であり，心理学徒としての生活であり，異国のニューヨークでの生活でもあった。

　さて，青年期に葬り去ったはずの父との物語にはまだ続きがあった。インタヴューの終盤で，鑪先生が50歳の頃のやや危機的なエピソードを語られている。

　　　親父が死ぬ前に，親父とおふくろが，讃岐の金比羅さんにお詣りに行っているんです。その写真がある。（参道の）階段のところで親父とお袋が写真に写っている。それが親父の最後の写真です。ある日，僕は突然思い立って親父が辿った金比羅さんに行った。家族に告げずに出かけたから失踪みたいな形になった。ここが親父の来た最後の場所だと確かめたかった。親父の見た最後の風景が，この場所だと確認して，（広島に）帰った。親父が死んだ（歳と同じ）50歳になって，それをやった。金比羅さん（の御本宮にある展望台）から眼下に海が見えますね。それを見たときに何となく安心した。それでようやく落ち着きました（第7章4を参照）。

　一般的にいって，親が亡くなった歳に子どもが到達したとき，子どもの内面で喪の経験が活性化されがちである。自分の寿命を考えるときにも同性の親が亡くなった年齢を目安にしがちである。インタヴューで50歳のエピソードを聴いたとき，anniversary reaction（命日反応）に違いないと直感した。そう認知した

とき私の身体に熱いものが流れるのを感じた。鑪先生は自生的な命日反応に促されて、亡き父親の最晩年の足跡を辿り、金比羅さんで再会し、知らず知らずの内に「和解」がなされたと連想し、その解釈を口にした。鑪先生は「(和解というより) 確認したかったから」と応じられた。

鑪先生が金比羅さんへ出奔した意図は、両親の辿った最期の旅を追体験し、父の足跡を確認することにあった。30年の時を経て、青年期に憎んだ父親を許し、失われた過去を取り戻そうとしている、私にはそう思えた。命日反応は亡き人との心の再会でもある。この確認作業の後、鑪先生は危機を脱して、以前の安定を取り戻したと語っておられる。

父子関係に関して、もう一つの重要な連想に触れておきたい。父親の商人的な文化や価値を否定し、代替の価値と同一化し、アイデンティティを「接ぎ木」のように形成したと、先生は語っている。では父親を徹底的に排除し、父の生き方を受け継ぐことはまったくなかったのか。そうではないと思う。青年期的な反逆と排除とは別に、父親のアイデンティティは鑪先生に確実に継承されているのではないか。それはヒーリング (他者の癒やし・治療) への魅惑と関心である。生前の父親が傾倒していたのは祈祷師というヒーラーであった。なぜかこの点では父親の価値観に批判的にならずに、信仰治療にのみ込まれることを警戒しながらも、先生もまた強い親近感を覚え、期せずして心理臨床家という現代版のヒーラーの道を歩むことになった。育ちの根っこに存在するヒーラーへの関心こそ父から息子へと継承されたアイデンティティの中心軸ではないだろうか。70歳台になって管理職の仕事で忙殺されても、「(昼間の激務の後) 夜にクライエントの面接をしていると元気になる、エネルギーをどんどん取り戻した」(第6章) という述懐にもその一端を垣間見る思いがする。

6. ホワイト研究所での厳しい訓練と文化的移行

鑪先生の心理臨床家としての堅固な基盤は、ウィリアム・アランソン・ホワイト研究所での訓練 (1964-1967) で形成されたことは間違いない。ただ、鑪先生の場合、あらかじめ計画してホワイト研究所に精神分析の訓練を受けに行ったわけではなかった。たまたま京大の助手の時代に佐藤幸治教授を尋ねてきた外国人を連れて京都案内をした。その外国人がホワイト研究所のスタッフであった。その偶然の出会いと交流が機縁となって、鑪先生のニーズとホワイト研究所の意向が噛み合い、運命の歯車がゆっくりと動き始めた。その歯車を動かした原動力は、「不登校の論文を書いたけれど納得がいかない、症状形成のメカニズムを説明できる理論を学びたい」という鑪先生の一念であった。ここに鑪先生の行動を支えるモティベーション、すなわち本質を確認し、言葉で把握し、納得したいという渇望を知ることができる。

6. ホワイト研究所での厳しい訓練と文化的移行

　ホワイト研究所はマンハッタン区セントラルパーク西側の74丁目にある。ここでの4年間の厳しい訓練とニューヨーク生活が，30代に突入した鑪先生の精神構造を決定的に変えた。インタヴューでも詳細に語られている「ニューヨークでのアパート探し」のエピソードは最初に味わった文化的な衝撃である。

　　ニューヨークに到着して，ホワイト研究所の所長に挨拶に行くと，「これがあなたの奨学金」といって1枚の小切手を手渡された。小切手など見たこともない，使い方もよく分からない。所長に尋ねると，「どこかの銀行に行ってセイビング・アカウントを開きなさい」と。また，私が住むところはどうしたらいいかと尋ねたら，「自分でアパートを捜しなさい」と。そんなことを言われても，どうやってアパートを捜すのか分からない。「ニューヨークタイムズ紙にアパートの広告が掲載されているから，それを見て捜しなさい」と。仕方がないので街で新聞を買って，ホテルから不動産屋に電話をかけるという必死のアパート探しが始まった（第4章2を参照）。

　海外生活を準備する事情は現在と50年前はまったく違う。現在ならインターネットを駆使してリアルタイムの情報を入手できる。しかし当時は手紙と電話のみである。まったくの手探りで，鑪先生はニューヨーク暮らしを一人で始めた。まず住む家を自ら探すことから始めなければならない。誰も手を貸してはくれない。この最初のエピソードは異国で遭遇したカルチャーショックの象徴であり，文化的なイニシエーション（通過儀礼）というものであろう。こうして鑪先生は強い意志と行動力を冷徹なまでに求められるアメリカ文化の渦中に放り込まれ，ホワイト研究所での厳しい訓練が始まっていく。

　後に鑪先生は4年間のホワイト研究所での経験を経て「私は決定的に変えられた」と述懐しておられる。確かに，人生にはたまたま関わったために，遭遇したために，想定外の方向に「自分が変えられてしまう」ことがある。それは先生が「接ぎ木のように」と喩えておられる経験に近い。ニューヨークという異質な文化との遭遇，かの地での臨床経験，スーパーヴィジョンや個人分析を受けたこと，これらはまるで「トラウマ」のように鮮烈に人格の根底に刻み込まれ，日本で形成されてきたパーソナリティの再構築を迫られた。

　アイデンティティ論，夢分析，力動的心理療法論，心理臨床の教育と訓練，アモルファス自我に代表される比較文化論，E. H. エリクソンや哲学者・森有正への強い関心――以上のような，鑪先生の研究テーマの萌芽はホワイトでの経験の「後ろ向きの省察」と深化から生まれてきた。極論すれば，先生の主な業績は30代のニューヨーク生活とホワイトでの訓練を，帰国後に再確認し，さらに深化させ，拡充させた産物であるとみなせよう。

　異文化に飛び込んで現地調査するフィールドワーカーは自らのカルチャーショ

ックを活用する達人である。同様に，精神分析家もクライエントの動きに刺激されて生じる逆転移反応をクライエント理解のために巧みに利用しようとする。両者の対象認識の方法は似ている。まさに鑪先生もアメリカでの留学経験の文化的な衝撃と驚きに懸命に向き合い，その違和的な経験に埋め込まれている意味や心の構造を言葉の力を借りて明らかにしてきたとみなしうる。

（なお，ホワイト研究所やリッグス・センターでの臨床経験の語りは，米国の力動的心理療法の現場を計6年間も旅した鑪先生の紀行記であり，触発的なエスノグラフィでもある。本論考では取り上げられなかったが読者はぜひ熟読してほしい）。

7. 周辺意識とキャリア・アンカー

アメリカでの異文化経験に代表されるように，互いに異質な文化，異なる精神風土の交差点に投げ込まれるという危機を，鑪先生は繰り返し経験している。列挙するなら，〈父親の祈祷文化 vs. 学院のキリスト教文化〉，〈商売をしていた父親 vs. 内海牧師（思春期の養父のような存在）〉，〈日本文化 vs. アメリカ文化〉，〈（広大心理学教室での）基礎心理学 vs. 臨床心理学〉，〈正統派精神分析 vs. 対人関係（文化）学派〉などである。この二重の文化的風土を往復しながら生きた鑪先生をエリクソンにならって「境界に生きた」と本書の書名で表現した。インタヴューでも「（私の中には）ボーダーラインの上にいるという境界意識がある。エリクソンは（養父に育てられた境界意識を）『ステップサン（継子）・コンプレックス』という言い方をしているでしょう」と説明されている。

社会心理学者のクルト・レヴィン（K. Levin）が命名したマージナル・マン（周辺人）という用語がある。大人と子どもの狭間の青年や混血児（ダブル）もマージナル・マンとみなしうる。互いに異質な2つの社会・文化の境界に位置し，その両方の影響を強く受けながら，いずれにも完全には帰属できない人間のことである。鑪先生が心の奥で感じてこられたマージナル意識，欠如感は，この自己認識とつながる。

けれども客観的に見ると，実際の立ち位置はけっして周辺などではなく，間違いなくセンターに立ってきた。言うまでもなく，我々のサークルのボスであり，幾つもの組織やグループの代表を歴任し，日本心理臨床学会の理事長を努めた。先生の周りには常に多くの弟子や来客たちが集まってきていた。だから外的事実と心の現実とは少し違っているわけで，そこがまた鑪先生らしいと思う。

そういえば1971年に広島の地に来られたとき，平和公園を訪れて「どうぞ仲間に入れて下さい」と祈ったと語っておられる。マージナルな意識が存在していたからこそ，安定して帰属することへの欲求を強く意識されたのであろう。先生も私も若い頃，我々院生を対等な仲間に引き入れて，「広大の仲間でやろう」と一緒

に研究をしたり，翻訳をしたり，本の執筆を託されたりした。そうした研究プロジェクトの企画の多くはケース・カンファレンス後に通った飲み屋の場で提案された。その新たな提案をいつもワクワクしながら聞いていた若い日の自分を思い出すのである。

ところで，本稿を執筆している最中に愛媛大学の夏野氏（2016）に本書の件に言及したところ，こんなメールが返ってきた。「『境界を生きた…』という書名が印象的です。キャリア・カウンセリングの領域にはキャリア・アンカーという概念がありますが，たとえ潮流に流され，中心のはるか彼方に追いやられても，（鑪先生には）アイデンティティ感覚を産み出し続けるアンカーがある凄みを感じます」と記されていた。確かに，たとえマージナルな意識が存在していても，逆風が吹いていても，周囲の思惑には振り回されず，自分の興味と関心に沿ってひたすら好きなことに打ち込んでこられたと思う。

そういえば，昔から「これはおもしろい」，「関心がない」という表現をよくされていた。誰しもそうかもしれないが，先生は「おもしろいこと」に打ち込んでいるときが最も充実されていた。先生にとっておもしろいこととは，面接をすること，教え育てること，論文や著書を書くこと，仲間と交わること。どこに居場所があっても，いつの年代にあっても，ひたすらこの4つの営みを続けてこられた。これら4つの営みこそ，人生の潮境に何度も遭遇しながらも，「接ぎ木」アイデンティティをしっかりと自己の中核につなぎ止め，その連続性を生成してきたアンカー（＝錨・内的リソース）であったと思う。

8. 後ろ向きに前進する

鑪先生の生きる眼差しの特徴がちょっとした対話のズレを通じて露わになった。将来の展望について話している文脈で「しっぽはいつも怪しい」と表現された（5章10）。私はこの言い回しを聴いていて，言い間違いだと判断して，「しっぽじゃなくて，頭の先が怪しいんじゃないのですか」と反応した。すると「お尻が前向いて動いている。つまり事実に押されて，だんだん後ろに下がっているという歩き方ね。やっぱり後ろ向きに進んでいって，将来は見ていない感じだ」と話された。私はその真意がよく理解できないまま，インタヴュー後も気になり，次のセッションの冒頭で「しっぽ表現」について改めて質問した。

> 「僕が後ろ向きと言ったのは，自分の足跡を確かめているという，そういう感じだったのですね。前向きでは足跡が見えない。後ろ向きだと見える。自分の動き，行動を確認する。だから前を向いて何かを作り上げて，目的のためにというようなことはあまりなかった。今やっていることを，もっと充実させる。（中略）これでいいのかな，これでいいのかなと，確かめながら歩いて

いるって感じなんです。そして進んでいったら，いつの間にか，ああこういう道を歩んできたんだという感じがするんですよ」（第5章10-2を参照）。

　ようやく判ってきた。後ろ向きに進むとは，自らの経験を確認する姿勢なのだと。ドナルド・ショーン（D. A. Schön, 2001）の retrospective reflection（後ろ向きの省察）というよく知られた術語ある。後に遡って（retro-）見極めながら（-spective），生起した経験について反省的に思索する（reflection）という認識様式である。心理臨床家は，面接を終えると，必ず記録を付けながら面接過程を振り返り，意味を考えながらプロットを再構成する。後ろ向きに進むとはそのような過去を吟味して確認する姿勢である。今回のロング・インタヴューでも過去のエピソードを驚異的なほどよく覚えておられる。何の手持ちの資料もなく，何十年も前の臨床経験を詳細に話される。その理由とは，単にエピソード記憶に長けているからだけではなく，日常的に「後ろ向きの省察」を継続してきた成果ではないかと推測される。だから鑪先生にとって，過去と今はリアルであるが，未来はリアルではない。そのため「しっぽはいつも怪しい」と話されたのであろう。森有正や森の恋人であった栃折氏（2003）も言及しているポール・ヴァレリー（P. Valéry, 1871-1945）の詩（出典未詳）を引用しておこう。ヴァレリーは，後ろ向きに進むイメージを湖に浮かべた手こぎボートに喩えている。

　　湖に浮かべたボートをこぐように
　　　人は後ろ向きに未来へ入っていく
　　目に映るのは過去の風景ばかり
　　　明日の景色は誰も知らない

　視覚的イメージで見事に表現されている。ただ，「後ろ向きに未来に入っていく」とはいえ，漕ぎ手は後ろだけを見ているわけではない。時々，振り返って前方の安全を確かめながら進んでいることを見落としてはならない。もちろん鑪先生もそうであったに違いない。

9. 確認の作業—反省的実践家—

　今回のインタヴューを通して鑪先生の認識の特徴が分かってきた。認識様式の中核に経験の「確認」という営みがある。確かめて，はっきり認めること。英語で表記するなら，confirm（間違いがないか確認する）であり，validate（妥当性を確認する）であり，identify（正体を確認する）である。言われてみれば思い当たる先生のエピソードが幾つも思い浮かび，「なるほど」と思う。過去の体験を過去の記憶にしてしまわないで，重要な経験を反芻し，明細化し，深化させ続ける。

だから確認の作業は鑪先生の臨床的な姿勢，人生への態度を表現している。経験を深めるとは必ずしも多くの経験をこなすことではない。大事な経験の根っこにとどまり，その本質を見極め，納得し，内在化していく営為である。

そう気づいてみると，インタヴューの中でも「確認」という言葉が繰り返し出てきている。前述した金比羅さんのエピソードも確認の作業であった。リッグス体験もその10年前のホワイト体験の再確認の意味がある。早い時期から心理臨床のガイドライン（指針）の必要性を心理臨床学会等で強く訴えたのも，確認作業ということと底流ではつながっている。心理臨床のガイドラインとは，我々の行ってきた臨床実践をリフレクティヴに確認し，臨床実践の輪郭と基準を明確化しようとする作業だからである。半世紀越しの心理職の国家資格が成立した今，心理臨床のさまざまな領域，局面でのガイドラインの作成が求められている。

さらに付言するなら，「経験の成熟」という言葉を鑪先生は使ってこられたが，私も気に入ってそのスピリットを受け継いできた。経験の成熟とは，意味のある経験をスルーしたり，簡単に分かったつもりになったりしないで，あいまいな経験を反芻し「後ろ向きの省察」を継続し，経験に言葉を与えて「形」を描いていく営みを通じてもたらされる産物である。だから鑪先生の生き方は反省的実践家（reflective practitioner）の有り様の一つであろうと，私はみなしている（ショーン, D., 2001）。

10. 結語──鑪幹八郎とは何者か──

すでに許された紙数も尽きた。最後に，「鑪幹八郎とは何者か」という究極の問いへの答えを出さねばならない。鑪先生の語りに導かれて，これまで論考してきたことが，私のとらえたストーリーであるが，こんな小論で論じ尽くされるものでもなく，鑪先生に関する私の経験の一部であるに過ぎない。鑪先生の80年の人生の足跡に向き合い，懸命に耳を傾け，辿り着いた答えは単純だった。

「何かをやり続けていると，それがお前になるのだ」
You do a thing and that's what you are.

このフレーズは，古い映画であるが，「タクシードライバー」(1976) に出てくる台詞である（山本, 1995）。アイデンティティとは自分の心の中をのぞき込んでもなかなか見つからない。人は興味や誘いに促されて，誰かに関わり続ける，何かにコミットし続ける。その継続した行動と経験から，時間をかけて自分らしさが結晶のように析出されてくる。人は前もって人生のストーリーを構成することはできない。後から振り返って，自分の歩いた足跡を結びつけて，そのつながりを確認できるだけである。偶然と思える出来事や出会いも，一本の線でつながれ

ば必然の運命のようにも見えてくる。

　原家族との熊本での生活，奥様とその家族との交流，「恩人」たちとの親しい交流，日本とアメリカ，アジアの臨床家や研究者との表裏のない交流，スペシャル・ペイシャントとの臨床実践，数多くの弟子の育成と交流，そして何よりも心理臨床ワールドへの全身全霊のコミットメントなど，時代的・社会‐文化的・対人的な諸経験であざなわれた人生の太い，太い縄こそが，鑪幹八郎とは何者かを根拠づける強力な答えとなろう。

　（附記）インタヴューの被面接者を本稿でどう表記するのか迷いに迷った。鑪先生，少し距離をあけて鑪氏，先生の方針で仲間内では上下関係なしに「さん」付けだったから鑪さん，学術論文の通例に従って鑪と呼び捨てにする手もある。しかし，今回のインタヴューの特徴は，師弟関係を媒介にして行われたことにある。最古参の弟子だからこそ深められたテーマも数多い。その視座からすると表記は鑪先生しかない。ただし恩師に関する身内話ではなく，3人称の対象として鑪先生ともう一度向き合い，中立的に論考したいと思った。考えた末，執筆するときに鑪先生を頭の中で Dr.Tatara と置き換えて心的距離を取ることに決めた。だから最初は敬語も用いないことにしようとしたが，不思議なもので書き進めていると自然に敬語になってしまう。それが日本の対人文脈では自然な表現の仕方であるので，それで良しとした。

【謝辞】鑪先生の人生に関する外的，内的生活史をくまなく聴くという無謀な挑戦に対して，先生は「後から続く心理臨床家に役立つのなら」と承諾していただき，鑪・岡本・山本プロジェクト，略して TOY-project に真摯にコミットして下さった。私も還暦の頃に前盛ひとみ氏（2014）から，インタヴューを受けたが，内的生活史を率直に語ることの大変さを痛切に経験しているだけに，まことに頭の下がる思いである。また岡本祐子氏の企画のお陰で実に興味ぶかい学問の挑戦をさせてもらった。お二人の先生方に改めて心からの御礼を申し上げる次第である。

主要文献

前盛ひとみ　2014　自己への直面化と経験を言葉にすること　岡本祐子（編著）プロフェッションの生成と世代継承　(pp. 92-120)　ナカニシヤ出版
森有正　1977　思索と経験をめぐって　講談社
夏野良司　2016　電子メールでのパーソナル・コミュニケーション
Schein, E. H.　1990　*Career Anchors: Discovering your real values*. San Francisco, CA: Pfeiffer.（シャイン, E. H.（著）金井壽宏（訳）2003　キャリア・アンカー──自分の本当の価値を発見しよう　白桃書房）
Schön, D. A.　1983　*The reflective practitioner: How professionals think in action*. New York: Basic Books..（ショーン, D.（著）佐藤 学・秋田喜代美（訳）2001　専門家の知恵─反省的実践家は行

為しながら考える　ゆみる出版）
鑪幹八郎　1975　経験の成熟の契機について　鑪幹八郎著作集Ⅰ アイデンティティとライフサイクル論（pp 132-147）　ナカニシヤ出版
鑪幹八郎　1990　アイデンティティの心理学　講談社
鑪幹八郎　2008　映画に関する心理臨床的エッセイ　鑪幹八郎著作集Ⅳ 映像・イメージと心理臨床（pp 292-325）　ナカニシヤ出版
栃折久美子　2003　森有正先生のこと　筑摩書房
山本力　1995　アイデンティティ理論との対話　鑪 幹八郎（編）アイデンティティ研究の展望Ⅰ（pp 9-38）　ナカニシヤ出版
山本力　2014　喪失と悲嘆の心理臨床学―喪失様態とモーニングワーク　誠信書房
山本力　2016　臨床心理学におにる事例研究法に学ぶ―自己の実践を振り返る事例研究の考え方と方法　内田雅子　慢性看護実践における事例研究法の再構築：科研中間報告書［課題番号：26293462］

第9章
「師の人生の物語」からの省察
―「私」が創られていく土台，その連続性と非連続性―

岡本祐子

1. はじめに

　還暦を迎える年齢になると，自分の人生，出会ってきた人々，打ち込んできた仕事，将来展望などが，改めて問い直される。なぜ私は，この「私」なのか。それはどこから来たのか。この「私」になるために，どのような出会いと関わりがあったのか。この〈問い〉に対して，恩師 鑪幹八郎先生は，青年期以来，常に臨床心理学の専門世界の導き手として，しばしば私自身の内的〈問い〉を映し出す鏡として，また活力を与える内在化対象として，温かさと深さを伴った存在であり続けた。

　本書は，鑪先生が傘寿を迎えられた2014年夏から2015年初頭にかけて，40年余にわたって交流を重ねてきた2人の門下生に語ってくださった自らの生涯の物語である。本章まで読み進めてくださった読者は，本書の鼎談を追体験することで，専門家アイデンティティの形成と深化に関する数多くの普遍的な示唆を得られたことであろう。普遍的な示唆とは，まえがきに記したとおり，わが国の臨床心理学の黎明期から今日までの発展の歴史の中で，常に最前線におられた先生の専門的仕事，つまり鑪先生ご自身が開拓してこられた精神分析学・力動臨床心理学の内容とその営みのリアリティである。本書には，先生ご自身の臨床経験，スーパーヴィジョンや個人分析の経験も語られていること，これから心理臨床の専門家を目指す若い世代に伝える心理臨床のヴィジョンと学び方が具体的に示唆されていることからも，稀有の価値を持つ記録である。私の大胆かつ不躾な申し出を受諾し，熱心に語ってくださった鑪先生と，鋭い探索的質問によって鼎談に深みを与えてくださった山本力先生に，心より感謝している。

　本章では，私自身の〈問い〉の視点から，鑪先生の人生の物語を考察してみたい。〈問い〉とは，人生の中で体験される危機が，「私」というものの形成にどのように影響するのかというアイデンティティ形成と深化の問題である。つまり，「私」が創られていく土台とは何か，アイデンティティ形成と専門家アイデンティティの獲得において，その連続性と非連続性はどのように現れ，体験されるのか。アイデンティティの非連続性――断層――が埋められ，つながっていくならば，それはどのような営みなのかという課題である。鑪先生の人生を読み解くなど，容易な仕事ではない。謎は永遠に解けないであろうということは十分に承知しながらも。

2. 内的〈問い〉と「師」のもつ意味

　私が「私」になっていくそのプロセスは，自分の内的な不全感や気になって仕方がない問題に向き合い，その意味を理解し折り合いをつけていく営みととらえることができるであろう。生を受けた時代，社会，家族，とりわけ母親，父親など，人々にとってその生の始まりは，運命としか言いようのないきわめて受動的な「限定された生」でしかない。人はそれを，能動的，主体的に組み替え，「私」を創っていく。私は，アイデンティティの形成と深化とは，そのプロセスの途上で生じる内的〈問い〉との格闘の営みであると考えている。そして，〈問い〉との格闘に方向付けや刺激を与えてくれる他者こそ，まさに「先生」である。

　改めて考えてみると，私の幼いころからの欠落感を補う形で，「先生」は登場した。幼稚園時代の妹尾武夫・千代子牧師夫妻は，私の親体験の不全感を補って余りあるおおらかな母性をふり注いでくださった。青年期になると，臨済宗大本山仏通寺派管長 藤井虎山老師や，精神科医 神谷美恵子先生と長島愛生園の入園者の方々は，青年期特有の自己探求をぐっと深化させる役割を果たしてくださった。特に，青年期の参禅の体験は，アイデンティティ形成期にあった私に「自己・心を知るとは，こういうことなのか！」という強烈なインパクトを与えた。それは，「自己」「心」というものに真正面から向き合う決定的な体験であった。参禅はまた，「師に真摯に向き合う」ことを深く学ぶ体験でもあった。それは，師と本気で関わり，師の言動を最大漏らさず見，聴き，その人格・境涯そのものを自らの血肉にしようとする実践でもあった。ありがたいことに，これらの「先生」方とは，いずれも私が一応のところ大人になった後も，亡くなられるまで交流が続いた。このことについては，また別の機会に考察してみたいと思っている。

　成長期のこのような体験のせいか，私は，人生の中で「師」のもつ意味について，つまり学校教育における教師と生徒，教授と学生などの機能的な関係性を超えて，上の世代の「先生」と長い歳月を通じて交わる経験から受ける決定的な影響について，これまでの歳月の中で幾度も思いをいたしてきた。それは人生の土台となる自我・人間形成と，専門家アイデンティティの生成という，この２つの次元における師の力，師との関係性の意味についてである。今日，師弟関係という縦の人間関係について語られることは少なくなった。現代社会においては，師弟関係などもはや死語に近いという人もあるが，私はそうは思わない。むしろ，真の人間形成とプロフェッションの生成は，「先生」との本気の関わりの中でこそ達成されるのである。

　自己探求と専門世界への参入は，私にとっては表裏一体の営みであった。心はどこへ向かって発達していくのか。それは大人になってしまえば完了というものではなく，生涯を通じたプロセスではないのか。生きていく中で体験する（させられる）危機は，辛い不幸な体験というのみでなく，その体験によって人間が

陶冶されるというもうひとつのプラスの方向性があるのではないか。人生の危機をプラスに転換していく人間の底力は、どうやって培われるのか。高校時代からぼんやりとそのようなことを考えていた私にとって、心理臨床の世界とエリクソンの理論は、その問題を探究する上で極めて魅力的な土台と道筋であると思われた。また、その世界のとば口に立ち、扉を開いてくださった鑪先生そのものも。したがって本稿は、青年期以来の私の内的〈問い〉を、鑪先生の生涯の物語から考察し直してみること、また、先生に対する私の「謎解き」の意味合いを持っている。

3. 青年期に出会った「異文化」としての鑪先生

　本書に詳らかにされているように、私は、鑪先生が広島大学に着任されて以来、かれこれ40年以上にわたって、ご指導いただき、ともに学び、海外の研究者や臨床家との交流を含めてさまざまな刺激をいただいてきた。私が、心理臨床家・研究者として今日までやってくることができたのは、ひとえに青年期に、鑪先生との出会いがあったからこそで、胸が熱くなるような思いがする。

　鑪先生が広島大学に着任されて初めて、広島大学に「臨床心理学」の研究室が誕生した。私たちは、それまでとは全く異なる心理学に出会い、心の底から揺さぶられ、精神分析学・力動臨床心理学の魅力に取り付かれて勉強した。しかしながら改めて考えてみると、それは、学問の魅力もあるが、その半分以上は、鑪先生ご自身のお人柄の魅力だったと思う。

　そもそも鑪先生は、それまでの私の育ちの中で出会ったことのない「質」を備えた極めて魅力的な「異文化」であった。黒々としたあご髭、包み込まれるような低い温かな声と話し方、風貌ひとつを取ってみても、母親、父親、幼児期から高校時代までの先生とは異なる種類の人であった。

　1975年前期セメスターにおいて、学部3年生を対象に開講された鑪先生の「臨床心理学」の講義は、エリクソンに始まりエリクソンに終わった。エリクソンのアイデンティティ論やライフサイクル論は、私自身の内的問いを刺激する魅力あるものだったが、何よりもそれらが、エリクソンの生まれと育ち、人生そのものから生まれた理論であることに、私は衝撃を受けた。自らの生の体験そのものを普遍化することによって、理論が生まれる!!! それは私が、臨床心理学理論は、単に客観的なデータによる三人称の心理学ばかりではなく、「私」の内的体験という一人称の心理学、「私とあなた」、重要な他者との関係性という二人称の心理学も包含するものであることに気付いた瞬間であった。それ以来私は、インパクトのある書物や作品に出会った時には、その作者の人生にも思いをいたすようになった。

　また学部3年生時から私は、創設まもない広島大学教育学部心理教育相談室で、

臨床心理学専攻の院生の先輩方と心理臨床活動に関わった。その多くはプレイセラピーであった。自分の担当する子どもの心の世界で何がおこっているのか，すぐには分からない中でも，一つの心の深みに出会っている感覚があった。ゼミでの鑪先生のコメントは，「自分」の中の分からないもの，自己と育ちの気づいていないところを自然と刺激されるような，得も言われぬ感覚を私に与えた。

　大学院に進学後，本格的に心理臨床の勉強と研究が始まった。心理臨床のケースを担当することによって，自分自身の「生育歴・問題歴」の理解も深まってくる。同時に，指導教官としての鑪先生は，心理臨床家・研究者になるための明確な同一化対象となっていった。それは同時に，先生に対する「謎」の深まりでもあった。

　「謎」とは何か。第一は，先生の仕事への向き合い方である。それは，先生のauthenticity（本気であること）そのものであった。この集中力と持続力はどこから来たのか。今から思うとそれは，学生に「本気で仕事をする姿を見せる」という教育ではなかったか。先生は次のように述べている。「持続するエネルギーとは，はっきりと目覚めた意識的努力が土台になっている」「（それは）普段の努力による緊張した糸のような力である」（鑪, 2002, p.144）。

　第二は，先生の中の父性と母性である。これは，厳しさと優しさと言い換えてもよい。「相手を深く理解し抱える」「懸命に努力しながら待つ」……これらは，心理臨床家がクライエントに対して求められる姿勢であるが，先生の院生を育てるスタンスにも相通じるものであった。あの決して妥協しない厳しさと，包み込むような温かさは，どうやって形成されたものなのか。これは先生の土台であると直感しながらも，その由来は謎であった。

　第三は，学生時代の私から見ても感じられた──，しかしながら安易に言葉に表わしきれないunfitness（不適合感）の感覚である。土台や組織にすんなりとなじまない感覚を，私は鑪先生から感じていた。このように，先生と同じ臨床心理学の世界に入り込む中で，先生の「謎」は深まっていった。しかしその答えは，先生の数多くの著書からは見つけ出せなかった。先生の研究や臨床実践の根っこのところ，さらには先生のアイデンティティ形成の土台となったであろう成長期の物語については，私はこれまでごくわずかに，しかも断片的にしか伺ったことはなかった。

4．「私」が形成されていく土台，その連続性と非連続性

　ここからは，鑪先生の人生の物語をもとに，「私」が形成されていく土台と，その連続性と非連続性の問題について考えてみたい。

4-1. 生まれ落ちた時代と家族—身動きの取れなさをプラスに転換していく力—
(1) 「飢え」の体験

　心の発達と危機の問題を，時代，社会，家族，個人という次元で考えた時，鑪先生の幼児期から青年期までの成長期の体験は，客観的に見れば，いずれの次元でも危機のさ中にあったと考えずにはおれない。戦後の混乱期がおさまりつつあった1954（昭和29）年生まれの私には，第二次世界大戦中と戦後の窮乏期の体験はない。鑪先生の成長期の物語で，まず圧倒されるのが，戦中・戦後の窮乏とさまざまな身動きの取れなさの体験である。「食べるものがない」という生命を維持するためのぎりぎりの次元での窮乏，戦争は生き延びたにもかかわらず，結核やチフスで，父上，兄上，姉上が次々に亡くなられるという，まさに「死への直面」という厳しい現実であった。自分も結核に感染して死ぬかもしれない。先生は大学1年生のとき，現実に結核になり，1年も療養せざるを得なかった。辛くないわけはない。鑪先生の児童期から青年期までの語りは，その事実の重みに圧倒されて言葉を失う。

　しかし，傍から見ればこの辛くないわけはない体験も，先生は「次々と家族が亡くなるのは珍しいことではなかった。本当に悲惨な体験だったかというと，主観的にはそうではなかった」と言われる。父上の亡くなられた後の高校生時代，家庭教師のアルバイトで一家を支えられた。これも「何の苦痛もひがみもなかった」という。先生は，何とか生きぬく道を見出していく。自分も家族も崖っぷちに立たされるような体験の中で，先生はすでに思春期から母上の相談相手となり，自分の意思で一家の大事なところを決定し運営していく強さを身につけられた。この「飢え」の体験と「生き延びる」ためのぎりぎりの工夫が，後の先生の心理的，知的な渇望を満たす力になったのであろう。

(2) 心理的土台となった両親の優しさ

　このような厳しい時代的，家庭的環境にもかかわらず，幼い頃のエピソードからは，先生の活力や資質の片鱗がみえてくる。先生の両親は，商売を営む父上とそれを支える優しい母上であった。先生は，5人きょうだいの3男として誕生した。勉強しなくても勉強はよくでき，先生やクラスメートにも認められて級長を務め，運動もでき，よく遊ぶいたずら好き，茶目っ気のある子どもだった。適応的で心身ともに健康，活力のある子ども時代だったことが分かる。先生は，両親について，「父は優しい人だった」「母は，怒るところを一度も見せなかった優しい温かな人だった」と述べておられる。

　このことは人生にとって決定的な意味をもつ。つまり，世界は自分を受け入れ包んでくれる。自分の土台は崩れたりしないという心的な基本的安心，安定，信頼は，両親との体験から醸成された。飢えの体験をプラスの方向へ転換していく底力は，両親，特に母上の優しさからはぐくまれたのだろう。

4-2. 育ちの中の「欠落感」への気づきと自己のアンビヴァレンツ

　父上が「強い」人間ではなかったこと，そして知的，内省的世界の人ではなかったことを，（知的・精神的世界を与えてくれなかった）「父を憎んでいた」と先生は述べ，父の世界との決別を「父親殺し」と表現する。それは，先生の「内的欠落感を埋める作業」であったが，先生にとっては，自分の土台となる精神的，知的な世界を与えてくれなかった父への「怒り」であった。鑪先生の「本質をとことん求める」という基本的なスタンスの原点は，この体験なのであろう。（しかしその父上は，先生に九州学院中学への進学を奨められた。商売を生業としていた鑪家から見ると，それはまさに「異文化」の世界であった。わが子によりよい教育をと背中を押そうとする父上の無言の愛情を感じずにはおれない。）

　鑪先生は，九州学院中・高校で，自分の育った世界とは全く異なる世界を知ることになる。それは自分の中の「欠落感」に気づく体験であるが，九州学院での体験は，先生が運命的に与えられた環境から，知的で精神的な世界へ方向付けられていく土台となった。「牧師になるか，教師になるか」という進路選択の迷いは，すでに先生が生まれ育った商売の世界から抜け出ていることを示している。しかし，その一歩となった大学１年生の時，結核が見つかり，再び生命にかかわる危機を体験し，身動きの取れない生活を強いられることとなった。じっとしていることを強制されること，そこには，父や兄のように自分も結核で死ぬかもしれないという不安や，将来の見通しの立たなさもあったであろう。この外向きの動きを止められるという危機体験によって，しかし，それまで行動的であった先生の外へ向いていた活力が，心の内面へ向けられることとなった。心の内面世界への関心が深まり，精神的世界は耕されていく。

　大学という知的世界に先生はよく馴染んだ。中・高校生時代から耕され始めた知的世界へのフィット感もぐっと深まった。が，馴染めば馴染むほど，自分の育ちの中に，その土台がないことに気づく。鑪先生にとっては，これは知的世界を与えてくれなかった父への「恨み」「怒り」として意識化される。「ないものねだり」であることは意識しつつも。このくだりは，心的活力にあふれた先生らしいところである。そしてそれが，亡き父親との「決別」，父親の世界は引き継がない，全く別の世界で生きていくという意思決定につながっていくのである。

　男の子の多くは，思春期・青年期の大人になっていく過程で父親にぶつかる体験をせざるを得ない。しかし先生の父上は，徴兵で傷つき帰還し，1944年再び徴兵され，終戦後は体が弱り結核で死去された。鑪先生15歳，思春期のさなかのことである。ぶつかろうにも正面からぶつかれない父，戦争が始まってからの多くの歳月において，父親は出征で不在であったか，怪我を負ったいたわりの対象でもあったであろう。ぶつかって跳ね返されるも，温かく見守ってくれる「強い父親」ではなかった父上からの分離 - 個体化は困難な心的課題であったと思われる。

　また，先生は，母と妹がいる家族の生活を支えるという家長・父親的役割も強

制された。物理的・心理的に，求める自己形成へ完全に脱出できないアンビバレンツも体験されていたと思う。「父親殺し」という強烈な言葉は，父上そのものに対するアンビバレンツと同時に，家族・育った世界と決別して脱出する／したいという2つの意味を内包していたかもしれない。

　鑪先生のアイデンティティ形成は，知的世界へ根付く方向へ，そしてその探求は，結核から回復された後は，大きな束縛なく広がり深まっていく。子ども，特に知的障害児の純粋なかわいらしさという感覚的な魅力から知的世界へ入っていかれたことは，活発で有能だった幼児期・児童期の自己体験とつながっている。ここには断絶感はみられない。

4-3. 親の土台を受け継がないアイデンティティ形成

　京都大学大学院への進学は，親の世界を全く受け継がない，それを捨てて新しい世界を開拓する形でのアイデンティティ形成であった。学費は，熊本大学の先生に借金し，母上と妹さんを郷里に残しての，覚悟の意思決定だった。なんとしてでも納得したい。おもしろい。もっと見てみたい。自分の中の unfitness が何なのか，もっと知りたいという決して安易に妥協しない，一生懸命打ち込む姿勢は，何か祖国を捨てて新天地に臨む移民のイメージが浮かぶ。そしてそれは，アメリカという新天地で精神分析を学ぶという形で，本当に現実になった。

　ホワイト研究所のDr. ウォルシュタイン，Dr. レーベンソン，Dr. タウバーの来日によるインパクトのある出会いは，決して偶然とはいえないであろう。心の中の課題が意識化され，具体化し，極みに達したとき，外部からの的確な刺激によって，それが「形」となる。それは何か，濃度の高まった液体が触媒によって結晶化する化学反応に似ている。鑪先生の中の研究課題や内的関心があったればこその展開である。

　学位論文となった学校恐怖症（不登校）の研究について，ロジャーズ理論を超える理解をしたいという問題意識はあった。納得できないところを何としても納得したいという探究し続ける力，より納得する自分を自分で掴み取ろうとする意志はすごい。アイデンティティ形成とは，自分を生み出す血みどろの闘いなのかと絶句する。先生は述べる。「選ばせられるといってもよいような，最後の選択──誰も自分に代わってやらない時，自分が自分のためにやる選択には，一種の賭けの要素がある。……そこに己との戦いが生まれるわけである」（鑪, 2002, p. 143）。これが鑪先生の自己陶冶であった。

5. 危機の体験とアイデンティティの断層を埋めるもの

　ここで，生涯を通じたアイデンティティ形成と深化における連続性と非連続性について考えてみたい。危機とは，発達の分かれ目，この方向へ行くか別の道へ

進むかの岐路を意味する。人生にはさまざまな危機があり，ともすればそれは，アイデンティティの非連続性──断層──を生む。青年期，中年期，現役引退期のような発達的危機においても，大病に罹ったり重い障害を負ったりするような予期せぬ危機においても，人々は，これまでの自分では生きていけないというアイデンティティの断層を体験する。再び生きていく力を獲得するには，危機を体験するまでの自分を問い直し，過去の自分と現在の自分のつながりを確認し，アイデンティティの連続性を認識すること，否定的な自分や受け入れがたい体験を自分の中に位置づけることであると，私はこれまでの自分の心理臨床経験や研究から考えていた。アイデンティティは，人生の中で幾度も変容する。それは，その岐路において，自分の発達の上での欠落感や葛藤が見出されたとしても，それまでの土台の上に再体制化されていくものであるというヴィジョンであった。しかし，鑪先生のように，土台を捨て，別の世界で自己を創造していくというアイデンティティ形成もあったのだ !!!

その新しい「私」という存在が生成されていく力は，ものすごいものがある。面談の中で，「アメリカで自分は創りかえられた」，「全く別の人間になった」という言葉は，繰り返し語られた。自己の深いところにある鮮明な亀裂を埋めていく。それは，父親という土台の上にそれを「超えて」一人前になっていくのではなく，父を「捨てて」（=殺して）全く別の自分の世界を拓いていく，というものであった。その「力」は，「とことん打ち込む」「決して逃げない」ことで得たと先生は言われた。与えられた運命（親・時代・育ち・能力など）を受動的なものから能動的なものへ変容させていく力，まさにアイデンティティを獲得していくものは，そこへ向かわせた欲求・意志力・「打ち込む力」であった。

『現代精神病理学のエッセンス』に収められた先生の論文（鑪，1979）は，エリクソンの人と仕事を解説したものである。エリクソンの人生と理論が一巻の絵巻物のように鮮やかに紹介されている。「新しい地平を拓く人は，常に古い地平の尖端にあり，次の地平との境界に接し，その上にある。その意味では，創造的な人はまた，境界線上の人でもある」(p.352)。鑪先生のアイデンティティの非連続性と連続性を最も適確に示す一文である。学生時代，強烈に心に焼き付いたこの冒頭の一文は，先生の人生そのものに重なるものであったことを深く認識した次第である。

精神分析家となられた後の鑪先生の「境界」については，ここで改めて記すことはしない。本書においても随所で語られているように，その境界は，これまで述べてきた先生個人の育ちにおけるアイデンティティ形成にとどまらず，心理学の世界における実験心理学と臨床心理学，精神分析学の世界における主流の学派と対人関係学派，そしてアメリカという文字どおりの異文化の世界など，先生はさまざまな非連続の世界と世界のはざまを体験してこられた。そしてそこから生み出されたものは，自らの専門的アイデンティティを深化させるだけでなく，次

世代を育て，次世代に受け継がれる創造的な仕事であった．

6. アイデンティティの非連続性をつなぐもの

　アイデンティティ形成の縦軸が自己の主体的な意志力と「打ち込む力」であるならば，その横軸は，他者との関係性である．これまで考察してきたように，鑪先生にとって，両親の世界と真に自分の求める世界との断層は深いものであった．しかしながら，他者との関係性という視点で見ると，アイデンティティの非連続性をつなぎ，先生の内的な力を育て，自身の求める方向へ結実させた人々の存在があった．

6-1. 幼児期の両親の優しさの体験と成長期の「先生」からの父性・母性の体験

　そのもっとも根本的なものは，やはり幼いころの両親体験であろう．父上に受け入れられかわいがられた体験，母上の無限の優しさや頼りにされた体験は，基本的な心の安定感や自己肯定感を育て，先生の「土台」を支えている．先生の人懐っこさや人々に与える魅力もまた，両親との心的体験から醸成されたところが大きいであろう，きっと．

　また，九州学院中・高校の牧師 内海季秋先生は，鑪先生の父上亡き後，父親的存在となったばかりでなく，内的精神性を陶冶し続けた方である．家族と同じように関わり，食事や進路相談など，母親的存在でもあった．熊本大学の心理学の先生は，狭い自宅に鑪先生を招じ，先生が堪能するまで話し込むことを受け入れるなど，ケア的関わりだけでなく，もっと知的世界の魅力も見せてくれた．このような自分の内的な欲求を充足してくれる人が，人生の要所要所で現れる．この出会いの不思議は，単なる偶然ではないのではなかろうか．発達における危機，アイデンティティの非連続・断層を埋めるものは，その個人の新しい世界に「とことん打ち込む」持続した意志力と，それに呼応して現れる他者とのコラボレーションであると思われてならない．

6-2. 根源的な癒しの世界と心理臨床

　鑪先生の感性・イメージの広がりと豊かさと，先生の幼児期体験はあまりつながらない．鑪先生自身，文化的世界とは遠かったと言われる．しかしながら，先生の身近に土着の宗教的風土があったことは注目に値する．家族の不調の時に決まって現れる祈祷師がいたこと，義理の伯父上は祈祷師であったこと，苦痛な歯の痛みも祈祷によって救われたこと，長虫（蛇）の霊の話などは，関心をそそられるエピソードである．心と体の癒しという根源的な心の問題への関心は，先生の祈祷の儀式の美しさへの感動，祈祷師の伯父さんの人間的な優しさの体験から培われたものであろう．これらは後の心理臨床家としての先生のアイデンティテ

ィにつながっている。

7. 次世代へ受け継がれるもの

　最後に世代の継承について述べておきたい。鑪先生から学んだものは何かと問われると，それは言葉に表しきれないほどの広がりと深みをもつ。ここでは，そのごく一部しか述べることができないことをお許しいただきたい。

　先生の数々の著作を読んで感じるのは，精神分析学・力動臨床心理学の理論であれ，心理療法の技法であれ，その解説の適確さと言葉の上手さである。先生は，多くの翻訳も手掛けてこられ，その言葉の適確さには，私は幾度も感銘を受けてきた。例えば，エリクソンの『洞察と責任』は，そこで展開されている人格的活力の発達論そのものにも引き込まれたが，エリクソン独特の言葉遣いが美しい日本語に変換されたその訳語は，私の中に深く刻み込まれ，いくつかのフレーズは生涯，記憶に残っている。鑪先生は，30代半ば，ホワイト研究所からの帰国後，初めての仕事となったこの翻訳の改訂に取り組まれ，それはまもなく刊行される。いくつになられても，「とことん納得するまで取り組む」姿勢は健在である。

　鑪先生は，これだけの仕事を積み上げて来られても，「どこまで行っても達成感がない」と言われる。「根っこのどろどろとしたものが気になって仕方がない。どろどろとしたものがすっきりしない。常にここから人と世界を見ている」と言われる。これが先生の unfitness の根源なのであろうと思う。同時に，先生自身の自己感覚や評価と，門下生である我々次世代の受け止め方の相違を感じずにはおれない。私たちは，常に先生を見上げる視線を持ち，その大きな山に登りたいという意志を持ってきた。

　先生の自分の仕事に対する「後ろ向きに進む」という見方は印象的である。自分の「経験」をあとから見直し，客観化してまとめ，言葉にする。心理臨床の世界は，この自己内部での熟成が大きな意味をもつ。この熟成の「時」を通じて，自らの経験と問題意識を持続し続けるエネルギーもまた重要であろう。結果として形になったたくさんの著作，中でも心理臨床家の育成に関する著書は，先生自身がされてきた苦労と費やしてきた時間を，次世代はもっと少なくても到達できるように，残りの時間はさらに先へ行けるようにという，親心あふれる願いから生まれたものであった。

　泉に水が湧くように次々生まれる思索も，そろそろ筆をおかねばならない。専門家アイデンティティを常に生成・深化され続けてきた鑪先生の人生から，私たちは何を学ぶのか。それは，「深く井戸を掘る」姿勢とその具体に他ならない。そして次世代がそれを受け継ぎ，継続・発展していくためには，師と弟子との間に，〈問い〉の呼応が行われるかどうかが要ではないかと改めて思う。特に，受け継ぐ側からの専門的〈問い〉とアイデンティティにかかわる〈問い〉の2つは，次元

は異なれども，撚り糸や入れ子のように関わり合い，「井戸を掘る鍬」となる。

　世の中は豊かになった。少なくとも私たちの日常生活に「戦争」は入り込まないし，生き延びるための食べ物がないという次元の問題は希少である。たくさんの知識や情報を得ることは容易となった。学問の世界においても，論文生産のスピードは速く幅は広がったが，出てくるものの多くは浅い。現代社会は，世代継承性の危機に直面している。

　私事を述べて恐縮であるが，私の父は，アメリカ史の研究者として地方の小さな大学に勤め，生涯を送った。私は，きょうだいの中でも，性格も志向性も父によく似ている。父の持つ多くの特性を受け継いだと，自分でも感じている。父は，大学在学中に学徒動員で召集され，シベリア抑留を経て帰国した。生還後は，時代が変わったことを深く実感し，大学に入学し直し，終戦までは敵国であったアメリカの歴史の研究に携わった。父は，戦争体験については黙して語らなかった。

　私がまだ高校生だった頃，戦争中の部隊の部下であったという方が，手記を持って我が家を訪ねて来られたことがあった。父は書斎でその方と長く話していたが，その内容を家族に語ることはなかった。私は，父の書斎に残されていた，もう名前さえ記憶に残っていないその方の手記——それは，パソコンはおろかコピー機すらない時代の，手書き原稿を青焼きにして綴じたものだったが——を手に取り，読みふけった。「戦争が終わってやっと国へ帰れると，我々は信じ，汽車に乗った。」「日没が近づいた。……私（＝部下だった方）は，『士官（＝父），西へ向かっています！』と叫んだ。その時，士官の顔色がさっと変わった……」。満州から東へ進み，港から日本へ帰国する船に乗ると思っていたのが，この列車は，真反対のバイカル湖の方角へ向かっている‼ もう 40 年以上前のおぼろげな記憶の文章であるが，そのときの部隊を率いていた父の恐怖は心の中に焼きついている。しかしながら，その手記について，私は父と話すことはなかった。父もなぜか，その話題を向けることはなかった……。

　それから四半世紀が過ぎた。父が戦争や過酷な抑留から生きて還ってこなかったなら，この「私」は存在しなかったのだ。親がいなければ，自分は存在しない。この極めて当たり前のことの重みに気づいたのは，すでに父が亡くなって何年もたった頃のことであった。「父よ，許したまえ」と詫びたものである。

　同じことが，より困難な問題として，プロフェッションの世代継承，師弟関係にも言えるのではないであろうか。師弟関係とは不思議なものである。学問の世界においては，血縁はもちろんない。今日では，学生の「この先生に就いて研究したい」という意志は浅く，師弟の出会いの多くは偶然の産物である。しかしながら，この先生との出会いがなかったら，今の自分は存在しないのだという事実は厳然として存在するのである。そのことを実感したのは，父の存在の重みに気づいてから，さらにまた 10 年余の歳月が過ぎた頃だった。

　改めて考えてみると，私にとって鑪先生は安心感のある「土台」であった。先

生は，私がさまざまな状況の中で切迫した時には，夢の中にまで登場した。私がまだ30代，幼い子ども達の子育てと大学での仕事と研究など，どれもおろそかにはしたくない多くの役割を抱えていた若い頃の夢。「広い野原に1本のレールが通り，長い列車がたくさんの荷物を積んでものすごい勢いで走っている。なんと私は機関士で，列車の先頭でその列車を運転している。前方に，大きな岩山が迫っている。ぶつかる！と思った瞬間，その岩壁がさっと上へ引き上げられ，列車は危機一髪のところで衝突を免れ，走り抜けた。やれやれと，ふと野原を見ると，鑪先生が心配そうな渋い顔をして立ち，私の方を見ておられた……」。先生が傍らで見ていてくださるような感覚は，今日まで持続している。未だに同一化しきれないほどの大きな存在である。青年期以来の長い歳月を通して，このような導き手としての父性と，温かな力が与えられる抱えとしての母性を体験することができたことは，研究者・心理臨床家人生にとって稀有の幸運である。先生に心からの感謝を申し上げて，拙稿を閉じることにしたい。

引用文献

Erikson, E. H. 1964 *Insight and responsibility*. New York: W. W. Norton.（エリクソン，E. H. 鑪幹八郎（訳） 1971 洞察と責任 誠信書房／鑪幹八郎（訳） 2016 洞察と責任（新訳） 誠信書房）

鑪幹八郎 1979 エリック・H・エリクソン 荻野恒一・相場均（監修）現代精神病理学のエッセンス（pp. 351-374.） ぺりかん社

鑪幹八郎 2002 経験の成熟の契機について 鑪幹八郎著作集第1巻 アイデンティティとライフサイクル論（pp. 132-147.） ナカニシヤ出版（初出：臨床心理事例研究：京都大学教育学部心理相談室紀要 1974 104-111.）

第10章
鼎談を終わって

鑪幹八郎

1.

　自分に直面するというはっきりした自覚と体験は，1964年にニューヨークに出かけて，精神分析の訓練を受け始めたときであった。精神分析の訓練の一部に個人分析 personal analysis というのがある。これは訓練生として欠くことのできない訓練の一部である。自分が精神分析を受けるということである。その中心が自分の生きる姿を，幼児から今日まで振り返って，細かく検討するということだった。私は分析家と一緒に，ここで語ったような幼児期のことや，児童期，学童期，青年期，また結婚，夫婦関係，アメリカに行きついた歴史を細かく，検討したと思っていた。しかし，今度の鼎談で同じことを繰り返し，少し違っているという感じをもった。私の貧乏の生活，飢えの体験，父をはじめ，姉兄の病死など，語ったが実感をもって想起することができたのだろうか。
　今回同じことを体験して，少し違うなあという実感をもった。例えば，子ども時代の下町での体験や飢えの体験など，私の分析家は分かってくれていたと思うが，実感をもって分かっただろうか。そこには文化の壁があったと思う。その時には，振り返りの新鮮さはあったが。今回は胸の疼くような実感をもって，その頃の体験を語ることができた。数枚の写真がその時期に私を引き戻してくれたと思う。
　第1章の道路で数人の子どもたちと遊んでいる写真（p.6）は，懐かしくて涙の出るような深い感動がついて来る。地域の唯一のインテリであった菊岡薬局の主人が撮ってくれたスナップ写真であった。あの時代の楽しさ，無邪気さ，かったかしゃん，みっちゃん，としちゃん，そしてかずちゃん。この体験を語っているときには，本当に懐かしさをしみじみと味わった。

2.

　幼児期に残っている家族の写真についての誤解も，不思議であった。父親の日中戦争への出征祝いの写真（p.4）で，私は父と母の間に甘えた姿勢で，父に寄りかかりながら立っていたと思っていた。信じていた。ところが出てきた写真を見ると，父親は後ろに立っていて，私は伯母と母親との間に立っていたということが分かった。この時は，思い違いはどこから来たのかということが気になった。しかし，今は写真より，自分の中のイメージを大事にしたいと思っている。その

写真のイメージが私を支えてくれていたからだ。歴史的事実と歴史的真実との違いかもしれないと思っている。そして私を支えているのは，幻想としての歴史的真実である。これも新しい発見であった。

3.
　父親の仕事，商売のことなど，家族や親戚の文化は，私が九州学院から学び，生活した文化とは大きく異なり，そのズレの摩擦で苦しんだことであった。商売人の即物的で感覚的な世界と，それに対比される抽象的なことばの世界との違いであった。超えることのできない質的に違った世界を，自分は超えてしまったのだというのは不思議な感覚である。父親の世界で私が生き続けていたら，きっともっとぴったりした肌合いのよい世界の中で生きることができたのではないかと思う。しかし，異質な別の世界に入ってしまって，私は，この父の世界を完全に失ってしまった。捨てたのだろうか？　いや失ったという気がする。捨てるというほど，意志的な動きをしていないからだ。
　父親とのエディプス葛藤は，やや異質の形をとっていたことには気づいていた。父親は，私の15歳のときに亡くなった。つまりすでに死んで，この世には存在しない父親との格闘であった。それは完全に対象関係的な世界の事柄であった。フロイトが父親との死に遭遇してエディップス・コンプレックスを発見した経緯と似ていなくもない。私の場合，かなり遷延していたが。私が父親の年齢に達した時の異常な行動について，金比羅さんへの参宮については，はっきり記憶にあったが，もうひとつあったことについては，鼎談が終わってしばらくして思い出したことだった。次のような不思議な，やや常軌を逸した私の行動であった。
　同じく50歳のころ，私は生命保険が気になりだした。それもがん保険について，「早く加入したい」という気持ちになった。自分はがんでやがて死ぬだろう。今死んだら，家族に金銭的な迷惑をかける。何か少しでも助けになることを考えたい，と思った。それまで大学が集団で任意的に加入するひとつの保険会社に契約加入していた。それ以外に，私はがん保険が気になって，生命保険のがん特約の契約に加入したいと思った。そして実際に2つの別の保険会社の「がん保険特約」に加入したのである。心のどこかで，「死ぬかもしれない，死ぬならがんだ」という思いがあった。それは切実な感覚だった。家内は「あなたはおかしい」「あまり意味がない」「お金の無駄だ」と言っていた。それは正しかった。保険が満期になった年まで，がんの疑いのあるような疾患に罹患したことはない。現在の時点まで，父親の死との関係で，がん保険へのとらわれを考えたことはなかったのである。山本さんが言うように，これも特殊な，アニヴァーサリー反応だったのだと現在は理解できる。
　ほとんど無視し，関係のない人と思って拒絶していた父親との関係が，私にとって深い影響の下にあったというのは，この鼎談を通して実感として理解した側

面であった。これはホワイト研究所での個人分析のずっとあとの出来事であった。また，リッグスで滞在していたころ，ホワイト研究所へ通っていた研修の経験の後のことでもあった。

　断片的に，思い出したことを記したが，話の元に戻ると，父親の死が独特のものを内的に惹き起こしていたことは間違いない。それははっきりした境界の意識の始まりであった。後にエリクソンから自我境界や文化差ということを学んだ時，言っている意味がすぐによく分かったと思ったのは，この小学から中学への質的に違ったところに突入する異文化移行を思い出すことができたからだった。そして，私はその後から，この心的境界というのが，馴染みのある内的な齟齬，ズレの体験として長くこれまで続いている経験でもある。この言葉をエリクソンが自己の内的な違和感として「ステップ＝サン・コンプレックス」「ボーダー意識」と言っている。山本さんが言ってくれた「マージナル・マン」という言葉が，私にも「そうだ」という実感として受け止められた。研究する動機の一つに，このボーダー感覚が働いていたかもしれない。

4.
　内的な文化差はさまざまに起こっていた。小学校から中学に入ったとき，そして大学での恐ろしい病であった結核，体を動かす運動が禁止されたこと，新しいことばの世界へ入ったこと，ことばが「もの」と同じ実体をもって体験されるようになった世界，ことばによる内的世界の構築とその確実さ，堅牢さ，ということの実感などは，私の幼児期，児童期の世界と本質的に違った異質なものであった。その異質な世界に入り，それを自分の生活としてしまったこと。これは誰の導きだろうか。誰の企画だったのだろうか。
　私はその企画の中をひたすら歩み，方向をズラすことはできなかった。こっちに来いと誰かに呼ばれていたのに違いない。私はひたすらついていったという気がしている。運命の女神か，魔女の導きか，あの密教の護摩の祈願の炎だったのか。目を開いて見ることなく，ひたすらその事態の中に頭を突っ込んだまま，今日まで来たように思う。それは魅力的な，発見の世界であった。神々しいような，キラキラ光る運動体を見つめるような，そんな世界をさまよって今日まできたように思う。

5.
　人生の分岐点ということで思いだすと，さまざまのものがある。
　父親が九州学院に行けと言わなかったらどうなっていたか。内海先生に会っていなかったらどうなっていたか。大学に進まなかったら。大学時代に毛利先生に会っていなかったら。教員になっていたら。大学院に進学するために，森先生か

らお金を借りることができなかったら。大学院に進学しなかったら。先輩の畠瀬さんに会っていなかったら。倉石精一先生，そして佐藤幸治先生に会っていなかったら。ホワイト研究所で訓練を受ける機会がなかったら。そもそもアメリカに出かけていなかったら。エリクソンに出会っていなかったら。ポールに出会っていなかったら。広島大学に奉職していなかったら。人生の分岐点であまり激しく悩むことはなく，下を向いて一途に歩いていたと思う。しかし，分岐点はそれぞれの時期に確かに存在していたと思う。自分の意識と周囲からみた私の行動とは，かなりのズレがあることは感じてはいた。これは放置したままだった。周囲の人たちに迷惑をおかけしたのをお詫びしなければならないと思う。

　幼児期の親と一緒に写った写真の心像がすでに，事実と違っていたように，おそらく多くの間違いや記憶違い，思い違いというのがまだあるだろう。これはエリクソンが言った「歴史的事実」と「歴史的真実」のテーマなのだろう。もう一度，精神分析を受けなおすとすると，また違った自己像が現れるかもしれない。しかし，それにはあまりにも大きなエネルギーを必要とする。もうそのエネルギーは内的に感じることができない。

6.

　私の語りをこのように引き出して，形にしてくださった山本力さん，岡本祐子さんの二人に心から感謝をする。私は話し始めると，次々と連想していった。横に拡がったり，飛んだりした。飛ぶと別な話になりそうになる。二人は質問によって，これを元の軌道に戻してくださった。二人の質問によって，話は広がり，また深まった。日ごろ臨床面接を続けているお二人の力を，ここでも発揮されていたので，私は楽に時間に身を任せているという印象を持ち続けた。このことについて，お二人に感謝したい。ありがとうございました。

　私の語りには，背後に次代の人々へ語っているという意識もどこかにあった。これがエリクソンのいう世代継承性（ジェネラティヴィティ）という定義を満たすものかどうかは分からないが……。

　そして，統合性（インテグリティ）のテーマは，これから取り組むべき内的な仕事であろうと思いながら……。

　そして，この本を読んでくださる人に感謝しながら……。ありがとうございました。

あとがき

　このプロジェクトが始まったのは，2014年夏，鑪幹八郎先生が，80歳の傘寿を迎えられた時であった。鑪先生は，京都文教大学学長を引退されて広島にお帰りになった。山本力先生は，ちょうど岡山大学の定年退職を迎えるという節目の時期であった。私は，還暦を迎えようとしていた。それぞれの人生の節目ともいえる時期に，このようなコラボレーションができたことは，奇蹟のようなありがたい経験であった。鑪先生と山本先生に，心より感謝を申し上げたい。

　面談に先立って聴き手の2人で，鼎談の流れやお尋ねしたいことをすり合わせ，鑪先生にもそれをお伝えした。鼎談はその流れに沿いつつも，鑪先生にはできるだけ自由に語っていただくようにした。終了までの日数や時間は区切らず，3名が納得するまで継続することにした。結果として，全体で約5ヶ月間，延べ8日，30時間余のロング・インタヴューとなった。鼎談は一応，時間軸に沿いながらも自由連想的な語りで，繰り返されるエピソードやテーマ，登場する人物，後から思い出される出来事などが幾重にも織り成して，人生の物語が展開していった。それは，私たち聴き手にとって，新しい理解や驚きの連続であり，鑪先生はすばらしいストーリー・テラーであることを，改めて認識した次第である。

　書き起こした逐語録は，厚さにして優に8cmを越えた。編集に当たっては，これらの語りを内容のまとまりで区切り，時系列に沿って配置した。重要なエピソードは，関連する箇所を脚注に記載した。また，読者の理解を容易にするために，鼎談の中で語られた学術用語，重要な人物，文献等は，脚注で解説した。鼎談終了後，編集作業が完了するまで，さらに1年の歳月を要した。編集した原稿は，鑪先生と山本先生にご覧いただき，最終的に本書の形となった。年譜は，山本先生に作成していただいた。こうして刊行の日を迎えることができたことを，心よりうれしく思っている。

　鼎談後の所感（第10章）として，鑪先生が今回の鼎談を，ホワイト研究所で経験された個人分析と比較して述べておられることが印象的である。ホワイトでの個人分析は，先生が30代前半のことである。自らの人生の経験を直視し，そのとらえ直しから感じられることは，おのずと異なっているはずである。鑪先生にとっても，また山本先生にとっても，この鼎談に意味があったことを随所に感じ，安堵した次第である。私自身，この鼎談と編集のプロセスを通して，自分の育ちを振り返ることが多かった。突然，若い頃の記憶がよみがえることもしばしばあった。第9章に述べたような〈問い〉の探求ができたことを感謝している。

　本書は，ぜひ次世代の学徒に読んでいただきたいと願っている。読者の皆さんが，どのような〈問い〉をもって鑪先生に向き合うか。読者にとってもそれは，語

り手と読者の世代を超えたインパクトのある対話になるはずである。
　最後に，このような企画の出版をお引き受けいただいたナカニシヤ出版編集長宍倉由高氏に心よりお礼申し上げます。

2016 年 7 月
編者　岡本祐子

写真出典

第 1 章
鑪の泉（熊本市西区河内町船津）の大木　p.1　熊本の花所　熊本市 河内町の「鑪水の大銀杏」（2015年）〈http://flower-k.at.webry.info/201512/article_24.html〉（2016 年 8 月 5 日確認）
家族・親戚が集まり，父の出征を見送る　p.4　鑪幹八郎氏提供
50 歳の父，鑪富雄　p.5　鑪幹八郎氏提供
鑪幹八郎 4 〜 5 歳頃　p.6　鑪幹八郎氏提供
妹と一緒に　p.6　鑪幹八郎氏提供
鑪の泉　p.7　熊本県環境生活部環境局 環境立県推進課HP より〈http://mizukuni.pref.kumamoto.jp/intro/pub/detail.aspx?c_id=21&redi=ON&id=26&pg=1& mst=5〉
北岡神社の 2 本の楠木　p.9　北岡神社HP より〈http://www.kitaoka-jinja.or.jp/about_kitaoka/index3.html〉
80 歳頃の母　阿蘇山千里ヶ原にて　p.11　鑪幹八郎氏提供
鑪幹八郎　九州学院中学入学時　p.19　鑪幹八郎氏提供
ミラー牧師夫妻　p.19　鑪幹八郎氏提供
ミラー牧師夫妻と鑪幹八郎　p.20　鑪幹八郎氏提供
内海季秋先生　p.21　鑪幹八郎氏提供
高校時代　友人の末永君（右）とテニスのペアで　p.22　鑪幹八郎氏提供
阿蘇山の火口にて，母と長男とともに　p.30　鑪幹八郎氏提供
大学 1 年生時　熊本大学正門にて友人と　p.33　鑪幹八郎氏提供
昭和 28 年熊本大学入学時の幹八郎　p.34　鑪幹八郎氏提供

第 2 章
エーリヒ・ゼーリヒマン・フロム　p.44　Author: Arturo Espinosa〈https://commons.wikimedia.org/wiki/File:Erich_Fromm.jpg（CC BY 2.0）〉（2016 年 6 月 10 日確認）
熊本大学学生時代　p.51　鑪幹八郎氏提供
大学 3 〜 4 年生時の熊本大学心理学専攻生と指導教員　p.54　鑪幹八郎氏提供

第 3 章
田中昌人先生　p.58　全国障害者問題研究会HP より〈http://nginet.or.jp/about/tanakamasato.html〉
正木正先生（療養所の病室の前で）　p.60　鑪幹八郎氏提供
京都大学の先生・仲間と　p.61　鑪幹八郎氏提供
佐治守夫先生，髙柳信子さんと　p.61　鑪幹八郎氏提供
京都大学のゼミにて　p.63　鑪幹八郎氏提供
京都大学にて　p.64　鑪幹八郎氏提供
プシコロギア PSYCHOLOGIA An International Journal of Psychological Sciences　p.69　〈http://cogpsy.educ.kyoto-u.ac.jp/psychologia/〉

第 4 章
ホワイト研究所へ留学前，家族（妻，長男，次男）と　p.78　鑪幹八郎氏提供

ニューヨーク　マンハッタン　p.80　Author: 株式会社AUN CREATIVE〈https://pro.foto.ne.jp/free/product_info.php/products_id/3631〉
W. A. ホワイト研究所所長ウィッテンバーグ博士（E. Wittenberg, MD.）　p.80　鑪幹八郎氏提供
ウィリアム・アランソン・ホワイト研究所　p.81　岡本祐子氏提供
ソンドラ・ウイルクと鑪幹八郎　p.85　鑪幹八郎氏提供
ホワイト研究所の版画　p.88　鑪幹八郎氏提供
ザフロプロス夫妻と鑪幹八郎　p.101　鑪幹八郎氏提供
ハリー・スタック・サリヴァン　p.105　鑪幹八郎氏提供
ポール・リップマン夫妻と鑪幹八郎　p.123　鑪幹八郎氏提供
リップマン（左）と岡本祐子　p.124　岡本祐子氏提供
リップマンの作品　p.124　岡本祐子氏提供
エリック・プレイカン　p.127　Author: Amb2377〈https://commons.wikimedia.org/wiki/File:Eric_Plakun_2016.JPG〉（CC BY-SA 4.0）（2016年6月10日確認）
ジョン・ムラー，タングルウッドの小澤征爾ホールの前で　p.128　岡本祐子氏提供
友人のシモン・マーシャルと　p.129　鑪幹八郎氏提供
LCA：Lutheran Church in America　p.131　モーガン美術館HPより〈http://www.themorgan.org/about/history-of-the-morgan/timeline〉

第5章

1970年代の広島大学教育学部（広島市中区東千田町）　p.138　広島大学HPより〈http://home.hiroshima-u.ac.jp/matedu/mcp/informus.html〉（2016年6月10日確認）
1990年に東広島市へ統合移転後の広島大学大学院教育学研究科・教育学部（東広島市鏡山）　p.138　広島大学HPより〈http://hiroshima-u.jp/oc/gallery〉（2016年6月10日確認）
広島大学教育学部の研究室にて　p.141　鑪幹八郎氏提供
ノーマン・ロックウェルによるエリクソンの肖像画（オースティン・リッグス・センター所蔵）　p.143　岡本祐子氏提供
ノーマン・ロックウェルによるロバート・ナイトの肖像画（オースティン・リッグス・センター所蔵）　p.149　岡本祐子氏提供
ロバート・ナイトの墓　p.150　岡本祐子氏提供
鑪幹八郎先生広島大学定年退職謝恩会にて　p.157　岡本祐子氏提供
オースティン・リッグス・センター本館　p.160　オースティン・リッグス・センターHPより〈http://www.austenriggs.org/〉
エドワード・シャピーロ　p.161　オースティン・リッグス・センターHPより〈http://www.austenriggs.org/staff/edward-r-shapiro-md〉
クーセヴィツキー・ミュージック・シェッド　p.163　Author: Daderot.〈https://commons.wikimedia.org/wiki/File:Tanglewood_Music_Shed_and_Lawn,_Lenox,_MA.JPG〉（CC BY-SA 3.0）（2016年6月10日確認）
クーセヴィツキー・ミュージック・シェッドの内部　p.163　Author: UpstateNYer〈https://commons.wikimedia.org/wiki/File:BostonPopsAtTanglewood.JPG〉（CC BY-SA 3.0）（2016年6月10日確認）
小澤征爾ホール　p.164　Author: Daderot.〈https://commons.wikimedia.org/wiki/File:Seiji_Ozawa_Hall_(exterior),_Tanglewood,_Lenox,_Massachusetts.JPG〉（CC BY-SA 3.0）（2016年6月10日確認）
小澤征爾ホールの内部　p.164　Author: Titus.jon〈https://commons.wikimedia.org/wiki/File:Tanglewood_OzawaHall_July_2009.jpg〉（CC BY-SA 2.0）（2016年6月10日確認）

ジェラルド・フロム　p.166　オースティン・リッグス・センターHP より〈http://www.austenriggs. org/staff/m-gerard-fromm-phd-abpp〉
ジョン・ムラー　p.166　オースティン・リッグス・センターHP より〈http://www.austenriggs.org/ senior-erikson-scholar〉
ジェームス・サクステダー, J.　p.166　オースティン・リッグス・センターHP より〈http://www. austenriggs.org/staff/james-l-sacksteder-md〉
Stockbridge at Christmas by Norman Rockwell　p.167　岡本祐子氏提供
80 歳の誕生祝いの会のエリクソン　p.169　鑪幹八郎氏提供
1950 年代のオースティン・リッグス・センターのケース・カンファレンス記録　p.173　岡本祐子氏提供
ノーマン・ロックウェルによるラパポートの肖像画（オースティン・リッグス・センター所蔵）　p.174　岡本祐子氏提供
レッドライオン・イン　p.197　岡本祐子氏提供
エリクソンの直筆によるガンジーに関するデータの記録　p.215　岡本祐子氏提供
シタールを弾くインド人男性　p.215　Author: Frans Balthazar Solvyns〈https://commons. wikimedia.org/wiki/File:Sitar_1.gif〉（2016 年 6 月 10 日確認）

第 6 章
京都文教大学　p.221　Author: Bakkai〈https://commons.wikimedia.org/wiki/File:Kyoto_Bunkyo_ Univ.jpg?uselang=ja〉（CC BY-SA 3.0）（2016 年 6 月 10 日確認）
京都文教大学学長就任時　p.226　鑪幹八郎氏提供
タングルウッドにて鑪由李子夫人と岡本祐子　p.237　岡本祐子氏提供

第 7 章
W.A. ホワイト研究所の精神分析家資格授与式にて　p.250　鑪幹八郎氏提供
広島大学大学院心理臨床学コースの院生と　p.265　岡本祐子氏提供
父母の追体験として訪れた琴平大社の本宮（700 段の階段の頂上）にて　p.273　鑪幹八郎氏提供
糺の森　p.276　ナカニシヤ出版編集部
山本力教授岡山大学定年退職最終講義の会場にて（2015 年 3 月 1 日）　p.296　岡本祐子氏提供

事項索引

ア

アイデンティティ　36, 37, 122, 137, 153-156, 182, 282, 314, 315
　　――形成　33, 319
　　――の非連続性　319, 321
アニヴァーサリー・リアクション（命日反応）　272, 274, 303
アモルファス（amorphous）　178, 229
　　――自我　112, 114
　　――構造　229
アンビアンス　164, 167
インターナショナル・サイコアナリティカル・アソシエイション（International Psychoanalytical Association: IPA, 国際精神分析学会）　43, 177
インテグリティ（統合性）　294, 295
インナー・オブジェクト（内的対象）　189
ウィリアム・アランソン・ホワイト研究所
　　⇒ ホワイト研究所
後ろ向きの省察　308
エリクソン・インスティテュート　161
エリクソン・スカラー　162, 242
エンヴィ（envy, 羨望・嫉妬）　178
エンカウンター・グループ　66, 251
近江学園　58, 73, 74
オースティン・リッグス・センター　113, 127, 132, 141, 144, 146, 148-150, 159, 168, 177, 178, 208, 290
オーセンティシティ（authenticity, 真正性）　151, 194, 270, 316
大津式発達検査　59
オーラル・ヒストリー（口述史）　299

カ

解釈　255
　　――のプロセス　257
ガイドライン　230, 235, 238, 239, 255, 261

関わりのテクニック　170
家族境界　281
カタルシス　87
学校恐怖症　66, 76, 122, 143, 319
観察自己　110
基本的信頼感　166
逆転移　71, 95
キャリア・アンカー　307
教育相談 ⇒ 心理教育相談
境界　320
　　――意識　158
　　――人　157
「岐路」の体験　251
クライエント・センタード・セラピー　252
KIPP（京都精神分析研究所）　231
経験　153, 154, 157. 198, 199, 322
　　――の哲学　153
ケース・スタディ ⇒ 事例研究
ケース・プレゼンテーション　242
ケース・リポート　243, 291
公認心理師法　233
個人分析　89, 107, 108, 110, 111
コンフロンテーション（confrontation）　194

サ

サイコロジカル・マインディドネス（psychological mindedness）　109, 204
3歳児健診　59
ジェネラティヴィティ（generativity）　285, 294
自我機能　182
自我境界　128, 281, 282, 327
資格問題　221, 233, 261
自我心理学　174-176, 252
自我の自律性　247

336 索引

自我の強さ　200
自己意識　68
持続のエネルギー　148, 200, 201, 204, 316
失敗事例　241
師弟関係　314, 323
自由連想　115, 171, 180, 207
障害受容　73
詳細質問（detailed inquiry）　116, 170
象徴　182, 183
　──理解　187
事例研究　241, 242, 244
人格的活力　144, 200
心理教育相談　59, 224
心理地理学　189
心理地理的距離　187, 191
心理臨床学会　221
スクール・カウンセラー　235
スクールフォビア ⇒ 不登校
ステップサン・コンプレックス　43, 158, 306
正統フロイト派　175
世代継承性 ⇒ ジェネラティヴィティ
禅　207, 210, 211
　──心理学　69
専門家アイデンティティ　158, 264, 295, 313, 322
ソリューション・フォーカスト・アプローチ（解決志向アプローチ）　117, 209, 213

タ

対象イメージ　190
対人関係学派　116, 117, 172, 173, 175, 252
たたら製鉄　300
チェスナット・ロッジ　105
「父親殺し」　38, 301
　──と根こぎ感　36
知的障害者　63, 75, 135
治療抵抗　89
治療的共同体（therapeutic community）　163, 164
抵抗　96, 97, 99

転移　258, 259
　──関係　258, 260
電話面接　188
投影同一視　169
統合失調症　105, 107, 187, 189
洞察と責任　135, 137

ナ

内的対象関係理論　169
2点閾　53
ニュー・エクスペリエンス（new experience）　172, 173
ニュー・オブジェクト（new object）　172
ニューヨーク・サイコアナリティック・インスティテュート（New York Psychoanalytic Institute, ニューヨーク精神分析研究所）　72, 175, 177
認知行動療法（CBT）　117, 118, 206, 207, 209, 211, 234
のっぺらぼうの夢 ⇒ メデューサの夢

ハ

箱庭療法　185, 186
パッシヴ・アグレッション　119
反省的実践家　309
ヒア・アンド・ナウ　118
広島カウンセリング・スクール　284
プシコロギア　69-71
不登校　67, 76, 121, 143, 252, 319
プレイセラピー　260
プロジェクション（投影）　260
プロフェッション　314
　──の深化　196
　──の世代継承　323
フロム・インスティテュート　279
分離 - 個体化　318
ボーダーライン（境界性人格障害）　105, 107, 179
ホワイト研究所　22, 70, 77, 84, 149, 175, 176, 212, 232, 319

マ

マージナル・マン　　　158, 159, 306
継子コンプレックス ⇒ ステップサン・コ
　　ンプレックス
メデューサの夢　　　144, 171, 173
メンター　　　112
メンタライゼーション　　　110
モーニングワーク（喪の仕事）　39, 47,
　　303

ヤ
ユニオン・プロジェクト　　　99, 100, 212
夢　　　44, 96, 97, 99, 180-183, 187

――解釈　　　183-185
――分析　　　119, 179, 185

ラ
ライフサイクル　　　143, 284, 315
リッグス ⇒ オースティン・リッグス・セ
　　ンター
リンウッド・センター　　　74
ローコスト・クリニック　　　93

人名索引

ア
アクスライン（Axline, V. M.）　　　61, 62
吾妻　壮　　　232
アベル（Abel, T.）　　　83
イーグル（Eagle, M. N.）　　　176
一丸藤太郎　　　232
井堂雅夫　　　222
糸賀一雄　　　58
ウィッテンバーグ（Wittenberg, E.）　　71,
　　80, 84
ウィニコット（Winnicott, D. W.）　　　170,
　　175, 176
ウィル（Will, O.）　　　145-147
ウイルク（Wilk, S.）　　　84, 85, 88, 90
ウェルナー（Werner, H.）　　　53
ウォールシュタイン（Wolstein, B.）　　　70,
　　71, 73, 92, 101
内海季秋　　　18, 20, 21, 26, 132
占部優子　　　232
エリクソン（Erikson, E. H.）　　27, 46, 132,
　　137, 142, 143, 145, 146, 143-151, 155, 158,
　　161, 165, 166, 168-172, 174, 175, 180, 189,
　　200, 215, 231, 247, 256, 284, 290, 291, 294
小此木啓吾　　　137, 172, 228, 229

小野法郎　　　74

カ
ガセイル（Gutheil, E. A.）　　　181
神谷美恵子　　　144, 156
河合隼雄　　　28, 133, 222-224
川畑直人　　　232, 233
ガンジー（Gandhi, M.）　　　215, 216
ガントリップ（Guntrip, H.）　　　175
ギル（Gill, M.）　　　149, 176
倉石精一　　　59, 62, 64, 65
クライン（Klein, M.）　　　68, 70, 173, 179
黒丸正四郎　　　59, 62

サ
齋藤久美子　　　60, 64, 224, 252
酒井　汀　　　64
サクステダー（Sacksteder, J. L.）　　　166
佐治守夫　　　223, 224
佐藤幸治　　　69, 73
ザフロプロス（Zaphropoulos, M.）　　　100,
　　101, 106, 108
サリヴァン（Sullivan, H. S.）　　　104-107,
　　143, 145, 170, 256, 260

シェイファー（Schafer, R.）　　149, 176
シェクター（Schecter, D.）　　142
ジェプソン（Jepson, J.）　　96-98
シャピーロ（Shapiro, E.）　　160
シュライン（Schlein, S.）　　291
シュワルツ（Schwaltz, D.）　　147, 160

タ

タウバー（Tauber, E.）　　44, 71, 73, 217
高木隆郎　　67
田中昌人　　58, 73, 251
出井淑子　　64
デカルト（Descartes, R.）　　199
ドイチャー（Deutscher, M.）　　103, 104
栃折久美子　　155, 288
トンプソン（Thompson, C.）　　176, 217

ナ

ナイト（Night, R.）　　149, 165
名島潤慈　　185
成瀬悟策　　223
西園昌久　　76
二宮正之　　156

ハ

パスカル（Pascal, P.）　　199
畠瀬　稔　　60, 61, 63-65, 251, 252
ピアジェ（Piaget, J.）　　58
藤井虎山　　144, 211
藤本文朗　　63
フリードマン（Friedman, L. J.）　　290
プレイカン（Plakun, E. M.）　　126, 127, 165
フロイト（Freud, A.）　　46, 68, 70, 143
フロイト（Freud, S.）　　142, 175, 179, 180, 182, 185, 260
フロム（Fromm, E.）　　44, 149, 279
フロム（Fromm, G. M.）　　165, 174
フロム-ライヒマン（Fromm-Reichmann, F.）　　176

ベック（Beck, A. T.）　　118
ボーディン（Bordin, E. S.）　　68, 70
ボニーム（Bonime, W.）　　180, 184
ホワイト（White, M.）　　105, 106

マ

前田重治　　223, 224
マーシャル（Marshall, S.）　　129, 130
正木　正　　54, 55, 59, 60, 62, 65
松田真理子　　225
三木安生　　54
ミッチェル（Mitchell, S. A.）　　176, 177
ムスターカス（Moustakas, C. E.）　　66
ムラー（Muller, J. P.）　　126, 127, 128, 160, 165, 166, 168
村山正治　　60, 64, 252
毛利昌三　　53, 54, 64
森　有正　　29, 153-157, 198, 200, 284, 286, 289, 290
森　有礼　　287

ヤ

山本玄峰　　293
ユング（Jung, C. G.）　　129, 132, 180, 182, 184, 186
横井公一　　232

ラ

ラパポート（Rapaport, D.）　　174, 175
ラプランシュ（Laplanche, J.）　　47
リース（Reith, M.）　　129, 132
リップマン（Lippmann, P.）　　88, 123, 125, 126, 145
レーベンソン（Levenson, E.）　　71, 73, 79, 89, 100, 101
ロジャーズ（Rogers, C. R.）　　46, 61, 63, 68, 155, 251

執筆者紹介（＊編者）

鑪　幹八郎（たたら みきはちろう）
広島大学名誉教授，教育学博士，臨床心理士
主著：
　アイデンティティ研究の展望Ⅰ～Ⅵ　ナカニシヤ出版　1995-2002.（共編著）
　鑪幹八郎著作集　第1巻　アイデンティティとライフサイクル論　ナカニシヤ出版　2002.
　鑪幹八郎著作集　第2巻　心理臨床と精神分析　ナカニシヤ出版　2003.
　鑪幹八郎著作集　第3巻　心理臨床と倫理・スーパーヴィジョン　ナカニシヤ出版　2004.
　鑪幹八郎著作集　第4巻　映像・イメージと心理臨床　ナカニシヤ出版　2008.　他
本書担当：第1章～第7章の語り手／第10章執筆

山本　力（やまもと つとむ）
岡山大学名誉教授・就実大学大学院教育学研究科教授，博士（心理学），臨床心理士
主著：
　心理臨床家のための事例研究の進め方　北大路書房　2001.（編著）
　心理学研究の新世紀　第4巻　臨床心理学　ミネルヴァ書房　2012.　（共著）
　喪失と悲嘆の心理臨床学――様態モデルとモーニングワーク――　誠信書房　2014.　他
本書担当：第1章～第7章の聴き手／第8章執筆

岡本　祐子＊（おかもと ゆうこ）
広島大学大学院教育学研究科教授，教育学博士，臨床心理士
主著：
　成人期における自我同一性の発達過程とその要因に関する研究　風間書房　1994.
　中年からのアイデンティティ発達の心理学　ナカニシヤ出版　1997.
　アイデンティティ研究の展望Ⅰ～Ⅵ　ナカニシヤ出版　1995-2002.（共編著）
　アイデンティティ生涯発達論の射程　ミネルヴァ書房　2002.（編著）
　アイデンティティ生涯発達論の展開――中年期の危機と心の深化――　ミネルヴァ書房　2007.
　成人発達臨床心理学ハンドブック――個と関係性からライフサイクルを見る――　ナカニシヤ出版　2010.（編著）
　世代継承性シリーズ1　プロフェッションの生成と世代継承――ケーススタディ：中年期の実りと次世代の育成――　ナカニシヤ出版　2014.（編著）　他
本書担当：第1章～第7章の聴き手／第9章執筆

世代継承性シリーズ 2
境界を生きた心理臨床家の足跡
――鑪幹八郎からの口伝と継承――
2016 年 10 月 10 日　初版第 1 刷発行　　（定価はカヴァーに表示してあります）

　　　編著者　岡本祐子
　　　発行者　中西健夫
　　　発行所　株式会社ナカニシヤ出版
　　　〒606-8161　京都市左京区一乗寺木ノ本町 15 番地
　　　　　　　　　　　Telephone　075-723-0111
　　　　　　　　　　　Facsimile　075-723-0095
　　　　　　　　Website　http://www.nakanishiya.co.jp/
　　　　　　　　Email　iihon-ippai@nakanishiya.co.jp
　　　　　　　　　　　郵便振替　01030-0-13128

装幀＝白沢　正／印刷・製本＝創栄図書印刷
Copyright © 2016 by Y. Okamoto
Printed in Japan.
ISBN978-4-7795-1093-9 C3011

本書のコピー，スキャン，デジタル化等の無断複製は著作権法上での例外を除き禁じられています。本書を代行業者等の第三者に依頼してスキャンやデジタル化することはたとえ個人や家庭内の利用であっても著作権法上認められておりません。